中国の歴史 1

神話から歴史へ

神話時代 夏王朝

講談社学術文庫

学術文庫版「中国の歴史」全一二巻の刊行にあたって

編集委員を代表して　鶴間和幸

このたび講談社学術文庫で刊行される「中国の歴史」全一二巻は、二〇〇四年一一月から翌〇五年一一月にかけて、「講談社創業一〇〇周年記念企画」として刊行されたシリーズの文庫化である。原本の刊行から一五年が経過したいま再刊することには、文庫本という形で手軽に読めるようになること以上の意義があると感じている。

本シリーズが企画・執筆された今世紀初頭、中国は急激な経済成長のさなかにあり、二〇〇三年一〇月には有人宇宙船「神舟五号」の打ち上げに成功するなど、あらためて世界に「大国の存在感」を示しつつあった。日本でも、中国は有力なビジネス・パートナーとして、また多くの世界遺産を楽しめる旅行先として、かつてないほど注目を浴びていた。そうしたなかで、日本のアカデミズムにおける中国研究の長い歴史と蓄積を示す大型企画として、このシリーズが生まれたのである。

この全一二巻の特徴は、単に「中国通史」であるにとどまらず、各巻の執筆者がそれぞれの問題意識と最新の研究テーマを存分に盛り込んだことにある。執筆者には、歴史学・考古学はもちろん、政治学、文学、思想史などの研究者が名を連ね、「中国とは何か」という難問に様々な角度から迫った。幸いなことにその成果は、一般の読書家から専門の研究者まで、多くの方々に受け入れられ、高い評価をいただいたと思う。

ところが、刊行から約一〇年を経たころ、中国で思いもよらない事態が起こり始めた。二〇一四年、本シリーズの中国語版が、北京の「理想国」の企画・編集により広西師範大学出版社から発行され、爆発的な売れ行きを見せたのである。その中国語版、「中国的歴史」は全一〇巻（第一一巻、一二巻は未訳）を一セットとし、現在までに一四万セット（総部数一四〇万部）以上が販売されたという。私たちが日本の読者のために執筆した中国の通史が、中国では外国人が執筆した中国通史として生まれ変わっていたのである。

さらにその動きはとまらず、二〇一七年には、全一二巻が台湾商務印書館から翻訳出版され、これもベストセラーとなった。同じ中国語圏ではあるが、大陸の中国は簡体字の横組みで翻訳され、台湾では繁体字（旧字体）の縦組みであらためて翻訳されたのである。

中国・台湾での反響は、私たちもまったく意図していなかった。私自身、日本の新聞や雑誌ばかりでなく、中国の通信社からもたびたび取材を受けた。なぜ中国で日本発の「中国の歴史」が売れたのか——。ネット上に見られる中国の読者の反響を拾ってみよう。

「考古学の資料に基づき、慎重に結果を出しているので説得力が高い」（第一巻）、「伝統的な歴史研究と違う」（第二巻）、「民間の物語から歴史の話題を出すおもしろさがある」（第三巻）、「視点が斬新で解釈がおもしろい」（第四巻）、「混乱の時代の歴史がわかりやすく書かれている」（第五巻）、「多民族の視点は学校で学ぶ歴史とは違った」（第六巻）、「初心者に向いている時代史である」（第七巻）、「歴史の観点に驚いた」（第八巻）、「学生時代に学んだ歴史と違い衝撃的であった」（第九巻）、「偏りのない歴史に感動した」（第一〇巻）……。安くはないハードカバーの全集が、中国の若者に「新しい歴史」として歓迎されているのである。

この一五年、世界も中国も日本も大きく変わった。私たちが執筆した中国の歴史の中身は変わらないが、見方を変えれば、今また新しい読み方ができるのではないかと思う。

この文章は中国から世界に広がったといわれる新型コロナウイルスの世界的な流行のさなかで書いている。見えない敵に翻弄され、世界はこれまで積み上げてきたモノと人の日常のメカニズムを止めざるを得なくなった。現代のグローバリズムは、ミクロの世界のウイルスによって、経験のない大きな試練を受けている。ここには、過去の世界史のなかで繰り広げられてきた中国の歴史が、現在の状況と重なって見えてくる。

私たちが「中国の歴史」で書いたことは、単なる王朝権力の交替の歴史ではなかった。中国的な発想では、自然は人間とそもそも一体であり、近代ヨーロッパのように人間を取り巻き、人間に災いをもたらす外的な環境ではなかった。中国古代の哲学や医学によれば、小さな人間の身体も河川が循環して流れるような大きな自然であった。ウイルスが人間の細胞を宿主として増殖するメカニズムは、自然と一体である人間の身体内部での動きである。「疫」ということばは、近代科学による細菌やウイルスの発見以前、中国古代においてすでに感染症を表すものとして定着していた。病を起こす悪神を武器をもって祓い清めながら、患者を隔離し、空気感染を防ぐ医学的な措置も忘れていなかった。信仰と科学は一体であり、人間の歴史は、大きな自然の中でミクロの世界とともに理解すべきものなのである。

この一五年間を振り返ってみると、中国も予測通りに進んできた側面と、予測を超えた側面とがあった。中国はＧＤＰ世界第二位の経済大国となり、米中が経済と政治で対峙し衝突する時代になった。中国の読者は、外国人の執筆した中国史に、世界史のなかで相対化された中国を学ぼうとしているのである。すでに世界第一位であった人口でもこの間に一四億人を突破した。しかしこうした「大きな中国」には、絶えず「小さな中国」から始まり、多様な文化を包み込んでいく歴史があったことを忘れてはならない。中国の読者は多分そのことを感じ取ってくれたのだと思う。私たちの主張は、今も変わらないし、今だからこそ、日本の多くの方々にあらためて読んでほしいと思う。

たとえば、このような見方をしてもいい。ファーストエンペラーの大きな遺産は小さな劉邦集団が受け継いでいった（第三巻）。一三〜一四世紀、「小さな中国」が突如としてユーラシアに広がる「大きな中国」に変貌した（第八巻）。南から吹き上げた小さな風が、瀕死の大国を救った（第一〇巻）。現在に至る巨龍の歴史も一人の毛沢東から始まった（第一一巻）。「小さな中国」の「小さな声」を大切にしてきた中国の歴史を振り返ったときに、今中国で起きている人権や民族をめぐる問題への解決の道が見えてくるはずである。古代から世界史を牽引し続けてきた中国への信頼も生まれてくる。

私たち執筆者は、人一倍、中国の歴史や文化への愛着を持っている。私自身も、中国への複雑な想いを懐きながら、今世界で起こっていることを理解し、これからの世界を生きていく知恵を、あらためて中国の過去の歴史から見出したい。

二〇二〇年　九月

目次

神話から歴史へ

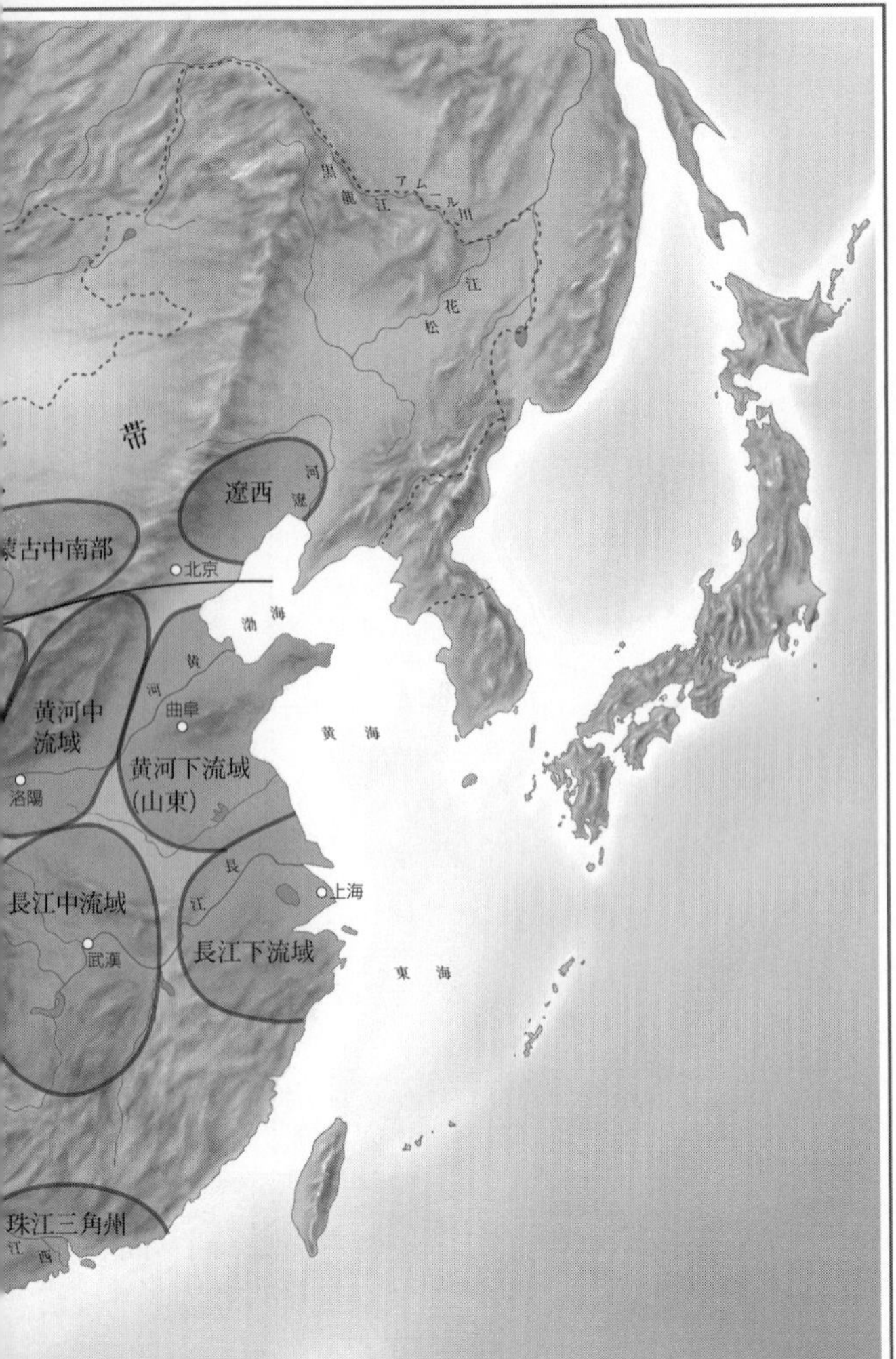
黒龍江
アムール川
松花江
帯
遼西
遼河
古中南部
北京
渤海
黄河
曲阜
黄河中流域
洛陽
黄河下流域(山東)
黄海
長江
上海
長江中流域
武漢
長江下流域
東海
珠江三角州
西江

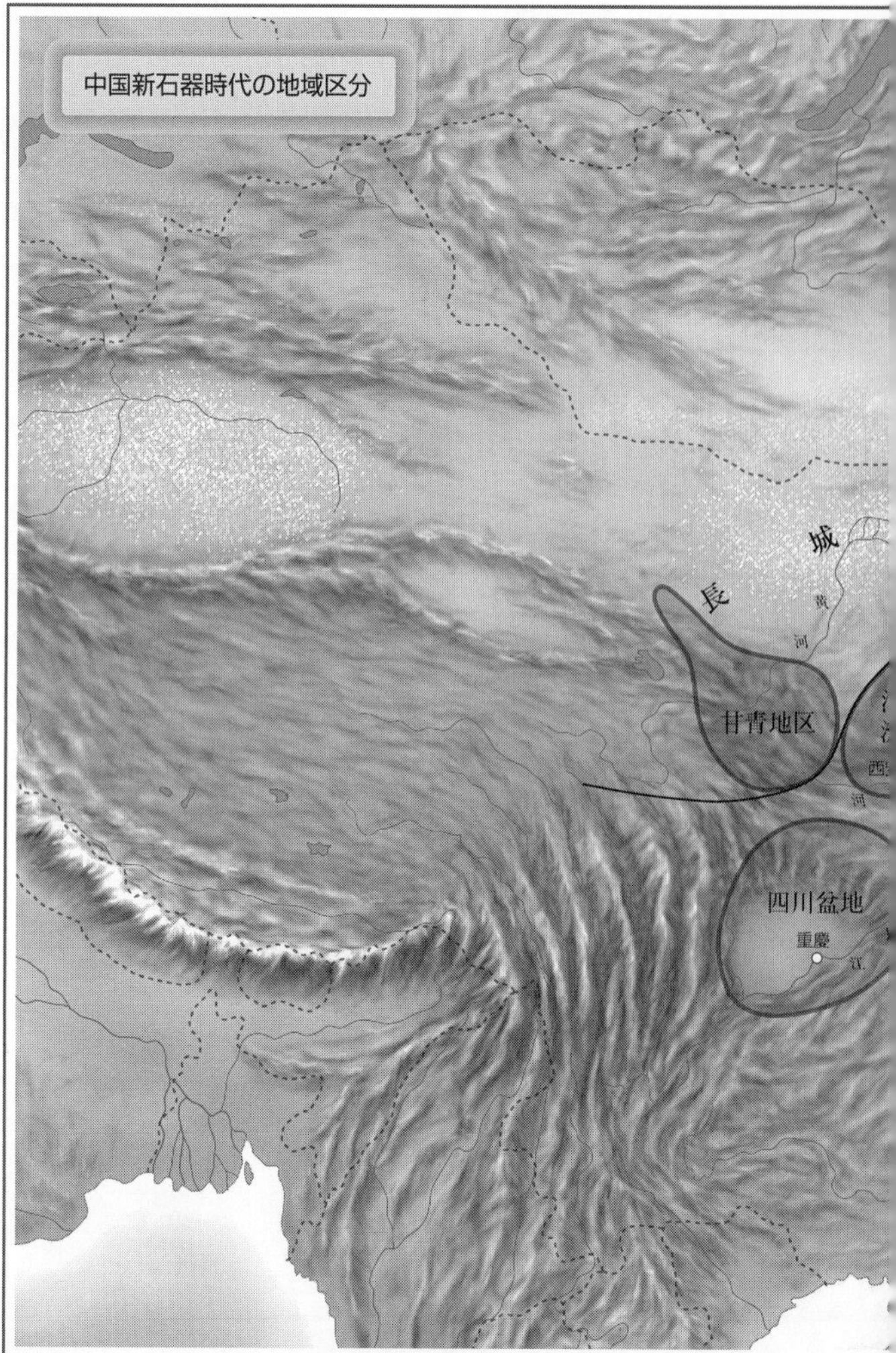
中国新石器時代の地域区分
長城
黄
河
甘青地区
四川盆地
重慶
江

地図・図版作成
さくら工芸社
ジェイ・マップ

中国の歴史 1

神話から歴史へ

神話時代 夏王朝

はじめに

なぜ中国大陸に、いち早く古代国家が誕生したのか

世界の四大文明の一つにあげられるのが中国の古代文明である。世界の四大文明はまた河川の流域に発達した文明である。エジプト文明はナイル川流域に、メソポタミア文明はチグリス・ユーフラテス川流域に、インダス文明はインダス川流域に芽生え、中国古代文明も黄《こう》河《が》流域に発達した。こうした文明の発祥地には、共通して河川とその両岸に肥沃な沖積地が発達するのが条件となっている。共通して、その平原に発達した農耕社会が存在していたのである。

農耕社会の成立やその内容は、個々の地域社会において異なり、発展段階やその歴史的な過程にも差違が見られる。また一方では共通性も見られ、その一つが王権を中心とした古代国家が出現したことにあろう。

しかしながら、何故に中国大陸にいち早く古代国家が生まれたのであろうか。それに答えるためには、古代国家が生まれる前段階の農耕社会を、その発生から展開、あるいは変遷について眺めていくことが必要であり、到達した古代国家の枠組みについて考えることが必要であろう。

一方、中国大陸は広大であり、ひとり黄河流域に限らず、さまざまな地理環境が存在している。これまでの黄河流域を中心に、一元的に文化・文明が発達していくという見方に対して、中国の多様な地域観に基づいた多元的地域社会の展開を重視しようとする歴史解釈の転換が、一九八〇年代からのこの二〇年間に見られた。

この考えを主導したのは、中国先史時代研究者として影響力の高かった中国社会科学院考古研究所の蘇秉琦《そへいき》《スピンチ》氏である。さらに近年では長江《ちょうこう》流域の先史文化の先進性を強調し、黄河文明に匹敵ないしそれを超えた文明として長江文明を説く研究者も見られる。

つまりは、さまざまな自然環境を背景として、中国各地に固有の地域文化が先史時代にも存在していたことが明らかとなってきたのである。まずはこうした地域文化の実態をひも解くことが大切であり、さらには、その地域文化はその後の古代国家の出現や、さまざまな王朝の交代や政治的な変動にもかかわらず、今日認められる地域文化の基層部分を構成している。

今日の中国の地域社会や地域風土を考える際に、決して無視できないのが先史時代の地域文化の実態であろう。あるいは、王朝の交代や目まぐるしく変動する政治現象のさなかにあっても、歴史的事実を超えて存在する地域文化の脈絡をわれわれは決して無視することができないであろう。かつまた、こうした地域文化の文脈は、歴史記述にはなかなか表現されないものでもある。把握しにくい地域文化の基層部分を考えてゆくことにしたい。

以上のような先史農耕社会の成立から展開、さらには先史時代の地域文化を把握するためには、方法的には考古学的な解釈を用いざるを得ない。読者には考古学の一端、とりわけ考古学が対象とする地域の調査というものが、いかにその地域の近・現代史と関わってきているかについて知っていただきたいのである。

発掘を含む考古学的な調査の歴史は、現代国家間において差違があり、その方法や取り組み方の共通性は当然存在するものの、差違の大きさにも驚かされるところである。この差違は、国柄ということで簡単に片づけることもできるし、古代から積み上げられた歴史的産物や、近代国家が成立して以降の民族意識を背景にする場合もある。

現代中国が顔をのぞかせる、中国の近代考古学の歩み

そこで、本書では中国の近代考古学の歩みを語ることから始めたい。

今日の中国考古学の発達は目を見張るものがあり、日本考古学と同様に情報過多の世界に足を踏み入れつつある。こうした現象は一九九〇年代からのここ一〇年間あるいはここ五年間の出来事であり、中国の経済発展に呼応している。考古学から現代中国を垣間見ることもできるのである。

一九七二年の日中国交正常化以前あるいはその後しばらくの間、外国人研究者であるわれわれは遺物や遺跡などの考古資料を直接見ることがほとんどできなかった。『考古』、『文物』、『考古学報』といった三大学術雑誌とわずかな発掘報告書で発表された研究成果を再評価するというものであった。しかし、改革・開放路線転換以降の八〇年代に入ると、地方に

おいても数多くの考古学専門雑誌が登場し、その後、数多くの発掘報告書が発行されるとともに、九〇年代後半には外国人研究者も中国人研究者との共同調査という形で直接発掘調査に参加することができることになった。

貝塚茂樹《かいづかしげき》・伊藤道治《いとうみちはる》両先生によって『原始から春秋戦国』（「中国の歴史」1、講談社、一九七四年）が書かれた当時は、日中国交正常化以前の資料を直接検証することのできない時代であり、その時代の作品であった。戦前から培われた深い東洋学の伝統から完成された名著とはいえ、近年の陸続として発表される発掘成果はいかんともしがたい。後に講談社学術文庫の『古代中国』として再版刊行される際、伊藤道治先生は殷以前の先史時代部分を大きく書き換えられている。かかる学問の進展は、先史社会と文献史料の見られる殷周《いんしゅう》社会をまとめて一巻として描くことにいささか窮屈になったということだろう。

本シリーズでは、先史社会を単独の一巻としてまとめることにより、殷周社会へ至る道のりをより多元的にかつ深く説明することができるであろう。また、本書が主に対象とする農耕社会とは、新石器時代に相当し、日本列島では縄文時代にほぼ相当する。中国新石器社会も日本列島の縄文社会も、更新世《こうしんせい》末期のほぼ同じ頃に土器を使い始め定住化を遂げるのであるが、その後の社会変化の速度や発展過程には大きな隔たりがある。先にも問題にしたように、なぜ東アジアでいち早く中国大陸に古代国家が成立したのであろうか。これも本書の課題の一つである。日本列島の先史社会とも対比しながら、この課題に取り組みたい。

さて、本書においては、先史社会に見られる段階的な社会構造の変化について注目するとともに、物質文化における地域間比較のみならず、社会構造上の地域間比較も試みることにする。

中国大陸は、黄河流域の華北、長江流域の華中、南嶺《なんれい》山脈以南の華南、さらに東北部や西北部に地理的に大きく分けることができる。これらの地域は、気候や植生、地形などの環境に応じて生業を異にしているため、当然地域的な文化差を生み出している。これまではこうした地域文化の違いが注目されていたが、本書ではさらに踏み込んで、地域文化の母胎である社会の内容や、社会を構成している人々の精神生活や信仰といったものにまで迫ってみたいのである。そこには、動物や人物を象《かたど》った偶像や犠牲あるいは占いを伴う祭祀など、多彩な内容が盛り込まれている。これらが社会を構成している実態を探ってみたいのである。

中国大陸の先史社会を東アジア全体から見ていく立場

同時に、先史社会を考古学という立場から地域の固有の文化変遷として捉えるとともに、地域を横断した総合的な歴史的法則性への解釈も試みたいと考えている。

こうした総合的な歴史的変遷については、多元的な先史社会を説いた蘇秉琦氏が、「古文《こぶん》化《か》」、「古城《こじょう》」、「古国《ここく》」という名称で発展段階的に古代国家が形成されていく流れを捉えようとした。

ハーバード大学の著名な考古学者である張光直《ちょうこうちょく》《ジャングワンジ》教授も、エルマン・サービスらの新進化主義的人類学理論すなわち進化論的な社会発展段階論を用いて、中国の先史社会から初期国家段階までの発展過程を説明しようとした。

本書でも、このような先史社会の発展段階に注目したい。読者はこれまでわれわれが想像していた以上に、各地域での着実な歴史的発展過程を再認識することができるであろう。先史社会の発展過程がそれに続く殷周《いんしゅう》社会へ着実に繋《つな》がっているのである。

また、そこにもう一つ大きな問題がある。殷周社会とは中原を中心とする中国観が成立していく段階でもあるが、先史社会から殷周社会への着実な発展性とは、後の中華思想と絡まって、中原を中心とする中国観の成立過程を意味するものと捉えがちである。問題とは、果たしてこうした単純な中華史観で中国先史社会を眺めてよいかということである。

ところで、八〇年代以降の中国考古学界では、先史時代の考古学に関して、蘇秉琦氏を中心とした多元的地域観に裏打ちされながら、地域の特徴ある発展段階を重視する姿勢が見られた。一方で歴史時代になると、殷周古代国家が黄河中流域を中心として統一的な歴史的展開を果たしたとする歴史観が強調されている。現在中国では、国家をあげて夏殷周三代《かいんしゅうさんだい》を科学的に証明しようとしている。

国家的プロジェクトを立ち上げて、夏王朝の存在を証明し殷周の暦年代を証明することは、現代中国の国家的威信を高めるものであり、中国国民のアイデンティティを確立する試みでもある。先史時代までは多元的地域観であり、歴史時代以降は一元的な地域観で中国を眺めようとしているのである。問題は、多元的地域観から一元的地域観の展開をいかに説明するかにある。

先史時代における地域社会の発展は、さらに政治的な地域統合の道のりでもあり、先に述べた中国観の成立への道のりでもある。本書でもこの展開の過程を私なりに説明してみたいのであるが、私自身は多元から一元という変化プロセスをもう少し幅広く解釈できないものかと思っている。先に掲げた、単純な中国観で中国先史社会の統合化を考えてよいのかという疑問が、ここにある。中国を含め中国周辺の東アジア全体を総合化した場合、この多元から一元へという展開に対してどういう見方ができるのか考えてみたいのである。

また、中国大陸の先史時代の動きは、決して中国大陸内部で完結する閉じた体系のようなものではないであろう。直接の往来はないにしろ、中国大陸とその周辺地域は、先史時代においてもある意味で連動しているはずである。ここに日本人研究者が中国大陸に関心を持つゆえんがある。私はこの立場にあり、中国大陸の考古学を狭くその地域のみに閉じた体系にするつもりはないのである。

「神話から歴史へ」と題した本巻では、殷周国家という政治的な地域統一をはたした一元的な中国の出現過程を示すつもりではあるが、同時に広く東アジアを見渡した場合、大きな多元性の中に中国を置くことも可能なのである。この点の論理の展開も目指そうと考えている。

第一章　神話と考古学

五帝神話と地域性

五帝の活躍の場は伝説では、黄河中流域から渭河流域

中国に残る文献史料で、最古の王朝である夏殷周《かいんしゅう》やその前段階を体系的にまとめた歴史書は、前漢《ぜんかん》時代の司馬談《しばたん》と司馬遷《しばせん》親子によって編纂された『史記《しき》』である。『史記』は中国最初の歴史書というだけでなく、文学的な叙述においても人々を魅了している。『史記』は、一二本紀《ほんぎ》、一〇表《ひょう》、八書《しょ》、三〇世家《せいか》、七〇列伝《れつでん》の一三〇巻からなる大部の歴史書である。本紀では漢王朝に至る歴代王朝の歴史がまとめられている。

甲骨文字の発見によりその存在が確証されたのは殷王朝である。それをさらに遡るのが夏王朝であり、『史記』のなかに「夏本紀《かほんぎ》」として記述されている。夏王朝に関しては、考古学的な文化認識である二里頭《にりとう》《アリトウ》文化がそれに相当するものであり、二里頭遺跡の宮殿区が夏王朝の都であるとする近年の中国考古学界や歴史学界の見解に対して、それと同時代の文字資料から論証されねば、王朝の存在を認めることができないとする日本や欧米の研究者との意見の違いが見られる。

「夏本紀」に先だって『史記』に記述されているのが「五帝本紀《ごていほんぎ》」である。黄帝《こうてい》、顓頊《せんぎょく》、帝《てい》嚳《こく》、堯《ぎょう》、舜《しゅん》の五人の王がそれぞれの技量や徳から国を治めたとするものである。舜が治水の功から禅譲した禹《う》は、世襲によって王権を継いだ初めての王朝である夏王朝を築くことになる。本書の内容は、先史時代とこれら五帝の時代、そして夏王朝の時代を扱うものである。

司馬遷は『史記』を編纂するにあたって、二度にわたる全国踏査を行っている。この時、各地の長老たちがときおり黄帝や堯・舜を称賛したという。今でいえば民話の聞き取り調査にあたろうが、史実として五帝の存在を確信したに違いない。

一方、古代の王者の言説が記録された『尚書《しょうしょ》』には、堯以降のことしか記載されていない。また、魯国《ろこく》の年代記である『春秋《しゅんじゅう》』や、春秋時代の国別の歴史書である『国語《こくご》』という書物を読むと、そこには「五帝徳」や「帝繫姓《ていけいせい》」の記載が引かれているところから、司馬

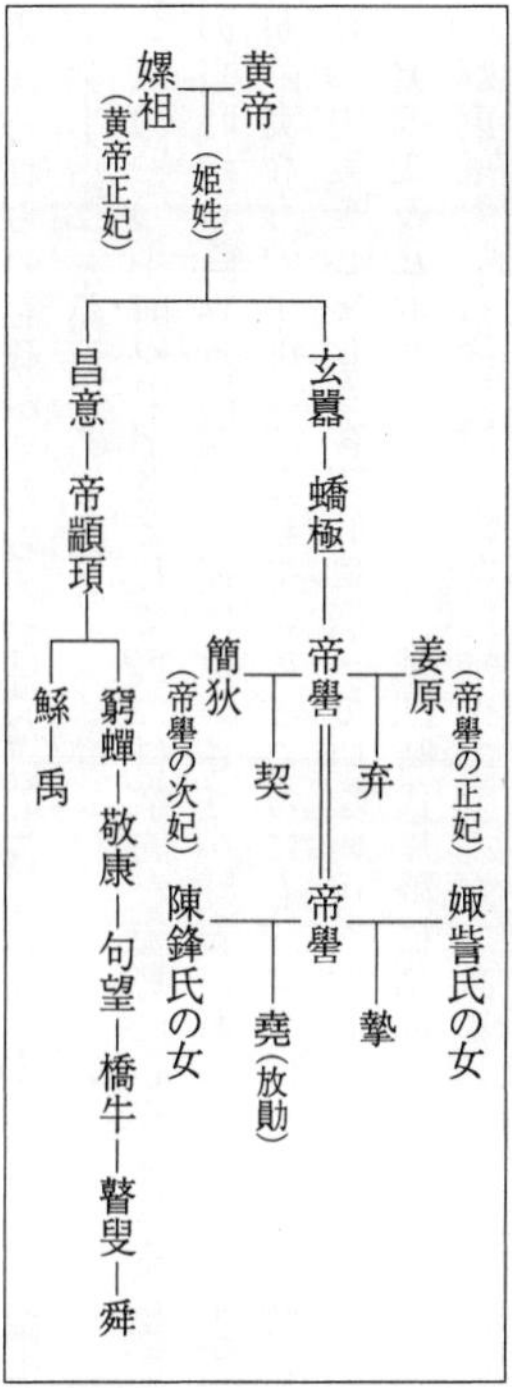

五帝の系譜

遷はそれらの記載がでたらめではないと考えて、多くの書から確実なものを選んで併せて「五帝本紀」を編纂したという。

二〇〇〇年前の史学者として真に科学的な姿勢に心うたれるところであるが、一方ではその当時からこれら伝説の記述にはいささか疑義があったことは確かであろう。また、司馬遷が確実なものを選んでとしているところにも、すでに一つの史観に基づく意図的な選択があり、史実を必ずしも客観的に伝えていない可能性も高い。

実はこの五帝というものも、戦国時代以降に創成された五行説《ごぎょうせつ》に基づくものであるというのが東京大学名誉教授の松丸道雄《まつまるみちお》氏の考え方である。

五という数字が大事であり、その内容は文献によって異なっており、五帝が正確にどの王であるかということはあまり意味がないことかもしれない。

すなわち『史記』の五帝と他の文献の五帝では、それぞれいくらか異なった王から成り立っている。ひとまずその中でも最も古い『史記』の五帝説を、考古学など今日的な問題意識から読み解くことも必要に思われる。以下にそれを試みてみたい。

『史記』によると、黄帝《こうてい》から舜《しゅん》に至る五帝は同じ氏族である姫姓《きせい》である。二代目の顓頊《せんぎょく》は黄帝の孫であり、三代目の帝嚳《ていこく》は黄帝の曾孫にあたる。次ぐ堯《ぎょう》は帝嚳の子供である。司馬遷が自ら『尚書』には堯以降のことしか記載されないと記述しているように、堯・舜に関する記載はそれ以前のものに比べはるかに詳しいものとなっている。一方で、舜は二代目の顓頊から数えること六世を経た孫にあたる。堯とは同じ縁戚関係にありながらもかなり離れている。堯と舜はそれ以前の世代のような直接的な親子関係や孫・曾孫関係としては表記されていない。

　もともとこうした親族関係が本当のものであるかはかなり疑わしく、為政者としての威厳を保つためにのちに擬制的に血縁者として記される場合も多いであろう。その中でも、舜は堯から見て遠縁のものにあたっている。『史記』には舜は冀州《きしゅう》（山西省）の人と記載されている。「五帝本紀」では、黄帝は死後に橋山《きょうざん》に葬られたと記されている。これは司馬遷が古老からの聞き取り調査で記述したものであろう。『史記』の注釈書である南朝宋の『史記集解《しっかい》』では黄帝陵が上郡《じょうぐん》橋山、唐代の『史記索隠《さくいん》』や『史記正義《せいぎ》』でも上郡陽周県《ようしゅうけん》橋山の説が引かれており、陝西《せんせい》省北部の橋山ということになる。

　これが史実かといえば、文献の新しさからも、少なくとも漢代以降の伝説をもとにしたものであることは明らかであり、信憑性に乏しい。その地理的位置が周王室の出身地に近いことからも、周王室の正統性を示すための伝説であるという推測を禁じ得ない。なぜなら周王室も黄帝と同じ姫という姓を名乗り、黄帝と同じ血筋であることを強調しているからである。

　ところで黄帝の陵墓は陝西省北部の黄陵県《こうりょうけん》にあり、現在でも多くの参拝客でにぎわっている。その陵墓は後世の伝説に基づいて造られたものであり、決して歴史的に正しい根拠をもった陵墓でないことは確かである。日本でいえば、神武天皇陵というところであろう。

　しかし、仮に「五帝本紀」の伝説が正しければ、黄帝が陝西省の北部地方に拠点をもった氏族であったことが語られていることになる。さらに伝説の系譜が正しいとすれば、黄帝から堯までは、陝西北部に拠点を置き、舜は山西省に拠点を置く氏族ということであろうか。ともかくも黄河《こうが》中流域から渭河《いが》流域がこれら五帝の活躍した場所ということになるのである。

「三苗」と「蚩尤」は五帝系列と異なる地域集団

さて「五帝本紀」によれば、黄帝が天子となる以前は神農氏《しんのうし》という氏族が徳をもって天下を治めていたとされる。また、黄帝は対立する蚩尤《しゆう》を征伐したことが功績で、諸侯から天子に推挙されている。このことは、蚩尤という五帝の系譜とは異なる対立する大きな勢力が存在していたことが暗示されるのである。

「五帝本紀」では、黄帝と蚩尤は涿鹿《たくろく》で戦ったことになっており、先に黄帝が黄河中流域から渭河流域にかけて拠点を置く氏族であるとしたのに対し、蚩尤もその周辺にいた氏族であると想像される。いわば華北における地域的な政治単位が存在していたことを暗示するものである。

堯・舜の時代には、「三苗《さんびょう》、江《こう》・淮《わい》・荊州《けいしゅう》に在りて、しばしば乱を為す」とある。三苗という氏族が江・淮・荊州すなわち漢水《かんすい》下流域から長江《ちょうこう》中流域に存在し、しばしば反乱を起こしたという記事である。『戦国策』魏巻第七では、舜・禹《う》の時代に「昔、三苗のいたところには、左に彭蠡湖《ほうれいこ》の波、右に洞庭湖《どうていこ》の水があり、汶山《ぶんざん》がその南に、衡山《こうざん》がその北にありました。この自然の険しさを頼みにしたばかりに、政治が良くなくて、禹はこれを放逐しました」とあり、三苗が長江中流域に居住していたことを明言している。

これらの記事は、三苗と五帝系列との争いが、堯・舜時代と舜・禹時代の二度にわたって為されたことを語っているのか、それとも同じ内容が別の時期として後の書物に記述されたかは、この場合、議論してもあまり意味がないことであろう。

ともかく、三苗も蚩尤と同様に五帝系列とは異なった地域集団であり、それが南方に存在していたことを示す。黄河中流域から渭河流域、黄河下流域の山東《さんとう》、長江中流域といった諸地域に、異なった地域集団が存在していたことを、伝説は物語っていよう。

続いて「五帝本紀」では、巡行から帰った舜が堯帝に進言して、「共工《きょうこう》を北方の辺境の幽陵《ゆうりょう》に流して北狄《ほくてき》の風俗に同化させ、驩兜《かんとう》を南方の辺境の崇山《すうざん》に放逐して南蛮《なんばん》の風俗に同化させ、三苗を西方の辺境の三危《さんき》に移して西戎《せいじゅう》の風俗に同化させ、鯀《こん》を東方の辺境の羽山《うざん》におしこめて、東夷《とうい》の風俗に同化させた」とある。

ここにでてくる北狄、南蛮、西戎、東夷という地域集団の概念は、周代とくに春秋・戦国時代の地域概念であり、その当時の周辺諸民族の呼称である。必ずしも五帝時代にこうした周辺民族の概念が存在したとは思われない。このあたりが前漢における司馬遷の『史記』編纂時の地域概念や民族概念を反映したものであって、必ずしも伝説の時代の史実ではないと思われるところである。ただし、ここでは五帝系列と異なった氏族として、三苗以外に共工、驩兜などがいたことが記されている。

同じような地域支配の領域概念は、「五帝本紀」では天子となった舜の功績と天下平定を賛美して、「南は交阯《こうし》、北発《ほくはつ》、西は戎《じゅう》、析枝《せきし》、渠廋《きょしゅう》、氐羌《ていきょう》、北は山戎《さんじゅう》、発《はつ》、息慎《そくしん》、東は長《ちょう》、鳥夷《ちょうい》まで鎮撫することができ、四海のうち天下みな舜帝の功績に浴した」という記述の中に見られる。これらの地理概念も戦国時代から前漢代の地理概念を反映しており、こうした地域がその時期の辺境と認識された地域であり、必ずしも五帝時代の周辺地域の認識ではなかったのである。

五帝の活躍した地域は黄河中流域から渭河流域であり、これに対立した蚩尤や共工などがその周辺に存在し、長江中流域に三苗が存在したというのが、伝説時代の世界観であったのではないか。あるいはこうした諸地域から成り立つ世界観が少なくとも殷周期以前に存在していたことを示しており、それぞれの地域には異なった祖先が存在していたことが殷周期には知られていたのである。

「五帝本紀」末尾には、五帝は黄帝から舜と禹に至るまでは同じ家系であり、黄帝とその妻の嫘祖《るいそ》の子孫たちであることを述べている。しかしそれぞれが国号を異にしているのは、それぞれの天子がそれぞれに異なった業績や徳をもっていたことを明らかにしたいからであると司馬遷はいう。

「黄帝を有熊《ゆうゆう》とし、帝顓頊を高陽《こうよう》とし、帝嚳を高辛《こうしん》とし、帝堯を陶唐《とうとう》とし、帝舜を有虞《ゆうぐ》とし、帝禹を夏后《かこう》とした。そして夏后は氏を分けて、姓は姒氏《じし》である」という。黄帝から舜までは、同じ姓の姫《き》であるが、禹が興した夏は姒氏として独立した氏族となったとする。同じように殷の姓は子《し》であり、周の姓は姫であると述べている。

ともかく、黄河中流域から渭河流域にかけての諸族は、同じ祖先からなる同族という意識があって、新しく王朝を形成した夏は、その中から独立した家系を名乗るようになったということではなかろうか。

洪水伝説と強力な王権による治水事業の関係

同族意識がある黄帝から舜は、はたして本当に血縁関係を背景にしているのであろうか。司馬遷がそれぞれの天子が国号を変えているというように、黄河中流域から渭河流域に至る地域の小地域集団の覇者が、こうした王名として後の時代に語り継がれたのではなかろうか。

私は、ここで黄帝から舜に至る黄河中流域から渭河流域の地域集団を華夏《かか》系諸族と呼んでおきたい。華夏系諸族は蚩尤《しゆう》や共工《きょうこう》あるいは南方の三苗《さんびょう》などと対立した、あるいはこうした異なった地域集団が存在し、互いに交流や対立があって一つの世界観を形成していたということであろう。

この世界観には、『史記』を含めて後の殷周代の中国世界観が影響しており、華夏系諸族を中心に司馬遷は伝説をまとめ上げているのである。私たちは、いささか司馬遷の目から離れてこの時代を見る必要があるであろう。

その意味で興味深い研究に、佐藤長《さとうひさし》氏の伝説に関する文献学的研究がある。佐藤氏によれば、山西南部には日神・水神を崇拝する集団があり、日神は堯《ぎょう》となり、水神は禹《う》となる。水神の禹は黄河中流域に進出して夏王朝に祀《まつ》られる。一方、山東西部には農耕神の舜《しゅん》が崇拝されたとする。例えば、「五帝本紀」では、「舜は冀州《きしゅう》の人である。舜は歴山《れきざん》で農耕をし、雷沢《らいたく》に漁撈し、河浜《かひん》で陶器をやき、寿丘《じゅきゅう》で日常用具を作り、負夏《ふか》で商いをして利益をおさめた」と記されている。

先ほど私は、舜を冀州の人であることから、山西の出身としたが、歴山や雷沢などの地名を巡って、山西という説と山東西部という二つの説が古来から議論されてきている。伝説の地名を比定する際にも、各時代の歴史的評価があり、それが正しいかはにわかに判断できない。ここでは、佐藤氏の説をこれ以上細かく検討する余裕はないが、すでに述べたように、司馬遷は司馬遷で意図した伝説の解釈が存在することを読者に知っていただきたいのである。なお、堯や舜の伝説と考古学的な事実との関係については、第八章で改めてふれることとする。

「五帝本紀」でもう一つ注目しておく必要があるのが、洪水伝説である。

堯帝のころ、「舜はまた初めて天下を十二州に分かち、河川の流れを治めて水害を防いだ」とあり、続けて「四嶽《しがく》が鯀《こん》を挙げて洪水を治めさせようと勧めた。堯は、だめだと考えたが、四嶽がどうしてもやらせてほしいと懇請した。やらせてみると、何の効果もあがらず、百官《ひゃっかん》も人民もおかげを蒙らなかった」とある。同じ記事は、「夏本紀」の冒頭にでてくる。帝堯の時に、洪水が天下を覆《おお》い、人民が大変苦しんだ。そこで帝堯は治水の任にあたらせる人物を天下に求めた。群臣たちの助言を聞き、鯀に嫌々ながら任せることとした。しかし鯀は九年経っても何の効果も上げることができなかった。

新たに登用された舜は全国を巡行した際、鯀が何ら功績を挙げていないことを認め、舜は鯀を誅罰した。その後、帝についた舜は、鯀の子である禹を登用して父の治水事業を継続させることとした。禹は勤勉で徳をそなえており、測量技術にも秀でているところから、治水事業に功績があり、低湿地に稲を植えさせるなどして食糧の増産に努めたというのである。

禹は夏王朝の創始者でもあり、治水事業が初期国家形成期の強力な王権のもとに遂行された事業であることを物語っているのかもしれない。また、五帝時代末期にはたびたび洪水が襲い、人民が苦しんだことを意味しているのかもしれない。

一方、新石器時代終末期に諸地域の地域文化が突然終焉を迎える事実を洪水伝説と結びつけて、洪水によって発展していた地域文化が突然崩壊したとする解釈を持つ研究者も多い。しかしながら、洪水と文化の消滅を明確に結びつける考古学的事実はこれまでのところ充分にはない。

少なくとも禹の治水伝説とは、農耕社会において治水事業は大きな意味を持ち、それを行うには大きな力すなわち政治力が必要であることを意味している。この治水事業が事実であるとするならば、国家段階への移行期を示していることになるであろう。

三皇神話と盤古伝説

「三皇本紀」は司馬貞が唐代に補筆したもの

五帝時代よりさらに遡る三皇神話が記述されているのが、『史記』の「三皇本紀《さんこうほんぎ》」である。実は司馬遷自身が編纂した『史記』には「三皇本紀」はない。唐《とう》代の司馬貞《しばてい》の補筆である。

司馬遷は確実なものを選んで『史記』を編纂したと自らが語るように、不確実な伝説は歴史記述としては採用しなかった。また、三皇や五帝に関しては、後世の儒学者によっては多少比定された人物名が異なっている。前漢の孔安国《こうあんこく》が『尚書《しょうしょ》』の序に述べた説と後漢の鄭康成《ていこうせい》の説が対立していたが、唐代の司馬貞は後者の鄭康成の説を支持して、この補説を書いたようである。しかし、どちらにしろあまりあてにならない話である。

三皇に関する伝説は唐代までに流布していた伝説を、その当時の儒学者がまとめたに過ぎないが、一方では、自らの祖先あるいは人類の起源に関心が生まれ、それをどうしても体系化しないではいられなかったというのが実状であろう。

「三皇本紀」によれば、三皇とは伏羲《ふっき》、女媧《じょか》、神農《しんのう》である。伏羲と女媧は蛇身人首と表現され、神農は人身牛首として表現される。人間ではない。その点では神に近く、五帝のような人間くささはない。神農とは炎帝《えんてい》のことであり、姜姓《きょうせい》である。周代の諸侯には、斉《せい》、許《きょ》や呂《りょ》など姜姓を名のる氏族がいるが、これらの氏族の祖先として必要な神であったのかもしれない。また、姜を姓としたのは炎帝が姜水のほとりに成長したからだという。姜水とは現在の陝西省岐山県《せんせいしょうきざんけん》にあり、神農も渭《い》河《が》流域に地域的な母胎があることになるのである。

ところで五帝の最初の天子である黄帝は、神農の子孫の徳のなさから、代わって天子になったと「五帝本紀」には記されている。『史記』の構成上、神農の来歴を表すことが必要になるのである。このあたりに唐代の司馬貞の補筆が必要となるゆえんがあったであろう。また、その神農が人間でなかったこともおもしろい。司馬遷はそのような神を歴史記述には採用しなかったのである。しかし、どちらにしろ記述上は、神農、五帝も渭河流域から黄河中流域に基盤を置く、華夏系の神話である。

伏羲・女媧　山東省武氏祠画像石に見られる伏羲・女媧の図。伏羲は左手に曲尺を持ち、女媧は右手にコンパスを持っている

一方、伏羲、女媧は、漢代以降の画像石や墓葬壁画にもよく登場しているように、民間信仰として漢代以降一定の立場を有していた。これが唐代に三皇として記される原因となったのではないか。

漢代の画像石には、しばしば曲尺を握った伏羲と「ぶんまわし」（コンパス）を握った女媧が描かれている。ともに蛇身人首の身を呈し、互いに腰から下の蛇身の尾を絡ませている像がよく見られる。古代伝説では伏羲と女媧は夫婦であり、その交わりを象徴するかのような具象である。

中国西南地区のミャオ族やヤオ族の伝説では、伏羲と女媧は実の兄妹であったが、のちに夫婦となったというものである。雷神の怒りのための大洪水ですべての人々は息絶え、大きな胡盧《ころ》（ひょうたん）のなかに隠れていた兄妹だけが生き延び、結婚して夫婦となり、人類再生の祖先となったという洪水伝説である。いささか旧約聖書にでてくるノアの箱船伝説に似た、あるいはアダムとイブの伝説に似た内容である。

こうした伝説がどの時代まで遡る伝説であるかよく分からないが、漢代の画像石のモチーフはこうした伝説を踏まえたものであり、同時にこの時代にこの伝説が流布していたことを物語っている。しかし図像学的に見れば、伏羲と女媧がともに現れるのは、遡っても前漢中期の壁画であり、蛇身人首の伏羲と女媧が絡み合う図像は、前漢末期から後漢代において見られ始める。それら以前の前漢初期である馬王堆《まおうたい》《マワントウイ》一号漢墓の帛画《はくが》には、単独で女媧が描かれている。

「三皇本紀」に見られるように初期には伏羲、女媧が単独の神であり、後に夫婦として人類再生の神になったのであろうか。

天地を開闢した漢民族の祖先が「盤古」

では、世界を創造したのはいつの時代というのであろう。戦国後期の楚国にあって非業の死を遂げた屈原《くつげん》は、詩「天問」のなかで、世界はどのようにして生まれ、宇宙はどのようにして形成されたのかを問うている。しかし屈原はその答えはもっていなかった。かの時代そうした創世神話はなかったのであろうか。

中国で天地を開闢《かいびゃく》した人として盤古《ばんこ》が有名である。いわゆる盤古神話である。三国時代の呉《ご》の徐聖《じょせい》が南方の少数民族に伝わる神話を集め、盤古を天地開闢した漢民族の祖先としてまとめたのが『三五歴記《さんごれきき》』である。

それによれば、天地がまだ分かれていないとき、宇宙は混沌として暗黒であり、大きな鶏卵のようであり、盤古はその大きな鶏卵のなかに育った。ある日、盤古は手斧を持ち出し混沌とした暗黒めがけて手斧を振りおろすと、大きな鶏卵は割れ始め、天と地が分かれだした。盤古は再び天と地が合体することを恐れ、頭で天を支え足で地を踏ん張って天地の間に立ちはだかった。盤古が天地を支えること何年経ったか分からない。ついに天地が再び合体する恐れがなくなったころ、盤古は臨終を迎える。死に際して盤古の体の一部は太陽、月、山、川などの自然界に化身し、世界が誕生したのである。

盤古神話は、伏羲・女媧神話の内容より古い時代を扱っているが、こうした内容がまとめられたのが『三五歴記』のように三国時代であることは、もともと神話として伝承してきたものであっても、その来歴は比較的新しい段階のものであったと考えるべきであろう。伏羲・女媧神話にしろ盤古神話にしろ、司馬遷が編纂した段階の『史記』には出てこないものであり、漢代以降に宇宙や世界の成り立ちへの関心、あるいは漢民族の祖先を正統づける必要性から生まれたものであると考えられるのである。

いわば、こうした神話はもともとそうした内容が先秦期から伝えられていた可能性があるが、それが体系化されたのは漢代以降とすることができ、漢代以降の価値観が付与されていることは間違いない。こうした神話は、一度脇に置いて歴史が語られるべきであろう。

『山海経』と地域の神々

先史時代の神々

五帝は公孫氏《こうそんし》であり姓は姫《き》、それに遡る炎帝《えんてい》は神農氏《しんのうし》であり姜姓《きょうせい》を名乗るというように、それぞれが姓をもつことは、殷周時代の氏族の家系の正統性を主張するものであり、これら伝説の天子は氏族の祖先神としての意味合いが強かったであろう。また、周も同じ姫姓を名乗りながらも、夏王朝の始祖である禹がわざわざ別の姓として区分されている点は、「五帝本紀」に記載された神話が周王朝を正統化する意図をもっていたことを示しているのではなかろうか。あるいは、周王朝に伝わった書物を司馬遷が編纂した結果であったのかもしれない。したがって周は五帝の家系を正統に継ぐものとなっている。

おまけに黄帝が死後、陝西省橋山に葬られたというのも、周の出身地に近いこととも重なり合い、周と黄帝までの家系が同じものであることを意識的に示そうとした伝承という気がする。

ここに来て、三皇五帝の華夏《かか》系神話を渭河流域から黄河中流域の神話としたことに読者は納得がいくのではないだろうか。まさしくこうした神話が、殷周の祖先神を物語り、かつ殷周の家系的な正統性を示すためにあったのである。

「三皇本紀」や「五帝本紀」で示された祖先神以外に、少皞《しょうこう》という氏族が存在する。周の歴史を戦国時代以降に書き加えて編纂された『逸周書《いつしゅうしょ》』「嘗麦篇《しょうばくへん》」には、「蚩尤《しゆう》に命じて少皞を寓せしめ、以て四方に臨み、……」とあり、蚩尤と同じ時期すなわち黄帝と同じころに少皞氏がいたことが分かる。

『春秋左氏伝《しゅんじゅうさしでん》』昭公《しょうこう》一七年の条に、「昔、黄帝氏には雲を印したので、長官に雲の名をつけ、炎帝氏には火を印したので長官に火の名をつけ、共工氏には水を印したので長官に水の名をつけ、大皞《たいこうし》氏には龍を印したので長官に龍の名をつけました。わが始祖少皞摯《しょうこうし》が即位すると、時あたかも鳳鳥が飛来する瑞兆《ずいちょう》があったので、鳥を印することとし、長官に鳥の名をつけました」とある。

わが始祖とは魯国《ろこく》の始祖という意味であり、魯の祖先神は少皞であると春秋時代には考えられていたのであろう。

また、同じ『春秋左氏伝』昭公一七年の条には、「もし火災が起こるとすれば、きっと四カ国が該当する。それは宋《そう》・衛《えい》・陳《ちん》・鄭《てい》だろう。宋は大辰《だいしん》の分野に相当するし、陳は大皞《だいこう》の故居《こきょ》、鄭は祝融《しゅくゆう》の故居で、いずれも大火の分野に含まれる。彗星の尾は天河に達しており、天漢は水だが、衛は顓頊の故居すなわち天丘にあって、その星は大水に当たる」とある。春秋時代には、魯と同じように、大皞が陳国の、祝融が鄭国の、顓頊が衛の祖先神と考えられていたのである。

渭河流域と黄河中流域の華夏系神話の縁辺部として、大皞が今の河南省東部淮陽《わいよう》付近に、少皞が今の山東省西部にあり、それぞれが龍と鳥をシンボルとしていたことは興味深い。こうした図像が氏族標識となっていた可能性が考えられるのである。

一方、こうした祖先神とは異なる自然界のさまざまな神が『山海経《せんがいきょう》』にでてくる。『山海経』は「大荒四経《だいこうしきょう》」四篇、「海内経《かいだいきょう》」一篇、「五蔵山経《ごぞうさんきょう》」五篇、「海外四経《かいがいしきょう》」四篇、「海内四《かいだいし》経《きょう》」四篇の五つから成り立つが、これらは大きく三段階に分けて戦国時代から前漢初期にかけて順次編纂されたものである。

陸思賢《りくしけん》《ルスジエン》によれば、それらは大きく三類に分けることができるという。日神、月神、星神、雲神などを含む天神。地母神を主として、山神、河神、水神などを含む地神。歳神、四方の神、四季の神、時間の神、風神、雨神、雷神、火神などを含む天地の神である。これら天や地など自然界のあらゆるところにすむ神々を、先秦時代（統一秦以前の時代）の人々は鬼神《きしん》と呼んだ。こうした鬼神たちは、『山海経』などを含めて文献には断片的にでてくるが、これが実際の先史時代から殷周時代の何にあたるかとなると、答えは難しい問題となっていく。

京都大学名誉教授の林巳奈夫《はやしみなお》氏は、後に述べる新石器時代の河姆渡《かぼと》《フムトウ》文化や良渚《りょうしょ》《リャンジュ》文化に見られる図像から、日神、火神、朱鳥《しゅちょう》を読みとられている。また、殷周時代の最高神である「帝」は、青銅器文様によくでてくる饕餮《とうてつ》であることを論じられている。

この饕餮の図像は新石器時代の太陽神に遡るものであるとされ、先史時代の図像にも大きな意味があるのである。また、殷周の青銅器にはさまざまな鬼神が文様として鋳造されている。こうした神々は土地土地の神に由来しているのであるが、殷周期に先立つ五帝時代すなわち新石器時代にもさまざまな図像が見られ、当時の神々を表している。

先史時代における各地の神々が統合・淘汰あるいは創造され、殷周期の神々に繋がるであろうとは容易に想像できるのであるが、それを体系的に説明することはたいそう難しい。さらに殷周期の神々が、統合・淘汰・創造を受けて戦国時代から前漢の『山海経』に語られていると考えるべきであろう。先史時代の神々を探るには、こうした幾重にも捻《ね》じれさらには断たれた糸を、ほどき繋ぎ合わせて復元していかなければならない。

神話と考古学

先史世界では地域それぞれに神々が存在した

本巻で扱う大半の時代は、先史時代として時代区分された時代である。文献史料に歴史記述として書き記されていない時代であり、たとえその内容が書かれていたとしても伝説として扱われる時代である。

例えば司馬遷が『史記』を編纂した時代に、司馬遷はその時代から一〇〇〇年以上遡った「殷本紀」を、さらにその前の「夏本紀」を、そしてそれを遡る「五帝本紀」を記述している。現代の歴史家が、平安時代以前の歴史を編纂しているようなものである。『史記』が書かれた時代にすでに伝説化しているわけであるから、それが事実であるかははなはだ曖昧模糊《あいまいもこ》としたものであり、証明するのも難しい。

神話は、神話学として体系的にかつ構造的に捉えられ、自然現象の表現、社会組織としての表象、儀礼との関係などから、神話の意味が解釈される。しかし、文献史料に残された神話は、断片的であり、かつ史料編纂時の解釈や価値観、あるいは史料的な限界を反映している。本来のあり方をどれほど伝えているかは、はなはだ疑わしい。史料があまりに限られているからである。神話がある種の事実を伝えている可能性は高いのであるが、それが歴史的な意味を持つものであるかを判断するのは難しいのである。

これまで述べてきたように、神話は、それが記された時代の価値観を背景にしている可能性がある場合があり、あるいは王朝や家系の正統性を述べる必要性から生まれた場合もあるであろう。とくに、後者に関しては祖先神のところでその危険性を指摘してきた。

また、自らのアイデンティティを求める社会の価値観に応じて神話が記述されることは、前漢の『史記』の段階では記されなかった伏羲・女媧などの三皇が、その後、唐代に「三皇本紀」として『史記』に補説されるなどがその例ではなかろうか。

図像学的に見た場合、前漢初期には女媧は単独に扱われており、前漢中期以降、伏羲・女媧が組み合わさってモチーフとなり、さらにそれらが絡み合うのは前漢末から後漢にかけてである。

伏羲・女媧の人類再生神話や世界を創造した盤古神話が一般化するのが、漢代以降であり、こうした世界観を生み出す必要性が漢代にあったことが知られるのである。それ以前の世界観がこのように広大なものであったのかは何人も知ることができない。

祖先神に限ってみれば、周王朝の正統性を説明するための神話が選ばれている可能性もあろう。したがって、五帝時代の世界観も、南方の一部を含めた渭河流域と黄河中流域に限られた狭いものであり、華夏系神話として中国世界の一部のものでしかない可能性が高いであろう。

それに比べ、『山海経』などに記された自然神は、かなり広い世界観を背景にして書き記された可能性が高い。しかし、それとても戦国時代から前漢初期の中国世界観の中で生まれた鬼神像なのである。

殷周を遡る五帝時代など先史世界の鬼神は多様であり、それぞれの地域の神々が存在したに違いない。私たちは、文献に残された華夏系神話のみにとらわれて先史世界を語ってはならないのである。

歴史学が人文科学として存在するならば、科学たらねばならないが、証明できなければ科学ではなくなる。一九世紀後半に確立した考古学という学問が、科学的な手法でこれまで曖昧模糊とした時代にメスを入れてきたのである。一方で、文献記述にない時代を扱うところから先史学とも呼ばれる。

本巻の内容の大半は考古学や先史学が対象とする時代である。はたして中国の考古学はどのように始まり、現在に至っているのであろうか。次章ではしばらく中国考古学の歴史をひも解いてみることにする。

第二章　中国発掘物語

中国考古学の歴史

近代歴史学の夜明け

中国は王朝国家でもある。歴代の王朝の歴史に連なって正当に皇位を継承した王朝が、先立つ王朝の正史をまとめるのが習わしである。二十四史がそれに当たるが、その最初の正史は前漢《ぜんかん》の司馬遷《しばせん》が編纂した『史記《しき》』であることはすでに述べた。

中国では漢代以来こうした正史を中心とする文献記載を信じ、儒学者たちがその内容を吟味する訓詁学《くんこがく》が盛んであった。清朝《しんちょう》末期、欧米列強の圧力が中国に飛来するに及び、清朝も開国を余儀なくされた。当時、産業革命を果たし植民地を競って拡大させていったヨーロッパ人から見れば、中国やインドは停滞した専制国家であるというレッテルが貼られていた。「アジア的生産様式」というマルクス主義的歴史学における見方も、当時のアジアにおける専制国家の存在が背景にあり、アジアから見ればある種侮蔑的な歴史認識でもあった。

こうした政治的状況の中で、一九一九年には五・四運動《ごしうんどう》という大衆的愛国運動が起きたのもよく知られていることである。直接的には日本の侵略政策への反対運動であったが、一方では五・四運動以前から存在した文化啓蒙運動でもあった。その運動とは、旧来の家族制度や儒教などを打倒し、西欧近代思想に学ぶ新文化運動である。

　歴史学においても当然こうした運動の潮流に乗り、近代的な学問体系すなわち科学的でなければならないとする方向性が生まれるのである。その結果、文献記載における信憑性を疑う疑古派が生まれていく。疑古派の旗頭は「古史弁《こしべん》」派を創始した顧頡剛《こけつごう》であり、西欧近代科学の方法を導入して歴史を解釈するものである。ここに中国における近代歴史学の夜明けがあった。『史記』の「夏本紀《かほんぎ》」や「殷本紀《いんほんぎ》」に記載された夏王朝や殷王朝が本当に存在するのか、疑問が持たれたのも当然であろう。

　現在から約一〇〇年前の清朝末期に、国子監祭酒《こくしかんさいしゅ》（国学の長官）の王懿栄《おういえい》と、その食客であった劉鉄雲《りゅうてつうん》が甲骨《こうこつ》文字を発見したことは、近代歴史学の一大事件であった。とくに、清朝《しんちょう》考証学の伝統を踏まえた羅振玉《らしんぎょく》や王国維《おうこくい》などによって、甲骨文字が解読されたことが重要である。

　甲骨文字の中に殷という文字があり、殷王朝の存在が信用され始めたのは、近代歴史学の大きな成果ということができよう。しかも、王国維によって、甲骨文に示された殷王の名前と『史記』に示された殷王の系譜がほぼ一致することが明らかとなったのである。

　しかし、殷王朝が本当に存在するとすれば、殷王朝の存在を裏書きする殷そのものの遺跡を発見しなければならない。すなわち、当時、漢方薬の一種として貴重視された龍骨《りゅうこつ》すなわち甲骨そのものがどこから出てくるのか、その追跡調査が始まった。

日清戦争の敗北後、義和団《ぎわだん》事件を経て続く辛亥革命《しんがいかくめい》に至り、清朝が滅びる。新しく政権についた中華民国政府は、近代化の促進のため中央研究院を設立した。その初代中央研究院歴史語言研究所長は傅斯年《ふしねん》（フスニエン）である。

甲骨が河南省安陽小屯《かなんしょうあんようしょうとん》あたりで掘り出されていることが知られるや、傅斯年は、ハーバード大学で人類学を修めたばかりの李済《りさい》《リジ》に白羽の矢を立て、安陽の調査隊を組織させたのである。

話はやや前後するが、これより前に、中国政府が地質研究所に招いたスウェーデン人J・G・アンダーソンが、すでに学会で発表されていた龍歯《りゅうし》に注目し、一九二六年に北京郊外の周口店《しゅうこうてん》の石灰岩採掘場から化石人骨を発見するに至っている。化石が埋まっていたのは五〇万年前の地層と考えられ、化石人骨は北京《ペキン》原人と名付けられた。

当時、インドネシア・ジャワ島でオランダ人E・デュボアが化石人骨を発見し、旧人であるネアンデルタール人より古い原人であるという考えを示していたが、原人がアジアに拡散していることに疑問が持たれていた。しかし北京原人の発見はこの説を肯定するものになり、猿人《えんじん》（アウストラロピテクス属）がアフリカに出現して後、進化した原人がいち早くアジアに拡散したことを示したのである。今日も問題となっている人類進化の多系説にとってこれらの発見は貴重な根拠となるのである。

ところでアンダーソンは、一九二一年に遼寧省錦西県《りょうねいしょうきんせいけん》沙鍋屯《さかとん》《シャグオトン》遺跡で彩陶を発見している。同じ年、河南省澠池県《かなんしょうべんちけん》仰韶《ぎょうしょう》《ヤンシャオ》村でも彩陶を発見している。西アジアの新石器の彩陶と類似するところから中国にも新石器時代が存在したことを確証するとともに、西アジアとの関係に注目したのである。そのため続いて甘粛《かんしゅく》で調査を行い、同じく彩陶を発見する。甘粛彩陶《かんしゅくさいとう》と呼ばれるものである。アンダーソンは西アジアの彩陶文化が中国に伝播したと考えたのである。

また、一九二四年にはフランスの宣教師であるエミール・リサンとテイヤール・ド・シャルダンが内蒙古《うちもうこ》自治区赤峰《せきほう》市紅山後《こうざんご》（ホンシャンホウ）遺跡で彩陶を発見し、一九二三年にエミール・リサンらが寧夏《ねいか》回族《ホイぞく》自治区《じちく》武霊県《ぶりょうけん》水洞溝《すいどうこう》《シュイドンゴウ》で後期旧石器を発見している。

シルクロードでは、スウェーデンの地理学者であるスヴァン・ヘディン、イギリスの東洋学者であるオーレル・スタイン、フランスの東洋学者ポール・ペリオ、あるいは日本の大谷光瑞《おおたにこうずい》らにより探検が行われ、敦煌《とんこう》文書が持ち出されたのもこの時代である。すなわち一九〇〇年代―一九二〇年代である。

彩陶（上海博物館蔵）仰韶村出土

近代考古学の開拓者、濱田耕作の業績

日本人もこの時期、中国大陸への調査に乗り出す。京都帝国大学の濱田《はまだ》耕作《こうさく》教授と東京帝国大学原田《はらだ》淑人《よしと》教授、北京大学馬衡《ばこう》《マホン》教授らを中心に組織された東亜考古学会は、一九二七年に最初の大陸の調査である現在の遼寧省碧流河《へきりゅうが》河

口近くにある貔子窩《ひしか》《ピズウォ》遺跡を調査した。

日露戦争勝利後、満州、現在の中国東北部に権益を広げた日本にあって、考古学者もその地で本格的な発掘調査に乗り出したのである。

濱田耕作は、一九一一年の辛亥《しんがい》革命で日本に亡命してきた羅振玉が将来した殷墟《いんきょ》出土品に興味をもち、本来は殷墟の発掘を望んだと伝えられる。が、後に述べるように、一九二八年には中央研究院歴史語言研究所の手によって殷墟の発掘が始まったのであり、殷墟の発掘は断念せざるを得なかった。

東亜考古学会の発掘は、その後、当時の満州それも遼東《りょうとう》半島を中心に行われた。牧羊城《ぼくようじょう》《ムヤンチエン》遺跡、南山裡《なんざんり》《ナンシャンリ》の漢代遺跡、営城子《えいじょうし》《インチエンズ》の漢墓、羊頭窪《ようとうわ》《ヤントウワ》遺跡などである。また、エミール・リサンとテイヤール・ド・シャルダンが赤峰で発見した彩陶に興味を抱いた濱田耕作は、一九三五年、内蒙古自治区赤峰市紅山後《こうざんご》遺跡を調査し、彩陶文化と青銅器時代の二つの文化の存在を明らかにした。紅山後遺跡の彩陶文化は、現在、中国東北部における特殊な新石器文化と認識されている紅山文化の標識遺跡となったのである。

こうした業績をあげた濱田耕作は、大陸侵略と呼応した植民地考古学であるという批判は当然受けねばならないが、この点をおいて見た場合、この地域での近代考古学の開拓者という評価も可能であろうし、何にもまして、発掘後まもなく大部の発掘報告書を刊行された努力と意志に敬意を表したい。こうした調査は、近代考古学開拓期の調査であり、中には調査精度に問題を含む点もあるが、発掘報告書で示された考古学的な位置づけに関しては、今日の学問の基礎資料を提示しており、学問的な意義は現在においても生きている。

その後、遼東半島では日本学術振興会によって太平洋戦争開戦前後の一九四一年から一九四二年にかけて、四平山《しへいざん》《スピンシャン》積石塚《つみいしづか》、老鉄《ろうてつ》　山《ざん》《ラオティエシャン》積石塚、文家屯《ぶんかとん》《ウエンジアトン》貝塚、上馬石《じょうばせき》《シャンマシ》貝塚などの先史時代遺跡の調査が行われ、それらを最後に第二次世界大戦の終了をもって、日本人による大陸での調査は幕を閉じることになる。

殷墟発掘資料の受難の歴史

話を戻したい。初代中央研究院歴史語言研究所長となった傅斯年《ふしねん》は、『史記』「殷本紀」に記載された殷が存在することを科学的に証明しようと試みた。一九二八年、甲骨《こうこつ》文字が出土したという河南省安陽小屯《かなんしょうあんようしょうとん》に董作賓《とうさくひん》を派遣し予備的調査を行わせた。この結果、小屯は殷墟である可能性がますます高まった。

傅斯年は中国人自らの手で殷墟を本格的に発掘調査することにした。調査隊長には、その後、中国考古学の父となる李済《りさい》を任命した。ハーバード大学人類学部で近代考古学を学んだ李済は、董作賓のほか調査隊に若い有望な研究者を集めた。郭宝金《かくほうきん》、梁思永《りょうしえい》、呉金鼎《ごきんてい》、高去《こうきょ》尋《じん》、石璋如《せきしょうじょ》、夏鼐《かだい》らであった。殷墟での本格的調査は一九二九年に始まり、一九三〇年の山《さん》東省済南市章丘区龍山鎮城子崖《とうしょうさいなんししょうきゅうくりゅうざんちんじょうしがい》遺跡の調査を除き毎年進められ、日中戦争勃発により一九三七年の第一五次調査を最後に中断した。

この間、小屯における宗廟遺跡や大量の甲骨文字の発見、侯家荘《こうかそう》における王墓や祭祀坑の発見という輝かしい発掘成果は、安陽が殷墟であることを証明したのである。発掘によって出土した夥しい貴重な遺物は、安陽から歴史語言研究所があった南京《ナンキン》に移されたのである。一九三七年に始まったいわゆる日中戦争の拡大は、時の政権である中華民国《ちゅうかみんこく》政府においても危機感を募らせることになる。蔣介石《しょうかいせき》率いる国民党政府は、日本軍の戦域の拡大により、次第に後退せざるを得ず、最終的に四川省重慶《しせんしょうじゅうけい》に立てこもることになる。

この後退時において、安陽殷墟の遺物と故宮《こきゅう》にあった文物が南京博物院から、歴史語言研究所と共に、湖南省長沙《こなんしょうちょうさ》、雲南省昆明《うんなんしょうこんめい》、四川省李荘《りそう》へ移動を強いられたのである。この間、研究所所員の研究は細々と続けられはしたが、殷墟で発掘された発掘品の梱包が完全に解かれることはなかった。

甲骨文字にとってもそれは受難の歴史となった。中央研究院の移動の間、出土甲骨の正式報告書は、ほぼ出版段階に達していたが、戦争のために二度出版が頓挫している。発掘後約二〇年間を経て三度目の正直でやっと正式報告書が刊行されたという。刊行遅延ばかりではない、『小屯』乙編として出版されたH一二七土坑出土の甲骨は、発掘時には丁寧に単位ごとに取り上げられたにもかかわらず、戦争による移動によってバラバラの破片となり、二度と本来の形に復元できなくなってしまった。大いに資料的な価値を低めてしまったのである。

一九四五年第二次世界大戦は終了したが、まもなく中国大陸では蔣介石《しょうかいせき》率いる国民党軍と毛沢東《もうたくとう》率いる共産党軍との本格的な内戦が始まり、世相はますます混沌と化したのである。

陝西省延安《せんせいしょうえんあん》に拠点を置く中国共産党軍は、まず中国東北部を解放して形勢有利となり、次第に南下していく。共産党軍に包囲されながら内陸部に孤立化していく国民党軍は、アメリカの支援を得ながら急遽台湾へ逃れ、蔣介石は政権を保った。

　この時、故宮の文物と殷墟遺物はともに台北に移され、中央研究院歴史語言研究所は台北南港《なんこう》の地にやっと落ち着くことになったのである。今日、故宮博物院が北京と台北に分かれたのは、これが原因である。

　勝利した中国共産党は、一九四九年中華人民共和国《ちゅうかじんみんきょうわこく》の成立を北京にて宣言する。この時、安陽での発掘に参加した若き研究者たちも人生における大きな岐路の選択をせざるを得なかった。歴史語言研究所とともに台湾へ移動したのが傅斯年、李済、董作賓《とうさくひん》らの幹部であり、中華人民共和国に残留したのが郭宝金《かくほうきん》、梁思永《りょうしえい》、夏鼐《かだい》らであった。李済はその後、台湾大学の教授にもなり、台湾大学人類学部の育成に努めた。ここから張光直《ちょうこうちょく》《ジャングワンジ》も育ち、のち渡米してハーバード大学教授となり、世界に中国考古学の成果を広めた。

　一方、大陸に残った郭宝金、梁思永や夏鼐らは、中華人民共和国が組織する中国社会科学院考古研究所に入所し、大陸での調査を再開する。安陽での調査も建国後間もない一九五〇年に一三年ぶりに発掘調査が再開され、武官村大墓《ぶかんそんたいぼ》や祭祀坑の発掘で成果が収められた。一九五九年には安陽に調査事務所である工作站《こうさくたん》が設置され、研究者が常駐して発掘調査や研究にあたるようになった。今日における中国大陸での調査は、解放後からしばらくは社会科学院考古研究所が主導することになり、めざましい成果を上げたのである。

一九二〇年代—三〇年代と続く重要遺跡の発見

解放前の草創期における中国考古学界において、本書で述べることになる新石器時代の著名な遺跡がすでに知られている。その一つは、すでに述べた紅山文化の名称の由来となった紅山後遺跡である。また、一九二八年に発見された山東省《さんとうしょう》龍山鎮《りゅうざんちん》城子崖《じょうしがい》遺跡は、呉金鼎《ごきんてい》ら中央研究院歴史語言研究所によって一九三〇年と一九三一年の二回にわたって調査されている。興味深いことに、城子崖遺跡こそ龍山文化の標識遺跡となった遺跡である。城子崖遺跡の二回にわたる調査で発見された遺物も、現在、台湾の中央研究院歴史語言研究所にて収蔵されている。一九三六年には、浙江省西湖《せっこうしょうせいこ》博物館の施昕更《しきんこう》《シシンゲン》によって浙江省杭州市余《こうしゅうしよ》杭区良渚《こうくりょうしょ》で六ヵ所の黒陶文化遺跡が試掘された。これが絢爛豪華な玉器文化として後に有名になった良渚文化の最初の発見である。

すでに述べたように、一九二〇年代には、アンダーソンによって彩陶文化の遺跡が発見されている。一つが一九二一年に発見された河南省澠池《べんち》県仰韶《けんぎょうしょう》《ヤンシャオ》遺跡であり、今日の仰韶文化の標識遺跡となっている。二つ目がアンダーソンによって発見された甘粛彩陶である。こうしてみると、今日よく知られている各地の新石器時代文化も、第二次世界大戦以前に、仰韶文化、甘粛彩陶文化、紅山文化、山東龍山文化、良渚文化といった主要な文化の標識遺跡がすでに調査されていたのである。

こうしたなか、彩陶文化である仰韶文化と黒陶文化である龍山文化は異系統の民族であるとする有名な夷夏《いか》東西説《とうざいせつ》が、傅斯年によって出されたのもこの頃である。仰韶文化と龍山文化がそれを担う民族の差ではなく、年代差であると明確に確認されたのは、解放後の一九五九年に行われた河南省陝県廟底溝《せんけんびょうていこう》遺跡の発掘を待たねばならなかったのである。

中華人民共和国成立後、中国大陸各地の調査や発掘を推進していったのが中国社会科学院考古研究所（当初、中国科学院考古研究所と呼ばれる）である。解放後まもない一九五〇年に成立した。初代所長は鄭振鐸《ていしんたく》、のちに尹達《いんたつ》、さらにイギリスで近代考古学を学んだ夏鼐《かだい》を指導者として、蘇秉琦《そへいき》、王仲殊《おうちゅうしゅ》、徐平芳《じょへいほう》、安志敏《あんしびん》などが活躍した。

中華人民共和国成立後まもなく、殷墟以外にも瑠璃閣《るりかく》遺跡において殷代中期の存在を明らかにし、また固囲村《こいそん》遺跡では三基の戦国魏国墓の発掘調査が行われた。一九五四年には洛陽に工作站《グウェイツン》すなわち調査事務所を置き、その後、西安研究室や安陽工作站を設立して、組織的な調査が長期間に亘って継続された。これはいわば一つ一つの調査が国家的なプロジェクトの様相を呈していたのである。

一方で、若き研究者を育てるのは北京大学歴史系考古学専業、後の北京大学考古学系である。一九五二年に正式に成立した北京大学歴史系考古学専業の指導者は蘇秉琦、兪偉超《ゆいちょう》、宿《しゅく》白《はく》、鄒衡《すうこう》、厳文明《げんぶんめい》らである。北京大学考古学系も中国社会科学院考古研究所と共同で一連の調査を行ってきた。こうした調査機関と教育機関が車の両輪となり、新生中国考古学は発展していったのである。

新石器時代の研究に限っていえば、建国後まもなく一九五四年には、中国社会科学院考古研究所主催によって西安半坡《せいあんはんぱ》《バンポ》遺跡の調査が行われ、一つの集落遺跡が全面的に発掘されるという快挙があった。その後、文化大革命に至るまで、北首嶺《ほくしゅれい》《ベイショウリン》遺跡、安陽後岡《あんようこうこう》《ホウガン》遺跡、山西省《さんせいしょう》西陰村《せいいんそん》《シーインツン》遺跡、甘粛省臨夏《かんしゅくしょうりんか》姫《き》《ジ》家《か》川《せん》《ジアチュエン》遺跡など、今日、考古学史上重要な遺跡が発掘調査された。同じく北京大学でも中原の土器編年の基準となる洛陽王湾《らくようおうわん》《ワンワン》遺跡や複数合葬墓が発見された元《げん》君《くん》廟《びょう》《ユエンジュンミャオ》仰韶《ぎょうしょう》墓地などが発掘調査されたのである。

一九六六年から一九七一年にかけて荒れ狂った文化大革命は、中国社会に大きな爪痕を残した。国家全体の社会的機能が麻痺した空白の期間であった。考古学研究もその影響をうけ、研究が止まった時期でもあった。とくに主要な学術雑誌である『考古』、『文物』、『考古学報』は停刊を余儀なくされた。また、発掘調査は中断せざるを得なかったが、そんな中でも一九六八年には前漢中山靖王劉勝《ぜんかんちゅうざんせいおうりゅうしょう》と夫人竇綰《とうわん》の夫婦墓である満城漢墓《まんじょうかんぼ》の発掘調査が、一九六九年には北京の元大都《げんだいと》の発掘調査が行われている。

大衆運動から政治運動と化した文化大革命が終息し、一九七二年から主要な学術雑誌も復刊した。この年から殷墟や二里頭遺跡の発掘が再開された。殷墟では孝民屯《こうみんとん》《シアオミントン》遺跡で完全な形の殷代車馬を保存することに成功し、二里頭遺跡では一号宮殿址が全面的に発掘され、その全貌が明らかとなったのである。こうして次第に、考古学的研究や発掘調査が全国的に再開され、調査・研究が盛んとなっていく。

現代中国と発掘

地方に続々と誕生の文物考古研究所

文化大革命による社会の混乱が次第に収まるとともに、考古学研究も再び活発となる。一九七二年にはアメリカ、続いて日本というように資本主義社会との国交が回復し、中国が次第に対外的に開かれていくことになる。とくに一九七八年一二月に鄧小平《とうしょうへい》による改革・開放路線が始まることにより、大きな路線転換とともに中国経済の成長が次第に加速していく。

こうした時期、これまで発掘調査が中国社会科学院考古研究所や北京大学を中心に行われていたのに対し、次第に地方の博物館や大学が自主的に調査を行うようになっていく。とくに八〇年代には、博物館から独立して独自に発掘調査を行う専門の研究機関として、地方の文物考古研究所が成立していく。

こうした地方での調査の進展は、七〇年代後半からの動きであろうが、改革・開放路線と軌を一にするように、一九八〇年代初頭にはこれまでの三大学術雑誌に加え、各地で地域の考古学専門の学術雑誌が刊行され始めるのである。一九八〇年、陝西省では『考古与文物』が、河南省で『中原文物』が、湖北省では『江漢考古』が創刊された。一九八一年には黒龍江省で『黒龍江文物叢刊』（のちに『北方文物』と改称）が、江西省で『農業考古』が、同じ年、内蒙古自治区でも『内蒙古文物考古』が創刊された。

その後、八〇年代後半までに、陝西省で『文博』、遼寧省で『遼海文物学刊《りょうかい》』、河南省で『華夏考古』、江蘇省で『東南文化』、江西省で『南方文物』、四川省で『四川文物』、新疆《しんきょう》ウイグル自治区で『新疆文物』、河北省で『文物春秋』、山西省で『文物季刊』（のちに『文物世界』と改称）が創刊されるという具合に、各省単位で考古学の専門学術雑誌が刊行された。そのほとんどが今日でも定期刊行雑誌として出版されている。

こうした、地方での活発な出版活動、さらに加速度的に増加した発掘報告書の出版は、これまでごく限られていた考古資料が、飛躍的に増加し、豊富な資料を背景として研究活動が深まっていくことを示している。さらに、調査後いち早く調査成果や調査資料を研究者が共有できる環境が整っていったのである。これは、一九九〇年代から中国各地で国際学術会議が始まることによって、さらに充実していったということができる。研究の新動向や新しい研究成果を国内の学者のみならず海外の研究者でも共有することができ、情報の公開という意味では大きな学問的な進展があったとすべきであろう。

一九九〇年代には、改革・開放路線による飛躍的な経済発展が中国で見られる。この経済発展は、一方では、中国各地での都市化を生み出し、経済発展する海浜地区と工業化が遅れた内陸部との経済格差を生み出している。これは省単位での経済格差やあるいは予算の差を生み出すことにもなる。一九七〇年代後半から一九八〇年代に各地で成立した考古研究所や文物考古研究所もこうした経済的な影響を受けざるを得ない。潤沢な調査費や研究費が捻出できる都市部の研究所もあれば、僅かな調査費しか捻出できない地方の研究所もある。自ずと経済格差は地域における考古学研究の進展の格差をも生むことになる。

周王陵の発見と騒がれる周原の発掘調査

さらに経済発展は急速な国土開発を引き起こしており、それに伴う遺跡の破壊に瀕した緊急調査が急速に増加しているのも、今日の特徴である。このことは、さらに考古資料の増加を生み、一方ではますます盛んとなる発掘報告書などの情報の普及活動が、考古資料情報の氾濫を引き起こしていることも現在的な事実であろう。日本の考古学が歩んだ道のりとかなり接近し、こうした問題は現在的な課題となりつつある。

中国の現代社会はあまりにも急激に変化しているように感じられてならない。この変化とは都市部での変化であり、近代的な建物が街の様相を一変させ、社会習慣をも変えていっている。何よりもファーストフードの店が、日本と同じようにあるいはアメリカと同じように巷に見られるのも、ここ数年の変化であろう。

ＩＴ社会への移行も激化しており、街にネットカフェが続出している。しかし、一方で遺跡見学をしたり調査に赴く田園地帯あるいは荒野は以前のように静かで、これが同じ国かと思わざるを得ない。このような社会変化は、大学の組織作りにも押し寄せてきている。日本でいえば大学院大学に近い制度が中国でも採用されつつある。

例えば、北京大学考古学系は、日本でいうと考古学部に相当する。旧石器、新石器—殷周、漢—唐といった時代別や古文字、陶磁器、博物館学、考古科学などの各種コースに分かれており、教員三四名を擁する大所帯である。これだけでも日本には存在しない大きな規模の考古学専門の教育組織であるにもかかわらず、一九九八年には新たに文物保護と古代建築の新コースを兼ね備えた考古学専門教育機関である北京大学考古文博院（別称、中国文物博物館学院）に衣替えしている。

さらに一九九九年、二〇〇〇年には、考古文博院に古代文明研究センターと中国考古学研究センターをオープンさせた。日本でいえば文部科学省が進めているＣＯＥ（Center of Excellence）のような制度に類似したものであり、高度な教育研究機関を目指すために特化的に予算配分されたものである。考古学ではこの他、吉林《きつりん》大学考古学系がこの制度を申請、採択されて、吉林大学辺疆《へんきょう》考古研究センターを立ち上げている。辺境地域の考古学的・形質人類学的な研究を行い、国際研究集会も盛んに行っている。

また、現在では国家的なプロジェクトとして、夏殷周の年代を科学的に明らかにする研究である夏殷周三代断代工程《かいんしゅうさんだいだんだいこうてい》が進んでいる。夏殷周三代とは、中国の最初の王朝である夏、殷墟の甲骨文字からその存在が明らかとなった殷、殷を滅ぼし封建制度によって国をまとめた周の時代である。

これら三代にわたる王朝は『史記』によって記述されてはいるが、その暦年代は西周王朝の共和元年、西暦紀元前八四一年以降しかわかっていない。それ以前は相対的な年代関係が知られるに過ぎない。したがって、殷の最後の王である紂王《ちゅうおう》を周の武王《ぶおう》が滅ぼした実年代についても、文献記述と古代天文現象との関係から各種の説があり、紀元前一一世紀頃といった年代が与えられているに過ぎない。ましてやさらに遡った殷の成立時期、あるいは殷の盤庚《ばんこう》が遷都した年代、さらには伝説の王朝である夏王朝の成立年代等々は、闇に包まれており決定的な証拠などない状況である。

これを考古学、歴史学、天文学、文化財科学などを総合して、最も実年代に近い年代を得ようとするのが、この夏殷周三代断代工程なのである。

この研究プロジェクトの一環として周の初期の都城があった周原《しゅうげん》では発掘調査が行われ、新たな調査成果が得られている。ごく最近では、こうした研究成果の延長として、周王陵の可能性が騒がれている。今のところ確実に周王陵であるかは不明であるが、これまで周王陵は全く知られておらず、これが正しいとすれば三〇〇〇年の時を経た大発見となる。その墓地は、陝西省岐山県周公廟付近にある。今後の発掘調査が大いに期待されるところである。

夏殷周三代断代工程とは、経済発展を遂げた中国が新たな民族意識のまとまりのために、古代の先進文明として自国を位置づけることにあるといえよう。かつて、漢代から唐代には、伏羲《ふっき》、女媧《じょか》、神農《しんのう》を三皇として伝説から引き出して史実と認識しようとしたように、自らの祖先を特定し、その先進性と文明性を鼓舞しようというのである。そして、この中国古代文明が世界に冠たる四大文明の一つであることを、さらに科学的に明らかにしようという国家戦略なのである。中国の大国意識は、現在ではこうした歴史観にも反映しているように見えてならないのである。

戦後の日本と中国考古学界

七〇年代末から可能になった若い研究者の中国留学

すでに述べたように第二次世界大戦前、大陸侵略に伴い中国東北部を中心として、日本人研究者が発掘調査に直接携わってきた。幸か不幸か、このことがこの地域の本格的な考古学調査を生んでいる。日本人研究者が当時から朝鮮半島や中国大陸に関心があったのは、日本列島にもたらされたさまざまな文化の源がこうした地域にあったからである。ヨーロッパ社会が自らの文明のルーツを西アジアに求め、植民地主義的な調査を行ったと同じように、日本の考古学調査にも当時の政治的支配意識が働いていたことは否めないであろう。

戦後、日本人研究者は大陸での調査から締め出され、五〇年間大陸での調査が不可能であった。この間、大陸のフィールドを失った考古学者は、大陸に最も近い対馬・壱岐や北海道東部での発掘に向かわざるを得なかった。日中国交回復以前は、直接の往来もほとんど不可能であり、『考古』、『文物』、『考古学報』といった主要な学術雑誌が唯一日本における中国考古学の基本資料となったのである。そうした中でも一九五七年には中国科学院の招待で原《はら》田淑人《だよしと》東京大学教授を団長に駒井和愛《こまいかずちか》、水野清一《みずのせいいち》など東京大学、京都大学の錚々たる面々が戦後初めて訪中した。香港経由で陸路広州に入り、南京、北京、敦煌《とんこう》、西安、洛陽など各地を巡り、また香港経由で日本へ帰国するという現在では考えられない遠回りをしての調査旅行であった。この間、団員の目には解放後間もない中国であったにもかかわらず、考古学資料の充実と国家をあげての遺跡の保護に感動したとされる。

この団員の最年少者は岡崎敬《おかざきたかし》であり、その次に若いのが樋口隆康《ひぐちたかやす》であった。当時二人は三〇代前半から半ばの青年期である。その後、樋口隆康は京都大学教授に、岡崎敬は九州大学教授になり、戦後日本における中国考古学を牽引してきた。こうした研究者にとって、戦前の蓄積があったとはいえ、直接現地や遺物に触れることができなかったのは、隔靴掻痒の感があり、内心忸怩たる思いがあったに違いない。一九七二年の日中国交正常化により、正式に往来が可能となったが、当初は研究者の交流はそれほど容易ではなかった。しかし、徐々にではあるが直接中国で資料を見ることが可能になったのである。

堰を切ったかのごとく日中での研究者の往来が活発になるのは、一九七八年一二月の改革・開放路線転換以降であろう。一九七九年には最初の日本人考古学研究者の中国への留学が可能になり、その後ほぼ毎年のように若き研究者が中国へ留学し、中国考古学を直に勉強できるようになってきている。

また、改革・開放路線の八〇年代は中国におけるまさに地方の時代の到来であり、各地で地域を単位とする考古学の学術雑誌が生まれ、研究資料の公開が豊富にかつ迅速に進むようになった。日本で中国考古学を専門にする学生が増え始めたのもこの頃からである。中国考古学が七〇年代以前のような遠い存在ではなくなったのである。かくいう私もこうした時代の落とし子であり、本格的な中国考古学研究を八〇年頃に始め、中国に留学する経験も積むことができた。樋口隆康、岡崎敬両先生からすればまさに隔世の感があるのではなかろうか。

八〇年代から本格的に盛んとなった日中の学術交流がさらに加速したのが、一九九一年二月に公布された考古渉外工作管理弁法の改正からであろう。この改正により、外国人研究者も中国人研究者との共同研究という条件付きのもとに、中国の大地で発掘調査に参加することができるようになった。これは、鄧小平の改革・開放路線の一環であることはいうまでもない。目的は、海外の進んだ考古学・保存科学の技術を学び、中国考古学の学問的発展を目論むものである。しばらく、共同発掘での体験談を語ってみたい。

国際共同調査と共同発掘

日本とアメリカの共同発掘調査の相違点

中国でこれまでに海外の研究者との共同研究が行われたもののうち、その相手国は主にアメリカと日本である。中国と日本との共同発掘調査は一九九五年に始まっている。詳しい内容は後ほど説明することにして、ここでは主な遺跡名だけを挙げておこう。

新石器時代遺跡としては湖北省陰湘城《こほくしょういんしょうじょう》遺跡、江蘇省草鞋山《こうそしょうそうあいざん》遺跡、浙江省普安橋《ふあんきょう》遺跡、内蒙古自治区岱海《たいかい》遺跡群、四川省宝墩《ほうとん》遺跡、湖南省城頭山《じょうとうざん》遺跡などがある。殷周代では二里岡《にりこう》文化の都城遺跡である河南省府城《ふじょう》遺跡がある。漢代以降では、新疆ウイグル自治区の交河故《こうかこ》

城《じょう》 城南区《じょうなんく》古墳群車師《しゃし》国《こく》時代墓、寧夏自治区での北周田弘《でんこう》墓、唐代史道洛《しどうらく》墓、新疆ウイグル自治区ニヤ遺跡、陝西省漢長《かんちょう》 安城《あんじょう》 桂宮《けいきゅう》二号遺跡などが挙げられるであろう。

一方、アメリカとの共同発掘調査では、新石器時代では山東省両 城鎮《りょうじょうちん》遺跡、江西省吊桶《ちょうとう》環《かん》遺跡・仙人洞《せんにんどう》遺跡、新石器時代から殷周時代として河南省商 丘《しょうきゅう》遺跡群、製塩遺跡である四川省中壩《ちゅうは》遺跡などが挙げられる。この他、山東省両城鎮遺跡周辺、河南省二里頭《にりとう》地区、河南省安陽周辺、河南省垣曲《えんきょく》周辺、内蒙古自治区赤峰地区などで遺跡の分布調査が精力的に進められている。地理情報システムなどのコンピュータによる空間分析を行い、遺跡分布の時代的変遷から、地域史の歴史的な大筋を把握するという研究が盛んである。

アメリカとの共同調査は、アメリカという国柄やそれまでの学問的な蓄積が日本に比べて少ないせいもあり、いきなり発掘調査に至るというよりは、綿密な遺跡分布調査を行い、その成果を踏まえて、発掘調査に移行する場合が多い。あるいはその前段階である遺跡分布調査を主眼とする場合が多い。事実、遺跡分布調査を網羅的に行うことにより、これまで知られていなかった遺跡が数多く発見されるに至り、かつそのことからこれまで見過ごされていた歴史的な展開に関する新たな解釈も生まれる場合が多い。この点などは、こうした緻密な調査が中国大陸でも必要なことを再認識させられる。

中国では、すでに遺跡分布が確認されていることから、見過ごされる研究分野であるが、東アジアに共存する日本人研究者にとっても、必要な視点と私は思う。

さて、私が参加した日中共同発掘調査は、湖北省陰湘 城《いんしょうじょう》遺跡、江蘇省草鞋山《そうあいざん》遺跡、内蒙古岱海《たいかい》遺跡群の三ヵ所である。陰湘城遺跡では、新石器時代の巨大な城壁を発掘した。草鞋山遺跡では、東アジア最古の水田址の発掘に参加することができた。そして岱海遺跡群では、長城地帯という気候変動の激しい地域における、環境と遺跡の関係を時間軸を通して明らかにできたのである。

実はこれらの共同発掘調査の前に、一九九〇年から三年間、遼寧省文物考古研究所との共同調査を経験していた。この三年間の調査は、発掘調査が許可される前のことでもあったこ

【日中共同発掘】

一九九一年の考古渉外工作管理弁法の改正により、国家文物局の批准をへて中国人研究者との共同研究・共同調査という形で、外国人研究者も中国での発掘調査に参加できるようになった。著者がこれまでに参加した共同調査は、湖北《こほく》省陰湘城《いんしょうじょう》遺跡、江蘇《こうそ》省草鞋山《そうあいざん》遺跡、内蒙古中南部岱海《たいかい》地区遺跡群の発掘調査である。陰湘城遺跡では屈家嶺《くつかれい》文化期の城址遺跡、草鞋山遺跡では馬家浜《ばかほう》文化期の水田遺跡を発掘した。一方、内蒙古岱海地区では三ヵ所で発掘を行い、王墓山坡上《おうぼさんはじょう》遺跡では海生不浪《かいせいふろう》文化期の集落、石虎山《せっこざん》遺跡では後岡《こうこう》文化期の環濠集落《かんごうしゅうらく》、飲牛溝《いんぎゅうこう》遺跡ではオルドス青銅器文化墓地を調査した。

江蘇省呉県草鞋山遺跡　紀元前4000年頃の水田遺構をいよいよ検出する

湖北省荊沙市陰湘城遺跡　城址遺跡（紀元前3000年頃）の中心部を発掘調査。土坑や住居跡が幾層にも重なっていた

内蒙古涼城県王墓山坡上遺跡　新石器時代中期末（紀元前3500～紀元前3000年）の集落遺跡。この発掘調査により23基の住居址が発見され、住居址の重なり合いや、住居址内部の遺跡から、時期的に3段階の変遷が判明した

とから、遺跡の測量調査と遺跡見学や遺物調査にあてられた。しかし国家文物局の正式な許可を得た最初の共同調査であった点は、団員全員が自負と責任を感じた調査でもあった。調査団の団長は日本側は大手前大学の秋山進午《あきやましんご》教授、中国側は当時の遼寧省文化庁副庁長の郭《かく》大順《たいじゅん》氏であった。

初年度は二里頭《にりとう》文化併行期の夏家店《かかてん》下層文化の城址遺跡である遼西の凌源県城子山《りょうげんけんじょうしざん》遺跡と、同じく夏家店下層文化の城址遺跡である阜新県南梁《ふしんけんなんりょう》遺跡の測量調査を行った。二年目は遼東半島の殷代併行期の積石塚《つみいしづか》である大連市《だいれんし》王山頭《おうざんとう》積石塚、三年目は遼東の支石墓《しせきぼ》墓地群である鳳城県東山大石蓋墓《だいせきがいぼ》の測量調査を行った。

平板とアリダード（平面測量具）を使ったごく簡単な平面測量、あるいは光波測距器（トータルステーション）といった測量機器を、考古学者自らが操ることはそれまでの中国考古学にはあまりなかったことのようで、われわれの単調な調査には中国側研究者はやや疑問をもっていたようでもあった。日本側研究者が、遺跡の測量からわれわれ考古学者がいかに情報を仕入れることができるかを力説しながら、晩秋から初冬の寒風刺す中で進めた調査が思い出される。

この測量調査の意義は、共同で発表した調査報告書に詳しく記しているが、発掘をせずともこういった地道な調査からさまざまな情報を得ることができることを示したつもりである。しかし、一方で、こうした測量調査を経験すると、この調査で得た情報から新たな仮説が生み出されるのであるが、その仮説が正しいのかどうか知りたいのが人情である。あそこに調査区を設けて発掘をすればこの仮説の真偽が判明するな、などと遺跡を見ながら思いを馳せたものである。

初参加の共同発掘、陰湘城遺跡の調査

私にとって念願の中国での発掘調査に初めて参加できる機会がとうとうやってきた。一九九五年春の湖北省《こほくしょう》荊沙《けいさ》市《し》陰湘城《いんしょうじょう》遺跡の発掘調査である。福岡市が主催した文化フォーラム派遣で京都大学人文科学研究所の岡村秀典《おかむらひでのり》助教授が前年にここを訪れ、交渉の後、発掘調査に漕ぎ着けたものである。福岡市文化フォーラムの主催で行われた発掘調査は、福岡市教育委員会と湖北省江陵県博物館の共同発掘として行われた。発掘の隊長は日本側は岡村秀典氏、中国側は江陵県博物館の新石器時代専門家である副館長の張《ちょう》 緒球《しょきゅう》氏である。

中国での共同調査や共同発掘でよく問題になるのが、宿舎である。われわれとしては簡易なものでよいのであるが、中国側はわれわれをお客さんとして待遇し、粗相のないよう努めようとする。それなりの施設を選ぼうとするから、たいていはホテルとなる。しかしホテルといっても遺跡近くにある場合はそうそうない。むしろよく保存されている遺跡は郊外にあるから、遺跡とホテルとの距離が比較的遠い場合も多い。欧米人の調査が実際主義的であり、簡易な宿泊施設か遺跡近くにテントを張り行われるのと大きく異なっている。私もロシア極東でロシア人との共同発掘を行った時、遺跡近くでテントを張り、川で体を洗う日々を送ったが、中国では外国人がこうした行為を行うことは許されない。これには治安上の問題

や食事の問題もあり、致し方ないのかもしれない。

普段粗食である中国人研究者も、外国人であるわれわれにはそれ相応の食事を出したいというのが彼らの発想であり、いわゆる中国人の面子《メンツ》である。中国人はしばしばこの面子にこだわる。われわれもそれぞれの交渉において、この面子を重んじて交渉に臨まなければならないのも、外国調査の宿命であろう。郷に入っては郷に従えである。おかげで、陰湘城の発掘調査の場合、ホテルと遺跡の間を車で一時間近く、さらに徒歩で四〇分かけて通うことになってしまった。一九九五年夏から一九九七年夏まで行った内蒙古岱海周辺での発掘調査では、工作站を改装して宿泊施設としたが、ここから調査現場まで片道二時間車に揺られたものである。

共同調査において、作業過程で問題になるのが、遺構や出土遺物を記録する方法である。日本人研究者はこうした点に滅法うるさい。やや国民的な性格にもよるが、正確な図面ができなければまともな調査でない気がしてくる。

中国側の調査は、イギリス考古学が伝統的に開発したグリッド調査である。五メートル四方のトレンチである発掘坑、すなわちグリッドをまず設定して発掘を行う。このトレンチは升目のようになっていて升目ごとには畦《あぜ》が残され、この畦が層位関係を把握するのに重要な武器となるのである。こうした方法は日本でもよく用いられるのであるが、問題は測量の基準座標である。一見碁盤の目のように組まれたグリッドも、実際はかなりいい加減な計測で組まれたものであり、ましてやそれが斜面上であれば斜距離になり、見た目はそれほどの誤差がなさそうであるが、実際に計測してみると五メートル四方のグリッドになっていない場合が大抵である。

かつての調査では、このグリッドあるいは升目を、実測用紙の升目と同じように扱い、実測基準としていた。しかし、これはかなりの誤差があるのは既に述べた通りである。日本では、こうした場合一般的に実測の基準座標としてトランシット（角度測量具）や光波測距器を使い、正確な基準座標を基準杭という形で地表に落としていく。こうした作業に九〇年代半ばの中国人考古学者はあまり慣れていなかった。あるいはこうした測量器具が揃っている調査機関は、それほどなかった。遼寧省での共同調査で測量調査を行った場合でもそうであったが、こうした測量の意義やグリッドを基準にした場合の測量誤差を、十分に説明することから始めねばならなかった。

陰湘城遺跡の場合、広大な面積の新石器時代の城址遺跡であったが、発掘調査に先立って正確な地形測量図を作成することができ、土塁とその外側を巡る環濠についての復元が可能となったのである。

経済大発展と発掘調査の増大

個々の発掘調査には、日本の調査においてもそうであるように、さまざまな苦労話があるが、それを吹き飛ばしてくれるのが、調査で疲れた後の食事であろう。それぞれの調査では経費節約もあって、既存の食堂を使うのではなく、土地の人を賄いとして雇い料理を作っていただいた。おかげで地方の家庭料理を味わうことができた。陰湘城でも草鞋山の発掘調査の折にも、ともに長粒米であるインディカが主食に使われていた。日頃ジャポニカになれてきたわれわれにとっては物足りない味であるはずが、炊き立ての蒸籠《せいろ》からでてきたインディカは香ばしくおいしいものであった。

中国は土地土地で味付けが異なる。草鞋山は比較的あっさりした味付けに対し、陰湘城はかなり唐辛子が利いていて辛い、さらに内蒙古は華北的な豪快な味という具合に違っている。食材も陰湘城では長江流域の川魚が沢山出てきて、遺跡から出てくる魚の種類を文献では知っていたが、それがいったいどの魚であるかは、こうした機会を通じて直《じか》に知ることができた。

もちろん内蒙古では羊料理がとびきりのご馳走で、羊の解体の仕方から、さまざまな羊料理も学ぶことができた。それとともに調査現場近くの住民の生活習慣も異なっている。調査に労働者として雇われた庶民と直に触れると、彼らの生活習慣や日々の生活などが分かってくる。また、周辺の家屋の見学などからも、陰湘城のある長江中流域と華北の内蒙古では集落の形態や居住空間さえも相当異なっている。このような差違は、過去に遡った先史時代にも当然あったに違いないというのが正直な感想である。

一方、草鞋山は都市の近郊農村として豊かになり、往年の水郷地帯の面影を残しながらも、農村が変貌していく様子が実感されるのである。農村に残されているさまざまな民俗について、早急に記録調査や聞き取り調査をすべきではないかと、外国人である私でもいささか焦りを感じてしまう。現に三峡《さんきょう》ダム建設のため周辺住民の立ち退きが始まっている。全国から考古学者が集められ、緊急の発掘調査が実施されて考古学的資料の記録はなされているが、民俗の調査はほとんどなされていない。長年住んできた住民たちの風俗・生活習慣や技術が急速に廃《すた》れ、記録のないまま過去の闇と化するのではなかろうかと危惧している。

ところで、二〇〇〇年に入り日中共同調査はやや下火となってきている。共同調査のためには、まず日本の文化庁にあたる文物局の許可が必要となる。現在の状況では、共同発掘への文物局の許可が当初に比べ難しくなっているという政治的な部分もあるが、中国人研究者の研究水準が上がり、外国との共同研究に魅力を感じなくなっていることも関係していよう。さらに近年の中国経済の発展は、こうした分野における外国からの経済的な支援もそれほど必要としなくなる段階に至っているように見える。

こうした中国経済の発展は、中国考古学へも別の意味で大きな刺激を与えている。日本の高度経済成長期と同じように各地で開発が進み、それに応じた緊急発掘がかつてなく増えているのである。さらにこうした発掘の成果を出版する機会も飛躍的に増えているといえよう。以前のような印刷技術の未熟さも克服され、きれいなカラー図版をふんだんに使った贅沢な学術報告書も珍しくないほど増えている。ましてやその値段も高価であり、研究者個人が一人ですべての報告書を集めることは経済的にも無理な段階に至っている。

こうした中、学問の発展は学問の細分化を生んでいるのである。資料の増加が、もはや以前のように中国考古学を外国考古学という立場で全時代を網羅的に体系づけるような、旧石器時代から歴史時代・貿易陶磁などまでオールラウンドに研究できる時代は終焉しつつある。一方、中国国内での地域間の研究交流は思いのほか進んでいない。地域を横断して全体的に資料を見ることのできる研究者は、中国国内でもごく一部の権威者に限られている。また、地域ごとに研究者の観点が違う場合もあるし、地域単位で遺跡や遺物の古さや貴重さを競う場合もあるのである。

このような状況下で、ましてや外国人考古学者であれば一層、先史時代を通史的に全地域的にまとめることは容易なことではない。しかし、こういう現状の中であえて中国先史社会をまとめてみようというのが、本書である。私も日中共同発掘調査に参加した経験や実地に遺物や遺跡を観察した経験を背景に、本書を執筆したいと思っているが果たしていかがなものになろうか。

次章では、中国大陸における農耕社会がいかにして生まれたかについて考えてみたい。

第三章　農耕の出現

人類の誕生と中国の旧石器時代

人類のアフリカ起源説と多元説

人類の起源はアフリカにある。従来、地質年代の第四紀更新世《こうしんせい》は人類が出現する時代と規定されていた。しかし、現在の古地磁気年代層序区分などの年代観では、一七七万年前をその境界とし、原人（ホモ・エレクトス）以降がこの地質年代に当たっている。

今や原人に先立つ猿人（アウストラロピテクス属）は第四紀更新世以前の第三紀鮮新世《せんしんせい》に遡り、人類の起源はエチオピアで一九九〇年代に発見されたラミダス猿人の発見によって五〇〇万年前に遡る勢いである。直立二足歩行が可能となった猿人は石器を発明した。現在最古の石器の発見例は、エチオピアのハダール地方での二五〇〇万年前に遡るものである。

人類が初めてアフリカを出てユーラシアに拡散したのが、イスラエルのウベイディア遺跡の例などからせいぜい一五〇万年前といわれている。これに対して、現在中国ではかなり古い地質年代を示す石器の報告が数ヵ所で見られる。安徽省人字洞《じんじどう》遺跡の年代は二四〇万～二〇〇万年前、四川省巫山県龍骨坡《ふざんけんりゅうこつは》遺跡は二一五万～一八七万年前、雲南省元謀《げんぼう》遺跡が一六〇

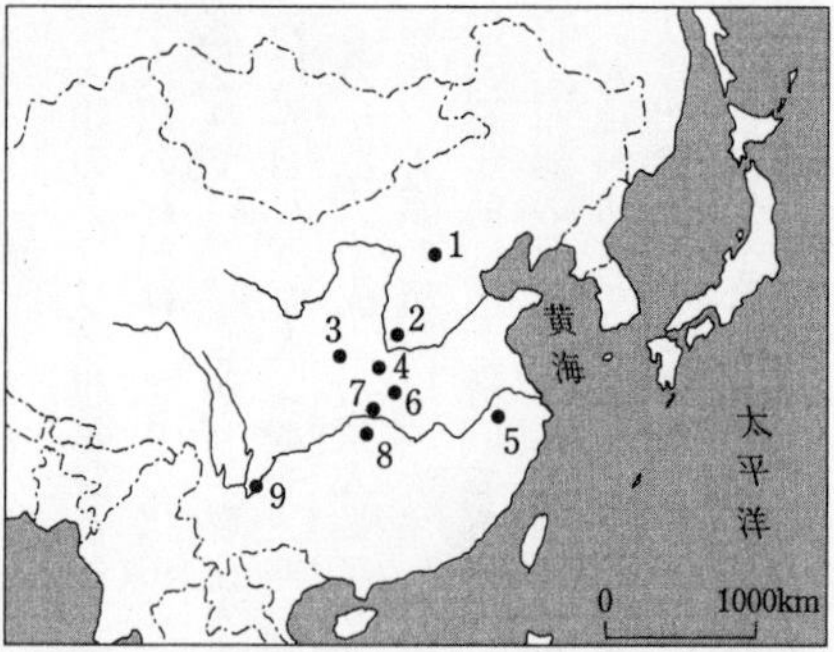

中国大陸の前期旧石器時代遺跡　1泥河湾遺跡群　2西侯度　3藍田公王嶺　4龍牙洞　5人字洞　6鄖県人　7巫山龍骨坡　8建始龍骨洞　9元謀

万年前あるいは一六〇万～一一〇万年前とされ、河北省小長梁《しょうちょうりょう》遺跡（泥河湾《でいかわん》遺跡群の一遺跡）が一八七万～一六七万年前あるいは一六〇万年前とされる。この他、前期更新世の遺跡として山西省西侯度《せいこうど》遺跡、湖北省建始《けんし》県《けん》龍骨洞《りゅうこつどう》遺跡、陝西省藍《らん》田《でん》公王嶺《こうおうれい》遺跡などが挙げられる。

　問題はこれらの遺跡から出土した石器とされるものが、真に石器として認定できるかということにある。人字洞遺跡に関しては石器とされるものの人為性が問題とされ、自然石と認定される場合があるように、これらの年代とともに石器そのものであるかの科学的な根拠を示すような議論を今後深める必要があろう。仮に人字洞遺跡のものを除いてその他すべてが人工品である石器であるとするならば、アフリカから拡散した人類はかなり早い段階に東アジアまで到達したことになる。

　さらに問題となるのは元謀遺跡から出土した人類の歯の化石である。元謀人と呼ばれる古人骨は、北京原人に類似するがより原始的であるとされる。東アジア最古の人類である元謀人も、地磁気年代測定に疑問をなげかけられ、せいぜい六〇万～五〇万年前のものであるという意見もあり、にわかに断定しがたい。ただし一九八四年の再調査では、元謀人の出土層位の年代が古地磁気年代測定法によって一八七万～一六七万年前とされている。中国最古の石器や人類化石の年代に関しては今しばらく科学的な議論が必要である。

旧石器捏造問題に揺れた日本考古学界における反省からいえば、安易な予見からの議論ではなく、科学的な議論を尽くすべきである。問題は、こうしたデータが信頼あるものであるとするならば、従来のアフリカ起源説をも再考すべき可能性が開けるからである。人類の多元説は現在の人種問題にも直結する可能性があり、慎重であらねばならず、さらなる学問的な進展と国際的な研究協力体制の確立の必要があろう。

周口店遺跡の発掘　1929年10月、裴文中撮影

アフリカの早期の石器文化と密接な関係がある

ところで中国の旧石器時代研究は、これまで華北を中心として旧石器時代遺跡が発見され、北京原人で有名な周口店遺跡など華北を中心とする研究が盛んであった。しかしここ二〇年以内で中国南部地方における旧石器遺跡の発見が急速に進み、中国の旧石器時代全

体の解釈も、一元的に見ることができないという根本的な変化を必要としている。それは北京大学の王幼平《おうようへい》教授に見られる一連の研究である。

中国南部の旧石器時代の代表的な遺跡としては、陝西省南鄭龍崗寺《なんていりゅうこうじ》遺跡や広西チワン族自治区新州《しんしゅう》遺跡がある。

龍崗寺遺跡は漢水上流の漢中盆地に位置する中部更新世の遺跡であるが、漢水上流に位置するところから、この場合は中国南部地方に含めて考えられる。

これら中国南部の遺跡の石器は、礫そのものを加工した単純な礫器に特徴があり、礫の一部を打ち欠いて石器とするチョッパーやチョッピング・トゥール、あるいは礫の一部を打ち欠いた残りの剝片を加工したスクレーパーからなる。またそうした石器の組み合わせに礫の全面を加工したハンド・アックスが伴っている。

かつてハーバード大学のモビウス教授は、アフリカから、ヨーロッパ、さらにインドまではハンド・アックスが分布し、これを越えた東南アジアや東アジアはチョッパーやチョッピング・トゥールが分布するという二大文化圏説を唱えた。礫器の中心がアフリカにあるのに対し、ハンド・アックスが欠落した東南アジアや東アジアは周辺であるという位置づけである。しかしこうした石器組成の分布圏上の違いといった考えは、すでに述べたような近年の発掘例からもはや通用しなくなっている。

アフリカでは、下部更新世から中部更新世へ移るに従い、典型オルドワン文化から発展オルドワン文化へと石器群が変化する。いわば、礫器文化が技術的に進化するのである。先に述べたように、アフリカから初めて人類が拡散した遺跡として、下部更新世のイスラエルのウベイディア遺跡が知られており、一四〇万～一一〇万年前という年代が測定されている。さらにグルジアのドマニシ遺跡でも、一五〇万年前の地層から原人化石人骨や石器が発見されている。

少なくとも一五〇万年前頃には、アフリカから原人がユーラシア大陸に拡散したのである。そしてヨーロッパではこうした文化を受容してハンド・アックスに特徴がある早期アシュール文化が生まれる。これは、アフリカの典型オルドワンを基礎に、ヨーロッパで生成された礫器文化である。

王幼平教授は、近年発見された中国南部地域中部更新世の石器の組み合わせを、アフリカやヨーロッパの中部更新世以前の石器と比較してみた。アフリカ・ヨーロッパ各地域の石器と中国南部の中部更新世の石器を比べた結果、最も石器の種類や組み合わせが類似しているのが、アフリカの典型オルドワン文化であると王幼平教授は見る。新しい段階であるアフリカの発展オルドワン文化やヨーロッパのアシュール文化より、より古い段階のものに類

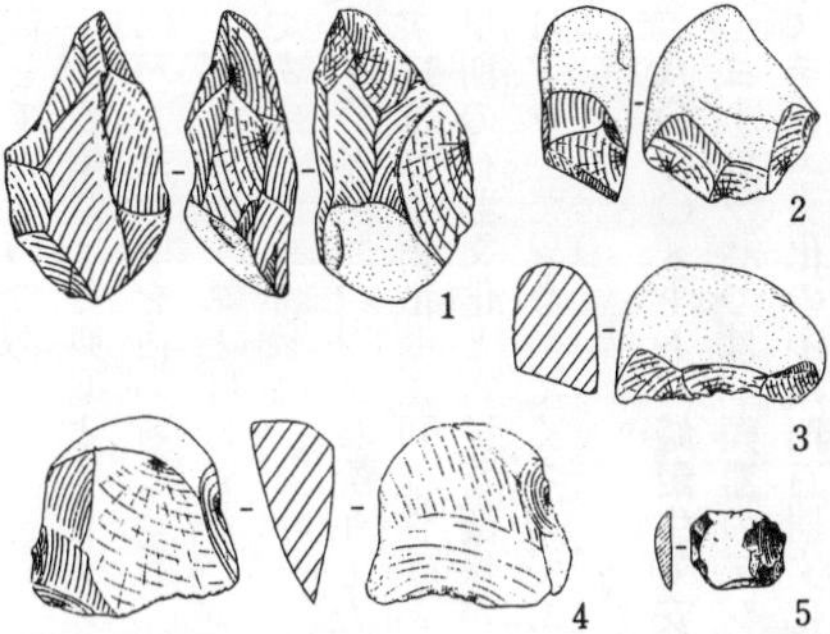

龍崗寺遺跡出土石器　1プロト・ハンド・アックス　2、3チョッパー　4、5スクレーパー

似しているのである。

この類似は、典型オルドワン文化と中国南部のものを比べた場合、ともにチョッパーが五〇パーセントを占めるという、石器の組み合わせにある。また両者では、ともにプロト・ハンド・アックスと呼ばれるハンド・アックスでも古相を帯びた石器技術しか認められないのである。

どうやらアフリカに発生した人類や、さらに人類が発明した石器技術は、いち早く東アジア南部にも拡散した可能性がある。あるいは、中国南部の古い石器群や古人類がアフリカの早期の石器文化と密接な関係があったと王幼平教授は考えるのである。では、その後の変化はどうして異なってくるのであろうか。

八〇〇〇メートル峰誕生で安定的に孤立した中国南部

ヨーロッパでは、礫器のアシュール文化から、剝片尖頭器などの剝片石器で構成されるムスティエ文化の中期旧石器文化、さらに後期旧石器文化ではナイフ形石器のオーリャック文化、両面加工尖頭器を特徴とするソリュートレ文化、さらに骨角器に特徴があるマドレーヌ文化とめまぐるしく変化している。

これに対して中国大陸南部では中部更新世と上部更新世とでは大きな変化は認められず、ゆっくりとした時の流れが認められるのである。この原因は、ヒマラヤ造山運動にある。第三紀鮮新世《せんしんせい》末期にはチベット高原の海抜高度はわずか一〇〇〇〜二〇〇〇メートルにすぎなかったものが、第四紀更新世になって突然ヒマラヤとチベット高原が隆起し現在と同じような海抜高度八〇〇〇メートルの景観に達したことにある。これにより、ユーラシア大陸における大きな障壁が形成され、ユーラシア東部すなわち東アジアがユーラシア大陸から隔離されたのである。

アジアの屋台骨であるヒマラヤ・チベット高原は、太平洋から流れて来る湿った空気を遮断し、東アジアに夏の湿潤と冬の冷涼乾燥という特異なモンスーンを与えた。この中で中国南部は亜熱帯・熱帯の湿潤な環境を更新世の間、比較的安定的に受けており、地理的に孤立した環境の中に、安定した人類生活があり、それが大きな石器の技術的な変遷をもたらさなかったのではないかと推定されている。

中部更新世の最暖温期には、亜熱帯の湿潤な森林帯は黄河中・下流域などの華北にまでのびており、礫器の分布の北限は黄河中流域にまで達している。いわば華南から長江中・下流域さらには黄河中流域に達するまでが、こうした礫器文化の文化領域であるといえよう。それは、熱帯や亜熱帯の森林帯に生息する豊富な植物資源が、この地域の人類に安定した食料源を提供しており、安定した持続的な礫器文化が続いたと考えられるのである。

一方、華北北部から西北地域さらには中国東北地域は、礫を加工した礫器と異なり、礫から打ち欠かれた剝片を石器とする小型剝片石器から成り立っており、華北南部から中国南部の石器とは大きく系統差を示している。華北北部の中部更新世に関する小型剝片石器に関しては、古地磁気測定法により、河北省の小長梁東谷坨《しょうちょうりょうとうこくだ》、岑家湾《しんかわん》の各遺跡の年代が一〇〇万年前に遡ると考えられている。

これらの遺跡の石器の原料である石材は、玉髄《ぎょくずい》、チャート、メノウなどの小振りの石材からなることから、小型剥片石器の製作原因がこうした小型石材に起因しているという考え方もある。

しかし、華北では従来、大型石器の匼河《あんが》―丁村《ていそん》系と小型剥片石器の周口店第一地点―峙峪《じよく》系に分かれると考えられていた。周口店第一地点とは、かの有名な北京原人が発見された場所である。大型石器の匼河―丁村系は、中国南部の礫器の系統と考えることができ、小型石器の周口店第一地点―峙峪系は、華北北部以北から東北部に見られるものである。

大きく華北南部と華北北部に分かれる二つの文化系統の接触する地帯が、華北地域であったと考えるべきであろう。中国南部の礫器文化は、亜熱帯気候における豊富な植物資源である根茎類や果実を食料の対象とし、そうした食料の獲得・加工のために石器が利用されたのであろう。

一方、華北北部以北は温帯気候にあたり、小型剥片石器は動物の解体や捕獲に向いた石器であることから、中国南部地域に比べ動物資源への食料依存が高かったのではないかと考えられている。

さらにおもしろいことに、これらの違いは立地差にも反映している。礫器文化圏が平原などのオープンサイトであるのに対し、小型剥片石器群は洞窟や岩陰など山間地の遺跡に認められる。こうした立地地形の違いこそが、すでに述べた食料源の違いを引き起こしているのである。中国南部地域でも、広西チワン族自治区や貴州省など山間地の中国西南部は、礫器文化とは石器組成を異にしている。西南部の遺跡立地も、華北北部以北と同じように洞窟遺跡などが多い山間地である。西南部の石器は、礫や石核から打ち欠いた剝片を石器として利用する剝片石器を主としている。これも山間地における食料対象が動物資源にあったことと関係しているのではないかと想像される。

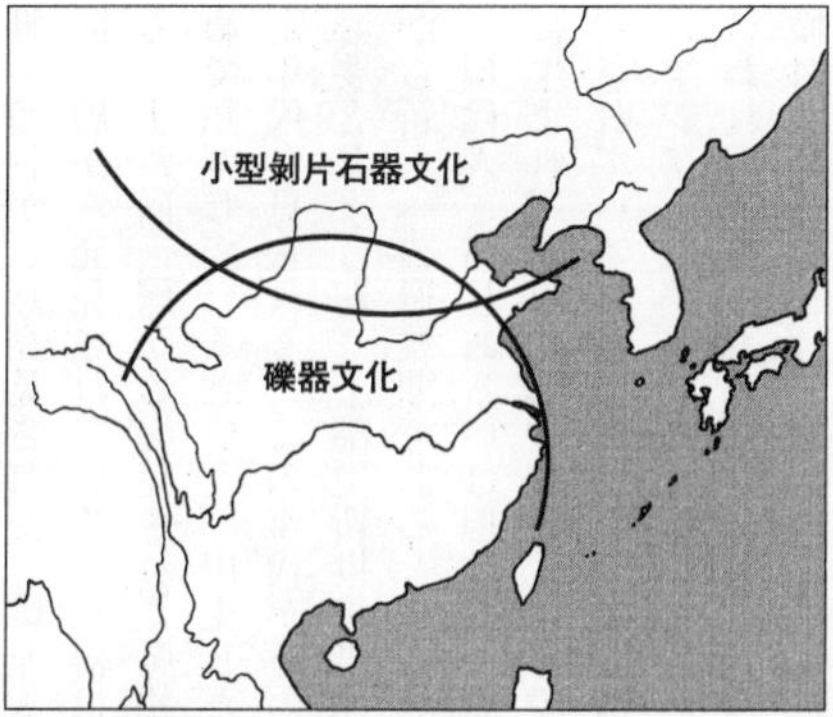

前・中期旧石器時代　小型剥片石器文化と礫器文化の境界地帯は華北にある

マンモスの祖先はアフリカゾウに近かった

華北の石器を考えるとき、もう一つ興味深い事実は、こうした華北の小型剝片石器群が、その後、かなり急速に変化する傾向にあることである。すなわち華北以北では、石器製作技法や石器組成が中国南部に比べ、斜軸尖頭器、ナイフ形石器、細石刃と急速に変化している。このような急速な石器の変化は、例えば後期旧石器時代の細石刃に見られるように、ユーラシア大陸を通じてヨーロッパや西アジアと連動した動きといえるであろう。

湖北省鄖県《うんけん》曲遠河口《きょくえんかこう》で近年保存の良い化石人

骨の頭骨が二点発見された。鄖県人と呼ばれるその化石人骨は、哺乳動物群と石器とともに同一層から発見されている。石器は礫器群であり、中国南方に共通して見られる石器群である。また同一層から発見された動物群は、藍田原人の発見で有名な藍田公王嶺のものにきわめて類似しているという。出土した三層の地質年代に関しては八七万〜八三万年前という測定年代も見られる。この年代がそのまま化石人骨の年代と一致するかは、今後詳しい議論を必要としようが、下部更新世後半期のものであろう。また、この化石人骨に関しては、原人から新人への過渡期であるとする見方もある。

　現代人と同じあるいは現代人の直接の祖先である新人に関しては、二二万年前にアフリカに生まれ、世界に拡散したとする説があるが、鄖県人はこの説に異を唱える事実として重要視されている。各地域で原人から地域別に新人が生まれたとするものである。鄖県人は現在のアジア人に形質的にも近いといわれる。

　われわれモンゴロイドという人種がどのようにして生まれたかは、今しばらく人類学的な検討を経なければ、確信的な通説には至らないのだけれども、人類の多元説はいまだ忘れ去られているわけではないし、その重要な起源地が中国大陸にある可能性は、われわれも注目しておく必要があろう。

　さらに、近年、このような化石人骨の出土例が中国南部地域で増加しており、興味深いことにそれらは共通して礫器群の分布範囲にある。藍田人、鄖県人、和県《わけん》人、南京《ナンキン》人などであるが、こうした人骨の形質と剥片石器を主体とする周口店第一地点で発見された約五〇万年

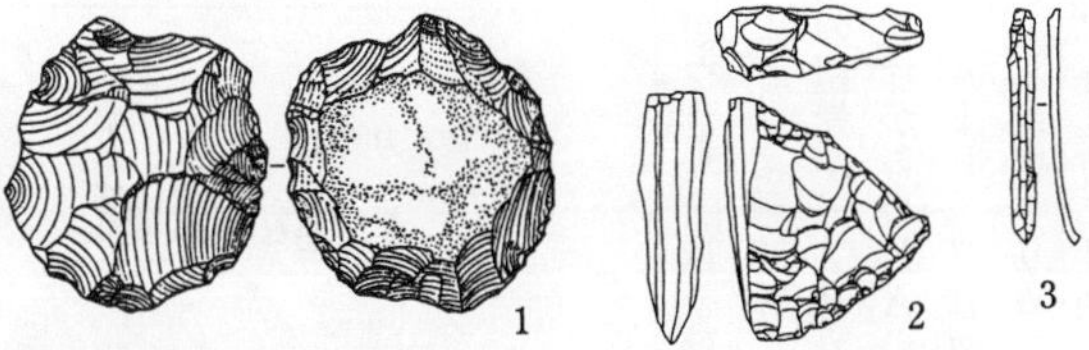

ルバロア技法と細石刃技術　1は西アジアからヨーロッパにかけての中期旧石器時代に見られるルバロア石核　2、3は後期旧石器時代にシベリア・極東・日本列島・華北に認められる細石核と細石刃

前の北京原人では、化石人骨の形質的な特徴が異なっている。まことに興味深い事実である。

礫器文化は、旧石器時代前・中期には、中国南部から華北北部の広大な河岸段丘平原上に見られた。間氷期の亜熱帯気候が華北北部まで北上するときには、それに呼応する形で一時期大型石器である礫器文化が北方にまで広がるのである。この時期、小型剝片石器は中国西南部から華北北部、東北部の石灰岩山地の洞窟遺跡に認められることは、すでにお話しした。こうした文化様態が変化するのが、最終氷期に至る約三万年前からの旧石器時代後期すなわち更新世末期にあたる。細石刃文化が出現する段階である。

石核から定型的な縦長の細い剝片である細石刃を多量に剝離する技術は、ユーラシア大陸北部のアルタイ山脈からバイカル湖にかけての地域に出現した。こうした新しい技術が生まれる背景には、実はこれ以前に大きな変革要因が認められるのである。

ウラル山脈は現在でもユーラシアの東と西を分かつ大きな山脈であり、これより東側には現在でも鬱蒼とした森林帯である

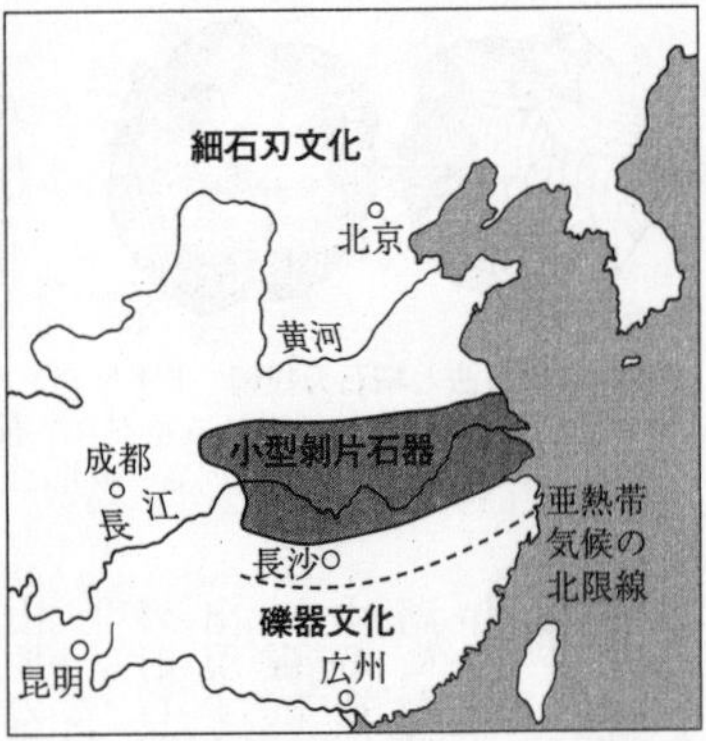

後期旧石器時代　細石刃文化と礫器文化の中間に小型剝片石器が出現する

タイガが続いており、西側はヨーロッパに至るまで平原地帯が続く。ヨーロッパの中期旧石器文化であるムスティエ文化には、ルバロア技法という石刃を剝離するための特殊な技術が存在している。これは、石刃などの剝片を剝ぎ取るため、剝片の母岩となる石核が単なる礫ではなく、石核の表面を丁寧に剝離して加工したものである。ルバロア技法が発展して細かい石刃である細石刃を多量にかつ規格的に剝離することができるようになった。すなわち、ヨーロッパや西アジアのムスティエ文化の東方への広がりがウラル山脈を越え、アルタイ山脈に至ったことが大きな契機だったのである。

さらに興味深いことには、最終氷期にシベリアから極東、そして北海道に広がるマンモスの祖先がアフリカゾウに近いという事実がある。シベリアの永久凍土に残されたマンモスの肉片からＤＮＡの抽出に成功した最新の研究結果から、マンモスのＤＮＡはアジアゾウのＤＮＡよりアフリカゾウのそれに近いことが判明したのである。アフリカからヨーロッパへ北上したアフリカゾウが、寒冷地において環境適応したのがマンモスであり、それがユーラシアを北方に迂回しながら広がったのではないかと考えられている。ムスティエ文化を担った人たちは、マンモスを追い求めて東方へと旅立ったのかもしれないが、この広がりこそが、シベリアに細石刃技術を生みだし、さらにその技術が華北や極東、さらには日本列島へと広がる契機になったのである。

東シベリアの旧石器時代後期であるマリタ遺跡では、ヴィーナス像として有名である女性像が発見されている。同じ時期、土製の女性像が東欧チェコのドルニィ・ヴェストニチ遺跡に知られている。女性像もシベリアへ細石刃文化とともに広がり、日本列島の縄文時代の土偶の原形になったものであるかもしれない。

さて、華北に達した細石刃文化は、小型剝片石器に代わって盛行し、こうした影響の中、中国南部の礫器文化も長江中流域の華中に至る地点まで礫器から小型剝片石器へと変化している。礫器がそのまま持続するのは南嶺山脈以南の華南に認められるのみである。こうした動きは、最終氷期の急激な寒冷化の中、生態系の変化にも支えられながら、これまでヒマラヤ・チベット高原に囲まれて安定していた礫器文化圏に対し、シベリアから新たな文化が南下している動きとして理解され、華北南部や華中は北方からの細石刃文化圏と従来存在した礫器文化圏の接触地帯として位置づけできるであろう。実はこうした地域こそが、更新世終末期から完新世《かんしんせい》移行期、すなわち最終氷期の終末に応じて、栽培食物が生まれた地域なのである。

旧石器時代から新石器時代へ

定住が確立した後に農耕が生まれる

最終氷期が終わり温暖化し始める時代が、地質学では第四紀の更新世から完新世へと移行する段階と考えられている。およそ一万三〇〇〇年前にあたる。これは急激な気候変動の時代であり、今日われわれが居住する地形や気候環境へ移行する段階である。この時期、後期旧石器時代に見られた大きく二分される石器技術の系統圏に変異が認められる。中国南部に見られた礫器の系統は、最終氷期の寒冷化の中で南嶺山脈以南の華南に分布域を縮小させられた。華北は細石刃石器群、華中は小型剝片石器群へと移行している。

後期旧石器時代における華北の山西省沁水県下川《しんすいけんかせん》遺跡では、細石刃などとともに石皿が認められ、旧石器時代人が狩猟のみならず、ドングリなどの堅果《けんか》類を製粉して食料としていたと考えられる。堅果類を製粉するための道具である石皿は、旧石器時代後期においては、華北以外でも日本列島では中部地方を中心に、ナイフ形石器の段階から複数の遺跡で確認されている。

こうした石器の出現は、気候変動の中で人類が新たな食料獲得戦略を開始した段階であると考えることができるであろう。すなわち、最終氷期の寒冷期においても、草原化していない堅果類を持った森林帯が広がった地域には、こうした採集戦略が始まっていったのである。

こうした変化は中国南部において見られるのであろうか。たとえば中国西南部の貴州省猫《びょう》洞《どう》遺跡では、旧石器時代後期の小型剝片石器からなるが、縄文時代に一般的とされる堅果類の殻を叩いて割る叩石《たたきいし》に類似した石器が見られる。報告者は石器を打ち割るときの加工具としている。また、華南の旧石器時代終末期の広西《こうせい》チワン族《ぞく》自治《じ》区《ち》柳州市白蓮洞《くりゅうしゅうしびゃくれんどう》遺跡後期層でも、堅果類の粉食具に類似したものが見られる。報告者が研磨器としたものは石皿に、穿孔石器としたものは叩石に類似している。こうしたものも、旧石器時代後期の粉食具である可能性があり、中国南部でも旧石器時代後期段階から気候の冷涼化にともない、根茎類や果実類に代わって堅果類が食料資源として利用された可能性を考える必要があろう。

ところで旧石器時代から新石器時代への転換は、更新世から完新世への転換と対応した時代区分であり、更新世に生息していた大型獣であるマンモスやナウマンゾウあるいはオオツノシカなどが絶滅した時期である。こうした大型獣の絶滅は、人類が狩猟対象とする動物群の転換を示し、狩猟対象の動物は小型獣へと転換していく。

新石器時代の定義としては、磨製石器が出現することが第一義的要素であった。このような定義は、一九世紀のイギリス人ジョン・ラボックによって初めてなされた。これは西アジアやヨーロッパにおける先史学において定義づけられたものであり、必ずしも世界全体で同じ基準から分期できるとは限らない。例えば、磨製石斧でいえば日本列島では明らかに旧石器時代と区分される段階から局部磨製石斧が出現している。

また、新石器時代の歴史的な画期として、農耕の出現を重視する研究者がいた。イギリスの考古学者V・G・チャイルドである。農耕の出現が安定した食料資源の提供を可能とし、人類がそれまでの獲物を追って移動する遊動生活から定住生活が可能になったというものである。

農耕を人類進化の大きな一里塚として、チャイルドは農耕の成立を「新石器革命」と名付けた。われわれは農耕と聞けば大きな進歩であり、狩猟採集社会よりは格段に進化した段階と思いやすい。果たしてそうであったのであろうか。

確かに、定住生活は女性の安定的な育児期間を保証し、そのために生物学的に妊娠間隔が移動社会に比べ短くなった。女性の妊娠間隔が短縮化するということは、女性一人あたりの生涯の出産回数が増えるということである。そのため、人口が急激に増加し、社会集団の規模に変革があったと一般的に考えられている。

しかし、農耕と定住が一体のものであるかというと、必ずしもそうではない。日本列島の縄文社会はいち早く定住化を遂げてはいるが、定住化した段階には農耕は認められない。ドングリやクリなどの豊かな植物資源が定住化を可能にしたと考えられている。ニワトリと卵に似た議論ではあるが、今日の学界では、定住が確立して後に農耕が生まれるというモデルが支持されつつある。

中国大陸の場合、最終氷期の気候の寒冷化にもかかわらず、新たな生態系へ人類が適応するため、堅果類などの植物資源の獲得も、生業の中に取り込まれてきたのである。少なくとも後期旧石器時代の終わりに近い段階である細石刃文化の段階に、華北では狩猟以外にも堅果類を食料資源としていたのは確かである。

さらに最終氷期が終わるにしたがい、気候の温暖化によってこれまでの狩猟対象であった大型獣の消滅とともに、小型獣への狩猟対象の変化は、必然的に獲物を追う狩猟範囲の縮小を意味したであろう。さらには堅果類の森林帯が広がる低地部へと行動範囲を移していったに違いない。あるいは植物資源を主たる食料源とするように、次第に食料獲得戦略の変化と活動範囲の縮小化は、定住社会への移行をなめらかに導いていったに違いない。

煮沸具としての土器の出現

日本列島でも旧石器時代末期から住居址の出土例が知られ始めている。それとともに土器が出現しているのである。

土器そのものは必ずしも定住化を意味してはいないが、土器が堅果類のアク抜きのため煮炊きする必要から開発されたとする仮説もあるように、更新世から完新世への変革期に、東アジアでは土器が出現している。すなわち、これまでの動物食が主であった段階から、植物や魚介類が食料源として主要な段階に至って、東アジアでは一斉に煮沸具としての土器が出現してくるのである。

日本列島では土器の出現をもって縄文時代が始まったわけで、これまで土器の出現が世界最古であることに注目されてきた。しかし、この変革期に土器が出現するのは、現在の事例

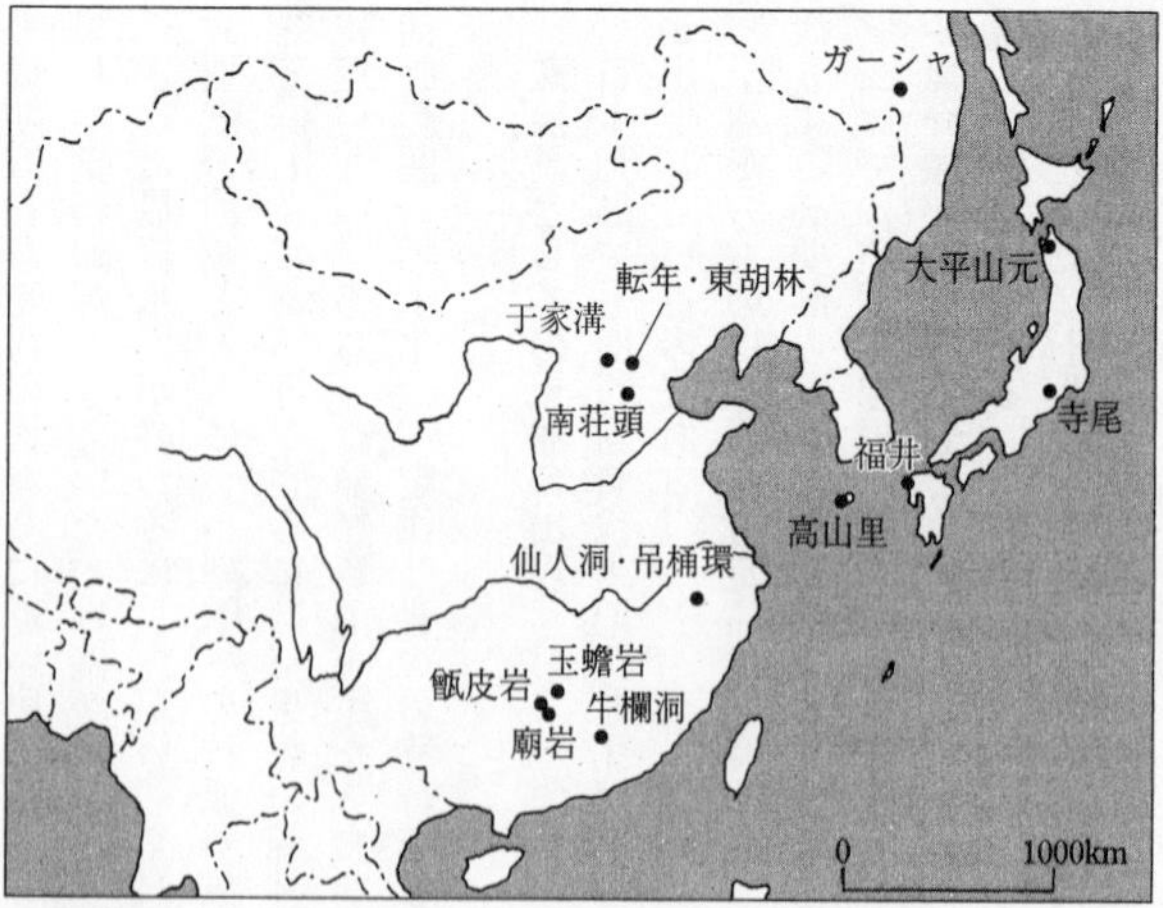

東アジア土器出現期の遺跡　更新世紀末から完新世にかけて東アジア各地で土器が出現する

からすれば日本列島に限定されず、一万年以上前に遡る土器の発見例は、沿海州や華北、華中、華南に広がっている。沿海州ではガーシャ遺跡、華北では河北省徐水県《じょすいけん》南荘頭《なんそうとう》遺跡、華中では江西省仙人洞遺跡や吊桶環《ちょうとうかん》遺跡、湖南省道県《どうけん》玉蟾岩《ぎょくせんがん》遺跡、華南では広西チワン族自治区桂林《けいりん》甑皮《そうひ》岩《がん》遺跡などが知られている。東アジア全体に更新世から完新世への移行期に土器が出現しているのである。

　こうしたことは、なにがしか植物資源利用や魚介類への依存の深まりと対応している可能性を考えて良いであろう。また、土器がこうした古い段階に出現するのは、東アジアのみの特色である。

　最古の農耕を生んだ西アジアにおい

ては、農耕の出現からかなり後になった紀元前六〇〇〇年頃になってようやく土器が出現している。アラバスター製などの石製容器がより古くから発達し、貯蔵具としては石製容器や籠のような編み物が有用であったのである。また、調理具としての土器は当初あまり注目されなかったと考えられる。これもまた人類の歴史が一様でないことを示しているとともに、土器の出現は東アジアの共通した動きであることを理解しておくべきであろう。こうした状況の中で、中国大陸では栽培という新たな植物利用が開始されたのである。

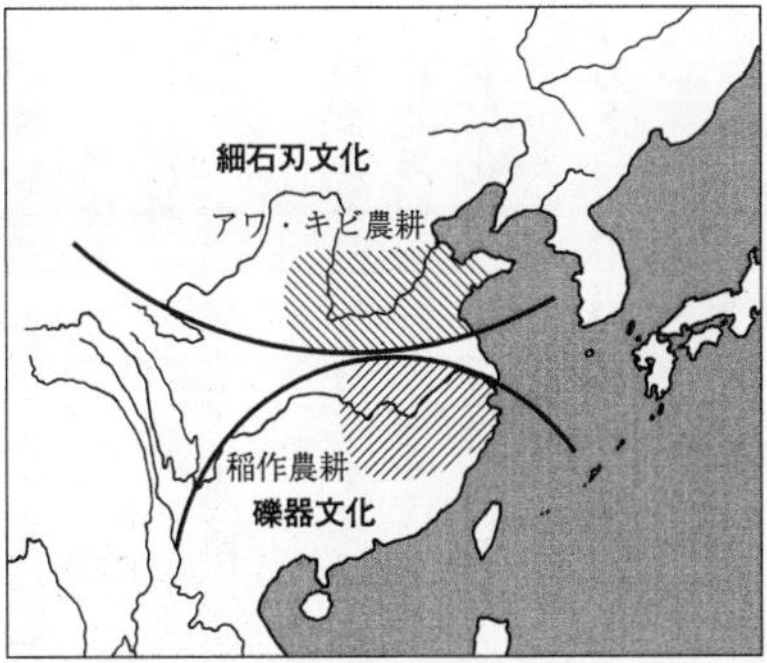

農耕出現地と細石刃文化と礫器文化　両者の分布が接触する地域が華北南部から華中北部である（斜線部分が農耕出現地で、それぞれアワ・キビ農耕と稲作農耕を示している）

さらに興味深いことには、旧石器時代に見られた中国南部と華北の石器製作技術の違いが、そのまま継続するかのように、華北と華中では農耕社会が始まってからの栽培食物に際だった違いが認められるのである。その違いとは、華北におけるアワ・キビであり、華中のイネである。これは、当然、栽培穀物が出現する以前の生態系の違いを反映していたのである。華北では栽培化されたアワ・キビの祖先である野生種が存在していたはずであり、華中では栽培イネの祖先である野生イネが存在していたのである。ここで、定住社会への移行と栽培食物の成立に関して、華北のアワ・キビ農耕と、華中のイネとを分けて語っていくことにしよう。

アワ・キビ農耕の始まり

いまだ不明なアワ・キビ栽培化のプロセス

華北の初期農耕作物といえば、アワ・キビが知られている。実は華北におけるアワ・キビの栽培化のプロセスは分かっていない。アワの実は小さな粒状を呈しており、キビはアワより実が大きい。アワの野生種はエノコログサと考えられているが、キビの野生種に関しては今のところ不明である。こうした点からも、野生種から栽培種への変遷過程は明らかにしがたい実情がある。

また、出土例からするとアワは黄河中流域から黄河下流域に多く、キビは黄河上流域や遼寧省に見られる。キビの方がアワに比べ乾燥、冷涼化した黄土台地に適した生態を反映したものであろう。アワ・キビは、華北のアルカリ土壌にも適応し、かつ半乾燥気候にも適応できる栽培穀物であるといえるのである。

栽培化されたアワやキビは新石器時代前期の河北省磁山《じざん》遺跡や河南省裴李崗《はいりこう》遺跡、甘粛省秦安県大地湾《しんあんけんだいちわん》遺跡で発見されている。紀元前六〇〇〇年頃が古く遡れる上限の例である。よくわからないのは、これ以上に古い新石器時代早期の遺跡の発見例が少ないことに起因している。華北における最古の土器出土例の一つである紀元前八〇〇〇年頃の河北省徐水県南荘頭遺跡第六層では、花粉分析から遺跡周辺が禾《か》本科《ほんか》植物が卓越した環境にあると復元されているが、栽培植物は発見されていない。同じ層から、磨盤と磨棒という製粉具が出土している。これらの石器は、華北の新石器時代前期に一般的な石器であり、アワ・キビ農耕文化に伴うものである。農耕石器の存在から農耕が存在する可能性が中国考古学界では一般的に推論されているが、これはかなり危険な議論である。

また、同じ土層からはブタの骨が出土していると報告されている。ブタであれば家畜が存在していることになるから、農耕が出現している可能性が高くなる。しかしこれが家畜化されているブタなのかあるいは家畜以前の野生の段階のイノシシであるかは、骨の形態的な分析からその証拠を示す必要があるのである。

現在の中国と日本の漢字の字義の違いの一つに猪がある。「猪」という漢字を見ると、中国人はブタを思い起こす。われわれ日本人はイノシシを思い浮かべる。干支でも中国ではブタであり、日本ではイノシシである。丁寧な中国語ではブタは家猪《ジアジュウ》であり、イノシシは野猪《イエジュウ》である。

問題であるこの時期の骨が、野猪かはたまた家猪かは、骨や歯の形態的な分析結果を示す必要がある。というのは、家畜化すると明瞭に小型化し、さまざまな部位で骨の形態変化が見られる。特に歯の形態変化は著しく小型化していく。要は人間の管理下におかれることから食事が制限されて小型化し、食事の内容の変化から歯が退化していくのである。

このような具体例は第七章で再度述べてみたいが、南荘頭六層の動物骨に関しては家畜か否かの判断が、実物資料が提示されていないことから、現段階では難しい。中国社会科学院考古研究所の袁靖《えんせい》氏《ユエンジン》は動物考古学者であるが、南荘頭のブタに関しては明確な形質的根拠がないことから、野生段階と考えるべきであるとしている。農耕の存在に関しては今は慎重であるべきであろう。

五万トン以上のアワが貯蔵できる土坑群の発見

その意味で興味深いのは、磨盤と磨棒の存在である。すでに旧石器後期段階から下川《かせん》遺跡では石皿が存在することを述べた。石皿のような食物調理用具の発達形態として、南荘頭六層段階から磨盤・磨棒が存在するのである。

磨棒とは、棒状の石製品であるが一面のみが研磨によってすり減っているところに特徴がある。これは磨棒の両端を握って磨盤の上で背筋を使って前後に押し引きして擦ることによって、穀類を粉にするものである。しかも必ず磨棒の一面のみが擦り面として使用されている。

南荘頭六層の磨棒の存在からは、こうした道具をドングリなどの堅果類の粉食具とするよりは、穀物の粉食具と考えるべきであろう。そうした場合、その穀物が必ずしも栽培種である必要はなく、野生種であっても粉食具としては利用できる。磨盤・磨棒の存在から栽培農耕が始まっているということは主張できないのである。ともかく、南荘頭六層段階では禾本《かほん》科《か》植物が周辺に見られることからも、何らかの穀物類が食料に使われていた可能性が高いのである。

さて、確実な出土例である新石器時代前期のアワは、河北省武安県磁山遺跡に見られることはすでに述べたが、ここからは多量のアワの貯蔵穴が発見されている。

この貯蔵穴は平面が隅丸長方形の竪穴土坑であり、八八基の土坑からアワの貯蔵の痕跡が認められた。中国歴史博物館（現中国国家博物館）の佟《とう》偉《い》華《か》氏の復元によれば五万トン以上のアワが貯蔵されていたという。遺跡時期は二時期にわたるものであり、貯蔵穴が同時に何基存在していたかによってこの復元案も相当に変わっていく。その意味では、五万トンのアワが貯蔵されていたという復元はやや過大評価と思われるが、相当量のアワの貯蔵が新石器時代前期にはすでに存在していたことは確かである。

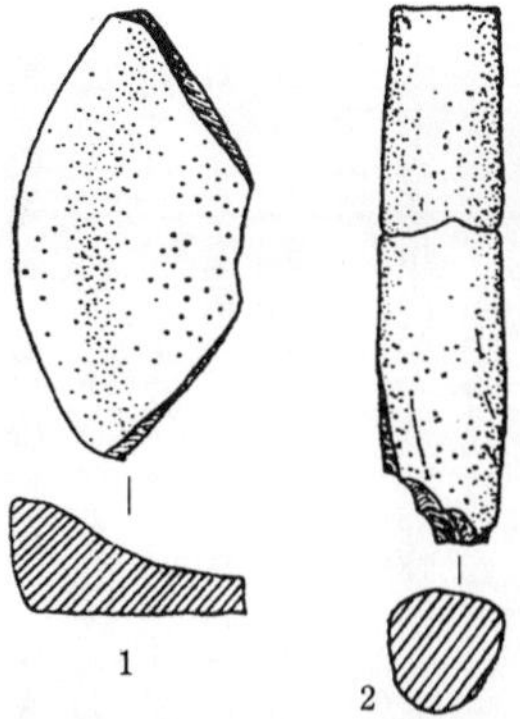

南荘頭遺跡出土磨盤・磨棒　1磨盤　2磨棒

このことは、この時期すでにかなり成熟した農耕社会へと転換しており、農耕出現期直後の状況ではない。したがってこれに先立つ新石器時代早期においてもすでにアワ・キビ農耕は存在していたことは明白である。先の南荘頭六層も含め、農耕の出現がどの段階まで遡るかは、華北においては依然として謎である。

華北の先史社会の農耕はアワ・キビであることを述べてきた。読者は、それならばコムギなどムギ類が同じように存在するのではないかと思われるかもしれない。現在の華北の主食といえば、マントウ・餃子やラーメンといったコムギを原材料とするものである。しかし、コムギなど麦類の発見例は意外と新しい段階にしか認められないのである。もともと華北にはコムギの野生種は存在しないのであり、他地域から伝播してきたものと考えざるを得ない穀物である。

山東省兗州《えんしゅう》西呉寺《せいごじ》遺跡や陝西省武功《ぶこう》県《けん》趙家来《ちょうからい》遺跡では、コムギの実そのものは発見されてはいないが、龍山時代のコムギの可能性が指摘されている。甘粛省民楽《みんらく》県《けん》東灰山《とうかいざん》遺跡では、四壩《しは》文化のコムギやオオムギの実が出土している。中原でいう二里頭文化に併行しており、龍山文化より年代は一段階新しいものである。

ごく最近になって、山東龍山文化の山東省茌平《じんへい》県《けん》教場鋪《きょうじょうほ》遺跡や山東省日照《にっしょう》県《けん》両城鎮《りょうじょうちん》遺跡で、発掘時の土壌を水洗浮遊選別することによって、炭化コムギが発見されるようになった。華北において龍山時代からはコムギが存在しているということは明確になったのであるが、それ以前にはコムギは存在せず、栽培植物としてはアワ・キビに限られていたのである。

稲作農耕の起源

否定されたバビロフの学説とコムギの新しい起源地

「イネの栽培化はどこで起こったか？」この疑問は、これまで農学者など生物学者を中心に議論が進められてきたが、ここ二〇年の間に考古学者によって新しい見解が示されるようになった。

従来、栽培起源論としてロシア人科学者バビロフの理論がもっとも注目されてきた。バビロフは世界各地での現世の栽培植物を網羅的に調べ上げ、その中で栽培食物の種類がもっとも豊富な地域こそが、その栽培植物の起源地であるという仮説を提唱した。これは「変異の多様性中心説」と呼ばれる仮説である。

たとえば、エチオピア高原で多くの種類の古代コムギを発見したバビロフは、この多様性こそが永年の人間の経験や選択の結果に起きたものであり、エチオピア高原がコムギの起源地と考えたのである。穀物がより長い期間生育されればされるほど、その利用法は開発され多種の品種が現れる。穀物の多様な品種を持つところが、その穀物の栽培起源地であるという考え方である。

バビロフは、こうした仮説から世界には七つの栽培起源センターがあるとしている。その一つが東アジアである。

東アジアの栽培食物としてイネがあげられるであろう。イネは長粒米であるインディカと短粒米であるジャポニカに分けられる。読者もよくご存じのイネの二大分類である。

この分類基準は、実の形態による分類に思われがちであるが、九州大学の加藤茂苞《かとうしげもと》教授が当初分類した基準は、葉や根などの多様な属性からなっていたのであり、実の形態はその属性の一つにすぎなかった。後で述べることになるが、実の形態が遺伝形質の分類と必ずしも一致していないことが今日明らかとなっているように、実の形態のみでインディカとジャポニカを分ける分類が、その後の研究においてさまざまな混乱を生むことになる。

ところで、バビロフの理論に追随するように、多様なイネの品種を持つ地域がイネの起源地であると考える説がある。京都大学の渡部《わたべ》忠世《ただよ》教授らは、東南アジアから雲南・チベットにおいて古代寺院などの煉瓦に混じっているイネの籾殻に着目し、雲南からインド東北部アッサム地域に多様な品種が存在することを明らかにし、この地域がアジアのイネの起源地であるとした。

バビロフの理論は説得力のある理論のように思えたが、一九六〇年代にシカゴ大学のロバート・ブレイドウッド教授らが推し進める地質学者、花粉学者、植物学者、動物生態学者などが協力した学際的な発掘調査が西アジアで進展するにつれて、発掘による出土遺物から、形態的に栽培穀物と判断される実物資料が発見されるようになった。発掘された土壌を丹念に水洗浮遊選別することによって、食物などの自然遺物が発見され、それを科学的に分析することによって結果が導き出される。

この頃から、放射性炭素年代測定という理化学的な年代測定が行われるようになった。これまで相対的な年代しかわからなかった考古学研究において、放射性炭素年代測定は正確な年代を与えることから、考古学の最大の武器となったのである。西アジアにおける学際的で緻密な発掘調査の成果として、一万三〇〇〇年前頃にイスラエルのレバント南部地域で、まず野生オオムギ、野生二粒系コムギ、野生一粒系コムギが気候の温暖湿潤化のもとに生長していたことがわかった。そして、一万三〇〇〇年前から九六〇〇年前の先土器新石器時代A期と呼ばれる段階になって、レバント地域において初めて栽培穀物が出現することが明らかとなっている。考古学的な実証的成果の中で、バビロフの学説は葬り去られたのである。

　同じ現象が東アジアにおいても二〇年前から見られる。イネの起源地としてそれまで雲南・アッサム地方が有力視されたが、中国での発掘調査が進むにつれて長江上流域である雲南地域には古い段階にイネが存在する証拠が見あたらず、むしろ古い年代を示すイネは長江の下流域あるいは中流域で明らかとなった。まず、長江下流域の浙江省余姚市《よようし》河姆渡《かぼと》《フムドゥ》遺跡で紀元前五〇〇〇年頃の多量の稲籾が発見され、注目を集めた。その後ほぼ同じ紀元前五〇〇〇年頃の浙江省桐郷市《とうきょうし》羅家角《らかがく》《ルオジアジアオ》遺跡でも炭化米が発見され、栽培イネの証拠がさらに増加したのである。

プラントオパール分析で判明した稲作の起源

　その後、こうした栽培イネの発掘調査によって明らかとなった年代から、その起源地を特定しようとしたのが、北京大学教授の厳文明《げんぶんめい》氏である。各地域で発見された栽培イネの最も古い事例を地図上に落としていくと、イネの最も古いものは長江の下流域や中流域にあり、それから波紋が次第に広がっていくように周辺地域に拡大していく様が明らかとなったのである。

さらに厳文明氏は、野生イネの分布を文献などから復元した場合、野生イネの北限が淮河《わいが》以南にあり、野生イネの生息限界地域においてまず栽培化が始まったのであるとする仮説を打ち出した。野生イネの収穫量の低い、分布的に周縁地域であることから、その地域の人々が限界のある生態環境の中で生存していくための適応現象として、イネを栽培することによって収穫量を確保しようとしたというのである。この仮説は一九八〇年代初頭に発表された。

現在では、この説をさらに補完するように長江中流域での栽培イネの年代が古くなってきている。その一つが湖南省澧県彭頭山《れいけんほうとうざん》遺跡を代表とする彭頭山文化の土器の胎土内から炭化イネが発見されたことである。土器の焼成温度が低いために、土器製作時に混ぜられた籾殻が、炭化して残ったのである。そのC14年代が樹木年輪較正値では紀元前六九九〇年（未較正値BP七七九五±九〇）というデータがでている。栽培イネは紀元前七〇〇〇年以上前に存在していたことが明らかとなったのである。（BP七七九五±九〇＝現在から七七九五±九〇年前を示す。BP;before the present）

さらに興味深いのが、中国とアメリカとの共同発掘調査が行われた東南中国の江西省仙人洞《せんにんどう》遺跡と吊桶環《ちょうとうかん》遺跡である。これらは洞窟遺跡であり、多層位的に人工遺物や自然遺物の変化を調べることができる遺跡である。さらにこの地域での最古の土器が出土した遺跡としても有名である。

この発掘調査では、層位単位にイネのプラントオパール分析が行われた。プラントオパールとは、すなわちイネの機動細胞の植物珪酸体のことをいう。イネの葉脈などにガラス質の部分があり、イネの葉で手を切った経験のある読者もおられるであろうが、これが植物珪酸体である。ガラス質の植物珪酸体は植物の種類によって形態が違い、区別することができる。このプラントオパールの形態差を利用して、イネの存在を確かめようとするのである。

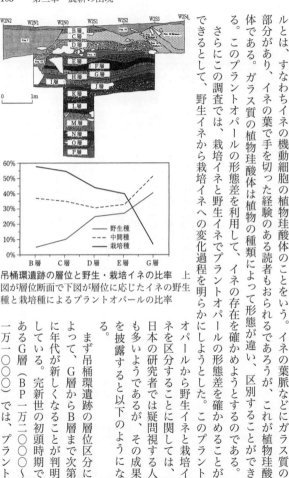

　さらにこの調査では、栽培イネと野生イネでプラントオパールの形態差を確かめることができるとして、野生イネから栽培イネへの変化過程を明らかにしようとした。このプラントオパールから野生イネと栽培イネを区分することに関しては、日本の研究者では疑問視する人も多いようであるが、その成果を披露すると以下のようになる。

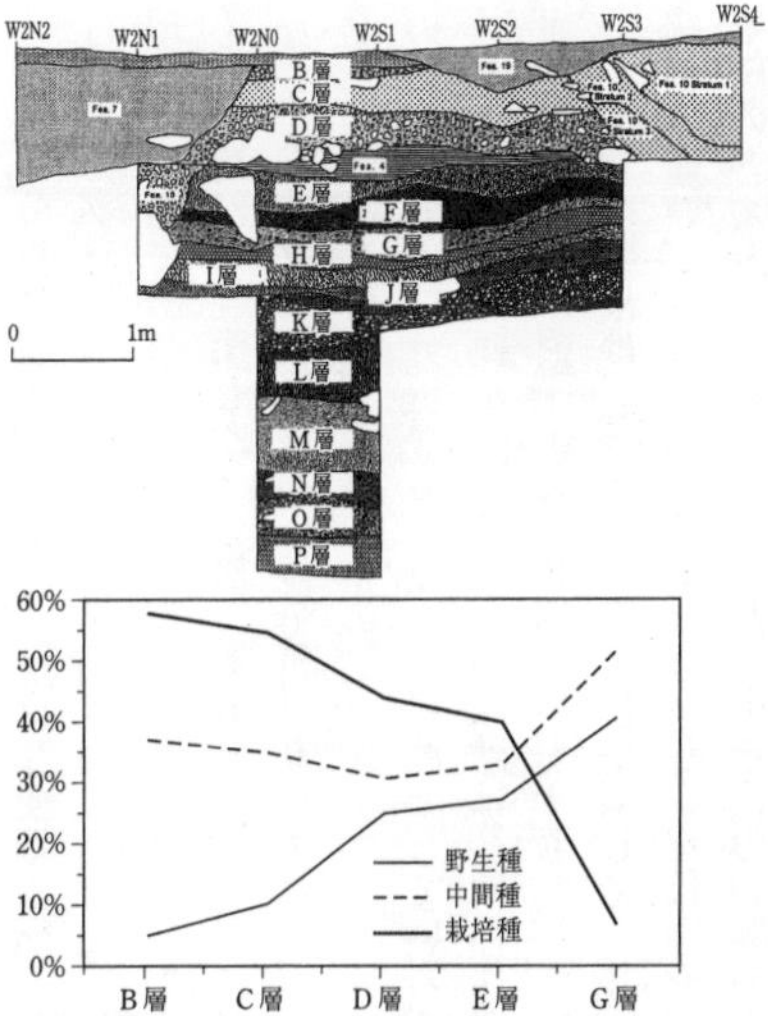

吊桶環遺跡の層位と野生・栽培イネの比率　上図が層位断面で下図が層位に応じたイネの野生種と栽培種によるプラントオパールの比率

　まず吊桶環遺跡の層位区分によって、G層からB層まで次第に年代が新しくなることが判明している。完新世の初頭時期であるG層（BP一万二〇〇〇〜一万一〇〇〇）では、プラントオパール分析によって野生イネが存在する段階。しかしF層（BP一万一〇〇〇～一万）ではイネのプラントオパールが発見されていない。E層（BP一万～九〇〇〇）では土器が出現する段階であるとともに、野生イネだけではなく栽培イネが出現することがプラントオパール分析から判明した。D層（約BP八〇〇〇）では、栽培イネが野生イネより着実に多くなることがプラントオパール分析より示され、原始農耕の開始を予想している。C層（約BP七〇〇〇）では、栽培イネのプラントオパールがより増える段階であるとし、さらに人骨のアイソトープ分析からイネを食料源としていることが確かめられたとする。

このような証拠から、このC層段階は初期稲作農耕社会が始まった段階と解釈している。またこの段階が彭頭山文化時期に相当するとしている。

こうした結果は、各層位の実年代に関して、共同研究者である米中の研究者間で年代観の解釈に違いが見られ、この場合は新しい年代観を支持する中国社会科学院考古研究所の趙志《ちょうし》軍《ぐん》氏の考え方を用いて説明した。実年代の問題や野生イネと栽培イネのプラントオパールが区別できるかという問題は、今後さまざまな議論が生まれるであろうが、この結果を信用する限り、少なくとも一万年前には野生イネから栽培イネが生まれたことが判明したのである。

吊桶環遺跡の発見の後、さらに古いイネの実例として、湖南省道県玉蟾岩《ぎょくせんがん》遺跡があげられる。これも洞窟遺跡で、多層位に区分が可能な遺跡である。ここでは中国大陸でも最古に位置づけられるような時期の土器が発見されている。丸底の深鉢形土器であるが、C14年代測定では一万三〇〇〇年前の年代が与えられている。同じ層からは炭化米が採取されたが、形態的には野生イネと栽培イネの過渡期的な性格が見いだされるとする専門家の意見である。

同じように江西省鄱陽湖《はようこ》でボーリングで土壌をコアサンプルとして採取した結果、BP一万二八三〇年以前の堆積層からもイネのプラントオパールが採取されている。ただしそれが野生イネか栽培イネかに関しては区別されていない。

以上のように、野生イネか栽培イネかは明確ではないが、長江中流域では更新世末期から完新世初頭には土器とともにイネが存在することは明らかとなったのである。

栽培イネをもたらした一時的な気候の悪化期

では、野生イネからどのようにして栽培イネが生まれたかに関して考えてみたい。近年注目されているのが、約一万一〇〇〇年前の完新世初頭のヤンガー・ドリアス期という一時的な寒冷・乾燥期である。

既述したように、更新世が終わり完新世が始まる一万三〇〇〇年前頃から、氷河期の冷温期の気温が次第に上昇し、氷河が溶けて海水面が上昇していく。氷河期には海面が現在より一〇〇メートル以上下がっていたと考えられているが、その後、気温の上昇とともに海面が上昇し、約六五〇〇年前の日本では縄文海進《じょうもんかいしん》と呼んでいる海面上昇のクライマックス期に達するのである。この間安定して気温が氷河期から上昇したわけではなく、ヤンガー・ドリアス期のような短期間の揺り戻しのような寒冷期が一万一〇〇〇年前頃に存在した。

西アジアの栽培ムギの出現地と考えられているイスラエルのレバント地域では、この気候変動が野生ムギから栽培ムギへの転換に作用したのではないかと考えられている。栽培化のメカニズムには当然、人間の社会的な必要条件もあったわけであるが、外的な十分条件としてこのような環境変動が注目されている。

ともかく現象的にはヤンガー・ドリアス期以降に栽培化された穀物が西アジアに出現していくのである。同じことが東アジアでも近年注目されつつある。先程述べた吊桶環遺跡のF層ではイネのプラントオパールが確認されていないのに対し、下位のG層では野生イネの、上位のE層では野生イネとともに栽培イネのプラントオパールが確認されている。

プラントオパールを分析した趙志軍氏は、プラントオパールが発見されなかったF層に注目し、この層位時期がヤンガー・ドリアス期に相当し、さらにこの時期を介して野生イネから栽培イネが生まれたのだと想定している。一時的な寒冷化の中で、野生イネの生態環境が悪化したことと、人間による栽培化に何らかの関係性があると考えたのである。

現在、花粉分析による古環境の復元から、中国大陸にも完新世初期に短期間の気候悪化であるヤンガー・ドリアス期が存在することが確かめられている。その年代は一万一四〇〇～一万年前である。

中国大陸のヤンガー・ドリアス期は、完新世における気候の温暖化の中での突然の寒冷化というよりは、冬の冷温化と夏の温暖化による季節変化、すなわちモンスーンが弱まったことが特徴にあげられる。この季節変化とは、具体的には、夏のモンスーンが弱まり冷涼化するとともに、冬のモンスーンが強まり急激に寒冷化するところに特徴が見られる。ヤンガー・ドリアス期が終わると、再び発達したモンスーンにより夏の高温湿潤と冬の冷涼乾燥という温暖湿潤期へと変化するのである。

ヤンガー・ドリアス期という一時的な気候悪化は、果実類やドングリなどの堅果類の生育には障害をもたらしたが、そのため相対的に野生イネへの関心が高まったのであろう。採集活動による野生イネへの注目が高まったのである。

しかもヤンガー・ドリアス期以降の夏季モンスーンの発達は、イネの生育にふさわしい環境であり、イネが人間の採集戦略においてより限定される結果となったのである。こうした環境変化が、イネの栽培化への転機となったと考えることができるのである。

さて、栽培イネは実の形態からは短粒米のジャポニカと長粒米のインディカに分かれることが知られている。新石器時代の遺跡から発見された炭化米も、同じように形態からジャポニカとインディカに分けられている。中国ではそれぞれを粳稲《こうとう》と籼稲《せんとう》と呼んでいる。新石器時代の遺跡からこれらの種類の米が存在するとこれまで考えられていた。しかし近年ではイネのＤＮＡ研究が盛んとなり、長江中・下流域の新石器時代の栽培イネはすべてがジャポニカ種であることが明らかとなった。

新石器時代の栽培イネがジャポニカであることはＤＮＡ研究のみならず、プラントオパール分析の結果からも支持されている。さらに栽培化される以前の野生種段階から、すでにジャポニカとインディカに分かれていて、それぞれから栽培種が成立したと考えられている。

すなわち野生のジャポニカから栽培化されたジャポニカが生まれたのである。

総合地球環境学研究所の佐藤洋一郎教授は、ジャポニカはさらに熱帯型ジャポニカと温帯型ジャポニカに分かれるという。初期の中国大陸での栽培イネは熱帯型ジャポニカであるというDNA分析の結果が示されているのである。

熊本大学の甲元眞之《こうもとまさゆき》教授は、栽培化の利点は野生ジャポニカが一年生草本に変化することと胚乳が増大することであると主張する。ヤンガー・ドリアス期の一時的な気候の冷涼化が野生イネの多年生草本から一年生草本への変化を促し、夏のモンスーンの縮小が生育期間の制限を生み、胚乳の増大を引き起こしたと考えるのである。

気候の冷涼化は、野生イネの生育そのものには不適であり、生育量は減るものの、そのためにかえって一個体分の胚乳を増大させたといえるであろう。このあたりは種の保存の原理であるようにも思える。

一方、金沢大学の中村慎一助教授は、近年の中国に見られる栽培イネの出現時期に関して慎重な見方を示している。稲作の開始をヤンガー・ドリアス期の一時的な寒冷期ではなく、その後の急速な温暖化こそがむしろ野生イネに卓越した条件を提供したと考えている。彭頭《ほうとう》山《ざん》文化の湖南省澧県《れいけん》彭頭山遺跡や八十壋《はちじゅつとう》遺跡の炭化米も栽培イネであるとは断定できないとし、確実な栽培イネは、河南省賈湖《かこ》遺跡、浙江省河姆渡《かぼと》遺跡、江蘇省高郵県龍虬荘《こうゆうけんりゆうきゆうそう》遺跡の炭化米であるとする。

しかし、紀元前七〇〇〇年に遡る賈湖遺跡のものを確実な栽培イネであるとするならば、その前段階における野生イネを栽培化していくプロセスには関心を抱かざるを得ない。その場合、すでに述べたような近年提出されているプラントオパール分析の結果を一定程度評価し、ヤンガー・ドリアス期を介して果たされたとする栽培化のモデルが、現状では妥当な考え方であると思われるのである。

以上の過程をもう一度まとめてみよう。最終氷期が終わり完新世の温暖化を迎えた直後、すなわち約一万一〇〇〇年前に短期間の気候の悪化であるヤンガー・ドリアス期を迎える。この気候の冷涼化は野生イネの一年生草本化を促し、華中では果実類や堅果類の生育を阻害した。これが野生イネに人間の関心が集まった原因であろう。さらにこの気候変動は、弱い夏のモンスーンによる寒冷で短い夏とともに、強い冬のモンスーンに見られる厳しい冬という、気候条件をもたらした。

この気候変動により、野生イネの一年生草本化やそれに伴う胚乳の増大がもたらされた。この野生イネの変化の過程で、人類は採集戦略として野生イネに関心を向けないではいられなかったであろう。

さらに、ヤンガー・ドリアス期以降の気候の温暖化と東アジアの地形環境に即したモンスーンの発達は、高温湿潤の夏を生みだし、イネにとって良い生育条件となる。この生態的な変化により、人類は次第に採集戦略をイネの栽培に特化させていくことになるのである。

栽培化はこうした人類の採集選択から始まったのである。

東アジア定住社会の三形態

華北はアワ・キビ、華中はイネ、極東・華南は採集に狩猟

華北の河北省徐水県南荘頭遺跡、河北省陽原県于家溝《おかこう》遺跡、北京市懐柔県転年《かいじゅうけんてんねん》遺跡、北京市東胡林《とうこりん》遺跡、華中の湖南省道県玉蟾岩《ぎょくせんがん》遺跡、江西省仙人洞遺跡・吊桶環遺跡、華南の広西チワン族自治区桂林甑皮岩《けいりんそうひがん》遺跡・廟岩《びょうがん》遺跡などからは、一万年前を遡る土器が出土している。于家溝遺跡の土器片は熱ルミネッセンス法でＢＰ一万一八七〇±一七二〇年、東胡林遺跡では木炭のＡＭＳ年代がＢＰ一万三五〇〜九九六〇年と測定されている。玉蟾岩遺跡では土器片のＡＭＳによるＣ14年代測定によりＢＰ一万二三二〇±一二〇年やＢＰ一万四八一〇±二三〇年という年代値がでている。また、廟岩遺跡の土器片も同じ方法でＢＰ一万五五六〇±二〇六年とＢＰ一万五五六〇±五〇〇年という古い年代が測定されている。日本列島の縄文草創期の土器のみならず、ガーシャ遺跡など極東沿海州でも一万年以上前の土器の出土が知られている。

メソポタミア文明を生んだ西アジアにおいても土器の出現はせいぜい八〇〇〇年前であり、東アジア諸地域の土器の出現は世界的に見ても最古地に属している。東アジア各地で、更新世から完新世を迎える時期に土器が出現していったのである。

この時期に、中国大陸では華北ではアワ・キビを、華中ではイネを栽培化していった。東アジア各地は土器が出現する段階に、それまでの獲物を追って移動した遊動社会から、植物資源の採集を基盤とした定住化社会へと変化していったのである。

穀物栽培が発生した華北や華中では、更新世には高原や丘陵に遺跡の分布が見られたものから、完新世には平原へ遺跡の分布の中心が移動している。これはまさに生態系の変化から新たな人類の適応戦略の中で、植物資源への依存の高まりを物語るものであろう。

こうしたなか、華北・華中では禾本科《かほんか》植物である穀物が食料資源として重要な存在になったのである。

一方、日本列島から極東は、照葉樹林帯から落葉広葉樹林帯の森林帯の発達が、ドングリやクルミなどの豊かな堅果類を提供している。堅果類を中心とした植物資源が採集戦略の中心になっていくのである。

他方、亜熱帯から熱帯域の華南では、果実や根菜類など豊富な食料資源が存在する。こうした多様な植物質食料が人々の安定した食料源であった。各地で始まった植物質食料を中心とした採集活動、さらにそれを補完する狩猟や漁撈といった生業形態に支えられながら、東アジア各地では定住社会が始まっていったのである。

こうしたなか禾本科植物を食料源の主体とする華北や華中では、ヤンガー・ドリアス期のような一時的な気候悪化は、さらに禾本科植物への依存を促し、人間の植物食への関わりが深まったのである。ここに生物学的理由とともに、人間の社会集団の組織化により、栽培という初期農耕が始まっていくのである。

初期農耕はその意味では決して豊かな社会を目指したものではなく、生態への適応戦略として人間集団が選んだ仕方のない選択肢の一つであったのである。したがってこの段階における食料採集と生産高という意味では、東アジア各地域はそれほど大差がないのである。むしろ採集のみに依存できる社会の方が、よほど安定した社会であったということができるのである。

完新世の始まる時期は、栽培化ということは起こったものの、社会的な内容と意味においては同一ラインにあり、それぞれが新しい社会集団構成へと旅立ち始めたのである。読者に注目していただきたいのは、定住社会として同じスタートラインに立った東アジア各地域が、どうしてその後に社会進化の速度に差違が生じたのかである。次章以降、この問題を論じたい。

第四章　地域文化の展開

地誌から見た地域

八つの自然区画に分かれる中国の風土と気候

約一万三〇〇〇年前以降の更新世から完新世という古環境の大きな変動のなか、華北と華中では、それぞれアワ・キビとイネが栽培されていった。そうした初期的農耕社会が始まった地域の周辺では、依然として狩猟採集社会が広がっていた。極東と日本列島あるいは華南である。さらに、この時期の考古学的資料が欠落している甘粛省以西の西北地方や四川省や雲南省の西南地方でも狩猟採集社会が継続していたであろう。ただし、こうした狩猟採集社会でも、小規模な集団構成で定住化あるいは定住に近い小範囲での季節的移動をしていた可能性が高い。

初期の農耕と同段階の狩猟採集社会とでは食料獲得量という意味においては、大差がないことを前章で述べたが、むしろ初期農耕社会の方が、食料獲得では不安定な場合もある。さてこのように色分けされた地域も、その地誌的な要素からさらに区分することができるのである。

最終氷期が終わり完新世に向かう時期には、急激な温暖化と、海水面の上昇という激烈な環境変動を迎える。地域によりその変化のプロセスは若干異なるが、中緯度地帯において二万年前の最も寒冷な時期の平均気温は現在より五〜六度低く、海面が現在の海面より一〇〇メートル以上低いと考えられている。

その後の気温の上昇は約一万一〇〇〇年前のヤンガー・ドリアス期などに多少の揺り戻しはあるものの、大局的には安定的に温暖化し海面の上昇が進むのである。約六五〇〇年前ぐらいには海面上昇のクライマックスを迎え、平均二メートルぐらい現在より海面が高いと考えられている。これを日本では縄文海進期と呼んでいる。この時期以降、海退・海進は何回か繰り返されるが、地形的にはほぼ安定したということができるのである。

ところで、最終氷期が終わり、海面が上昇し始める一万三〇〇〇年前から海面上昇のクライマックスである六五〇〇年前の約六五〇〇年の間に一〇〇メートルの海面が上昇したとしたら、単純計算で一年にその海面上昇は平均一・五センチ近くになる。海岸付近の地形環境の変化にはめまぐるしいものがあり、人類にとっても驚異であったに違いない。この間、東シナ海の大陸棚は陸地化していたものさえ完全に海面下に没したのである。この間の変化は想像を絶するものがあると同時に、本来陸地であり海面下に没した地域の人間活動の痕跡は、完全に封印されてしまっているのである。

さて、約六五〇〇年前以降からは、現在の地形環境とほぼ変わらないような段階に達したことを述べた。これから述べる新石器時代のさまざまな事実は、今のところこうした時期以

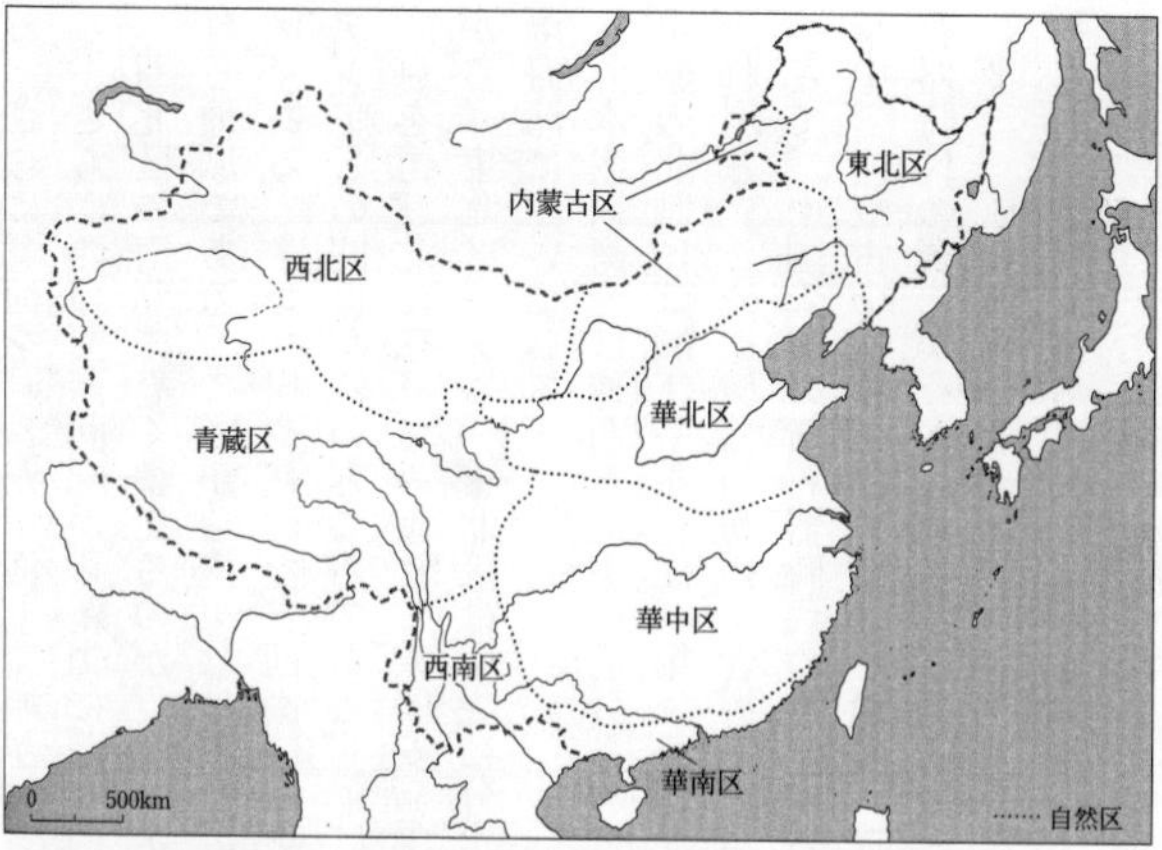

現代中国の自然区分（任美鍔1986による）

降のことが大半わかっているにすぎない。そこでまず現在の地誌から、地域区分を眺めることは、新石器時代に遡った地誌と大きな差がないということになるであろう。簡単に現在の地誌をまとめてみたい。

現代中国は、大きく八つの自然区画に分けて説明されている。東北区、華北区、華中区、華南区、西南区、内蒙古区、西北区、青《せい》蔵《ぞう》区である。

華北と華中の境は、黄河と長江の中間に位置する淮河《わいが》と、西安の南側に聳える秦嶺《しんれい》山脈を結んだ線にある。華中と華南の境は南嶺《なんれい》山脈である。華北の北端は、万里の長城で知られる黄土《こうど》高原にある。ほぼ明代の万里の長城に沿ったいわゆる長城地帯は、内蒙古区や西北区が当たるであろう。

黄河が黄土高原を大きく迂回して南に向けて流れを変えるあたりが、内蒙古中南部である。さらに黄河を遡った黄河上流域が甘青《かんせい》地区という甘粛《かんしゅく》省から青海《せいかい》省にかけての地域である。さらに西の河西回廊《かせいかいろう》から新疆《しんきょう》に至る西北区は現在大半が砂漠地帯に当たっている。

西北区の南側に高く聳えるのが、アジアの屋根であるチベット高原である。青蔵区と呼ばれる地域である。ここから南東には雲貴《うんき》高原があり、華南や華中に接している。これが西南区である。メコン川や紅河など西南区は東南アジアへ流れ出る川の源ともなっており、東南アジアとの関係が深いところである。

目を再び北に転じてみよう。大興安嶺《だいこうあんれい》山脈を東に越えれば、そこには広大な東北平原が広がる。東北区である。東北区は中央に分水嶺があり、分水嶺の南にはシラムレン河や遼河が渤海湾に注いでいる。

分水嶺以南では遼西と遼東に区分されるが、遼西は長城地帯の東端にもあたっている。分水嶺の北側には嫩江《のんこう》や松花江《しょうかこう》、第二松花江が北流し、アムール川に合流してオホーツク海に流れ出る。この地域は沿海州を含めて極東と呼ぶ地域である。

さて、中国大陸の新石器時代の話をするには、この自然区画の地域区分における、華北、華中、内蒙古中南部、甘青地区、遼西、遼東を対象とすることになる。この他の地域は、新石器時代の資料が存在しないか、あるいは明確な状況がわからない地域である。

また、極東地域のように、シベリアを含めて新石器時代においても長く狩猟採集社会が維持される地域がある。同様に、華南地域も長く狩猟採集が堅持された地域である。極東地域と華南地域は、むしろ上記の地域と対比的に捉えることを必要とする地域である。

これら二つの地域も別に触れつつ、上記した地域の検討こそが、中国史としての新石器時代を語ることになるのである。

土器文化から見た地域

中国南部は丸底深鉢形土器、北部は平底深鉢形土器

更新世から完新世の環境の大きな変動期に、東アジア各地で土器が出現することはすでに述べた。また、旧石器時代の石器技術の伝統性において大きく中国大陸の南北が違うことを述べてきた。中国南部では礫器が伝統的に主体であるのに対し、中国北部では小型剥片石器や石刃技術が見られ、北方ユーラシアで呼応した石器技術の変遷が見られることを思い出していただきたい。これら二つの技術的な違いは、古環境とりわけ植生などと関連して、一時的には礫器技術の伝統が華北まで北上することもあったが、後期旧石器時代以降逆転するように、小型剥片石器は華中まで、細石器技術は華北まで南下している。一方では、華南では保守的な礫器文化が大局的には続いていく。

この二つの旧石器における技術的な違いが対峙するような地域においてこそ、栽培穀物が出現することも述べた。いわば二つの技術体系の周辺あるいは生態環境の周縁において栽培穀物が出現していったのである。

まことにこうした地域は、人類が新しい環境において試行錯誤しながら新しい技術を獲得

していく、人類の新環境への適応地帯でもある。

さらに土器文化の技術的系統性においても、旧石器時代以来の二つの技術基盤の系譜の中で、理解できるであろうと考えるのである。これを単純化していえば、中国南部地域が丸底深鉢形《ふかばちがた》土器であり、中国北部地域が平底深鉢形土器であるという二つの異なった技術基盤である。

基本的に初現期の土器は、東アジア各地で煮炊き用の深鉢形土器が一般的である。中国では丸底の深鉢形土器を釜《ふ》、平底深鉢形土器を筒形罐《つつがたかん》と呼び分けている。釜は籠などの編み物を型として粘土を型押しして土器形態を作るか、縄蓆文《じょうせきもん》に特徴があるように叩き出して丸底の形態を作り上げたものである。一方、筒形罐は平らな粘土板で底を作り、粘土紐を輪積みしていくものである。自ずと形態差は土器作りの技術的な伝統の差に起因している。その意味で、釜は礫器や小型剝片石器文化圏に生まれており、筒形罐は細石刃文化圏に生まれている。あるいは釜は野生イネが分布する地域に生まれたというふうに単純化することもできるであろう。

旧石器時代終末期の二大文化圏は、そのまま土器作りの伝統性においても二つの系譜関係をもって、始まったのである。

華中から華南に見られる初現期の土器は、表面が縄蓆文で覆われた丸底の釜である。一方、中国東北部から極東は平底の筒形罐である。この伝統は朝鮮半島の東海岸にも延びてゆく。

この二つの土器製作技術伝統圏の中間に位置する華北は、まさに相互の技術的・文化的伝統を受けた交錯地帯であり、その土器文化の地域系統を理解するのはいささか複雑である。しかも最古期の土器がまだ発見されていない地域も存在している。そうした資料不足があるにもかかわらず、予想を含めて大胆にその流れを説明してみたい。

南部の土器製作技術系統圏の端に位置する長江下流域では縄蓆文釜が見られるが、隣接する山東地域では縄蓆文を持たない釜が存在する。形態的類似は系統性を示しているであろう。この釜は、山東から太行山脈《たいこうさんみゃく》の東側を北上するように分布している。また、山東では山東半島東端に広がり、釜の系統の形態を示す櫛目文《くしめもん》土器が朝鮮半島西海岸に広がっていく。また、縄蓆文釜分布圏の長江中流域から漢水を遡るように縄蓆文釜の系譜は広がり、渭河《いが》流域では縄蓆文釜に三足の短い足をつけて安定的におくことができるよ

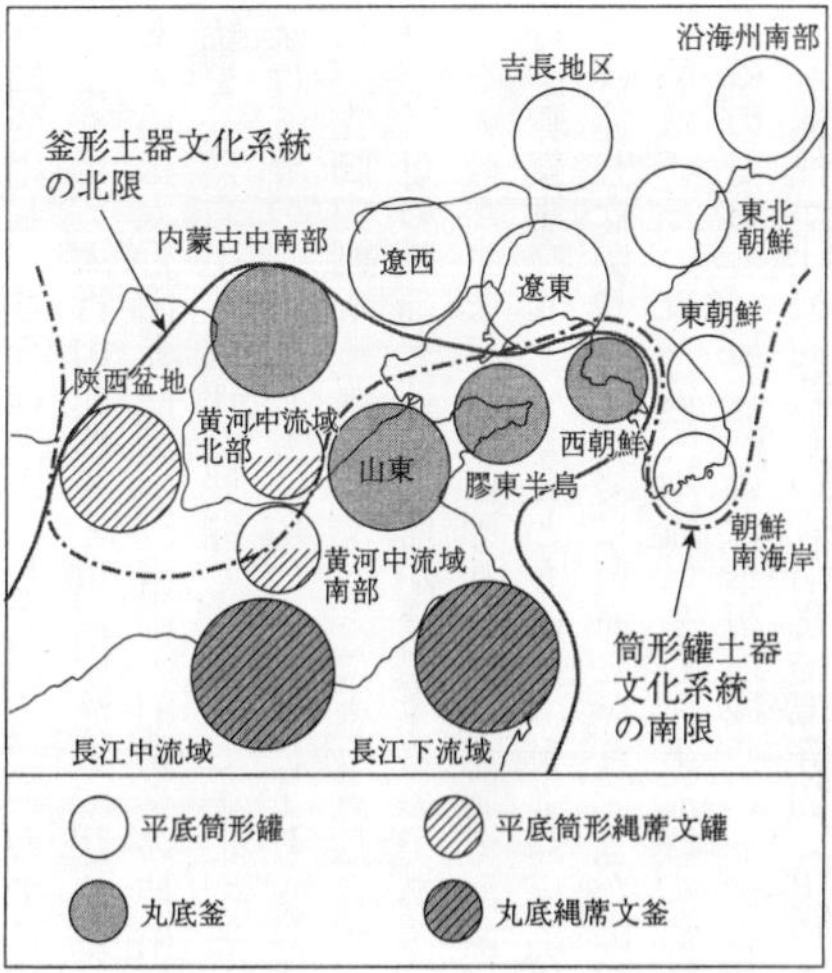

土器の系統性　極東から中国東北部の平底罐と華中・華南の丸底釜が華北で分布上モザイク状に交錯している

うに変化し、さらに平底化していく。一方では、北方系統の筒形罐が太行山脈西側を南下するように、太行山脈西側と黄河中流域で認められる。したがって、渭河流域から黄河中流域あるいは太行山脈西側は、南部の縄蓆文の技術伝統を吸収しつつ北方の平底筒形罐の技術伝統を基盤に土器製作が展開していくことになるのである。興味深いことに、山東地域の無文釜は三つの支脚とともに用いることにより、無文釜を安定的に設置することができるとともに、支脚内側から火をたくことにより煮炊きが可能になる。後にこの釜と支脚が組み合わさり、三足の脚部を持った鼎《てい》が登場するのである。

この鼎が生まれた発信源は淮《わい》河《が》上流域の河南省南部や山東地域であり、これがいち早く太行山脈東側を北上するとともに、山東半島東端に達する。しかしそれ以東の朝鮮半島西海岸には達しなかった。すでに黄海という大きな障壁があったのである。

鼎は、その後、黄河中流域や長江下流域、あるいは渭河流域や長江中流域に漸次広がっていくのである。最終的には華南地域やベトナム北部地域にまで広がり、周縁現象としてこうした器種が比較的新しい段階まで保守的に用いられることになる。

ただし、鼎の広がりだけをもって文化伝播の広がりとするのは性急な考え方である。土器様式の一器種として鼎が存在するのであり、時代が新しくなるにつれて器種は増加し、土器様式は複雑な様相を見せていく。さまざまな土器器種のコンプレックスからなる土器様式の広がりとして、文化伝播を語ることができても、その中の一器種のみの広がりをもって文化の広がりとするわけにはいかない。鼎の広がりは、機能的な生活様式の一部の広がりを示すのであり、人間集団の広がりや移動を示しているわけではないことを読者には知っていただきたい。

以上に説明したように、中国大陸南部と北部の二つの土器作りの技術的系譜とその中間地帯の南北に織りなす技術系譜の混ざり合いの中から、土器様式すなわち考古学で認識されている文化のまとまりが理解されていくのである。この文化のまとまりは、中国社会科学院考古研究所の蘇秉琦氏らが一九八〇年代初期に提起した区系類型理論の背景をなすものであり、現在の中国考古学界では、この考え方が基本的に受け入れられている。

その考えを整理してみると、中国大陸の新石器時代における考古学的文化のまとまりは、次のような黄河中流域・渭河流域、山東地域、長江中流域、長江下流域、鄱陽湖《はようこ》から珠江《しゅこう》三角州、長城地帯の六区にまとめられている。このうち、長城地帯は遼西、内蒙古中南部、甘青地区に分かれるが、遼西とそれ以西とは当初土器様式の系統が異なっており、むしろ遼西は極東に近いものである。

本書では、新石器時代後期の地域間交流が活発化する段階以前の新石器時代前・中期の地域文化を、系統という言葉で表現してみたい。遼西は、興隆窪《こうりゅうわ》—紅山《こうざん》文化系統として独立して捉えることにする。また、黄河中流域・渭河流域も大きく二つの系統に地域的に分けて考えるべきである。すなわち渭河流域の老官台《ろうかんだい》—仰韶《ぎょうしょう》文化系統と黄河中流域の裴李崗《はいりこう》・磁山《じざん》—後岡《こうこう》文化系統である。その他、山東地域は後李《こうり》—北辛《ほくしん》—大汶口《だいぶんこう》文化系統、長江下流域は河《か》姆渡《ぼと》・馬家浜《ばかほう》—崧沢《すうたく》—良渚《りょうしょ》文化系統、長江中流域は彭頭山《ほうとうざん》・皂市《そうし》下層—大渓《だいけい》—屈家嶺《くつかれい》文化系統である。珠江三角州は大坌坑《だいふんこう》文化系統である。
その他の黄河上流域や四川盆地は、新石器時代後期あるいは新石器時代中期末になってようやく地域文化が把握できるようになる。新石器時代前・中期の文化系統には含まれない地域である。

ここで示した文化系統を先の大きな土器作りの二つの系統から整理するならば、南の系統は、長江中流域・下流域から珠江三角州にかけて認められ、北の系統は極東から遼西に認められる。そして南の系統を引いて鼎を生み出した山東地域、さらに南北の接触地帯として太行山脈を大きな境として東西に、裴李崗・磁山—後岡文化系統と老官台—仰韶文化系統が対峙するのである。こうした華北における複雑な文化的な地域間関係は、すでに述べた華北の旧石器時代の地域間関係に類似していよう。華北とは中国史を通じて、南北の地域文化が邂逅するところであったのである（一四〜一五ページ地図参照）。

新石器時代の時期区分

三種の土器が成立した、新石器時代の前期

中国大陸において南北二つの技術的な系統は旧石器時代以来存在し、その系統を引くように土器作りの技術的な系統にも南北二系統があり、さらにその二つの系統の交錯する地帯が華北にあることも、旧石器時代以来の地域的な特色となっているのである。

そしてまた、この交錯地帯に農耕が出現し、一方では南北二つの技術的な基盤が存続していく地域は、狩猟採集社会を堅持している。農耕出現の初期においては、農耕を持つ地域と狩猟採集社会とでは決して食料獲得量において大差はない、あるいはむしろ農耕出現地の方が食料の限界があることを述べた。

しかし、その後の社会進化は農耕出現地においてめざましいものがあるのである。これは、社会の組織化と農耕がともに牽引しあうことにより、社会進化が進展していくからである。新石器社会を農耕と関係させながら歴史的に評価しようとする姿勢がここにあるといえよう。

さて、本書で主に対象とする地域もこうした地域であり、新石器時代の時期区分という場合は、これらの地域での段階的な変化をもって時期区分されてきている。したがって、それは必ずしも極東や華南といった狩猟採集社会地域とは分期が対応しているわけではないのである。

そこで本書では、まず第五章において農耕地帯の新石器社会を見ることとし、第六章では非農耕地帯の極東や華南について述べることとする。これにより東アジアにおける先史時代の特性が理解できるとともに、読者は農耕社会と非農耕社会を対比的に理解できるであろう。

東アジアでは土器の出現がほぼ新石器時代の到来を意味することをすでに述べた。土器の変遷は、文様や形態の変遷とともに土器の器種の増加など組成の違いにも認めることができ

地域＼時期区分（年代紀元前）	早期 10000–7000	前期 7000–6000–5000	中期 5000–4000–3000	後期 3000–2000
遼東		新楽		長城地帯の形成
遼西		興隆窪	趙宝溝 紅山―小河沿	
内蒙古中南部			石虎山 王墓山 海生不浪	老虎山 園子溝
黄河上流域			石嶺下 馬家窯――	斉家
渭河流域		老官台	仰韶――（半坡、史家、廟底溝、半坡二）	廟底溝二、客省荘二
黄河中流域（淮河上流域）	于家溝 南荘頭	裴李崗（磁山）	後岡 大河村――	廟底溝二、王湾三
黄河下流域（山東）		後李――北辛	――大汶口――	――山東龍山
長江下流域			馬家浜 崧沢 良渚	――（王油坊）
長江中流域（漢水中流域）	玉蟾岩	彭頭山 皀市下層（城背渓）	大渓――屈家嶺	石家河
四川盆地				宝墩
華南	廟岩	陳橋	西樵山	石峡（曇石山）

新石器時代の時代区分と編年　本書ではこの表による各地域の文化編年と時代区分を基に議論する

る。土器の出現以降を上の図表に示すように、分期してみたい。

新石器時代早期は華北、華中、華南、あるいは極東において土器が出現した段階であり、断片的な資料のため土器の細かな変化過程を述べることができない段階である。また、極東と華南を除いて、華北と華中で野生穀物から栽培穀物が人類の手によって選択、変化させられ、初期農耕が始まった段階である。

新石器時代前期は華北の裴李《はいり》崗《こう》・磁《じ》山《ざん》文化を例にとるように、罐《かん》あるいは釜《ふ》といった煮炊きをする土器と、壺《こ》という食料を貯蔵する土器、鉢《はち》という食事を盛る土器の三つの器種が成立しており、このような器種が各地で安定して認められる段階である。また、農耕が一定程度生業において比重を高め、出土資料からしても安定した栽培穀物が出現する段階である。

新石器時代中期は華北の仰韶《ぎょうしょう》文化を指標とする段階であり、仰韶文化半坡《はんぱ》類型など尖底瓶の出現を特徴とするように、各地で器種の増加や地域的な器種構成の特殊化が生まれる段階である。さらに農耕が安定的に発展し、地域間交流の活発化や農耕地の拡大など、各地で新しい動きが見られる。

新石器時代後期は龍山文化併行期にあたっている。地域内での階層化や土器作りにおける専業化なども次第に出現し始め、さらには青銅器が西北地域や華北に出現していく段階である。この段階を北京大学の厳文明教授は、金石《きんせき》併用期と呼んでいる。

そして、社会がさらに政治的に統合していく段階が二里頭《にりとう》文化、二里岡《にりこう》文化の初期国家段階にあたる。すなわち、新石器社会から一段階発展した段階である。本書ではこの初期国家段階を含めて論述することにしたい。

古環境の変動

最大高海面に達したヒプシサーマル期

すでに述べたように、新石器時代の登場は最後の氷河期が終わった完新世の開始によって始まる。その後の変化は、海面上昇によって特徴づけられるように、急速な地形環境の変化にある。こうした海面上昇が落ち着くのが、六五〇〇年ほど前のすなわち紀元前四五〇〇年頃の海面がピークに達する最大高海面期であり、現在より二〜三メートルほど海面が上昇していた。

基本的にこの最大高海面期をもって、大きく変動してきた地形環境が安定化する。とくに海浜部の地形環境が安定化し、さらにその後の沖積作用によって海浜部を人類が盛んに利用するようになっていく。海浜部の地形環境の安定化が、海浜部の遺跡を現在にまで残しているということもできるのである。その意味で、東シナ海には旧石器時代から最大高海面期に至る時期の遺跡が存在してはいたが、現在は残っていないか、あるいは海底深くに埋没しており、われわれの遺跡情報が欠落した状態にあるのである。

基本的に最大高海面期以降は古地形は安定化していくのであるが、その後も海面変動が認められるように、微妙な古環境の変動が見られる。新石器時代においては、紀元前六〇〇〇年―紀元前三〇〇〇年の世界的な温暖湿潤期であるヒプシサーマル期において、気温が上昇し海面が最大高海面に達するのである。この時期は自ずと植生が変化し、現在の温帯林や亜熱帯林の北限が北へ向けて延びる時期でもある。後に述べるが、この時期、例えば、後岡《こうこう》文化の系統が北京の鎮江営《ちんこうえい》遺跡や内蒙古中南部の石虎山《せっこざん》遺跡に達するという、華北の土器様式が南から北へ向けて拡大する現象と、暖温帯林の植生の拡大とは相関したものであると考えられる。

ところが、紀元前三〇〇〇年からは気候は次第に乾燥冷涼化していく。古環境の変動は、それに適応してきた人類の活動に少なからず影響を与えたのである。とくにこの気候変動は中緯度地帯から高緯度地帯において影響を及ぼしている。

　華北内陸部、とくに長城地帯である内蒙古中南部から甘青地区にかけては、冷涼乾燥化の影響の中、次第に牧畜への生業比重を増し、居住形態の変化を示し始める。こうした社会経済や生活様式の変動については、後に第七章で詳しく述べることになる。しかもこれを契機に、土器に見られる文化様式や土器様式の範囲が変化していくのである。あるいは文化や人間集団の関係性を示す情報帯に変化が見られ始めるのである。

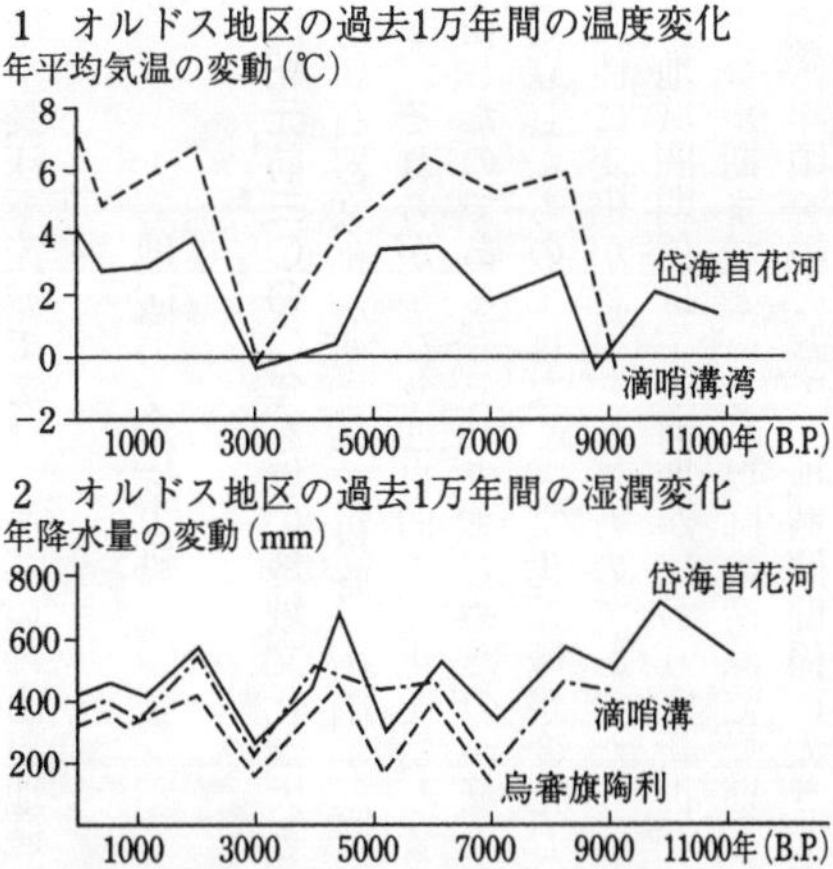

古環境の変動　内蒙古中南部の土壌ボーリング資料の花粉分析などの結果から復元された気候変動を示した図である。上に掲げた2図のうち、上図は年平均気温の変動であり、下図は年平均降水量の変動を示している

　この段階以降、蘇秉琦氏が提起した甘青地区、内蒙古中南部、遼西地区がまとまった長城地帯が出現するのであり、長城地帯内での土器様式の交流や影響関係、あるいはその他の文化要素の交流が認められ始める。その意味では、土器様式圏の範囲があまり変わらない安定した地域は、華北においては少ないといえるであろう。安定した地域圏を示すのは、長江中流

域や長江下流域であり、あるいは山東地域である。

地域の文化系統

紀元前三〇〇〇年を境に地域文化が大きく変化する

新石器文化が始まって以降、中国大陸には幾つかの地域単位で固有な新石器文化が存在し、それらがかなり独自的な変化を示してきたことを述べてきた。地域固有の文化系統が存在したのである。それをまとめたのが蘇秉琦氏ではあったが、一方ではこうした地域文化は定立したものではなく、文化領域が変化していくものでもあった。あるいは地域間関係の方向性に変化が認められるものであった。

地域間関係は、氷河期が終わり完新世が始まった新石器時代から、温暖湿潤期のヒプシサーマル期までと、それ以降の冷涼乾燥期とでは大きく異なっている。すなわち、紀元前三〇〇〇年頃を境として、地域間関係に大きな変化が訪れたのである。

地域の文化系統においても、この変化前後では文化系統を異にする地域も見られる。そこでこの紀元前三〇〇〇年を基準にそれ以前を新石器時代中期とし、それ以降を新石器時代後期として、文化系統の説明を行うことにしたい。

かつて北京大学の厳文明教授がこの時期をもって青銅器や純銅である紅銅などの金属器が出現することから、ここでいう新石器時代後期を金石併用期と呼んだことがある。この金属器出現に関しては、第七章でその意義について考えてみたいが、青銅器の有無よりは、実は古環境の変動に伴う地域の文化系統の変化こそこの時期には大きな意味がある。

さらにまた文化系統の変化を引き起こした導因は、生業の変化を含めた社会経済の変化にある。地域による社会経済の違いが、異なった文化系統へとそれぞれの地域を導いていくのである。すなわちこれまでの南北方向に見られる文化系統の拡大段階から、東西方向の文化系統の連続性による華北内部での南北の分断が次第に認められる段階なのである。

先に示した新石器時代前・中期の地域文化は、華中から華南にかけては、この変動期を境にしても、一定の地域文化は存続している。これはすでに説明したように、華中以南は気候変動の影響をそれほど受けていない地域であり、基本的には生業形態における大きな変化は見られないことによるであろう。長江下流域では馬家浜《ばかほう》—崧沢《すうたく》文化系統から良渚《りょうしょ》文化が出現し、長江中流域では彭頭山《ほうとうざん》・皂市《そうし》下層—大渓《だいけい》文化系統から屈家嶺《くつかれい》・石家河《せっかが》文化が出現し、安定した地域社会の発展を示している。また、この段階から長江上流域においても新石器文化が確認され、宝墩《ほうとん》文化が出現していく。

四川地域の新石器文化は、今のところ変動期以降しか認められない。長江上流域の新石器文化の出現は、長江中流域の新石器文化との関連から捉えられるであろう。華南地域でも曇《どん》石山《せきざん》文化や石峡《せっきょう》文化が生まれ、安定的な地域発展を示している。同じことは、山東地域においても当てはまる。後李《こうり》—北辛《ほくしん》—大汶口《だいぶんこう》文化系統から山東龍山文化が出現していく。

一方、華北の地域文化は地域的な展開を示しつつも次第に地域間関係を異にしていく。渭《い》河《が》流域は老官台《ろうかんだい》—仰韶—客省荘《きゃくしょうそう》二期と安定的な地域的土器変遷を示している地域であるが、渭河上流域では新石器時代中期の仰韶文化廟底溝類型の広がりの中、石嶺下《せきれいか》類型が成立し、新石器時代後期には次第に固有な地域性を示す馬家窯《ばかよう》文化、斉家《せいか》文化が出現していく。甘青地区に見られる馬家窯—斉家文化系統は、その生みの親である仰韶文化—客省荘二期文化系統とは次第に土器様式を異にしていくのである。

内蒙古中南部は、土器様式からいえばより複雑な地域間関係を示している地域である。新石器時代前期には裴李崗・磁山—後岡《こうこう》文化系統の範囲にあったが、新石器時代中期には老官台—仰韶文化系統に属し、華北内の南北方向の系統的な影響の違いを直接受けているのである。これが環境の変動期後の新石器時代後期には、次第に地域的な特徴を色濃くする海生不《かいせいふ》浪《ろう》文化さらには老虎山《ろうこざん》文化へと発展していく。

この過程で、これまでの華北における南北間の系統関係の北端的な位置から、主体的な地域性を確立していくと同時に遼西の小河沿《しょうがえん》文化や甘青地区の斉家文化との一定の関係性を持つようになり、長城地帯を通じた情報帯が確立していくのである。さらに新石器時代後期には、長城地帯に接する渭河流域の客省荘二期文化や晋中《しんちゅう》地域あるいは晋南《しんなん》地域、冀北《きほく》地域は、長城地帯と一定の関係性を持ちながら複雑な地域性を生み出していくのである。

その過程の中で、これまで廟底溝二期文化、大汶口文化、屈家嶺文化などの三地域の地域的な系統関係が見られた黄河中流域において、王湾《おうわん》三期文化が成立していくのである。王湾三期文化こそが、夏王朝に比定されている二里頭文化の母胎になっているのである。

第五章　社会の組織化と階層化

仰韶・龍山文化

集落と墓葬から比較検討できる社会構造の発達度

旧石器時代以来の二つの文化系統が邂逅する華北と華中において、それぞれアワ・キビとイネの栽培化が始まったのが約一万年前以降であった。旧石器時代末期以来、森林帯の周縁に広がる禾本科《かほんか》植物の草原地帯を人類が食料獲得のターゲットとしたところに農耕の起源の大きな要因があり、さらに自然環境の変化が大きな要因となって農耕化を促してきたこともすでに述べたところである。その揺籃期は、先の新石器時代の分期でいえば新石器時代早期にあたっている。

これから話を進めるのは、新石器時代前期以降の農耕社会の進展である。新石器時代前期には少なくとも磁山《じざん》遺跡の貯蔵穴に多量のアワが貯蔵されていたり、八十壋《はちじゅっとう》遺跡で一万五千粒にも及ぶ多量の稲籾や稲藁が発見されたように、栽培穀物がかなりの量で獲得できるようになっており、成熟した初期農耕段階に達している。この段階以降の社会進化はめざましいものがあり、第六章で展開する狩猟採集社会の社会進化とは、進化速度を異にしているので

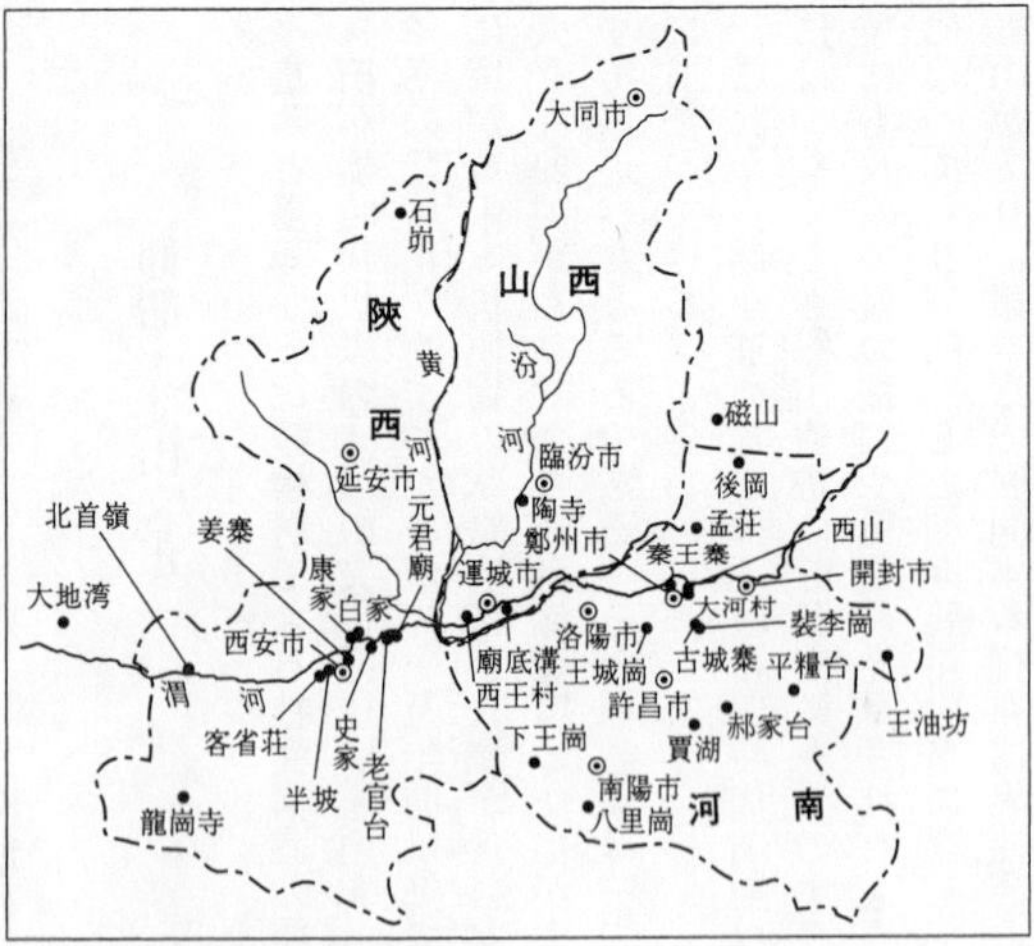

黄河中流域の新石器時代主要遺跡

ある。しかし、その場合の社会進化とは、集団の組織化と言葉を置き換えることができるかもしれない。こうした状況を中国大陸における農耕社会のそれぞれの地域文化において眺めていくことにしたい。

社会の構造を把握するには、集団が生活する集落と集団が死後に埋葬される墓葬を比較検討することが、最も手っ取り早い方法である。なぜなら、集団の規模や集団の基礎単位が集落や墓地に敏感に反映しているからである。しかも墓葬構造や副葬品には、被葬者の生前の社会的地位や経済力が、まさに鏡に映すがごとく表出しているのである。以下に各地域文化に見られる集落と墓地を比較検討していこう。

新石器時代前期から後期において、渭河《いが》流域では老官台《ろうかんだい》文化—仰韶《ぎょうしょう》文化—客省荘《きゃくしょうそう》二期文化、黄河中流域では裴李崗《はいりこう》・磁山《じざん》文化─後岡《こうこう》文化─大河村《だいかそん》文化─廟底溝《びょうていこう》二期文化─王湾《おうわん》三期文化と大きく二つの系統が見られるが、それらの二つの系統は相互に影響関係にある。そこでそれらを統合して仰韶・龍山文化系統と呼ぶこともできるであろう。この地域の社会を集落と墓葬から垣間見てみたい。

新石器時代前期の老官台文化や裴李崗・磁山文化では、墓地はかなりの数発見されているが、集落はほとんどわかっていない。ただ前述した河北省武安県磁山遺跡では、アワの貯蔵の痕跡が認められた貯蔵穴が発見された。貯蔵穴は隅丸長方形の平面プランからなる竪穴土坑で八八基が発見されている。

発掘では貯蔵穴は二時期に分かれることが確認されているが、数基から十数基の単位で固まって分布している。五万トン以上のアワの貯蔵の可能性が指摘されてはいるが、一年単位の貯蔵の実態を正確に復元することは難しい。ともあれ相当量の貯蔵がなされていたことが理解できることから、安定した農耕社会に達していたことが認められる。しかも貯蔵穴周辺では住居址などの居住地の痕跡が認められていない。これは貯蔵穴が集落からやや離れた地点に固まって配置されていたことを物語っており、栽培穀物は集団で管理されていたのである。

性別の労働分担

この時期の墓地は、河南省新鄭市《しんていし》郊外の裴李崗墓地など裴李崗文化の幾つかの遺跡で知られている。それらは共通した特徴を示しているが、その中で裴李崗墓地を例にとって説明したい。

裴李崗墓地では土器の型式学的研究から、大きく二時期に墓地が変遷していくと考えられている。古い段階の墓地群が低丘陵の東側斜面にのみ位置していたのに対し、新しい段階になると東側斜面のみならず西側斜面にも墓地群が拡大しており、単位集団が二分化して拡大したように見てとれるのである。新たなグループが分家する形で増殖したのであろうか。

その集団の社会的な進化レベルを考えるにあたっては、副葬品構成と性差を対応させて考えることによってヒントが与えられる。磨盤と磨棒というアワ・キビを製粉する道具がある。一方、農作業として畑の土起こし、あるいは開墾や土木作業に鋤《すき》が使われる。この時期、鋤先《すきさき》として定型的な形態を示す石鏟《せきさん》と呼ばれる石鋤が普遍的に認められる。私はこれら石鏟と磨盤・磨棒を、華北型農耕石器と呼んでいる。この華北型農耕石器が定着化するのが新石器時代前期である。

おもしろいことに墓の副葬品として、石鏟と磨盤・磨棒は決して組み合わさって出土することはなく、別々に副葬されている。しかも古人骨の分析からは、石鏟が男性、磨盤・磨棒が女性に対応して墓地が形成されていることが分かる。これは、土起こしや土木作業を男性が、製粉作業を女性が主に行うという性別による労働分担の区分けが存在していたことと関係している。現在の世界の民族例からも、このような性別の労働分担は広く認められるところである。性別の労働分担を基本として組織的に行動した集団のイメージが浮かんでくる。

さらに墓の副葬品には男性墓の場合、石斧や石鎌などの加工具と収穫具、さらには土器が伴うのである。一方、女性墓の場合は、磨盤・磨棒に加えて、さらに土器が副葬品に加算される。男性墓、女性墓ともにこうした副葬品の構成には、墓ごとに多寡が存在し、それが被葬者の生前の社会的な地位と関係していよう。その場合、決して男女という性別によって地位の差があるということはなく、副葬品数だけに限ればむしろ女性墓の方が厚く葬られる場合が多いのである。

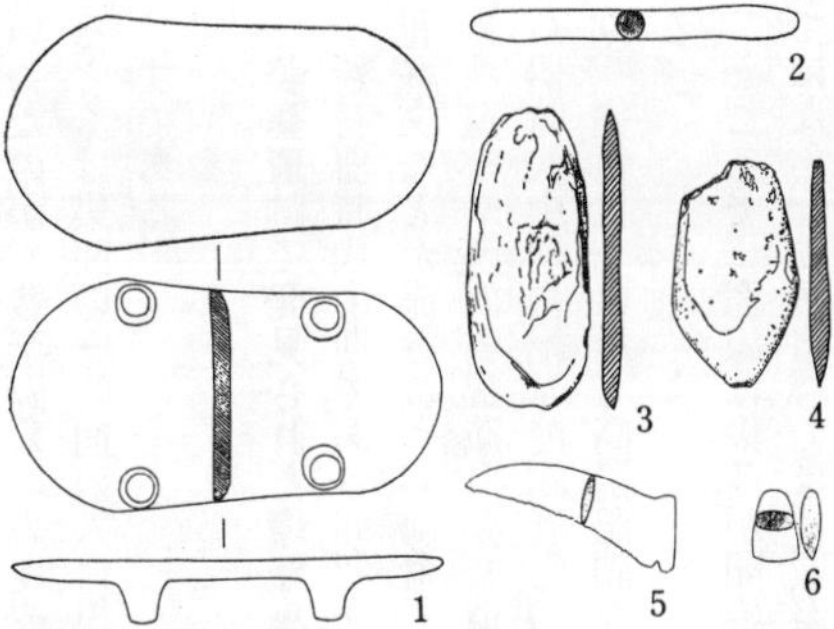

裴李崗墓地の副葬石器　1磨盤　2磨棒　3、4石鏟
5石鎌　6石斧

生前の被葬者の性別分業に基づく職能によって、集団内で社会的な地位が存在した可能性がある。それは決して世襲制といったものとか、血縁集団単位といったものではなく、個人の生前の職能が社会的な尊敬あるいは集団内での権威となったと考えられるのである。これは平等社会であることを示しており、社会的職能を持つ人がリーダー的な存在であったのである。また、集団内の社会生活における象徴的な二元論としてジェンダーがかなり大きな意味を持っていた社会であったのである。

こうした集団が、農耕のみならず狩猟・採集といった多角的な生業形態に基づきながら、次第に集団の人口が増加していく。集団単位が増大し分化していったのが、裴李崗墓地の変遷に示された墓地の拡大と墓地の二分化であったのである。おそらくは集団の一時期の人口規模は、数十人を単位とするそれほど大きいものではなかったはずである。

姜寨遺跡で発見された環濠集落から読み取れる二集団

新石器時代中期である仰韶文化は、渭河流域では仰韶半坡《はんぱ》類型から史家類型へ、さらには花弁文などが施された彩陶盆《さいとうぼん》を特徴とする廟底溝《びょうていこう》類型へと変化していく。仰韶半坡類型では半坡遺跡や陝西省臨潼県姜寨《りんとうけんきょうさい》遺跡で環濠集落が発見されている。この地域では環濠集落が新石器時代中期の紀元前四五〇〇年頃には出現している。ちょうど最大高海面期にあたっており、完新世では最も高温湿潤な時期である。環境的にも農耕がより進展していった段階である。

ところで、環濠は集落が開始した段階からすでに存在していたかといえば、必ずしもそうではない。姜寨遺跡では、環濠集落がほぼ完全に発掘調査されており、さらに集落周辺に位置する墓地を含めて検討できる重要な遺跡である。姜寨遺跡は中央に空白地である広場があり、それを取り囲むように集落の中心に向けて住居の入り口が向く求心的な住居配置がなされている。また住居群は五群に分かれてそれぞれに中心的な大型住居を持つ配置関係から成り、さらに住居群を取り囲むように環濠が巡るというふうに復元されている。

しかし、発掘所見によれば、住居の切り合い関係から集落は少なくとも三時期に区分でき

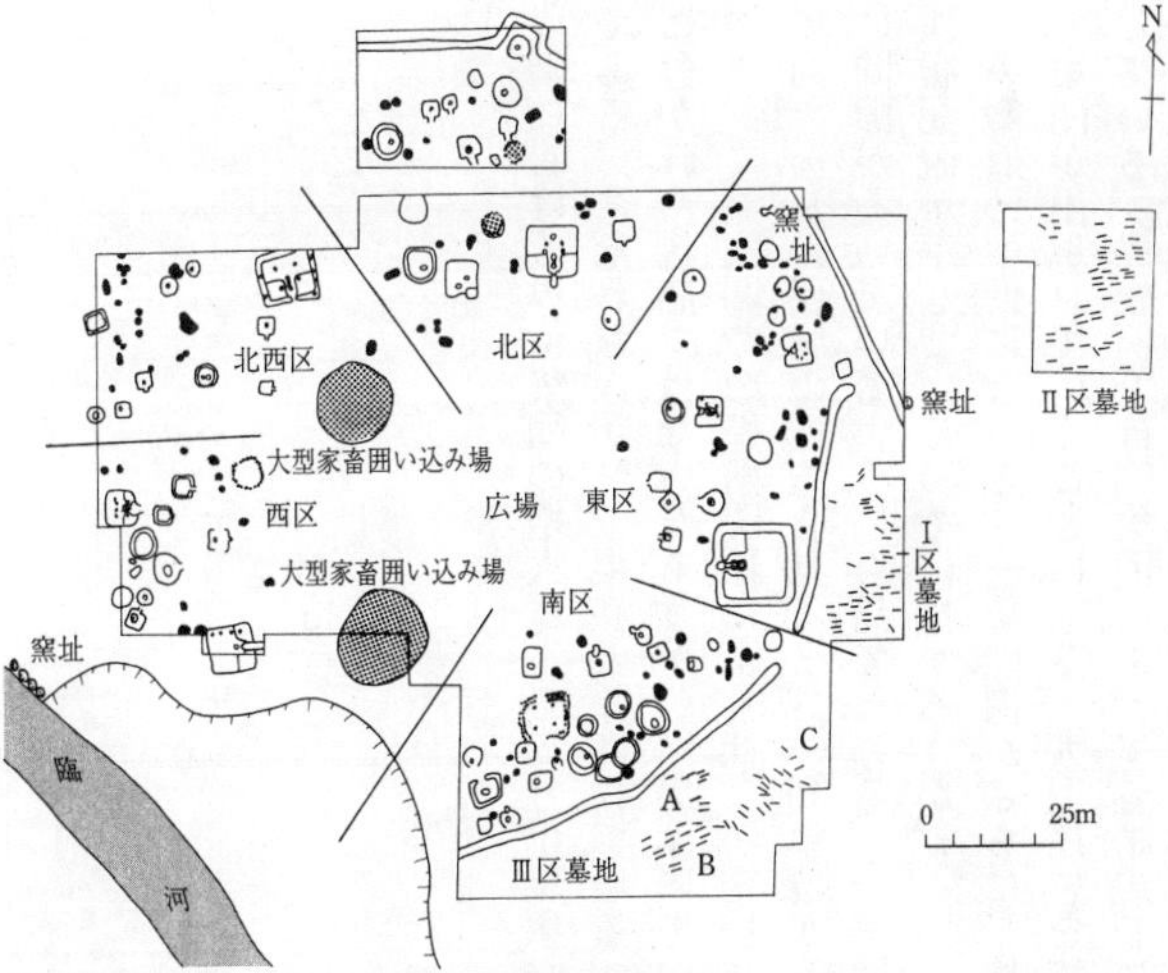

姜寨遺跡における仰韶文化半坡類型の環濠集落　検出された住居すべてを同時期と見た場合に集落内が5群の住居群から構成されると考えられていた

るとしている。これまでの集落の復元案は時期を細分することなく、すべての時期の遺構が同時に存在したとする解釈であり、私には納得がいかない。

そこで、姜寨遺跡を時期ごとに三段階に分け、それぞれ前期、中期、後期というふうに呼び分けることにより、住居の切り合い関係を元として集落の変遷を示してみよう。

次ページの図に示すように、前期には環濠は存在せず、住居入り口が相対するように二つの住居群が列状に並んでいる。二つの単位集団から集落が構成されていたのではないかと想定したい。これは、先の裴李崗文化段階における単位集団の増大による二分化現象がそのまま継続した形のように見てとれるのである。すなわち人類学で半族と呼ばれている、社会内での何らかの機能を持つ二つの集団に分かれた状態ではないだろうか。同集団内での婚姻が禁止される外婚規制のようなものが働き、二集団間での婚姻関係により社会が維持されているように復元できるのである。さらに列をなした住居の配置を見ると、一列単位がそれぞれ二分できるように、幾分列の中央部に間隙があいているようにも見てとれる。一集団がさらに半族として双分されていく過程を住居配置が示しているのではなかろうか。

姜寨遺跡中期になると、一集団内がさらに半族として分かれていくことにより、結局四つの集団が出現していくことになる。大型住居を核として集団が同心円状に求心的な配置を示している。民族例では四集団によって外婚規制による安定した双分制が存在することが示さ

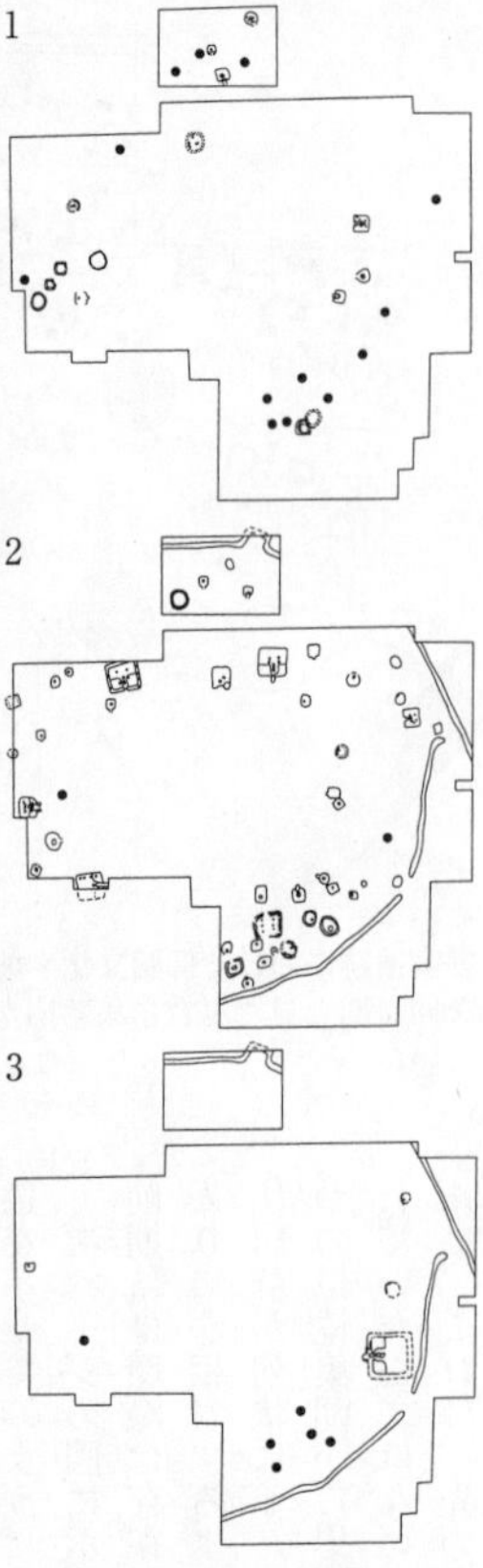

(●は住居の推定位置)

姜寨遺跡の集落の変遷　1姜寨集落前期　2姜寨集落中期　3姜寨集落後期

れているところからみれば、この四集団が基礎単位となり、安定した双分制による平等的な部族社会が構成されたと考えるべきであろう。この中期の段階に初めて環濠が掘られ、集落を取り囲むことになる。

環濠は集落外からの野獣などの脅威から身を守るものであるとともに、集落の構成員のまとまりやその意識を生み出すものである。これまでの復元案に示されているように、大型住居を核としてその周りに中・小型の住居が配置されているが、中・小型は単位家族の構成員の多寡によって規定されており、一半族での集会所として大型住居が存在したのである。

ところで中・小型住居の周りには多くの土坑が認められ、食料などを貯蔵する貯蔵穴と考えられている。新石器時代前期の磁山遺跡の場合、貯蔵穴は集団によって共同管理されていたが、この場合は一単位家族ごとにすなわち住居単位で管理がなされていたと考えられる。

広場近くには大型家畜囲い込み場という家畜小屋のようなものが二つある。円形に柵で囲まれており、ブタやウシなどの家畜小屋と想定されている。これらが仮に同時期に併存するとすれば、姜寨遺跡前期の集団単位すなわち前期の半族単位での管理が、家畜の管理においては基本であったと考えられるのである。家畜管理は四集団に分化した姜寨遺跡中期においても、基本がそれ以前の二集団単位、すなわち集落の初期の基礎単位である双分的な半族にあったことが考えられる。その意味では、土器を焼く窯も二ヵ所に分かれて存在するが、仮に同時期に併存するものとすれば、土器作りも双分的な生産形態や生産組織が存在することになる。

姜寨の環濠集落の周りには、今のところ三つの墓地群が発見されている。これらの墓地群が単位集団に対応しているならば、もう一ヵ所存在するはずであるが、集落の南西部が一部河川によって破壊されているように、これは臨河によってすでに破壊されたのであろうか。

その中でも注目されるのは、Ⅲ区墓地である。Ⅲ区墓地は、墓の分布から見ると大きく三群に分かれる。これをA、B、C群とすると、A・B群とC群では被葬者の埋葬頭位の方向が異なっている。A・B群とC群では、何らかの集団的な区別がなされていたことになる。

さらに興味深いことに、A・B群の墓地には必ず乳幼児や幼児の墓葬である甕棺墓《かめかんぼ》が伴うのに対して、C群には小児用甕棺は存在しない。これをもって、山口県立美術館・浦上記念館の今村佳子《いまむらよしこ》氏は、A・B群が出自集団の母胎をなし、C群は他集団からきた外婚者と解釈した。

ならばA集団とB集団は、出自を共有すると考える半族的関係の集団単位であろうか。このように考えれば、Ⅲ区墓地は母集団がA群とB群という主たる二つの家系からなる双分制を示しており、さらに外婚してきた他集団の出自者はC群にまとめて埋葬されていると解釈できよう。そうするとI区墓地とII区墓地は別の双分関係にある二集団ということができよう。こうした解釈こそが、すでに述べたような外婚規制に基づく双分制が存在したと考える墓地の側からの根拠である。

集団の拡大から分村が始まった姜寨遺跡後期

さて、姜寨遺跡後期はこうした状況とは大きく異なっている。仮にこの段階に環濠部分が埋没していたとすれば、これまでにない大型住居である一号住居址と、その周りの中・小型住居といった一単位の集落構成しか認められない。集団は縮小してしまったのだろうか。いや、集団の拡大はさらに加速したのである。集団人口の増加は、集会所として利用される大型住居が、姜寨遺跡中期のものに比べはるかに大きくなっていることから理解されるであろう。

仰韶文化史家類型の合葬墓　史家遺跡25号合葬墓では二次葬の26体が埋葬されていた

分化した四集団の内一つの集団のみが、この地に残り、他の三集団は周辺に拡散して新たな拠点的な集落を形成していったと想像する。集団の拡大が分村という現象として表れたと想像するのである。残念ながらその想像を立証するための材料は、今のところ発見されていない。

ただし、姜寨遺跡後期が終わり集落が廃絶した後の仰韶文化史家《しか》類型段階になると、姜寨遺跡は多数の集団合葬墓からなる墓場と化する。集団合葬墓とは、死後に仮に埋葬されていたものが白骨化したのちに、複数の死体をあわせて一つの墓壙《ぼこう》に埋葬するものである。いわば再埋葬行為である。こうした集団合葬墓はこの時期、渭河流域には普遍化する習俗であり、陝西省渭南県史家《いなんけんしか》遺跡や陝西省華県元君廟《かけんげんくんびょう》遺跡など多くの遺跡が知られている。

また、史家遺跡の合葬墓では、人骨の頭骨を計測してその計測値を統計学的に判別分析し、墓壙単位での計測値の類似度が高いことから、これらの複数埋葬は婚姻家族による集団墓ではなく、血縁家族単位によるものであることが明らかとなった。

仰韶文化半坡類型段階の姜寨集落から、集団が双分的に二倍に分化し、その集団の人口拡大によって分村化することにより、集落も拡散していく。そして、元々の出自集団の故地と考えるこの地に、血縁単位の集団合葬墓をわざわざ作るのは、同族意識を再生産させる場としての役割があった。合葬墓という行為は、祖先祭祀と結びつきながら再埋葬行為を行うことによって、血縁的な紐帯《ちゅうたい》を感じ取るものであったのである。

いわば、集団の拡大は、その集団内の基礎単位が血縁集団によって単位化されており、それが複雑に発展することにより集団規模が増加し、さらには集団の人口増加によって可耕地を求めて新たな村を作るように拡散していったのである。しかし、そこには同族意識によって、集団的なまとまりを感じていたのである。

例えば史家遺跡の合葬墓の場合、それぞれの墓壙に埋葬された再葬骨の男女数は男性が多い傾向がある。しかもこの男女のばらつきは未婚者である青年の場合には見られず、既婚者である成人の場合に統計的に男性の方が多い傾向を示している。このことは、外婚という他集団へ婚姻によって帰属する人は、女性が多いことを示している。簡単に言えば、婚姻によって女性は他集団に嫁ぎ、男性はそのまま出自集団に残って他集団の女性を娶《めと》る傾向を示しているのである。

このことは、より古い段階の姜寨遺跡Ⅲ区墓地で、他出自者の墓地と考えたC群墓地が、男女の偏りがないのと異なっている。したがって、婚姻によって女性が他集団へ嫁ぐといった仰韶文化史家類型段階は、次第に男系の血縁集団が社会の基礎単位になっていったことが理解できるのである。合葬墓出現以前の仰韶文化半坡類型期である姜寨集落の墓葬の副葬品分析でも、すでにこの段階には新石器時代前期のようなジェンダーを双分原理とする特徴は見られなくなっている。

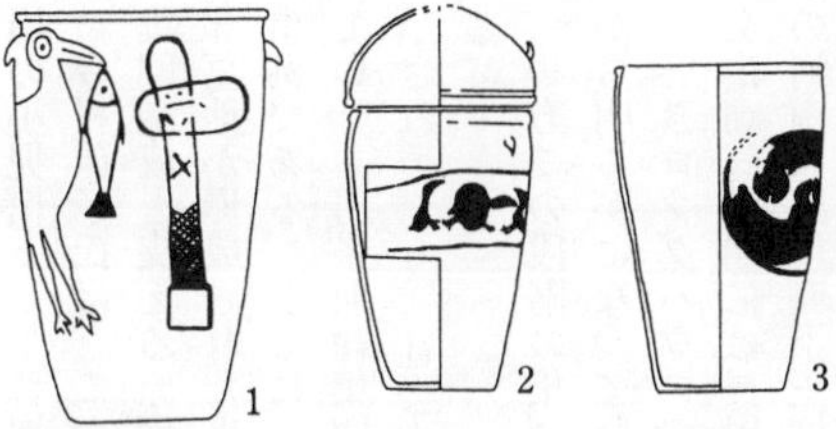

仰韶文化廟底溝期の成人甕棺墓　1閻村遺跡　2、3洪山遺跡

　男系血縁集団が社会の基礎単位になることは、新石器時代中期の後半期にも認められる。やや地域的には南であるが、淮河上流域を中心とする地域に成人甕棺墓《かめかんぼ》が見られる。河南省文物考古研究所の袁広闊《えんこうかつ》氏によれば、淮河流域の集団が淮河上流域へ移住したとする。その説の当否は別として、文化系統としては両地域には系統的な連続性が見られる。こうした地域に新石器時代中期後半の仰韶文化廟底溝期から仰韶文化秦王寨《しんおうさい》類型に、成人甕棺墓が出現するのである。甕棺墓は新石器時代中期前半の姜寨墓地に見られるように成人の土壙墓に対して、子供

用の小児棺として普遍的に認められるものであった。

今村佳子氏は、この成人甕棺墓の成立に関して、子供の埋葬としての甕棺墓が父系による集団編成を支える原理として取り込まれ、子供と成人がともに甕棺墓によって埋葬される合葬墓地が形成されたと解釈する。男系の血縁集団が社会の基礎単位となっていることを示す事例である。さらにこの墓地を分析していくと、そうした基礎単位間で次第に格差が生まれていく。男系血縁集団単位すなわち氏族単位での格差が、少なくとも副葬品の構成によって示されており、社会内での階層差が氏族単位を基礎として生まれつつあることを示している。

一方この段階の集団は、拡大家族から成るものであることが、長屋式住居などの集落構造から明らかになっている。長屋式住居とは、炉をもった部屋が連結しており、まさに長屋のごときロングハウスのことである。河南省鄧州市《とうしゅうし》八里《はちり》崗《こう》遺跡では新石器時代中期中葉の仰韶文化廟底溝期には長屋式住居が出現しているが、より普遍化するのが、新石器時代中期後葉の河南省淅川県《せきせんけん》下《か》王崗《おうこう》遺跡や河南省鄭州市《ていしゅうし》大河《だいか》村《そん》遺跡などに認められる。典型的長屋式住居は下王崗遺跡に見られるが、これは新石器時代中期の姜寨遺跡の集落構造の発展型である。姜寨遺跡中期には、四つの集会所である大型住居を中心に、中・小型住居がまとまって四つの集団単位が抽出できることを述べた。そしてこの集団単位が発展する形で、姜寨遺跡後期以降、集落が拡大していくことを想定した。

さらに婚姻家族単位の住居がより結束して連結したのがこの長屋式住居である。個々の住

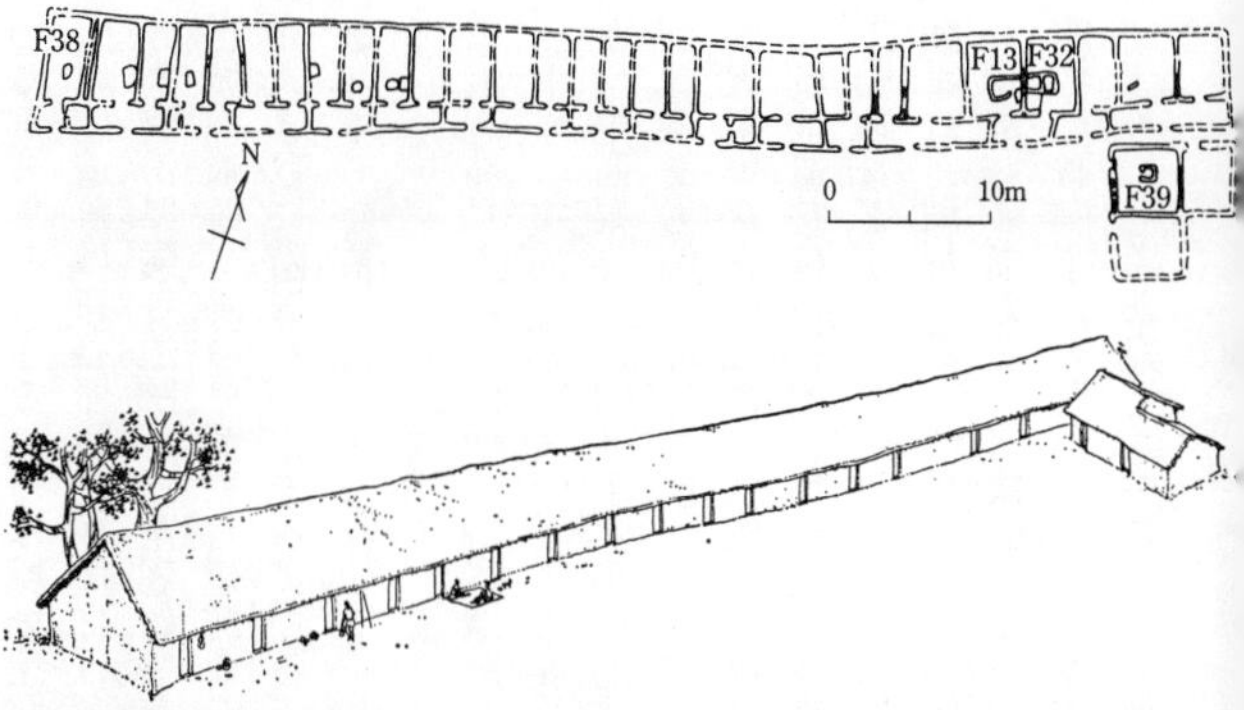

仰韶文化後半期の長屋式住居　下王崗遺跡の長屋式住居の遺構とその復元図

居単位は、一組の男女からなる婚姻家族である世帯が中心となるものであることが、遺物の組み合わせなどから推定できる。そしてその世帯が、さらなる家族の婚姻によって独立することにより、新たに住居単位である部屋が増殖していく過程が長屋式住居には示されている。

　父系血縁集団を単位として世帯家族が拡大していくのがこの長屋式住居なのである。こうした新しい住居構造の出現は、墓葬の分析などに示されるような父系血縁集団を単位とする集団構成と、明瞭に関係づけられるのである。

城壁が集落を取り囲む城址遺跡

　新石器時代中期末期になると、さらに集落における飛躍的な発展が見られる。河南省鄭州市西山遺跡に認められる城址遺跡である。城址遺跡とは集落が土塁すなわち城壁で取り囲まれた集落を指す。城塞《じょうさい》集落や囲壁《いへき》集落あるいは城郭集落などとも呼ばれているものである。ここでは城址遺跡として名前を統一化させておく。

城址遺跡は新石器時代後期には各地で普遍化するが、黄河中流域でも新石器時代後期に山西省襄汾県《じょうふんけん》陶寺《とうじ》遺跡、河南省新密市《しんみつし》古城寨《こじょうさい》遺跡、輝《き》県《けん》孟荘《もうそう》遺跡、淮陽県平糧台《わいようけんへいりょうだい》遺跡、登封市《とうほうし》王城崗《おうじょうこう》遺跡、郾城県郝家台《えんじょうけんかつかだい》遺跡などが知られている。この時期には、城址遺跡を含めて集落の大きさに階層差が生まれている。例えば古城寨遺跡では長さ約四六〇メートル×約三七〇メートルで高さ約一五メートル、幅約四〇メートルに及ぶ巨大な城壁が取り囲むものである。

最近発見された山西省陶寺遺跡の城壁も、陶寺遺跡前期の小城が、南北長さ約一〇〇〇メートル、東西幅が五六〇メートルで、陶寺遺跡中期の大城が、南北長さ約一五〇〇メートル、東西幅一八〇〇メートルに達する巨大なものである。こうした大型でかつ城壁という防御機能をもった城址遺跡を中心に、周囲にはより小さな規模の集落が存在し、これらの集落が大型集落を中心に有機的に結びついていると考えられている。

城址遺跡は新石器時代中期に見られた環濠集落の発展型ではあるが、環濠集落が周辺の野生動物などから身を守るためであったり、集団の結束に意味があったのに対し、土塁で取り囲まれた城址遺跡はこの段階の石鏃などの武器化を含めて検討すれば、より防御的機能の高まったものである。有機的に結びついた集落群は、拡大した集団のまとまりであり、集落群間での戦闘を含めた集団間での摩擦が高まったものである。このあたりについては、第八章でより詳しくお話しすることにしたい。

さらに城址遺跡の内部に目を向けるならば、平糧台遺跡のように、一般的な竪穴住居や壁立ち住居以外に、基壇をもった壁立ち住居が認められる。この住居構造は、二里頭文化以降の殷周時代における宮殿や宗廟といった建築物の前身をなすものであり、集落内部においても階層格差が広がっている状況が読みとれるのである。さらに王城崗城址遺跡などでは、建物の下に人を犠牲として埋めた奠基《てんき》坑《こう》がもうけられる場合もあり、階級社会が出現していることが理解できる。

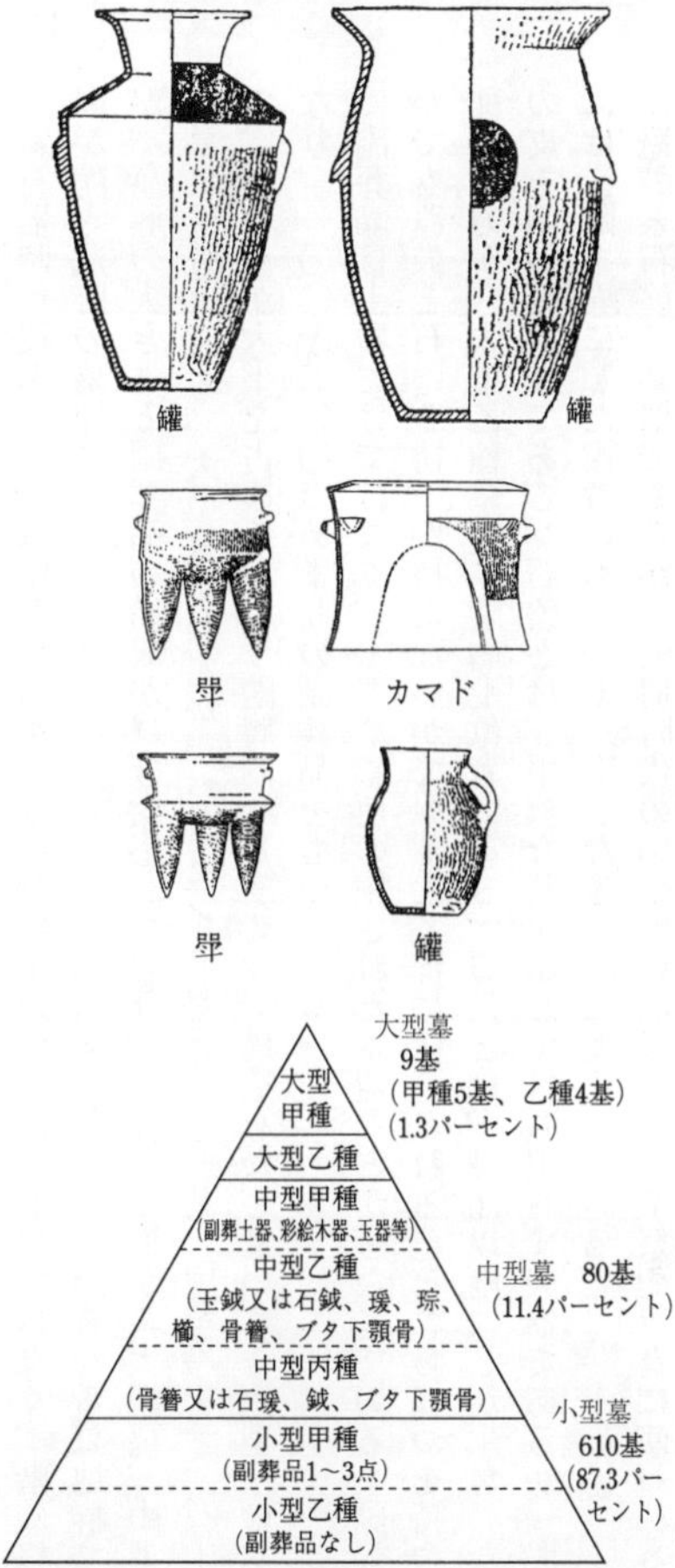

陶寺遺跡における墓葬の階層構造と副葬土器
これらの土器は大型甲種墓である3015号墓の副葬土器である

新石器時代後期には、城壁が集落を取り囲む城址遺跡の出現だけではなく、階層格差の進展が陶寺遺跡の墓地において示されている。七〇〇基あまりの墓葬からなる墓地群ではあるが、墓葬の大きさと副葬品の構成がほぼ対応しており、墓葬の規模から大型墓、中型墓、小型墓に区分される。大型墓はわずか一パーセントあまりであり、中型墓が一一パーセントで、小型墓が大半を占めるという階層的なピラミッド構造をなしている。大型墓は木棺からなり、一〇〇〜二〇〇点あまりの副葬品をもつ。

副葬品は土器だけではなく、玉器や彩色の施された木器などからなっている。副葬品のなかでも鼉鼓《だこ》と石磬《せっけい》を持つか持たないかで甲種と乙種に区分される。それら二つを持つ大型甲種墓の方が、大型乙種墓より階層上位者である。鼉鼓とは、長江以南にしか生息しないワニの皮を張った太鼓である。石磬とは、平板な石を吊して打ち鳴らす楽器であるが、殷周時代には音階を異にした複数のものがセットとなるように変化している。

鼉鼓と石磬は楽器であるが、殷周時代の鐘や磬の前身であって祭祀行為に使われるものである。祭祀を司る支配者像が読みとれる。

この大型甲種墓は副葬品にさらに玉鉞《ぎょくえつ》などの軍事権を示す遺物をも持っており、祭祀権と軍事権を持った首長である。こうした軍事権と祭祀権を兼ね備えるのは、殷周社会の王権の基本部分を構成するものであり、そうしたものの萌芽が新石器時代後期にはすでに存在していたのである。しかも大型甲種墓の被葬者はすべて男性であることが判明しており、男系の血縁集団を核とした階層構造がより進展したものであることが確かめられる。また、大型甲種墓と、大型乙種墓はそれぞれ墓地内での埋葬場所が異なっており、それぞれがまとまって配置されている。墓地内での階層差とその配置が固定的であり規則性があることも、階層関係における安定性が示されている。

この段階は、世襲的な男系血縁集団を階層関係の単位とする完全な首長制社会に達していたのである。

大汶口・山東龍山文化

後李文化と北辛文化は、雑穀農耕が基盤

山東半島は、新石器時代前期以来地域固有の文化が系譜的に連続しているが、周辺地域との関係で見れば、黄河中流域の現在でいう河南省東部や河北省南東部と土器などに一定の関係を持ち、大汶口《だいぶんこう》文化中期以降は、河南省西部にまでその分布範囲を広げることになる。また、長江下流域との一定の関係を有しており、その文化的な境界は淮河の南にある。さらに東方へは、山東半島の先端で別名膠東《こうとう》半島と呼ばれる地域に常に文化的影響を及ぼし、さらにその影響は海を挟んだ対岸の遼東半島先端部にまで達している。

膠東半島から遼東半島は、また山東地域と遼東地域との接触地帯ということもできる。

山東半島は一貫した系譜を持つ地域文化が連続していることを申し上げたが、その系譜とは、本地域最古の後李《こうり》文化、鼎《てい》の成立に特徴がある北辛《ほくしん》文化、彩陶や白陶・黒陶が出現する

大汶口文化、黒陶を主体とする山東龍山文化、褐色陶を主体とする岳石《がくせき》文化である。
かつて戦前に傅斯年《ふしねん》氏によって夷夏東西説《いかとうざい》が唱えられ、夏である黄河中流域の仰韶文化と、夷である山東の龍山文化は地域的に異なる文化、地域集団であると主張された。彩陶と黒陶が地域差として捉えられたのである。戦後、一九五九年の河南省陝県廟底溝遺跡の調査によって、やっと仰韶文化と龍山文化は層位的に時期差を示すものであることが認められたのである。

こうした議論は、戦前の日本においても、縄文文化と弥生文化は異種の先史民族であり、それらが併存していたという考え方から、濱田耕作京都大学教授による鹿児島県指宿《いぶすき》遺跡の発掘調査によって、それらが層位的に時期差を示すものであることを示したことと、よく類似している。

仰韶文化と龍山文化は時期差を示すものであることは明らかとなったが、傅斯年氏が説くように黄河中流域と山東地域では一貫して異なった系譜の新石器時代文化が存在していたのであり、異なった地域集団が存在していたことは明らかであろう。

新石器時代前期の後李文化では、山東省臨淄《りんし》県《けん》後李遺跡や山東省章丘市西河遺跡《しょうきゅうしせいが》・小荊山《しょうけいざん》遺跡で、平面形が隅丸方形をなす竪穴住居が知られている。しかし、集落としての構造は不明ではっきりしない点が多い。一方この時期に集団墓が存在することは明らかであり、小荊山遺跡では一定の墓葬配置原則が認められる。こうした墓地構造も詳しい分析が望まれるが、資料の公開がないことから詳しい実態は不明である。ただ副葬品などの様相からは、おぼろげながら、この段階は階層差などあまり見られない等質的な社会であり、集落を含めて等質的な共同体として集団が構成されていたであろうことが理解される。

この後李文化と前期から中期にかけての北辛文化では、アワを中心とする雑穀農耕が生業基盤をなしており、黄河中流域や渭河流域と同じように、磨盤・磨棒、石鏟《せきさん》といった華北型農耕石器が主体をなしている。後李文化・北辛文化の社会復元は、集落や墓葬資料が不足していることから難しいが、後李文化の事例から見て等質的な共同体的な社会集団が構成されていたであろう。

黄河下流域（山東地域）の新石器時代主要遺跡

この両文化は、土器構成から見て長江中・下流域と同じく、釜を煮炊きの道具とする文化であることをすでに述べたが、北辛文化の土器構成は、山東地域の北西部に位置する河北省一帯にも影響を与え、その地域の仰韶文化系統といわれた後岡文化へも影響を与えている。これは、土器の器種や土器製作の技術的な部分をすべて含めた文化複合的な影響関係であったのである。

大汶口文化に見られる彩陶　この彩陶壺は大汶口文化後期のもので在地化した彩陶文様をなす

新石器時代中期の大汶口文化期になると、今度は黄河中流域の仰韶文化廟底溝類型の影響を強く受けるようになる。それは廟底溝類型として一般的な特徴をなす花弁文様を持った彩陶の盆や鉢である。この時期、廟底溝類型の彩陶は、東方の山東だけではなく、北方の内蒙古中南部地域や西方の渭河上流域から黄河上流域の西北地域へも広がっていく。しかし、これは廟底溝類型のすべての土器構成が広がるという文化複合体としての広がりではなく、特殊な彩陶土器のみの広がりである。情報の広がりとしてはすべての情報ではなく、情報の表層部の広がりということができる。具体的には特殊な彩陶盆や鉢を媒介として、黄河中流域の人々が周辺地域の諸集団と交流を繰り返した痕跡であるということができる。

その交流とは、こうした特殊で貴重だと感ぜられる彩陶を媒介とする交易であったり、彩陶を提供することによって他集団と誼《よしみ》を結ぶといった交流であったと考えられる。人と人との交流で惜しみなく相手に貴重なものと思われるものを与えることで、お互いの胸襟が開いていくということではないであろうか。このことは、第八章でもう一度考えてみたい。ともかく、現象的には黄河中流域の仰韶文化廟底溝類型の彩陶が大汶口文化社会にも流入してくるが、一方ではこうした技術を自らのものとしてオリジナルな意匠からなる彩陶を作り始め

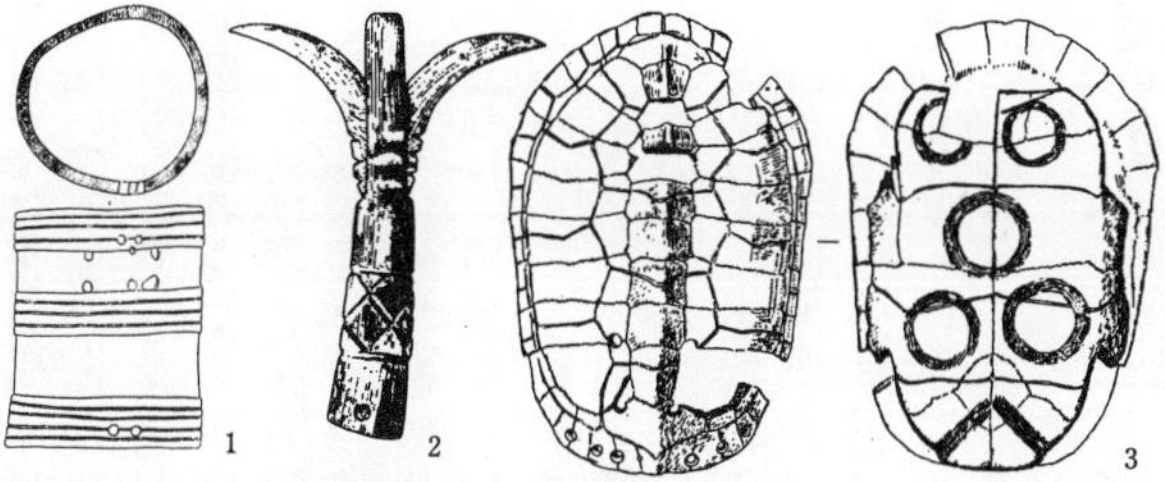

大汶口文化の特殊な副葬品　1骨牙彫筒器（大汶口遺跡）　2獐牙勾形器（劉林遺跡）　3亀甲器（大墩子遺跡）

るのである。

墓制の身分標識や墓葬の基本構造を作った大汶口文化

紀元前四二〇〇年―紀元前二六〇〇年の大汶口文化期は、安定した農耕生産を背景に階層分化が広がっていく段階である。墓葬における副葬品の数量や種類などの多寡によって、次第に階層格差が広がっていくことが理解される。また、墓葬構造にこれまでの土壙墓といった地中に墓壙を掘って直接死体を埋めるものだけでなく、木棺に安置して埋める木棺墓が出現する。その上に、単なる土壙でなく地下に木質の部屋であるいわゆる木槨が作られ、その木槨の中に木棺が配置される木槨墓が出現するのである。大汶口文化後期の大汶口遺跡二五号墓などがそれにあたる。木棺や木槨に不可分な二層台という墓葬構造は、すでに大汶口文化前期後半の大汶口遺跡二〇〇五号墓に認められる。

山東龍山文化になるとさらに手厚く埋葬される場合があり、例えば山東省臨朐《りんく》県朱封《けんしゅほう》一号墓などは、槨室が二重になっておりその中に棺が納められる二槨一棺の構造である。

日本では木棺墓や木槨墓は、弥生時代に大陸からの墓制として流入してくるが、それよりはるか数千年前からこれらの墓制が大陸では生まれているのである。このように墓葬構造においても階層差を意識して作り分けられた。簡単にいえば、木槨墓、木棺墓、土壙墓の順で階層上位者ということになる。こうした墓制の身分標識やその基本的な構造は、後の殷周社会にも受け継がれるのであり、その基本構造が大汶口文化において認められることは注目しておくべきであろう。

さて、江蘇省邳県劉林《ひけんりゅうりん》遺跡や、同じく邳県大墩子《だいとんし》遺跡など大汶口文化前期の墓地の分析から見れば、階層格差が始まりつつあるもののそれほど明確ではなく、年齢階梯的な要素は見られるものの、むしろ等質的な社会に近い状況であった。ただし、大汶口文化前期後半の、すでに触れた大汶口遺跡二〇〇五号墓などは、特殊な墓葬構造である二層台とともに豊富な副葬品を持ち、一部には階層差が明確化しつつある。

大汶口文化中期にはこうした階層格差が明瞭となり、階層構造が確立していく。これを示すのが大汶口墓地での実例である。大汶口文化中期前半の墓では、墓の規模に格差はほとんどないが、大汶口文化中期後半になると、次第に墓壙の大きい墓と小さい墓の区別が生まれていく。さらに大汶口文化後期になると、墓壙規模の大きい墓群と小さい墓群というように、墓葬分布上でも差違が生じてくる。この動きは、家系単位での階層格差が次第に広がっていくことを物語っている。さらに墓壙規模の格差は、墓葬の副葬品において副葬土器の数量の多寡と呼応しており、身分差が明瞭になっていくことを示している。

階層差は墓壙規模や副葬品の数量だけで表される訳ではない。例えば、骨牙《こつが》彫筒器《ちょうとうき》、亀甲器《きっこうき》、獐牙勾形器《しょうがこうけいき》のような特殊な遺物は、男性被葬者に伴って副葬される場合が圧倒的である。大型動物の四肢骨や象牙を筒状に加工した精緻な彫刻が施される骨牙彫筒器は、神との交信を行う呪術具として祭祀に使われたものと考えられている。亀甲器は、その中に骨錐、骨針、小石が入れられることが多いことから、医術の道具ではないかと考えられている。山東省広饒《こうじょう》傅家《ふか》遺跡三九二号墓の被葬者は頭蓋骨に孔があいているものの、その傷口はきれい

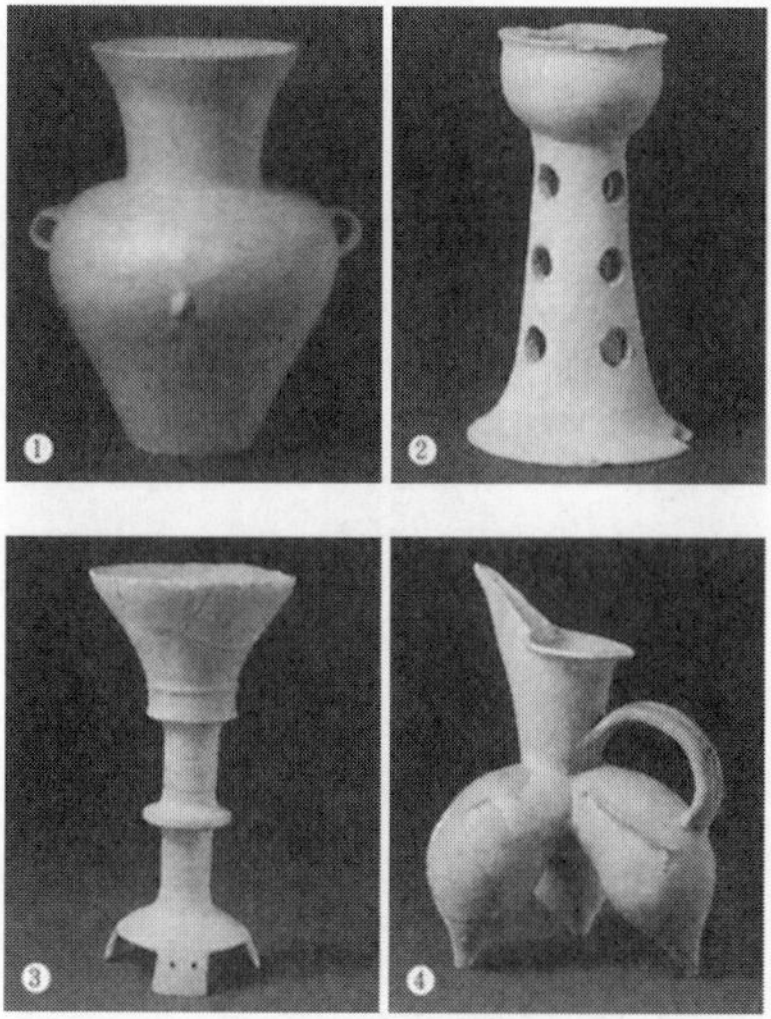

大汶口文化の土器　1白陶背壺　白陶の最高傑作とされる　2紅陶高柄杯　杯は大汶口文化を特徴づける器種である　3灰陶觚形杯　4紅陶袋足鬶　5白陶三足盉（1済南市博物館　2、3、4、5山東省博物館）

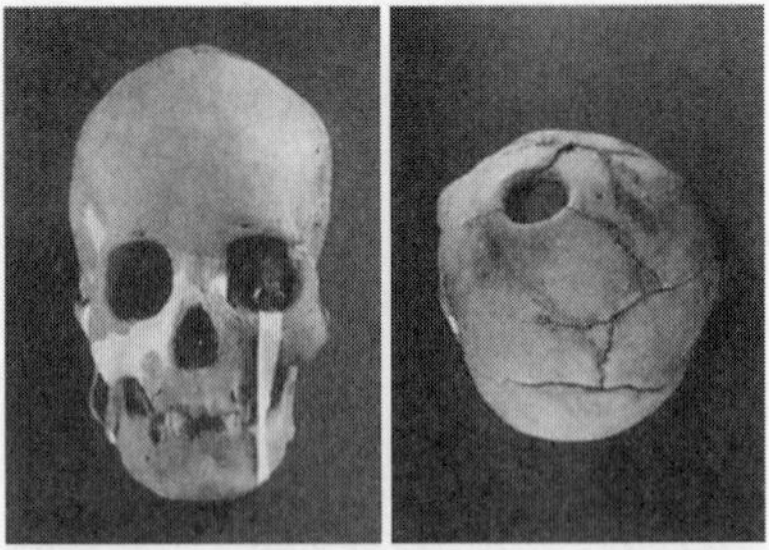

傅家遺跡392号墓の人骨に見られる外科手術の痕跡（後頭部）　傷口は治癒している

に治癒している（上の写真）。

こうした例は世界的に見た場合、各地の先史時代に類例があり、私も北欧の先史人骨に同じように孔があいたまま治癒した頭骨を見た例がある。脳挫傷などの内出血を除去する手術治療の痕跡であると考えられている。年代はかなり新しくなるが、南米ペルーのインカ文明にも、こうした傷痕は多く、戦いによるものと考えられている。鍼灸医術の起源がこの段階まで遡るのかと思えば、俄然興味がわくところであろう。

獐牙勾形器は、水辺に棲息する小型のシカであるキバノロの牙を骨製筒に嵌め込んだものであり、被葬者の手中にある形で発見される。被葬者が握りしめていたのであろうが、辟邪のための守り神のような瑞符《ずいふ》とも考えられている。

ともかく神との交信にしろ、病気を治す医術にしろ、瑞符であるにしろ、それらは特殊な能力を示しており、本来そのような能力があるかは別として、社会的に認められたそのような能力を発揮する道具を、男性が独占していたのである。こうした祭祀行為を行うものが男性首長であったということができよう。男系氏族社会が形成されていたことが推測されるが、この推測をさらに補強する事実が明らかになった。それは男女合葬墓にあった。

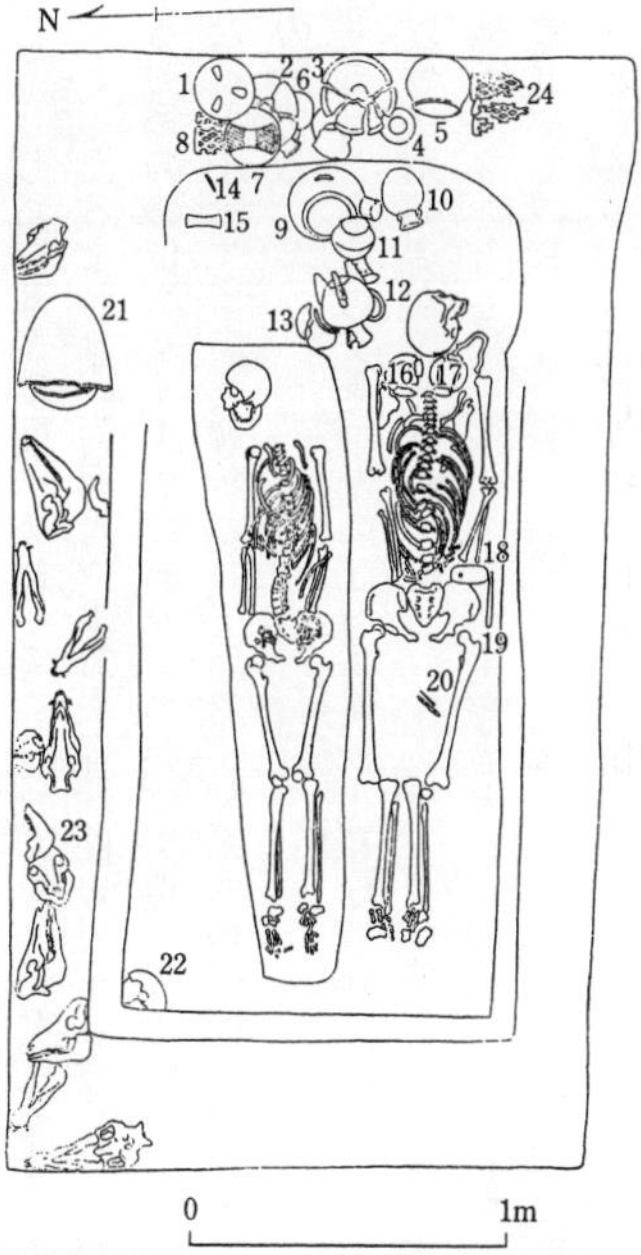

大汶口文化の男女合葬墓　大汶口遺跡13号墓

合葬墓とは男女が同時に埋葬されたものであり、一般的に女性が男性の死に際して殉葬されたものと考えられている。ただし、例えば大汶口遺跡一三号墓のように女性の埋葬位置が男性より若干高い位置になされている点などから見れば、男性の埋葬後時間差をおいて女性が埋葬されるような合葬墓である可能性もある。

同時埋葬か時間差を置く埋葬かは、殉葬という解釈の妥当性に関わる問題であり、発掘調査時に慎重に議論されるべき問題である。しかし、その合葬墓には男が左、女が右という配置原則が一定している。さらに、墓葬構造、副葬品の数量や種類からすべてが相対的に、男性が優位な立場で埋葬されているのである。

こうした合葬墓に関しては、その性別が基本的に男女からなることから、これらを兄弟親族と考えるよりは、対偶婚による夫婦関係の男女と考える方が素直であろう。婚姻家族による男系の優位を示す現象であり、いわば男尊女卑の社会格差がすでにこの段階に生まれていたことを示す事実と解釈されている。父系血縁組織を単位として社会格差が進行していったのである。

また、大汶口文化中期の江蘇省新沂《しんぎ》市花庁《かちょう》遺跡では、大型墓一〇基のうち八基では被葬者以外に殉葬者が埋葬されている。例えば、花庁遺跡二〇号墓では、男性被葬者の足下に、一体のイヌとともに二人の少年が殉葬者として同時埋葬されている。階層化社会の到来を明確に示している。

ところで、大汶口文化には彩陶が出現していたことを述べた。この他、伝統的な煮沸具である鼎以外に、壺や豆《とう》(高坏)などが一般的な器種であるが、ことのほか鬹《き》、杯や背壺《はいこ》といった酒器が目立つのである。鬹は酒を温め、杯に酒を注ぎ、杯で酒を飲むものである。背壺とは、胴部の片面が平らな壺で、扁壺の一面が壺状に膨らんでいるものである。これも酒などの飲み物を運ぶため、片面を平らにして体に接するようにして携帯したものであろう。

さらに酒を醸造するといえば、大口尊《だいこうそん》がある。厚手の器壁の甕《かめ》である。この大口尊には火炎表現や斧の形のような記号が記される場合がある。これは個々の氏族の標識を示した可能性もあり、祖先神との関わりの証を示すものであったかもしれない。

男系首長によってこうした大口尊は直接管理され、酒を媒介として鬹、杯、背壺などを利

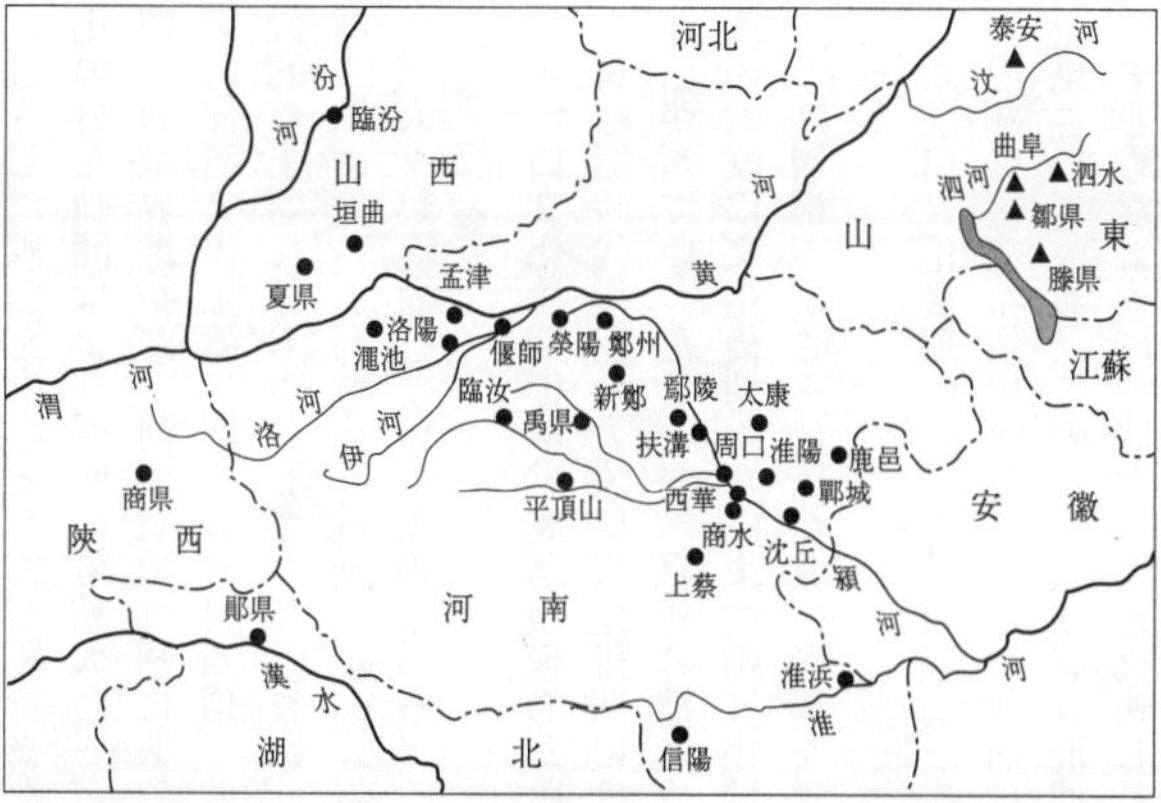

大汶口文化の西への広がり（杜金鵬1992より）大汶口文化後期には大汶口文化は淮河上流域など河南省西部にまで分布圏を広げている（▲大汶口文化の典型的な遺跡　●大汶口文化の影響を受けた遺跡）

用して儀式が行われたのではないか。男系首長が掌握した巫術や医術は、このような儀礼を介してさらに男系首長の権威を高め、集団の結束を促すものであったであろう。大口尊の文字記号も神との邂逅を独占した男系首長の管理下にあり、祖先祭祀を含めた儀式により集団の結束を固め、より集約的な生産活動を可能にしていったに違いない。

　ところで大汶口中期・後期の代表的な墓地における副葬品を統計的に見ていくと、副葬品土器の中で酒器が多いことに気づかれるであろう。とくに大汶口文化後期には、カオリン土を用いて窯焼成された白陶が普及する。白陶は酒器の中でも鬹や盉《か》に用いられるように、より高級感のある土器である。白陶がこの段階ではプレミアのある土器となったのである。

こうした酒器を中心とした祭祀行為が繰り返された大汶口文化中期・後期には、大汶口文化の分布範囲はより西側にも拡大し、黄河中流域にまで影響を及ぼしている。こうした文化領域の境界地帯が、河南省の鄭州にある大河村《だいかそん》遺跡などにも見られる。大河村遺跡では、在来の仰韶文化王湾二期（大河村四期）の文化系譜も見られるが、扁壺などの大汶口文化に特徴的な土器なども吸収している。また、墓地では外婚してきた大汶口人の墓が、仰韶文化王湾二期の人たちの墓地とは別の場所に営まれている。氏族や部族の別は厳格に守られながら、人々が混血していったのである。

大汶口文化後期には、集落規模も三段階の階層に

新石器時代後期の大汶口文化後期には、このような男系氏族社会を中心に社会の階層格差が広がっていったことが、墓葬の構造や副葬品構成から理解できたであろう。新石器時代後期の大汶口文化後期から山東龍山文化期には、血縁家族単位の階層格差、すなわち氏族単位での階層格差がさらに広がり、氏族を単位とする地域集団単位での序列化が進んでいく段階である。

大汶口文化後期の安徽省《あんきしょう》蒙城県《もうじょうけん》尉遅寺《いちじ》遺跡は平面プランが楕円形の環濠集落であり、環濠の内部に壁立ち住居が見られる。住居は部屋が列状に連結したいわゆる長屋式住居が一二組発見されている。この長屋式住居は淮河流域を中心に見られるが、黄河中流域の説明ですでにまとめたように、拡大家族を反映したものである。同じ血縁関係の集団単位を反映しており、この段階が、血縁関係が社会単位の基礎であることを示す根拠となっている。

　山東大学の欒豊実《らんほうじつ》教授は、この大汶口文化後期段階には集落規模においても三段階の階層構造が成立していると述べている。さらに新石器時代後期の山東龍山文化に至ると、集落を城壁で囲んだ城址遺跡が山東地域においても出現していく。城址遺跡の規模から見ると、規模の大きい中心的な城址遺跡と、その周りを規模がやや小さい衛星的な城址遺跡が取り囲み、さらに城壁をもたない一般集落がそれを取り囲むという三段階の構造が考えられている。集落そのものがピラミッド型の階層構造を示すように配置されているように認められるのである。

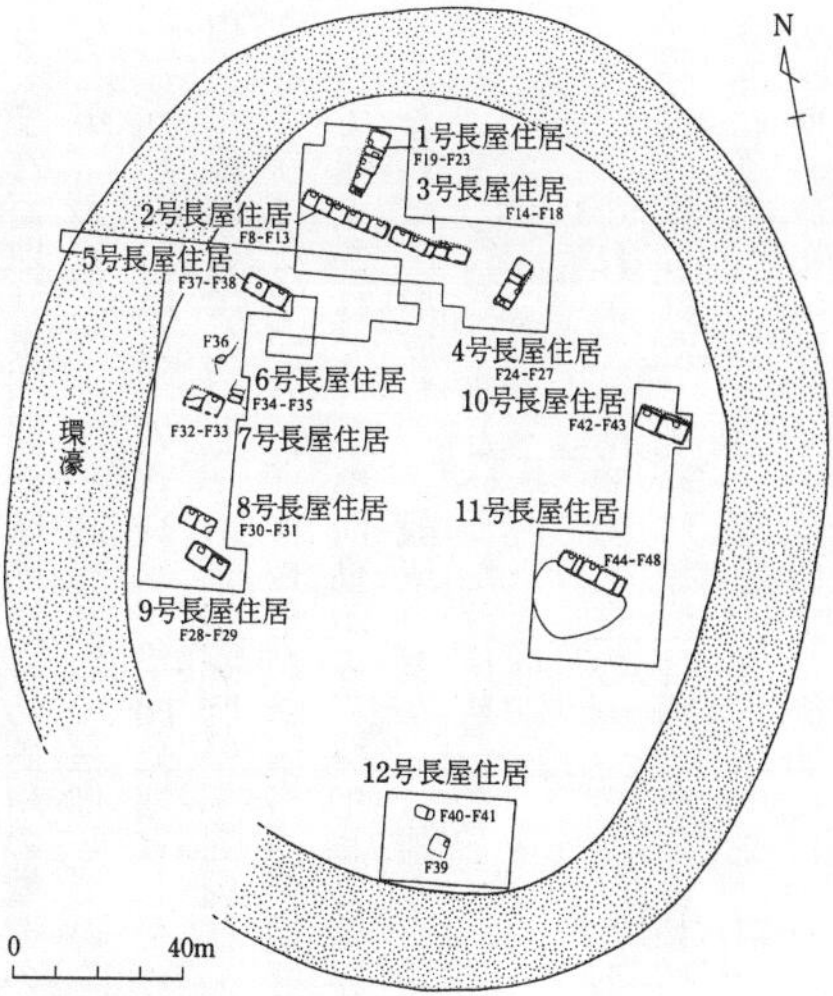

安徽省尉遅寺遺跡の集落

　地域集団が祖先祭祀を含めた信仰を核にまとまり、さらに地域集団間での統合を目指す、政治的な同盟関係を含めた地域集団の統合が始まっていく。その際の祭祀活動には、大汶口文化以来の鬶、杯といった酒器が重要な役割を担っていたのである。また、地域集団間の摩擦は、防御用の城壁の発達を促すとともに、戦闘用の矢である鏃《ぞく》などが、大型化するなど武器として進化していく。

こうした地域集団の首長は、集団墓地として一般階層墓と同じ墓域内に葬られていた大汶口文化段階までに対し、山東省臨朐《りんく》県朱封《けんしゅほう》遺跡のように、首長墓だけが単独に墓葬地を形成するようになる。いわば首長墓が階層格差が進展していく中で、これまでの氏族単位でまとまって配置されていた集団墓から、特化して墓葬構造・副葬品だけでなく特別な存在として新たな墓域を形成し、一般成員墓から分離されるのである。それは、朱封一号墓、二〇〇二号墓、二〇〇三号墓といった首長墓がまとまって墓群を形成していることから読みとれるのである。

さて、これまで河南龍山文化の一つの地域類型として王油《おうゆ》坊《ぼう》類型が、河南省南東部の淮河支流域に見られた。王油坊類型は別に造律台《ぞうりつだい》類型などとも呼ばれるように、その性格を認識するにあたっていささか混乱が生じている。山東大学の欒豊実《らんほうじつ》教授が指摘するように、王油坊類型の分布地域は、大汶口文化の分布域にあり、土器様式などの文化様態は、大汶口文化を基礎として王油坊類型が生まれている。王油坊類型は、土器様式からしても山東龍山文化のグループに入るものであることが、近年になって指摘されてきている。

そしてまた、王油坊類型は、これまで良渚《りょうしょ》文化が繁栄を極めていた長江下流域にまで分布域を広げていく。上海市の広富《こうふ》林《りん》遺跡では、良渚文化の包含層の上に王油坊類型の文化層が広がっている。長江下流域の良渚文化が急速に衰退した後に、淮河の北から南に向けて王油坊類型が広がっていったのである。

その意味では、山東龍山文化は、東はこれまで通り山東半島先端から遼東半島の先端までの分布域を持つとともに、西では河南省西南部の淮河上流域から長江下流域の上海付近まで文化領域を広げたことになる。こうした新石器終末期の文化様態は、その後の殷周社会を生み出す鍵となる二里頭文化時期において、二里頭文化の文化要素として重要な意味を持っている。このことに関しては、後の章で再び触れることになるであろう。読者はしばらくこのことを頭の片隅に記憶しておいていただきたい。

馬家浜・崧沢・良渚文化

栽培イネが出土した河姆渡遺跡と水田発見の草鞋山

長江下流域は、新石器時代早期の遺跡が明確ではない。これは海浜部にあたるこの地域が、氷河期の更新世から後氷期の完新世に移行するにつれて温暖化し、海水面が上昇することと関係している。最大高海面期以前と以後では、地形環境を大きく異にしているからである。

例えば上海の西に太湖《たいこ》と呼ばれる大きな湖があるが、これは更新世には谷部であったものが、完新世には海面の上昇に伴い海が進入し、湾部を形成していた。紀元前四五〇〇年頃の最大高海面期以降の海退により、砂州が形成され、さらに沖積作用により陸化することにより、湾部が閉じて潟湖ができあがり、現在に至っているのである。太湖周辺の遺跡のうち、

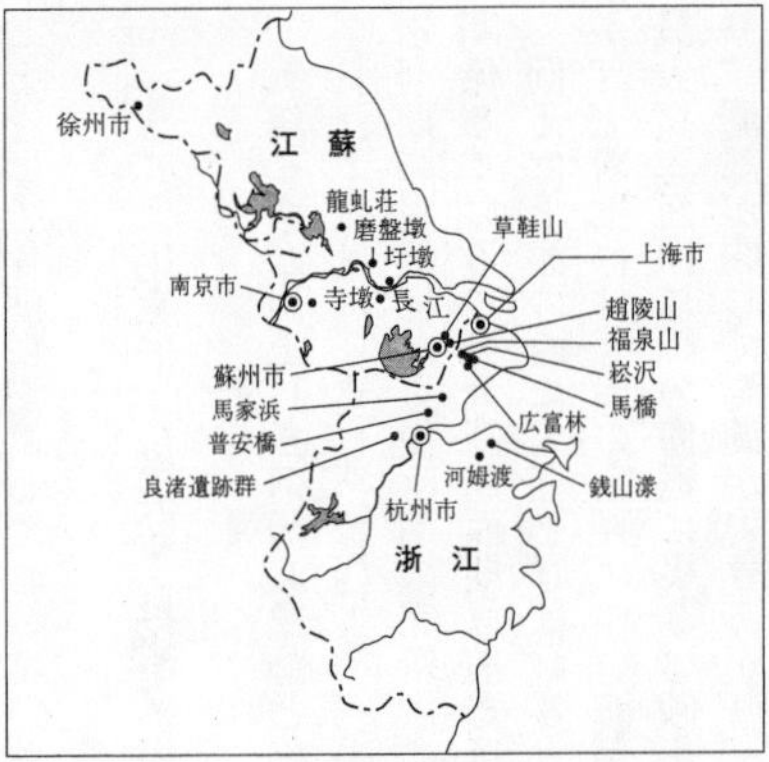

長江下流域の新石器時代主要遺跡

例えば草鞋山《そうあいざん》遺跡などで、遺跡の始まりはその最下層で紀元前四〇〇〇年以降から認められるのも、地形環境の安定化以降であることと関係している。それ以前の遺跡は存在したとしても残っていないのである。

同じことは、多量の稲籾が出土した浙江省余《よ》姚《よう》市《し》河姆渡《かぼと》遺跡にも当てはまる。長江下流域最古の遺跡の一つである河姆渡遺跡の文化層の下には、海成の青灰色粘土層が存在し、有孔虫や珪藻化石の分析から、干潟か河口域であったことが分かっている。その年代は紀元前六〇〇〇年以前のものであるが、その段階までは遺跡近辺に海が進入してきており、その後の海退後に地形環境が安定化して初めて遺跡として利用されていることが分かるのである。

河姆渡遺跡は、新石器時代中期の遺跡で紀元前五〇〇〇年―紀元前三三〇〇年の遺跡である。遺跡が始まる河姆渡遺跡最下層の第四層段階には、遺跡周辺に湖沼が発達していたことは、すでに述べた地形環境により明らかであるが、こうした環境こそがイネの栽培に適していたのである。その年代は、新石器時代中期初頭の紀元前五〇〇〇年―紀元前四五〇〇年である。多量の稲籾が出土した河姆渡第四層においても大部分が栽培イネであったが、一部野生種が存在している。これはイネの栽培化が集約化していく過程を示すとともに、湖沼の発達した環境では野生イネの自然群落も存在し、それを採集していた可能性もある。この段階にはまだ水田は存在しておらず、自然地形とモンスーンを利用した、天水田《てんすいでん》ともいうべき谷部を利用してのイネ栽培であったであろう。

草鞋山遺跡で発見された水田遺構　紀元前4000年頃の水田遺構。土坑が列状に連結しており、出排水用の溝が横に備わっている

　また、湖沼の発達により菱の実などの採集も活発であったであろうし、そこに集まる小動物の捕獲や、湖沼を対象とした漁撈活動も重要なものであったのである。さらに湿地性の環境は、住居構造においても特殊な構造である高床式住居が使われることになる。こうした生活一般は、これまでの華北地域のものと大きく異なっていることは、読者にも実感できたであろう。

　稲作農耕が集約化していく指標として、水田の開始があげられるであろう。この地域で今のところ発見された最も古い水田は、江蘇省呉県《ごけん》草鞋山遺跡である。私もこの発掘調査に参加したところから特別な思い入れがある遺跡でもある。水田は大きく二つの区域に分かれるが、自然地形の傾斜に応じて長軸二～三メートルの隅丸方形の土坑である、浅い方形の穴が列状に並ぶ。その横には灌漑用の水路があり、水路の途中には水をためる井戸がもうけられている。水路は土坑と連結しており、土坑と土坑の間は水口によって連結している。一つ一つの土坑からは多量のイネの植物珪酸体が出土するとともに、多量の炭化米も出土した。このような状況証拠から、この灌漑施設をもつ遺構を、初期の水田であると考えたのである。

発掘を主催した一人である宮崎大学の藤原宏志《ふじわらひろし》名誉教授は、遺跡近くに現在も見られる真《ま》菰《こも》という同じイネ科植物の栽培風景が、この水田と同じ景観を示すのではないかと想像する。小河川に沿って列状に延びる真菰田は、草鞋山遺跡における水田の在りし日の姿を示しているのであろうか。

さて、この時期の墓地として江蘇省常州市圩《じょうしゅうしう》墩《とん》遺跡がよく知られている。副葬品には男性では鹿角靴形器《ろっかくくつがたき》が、女性には紡錘車が伴い、性別による違いが重視されている。鹿角靴形器とは、文字通り鹿角製で小さな靴の形をしているものであるが、用途は不明である。男性被葬者の足下付近で発見されることから、何らかの装飾品と考えられるものである。

一方、成人儀礼として歯を意図的に抜く抜歯の風習があったことも、よく残っている人骨資料から判断できる。抜歯の形態は一定の規則があり、上顎の中・側切歯に限られている。ただし、その抜歯形態においても、女性では右側上顎切歯二本が抜かれており、男性では左側上顎切歯二本が抜かれるというように、性別による形態差が認められる。さらに埋葬配置においても、完全ではないが性別ごとに東西方向の列をなすように埋葬されている。新石器時代中期の馬家浜《ばかほう》文化段階は、社会において性別というジェンダーが基礎単位となっており、性別による社会的分業も盛んであったと考えられる。

したがってこの段階の稲作農耕は、採集活動の延長としての女性労働が主な対象であったのである。必ずしも稲作が生業における主体部分に達していたかは、まだ明確ではない段階である。おそらくは、狩猟採集を含めた多角的な生業戦略の一つでしかなかったと考えられる。男性労働として、狩猟や漁撈がかなりの比重を持っていた段階であろう。

女性労働と男性労働が結集した集約的農耕の出現

新石器時代中期後半の崧沢《すうたく》文化期になると、これまでのジェンダーから血縁家族集団が社会の基礎単位であることが、より強調されていく段階である。このことは、上海市青浦県崧沢墓地の時期別の変遷によって窺い知ることができる。崧沢第二期墓地は、三群の墓群から成り立っており、墓群間で副葬品構成や数量において圩墩《うとん》墓地とは違って格差が出現していく段階である。それとともに相対的に副葬品の豊かな墓が多いI群の墓群では、意識的に女性がまとめて埋葬されており、ジェンダー的な要素も依然強い段階である。しかし崧沢第三期墓地になると、墓群ごとの性別の偏りは見られず、むしろ墓群ごとの副葬品構成や数量に見られる格差が広がっていった段階である。この墓群のまとまりは、おそらくは血縁関係を紐帯とする集団単位であると考える方が、他地域の社会組織の変遷から見ても合理的な解釈であると思われる。

これまで農具としては、土木用あるいは田起こし用の骨角製・木製の鏟《さん》すなわちスコップ状の農具が存在していた。ちょうどこの崧沢文化期から、新たに耕起具として石犂《せきり》が出現する。犂耕《すきこう》として田起こしされたものであろうが、その牽引は初段階では人間によってなされたと考えられている。そうであるならば、この犂耕はその労働量から見ても男性によってなされたと考えるべきである。これまでの女性主体の稲作農耕に、男性も組織的に組み合わさることによってより集約的な農耕化への道のりを果たしたと考えることができるのである。

その組織的な集団とは、先に推定した血縁的関係性からなる集団単位である。集団単位の変化は、まさに労働単位としての再編成を受け、こののち集団単位間での格差が出現することによる社会的進化を果たすことになるのである。これは、稲作農耕の経営単位という問題にも関係している。女性労働と男性労働が結集した集約的農耕とは、これを支える経営単位が重要である。おそらく婚姻家族を基礎単位とした血縁集団すなわち氏族単位で、稲作農耕の経営単位として農作業にあたる。この経営単位ごとの収穫量の格差が、氏族間の格差を生むことになる。血縁集団単位での格差が墓地で認められるのは、このことを反映しているのである。

また、集約的な稲作農耕の進展は、イネそのものの形態的な変化として示される。江蘇省高郵県龍虬荘《こうゆうけんりゅうきゅうそう》遺跡では、新石器時代中期の段階的なイネの形態差が層位的な資料によって明らかとなっている。すなわち次第に稲籾が大きくなっているのであるが、第四層

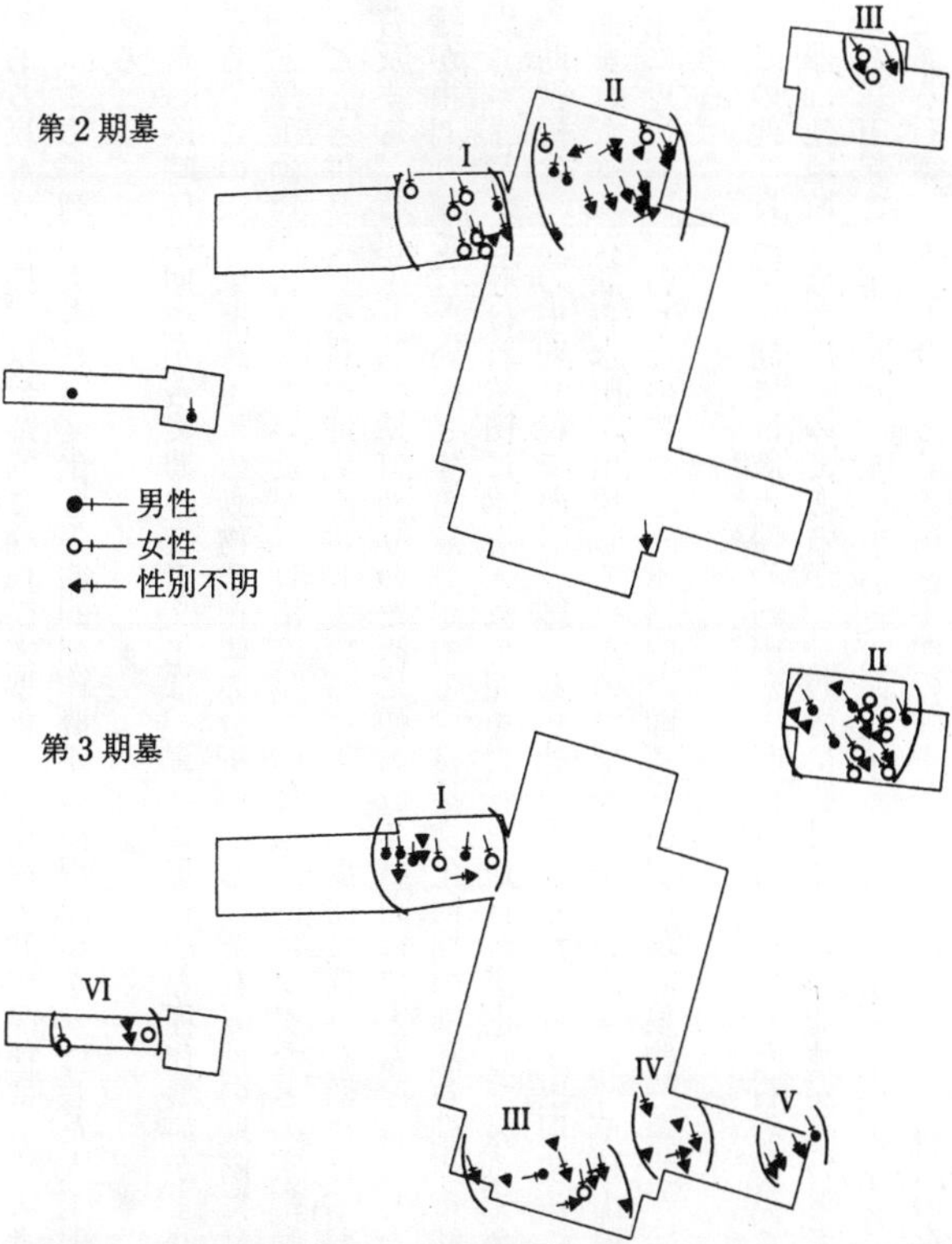

梲沢墓地の変遷　第2期墓から第3期墓に移行するにしたがって、次第に墓群単位での階層差が認められる

である崧沢文化期には飛躍的に稲籾が大型化し、現在の栽培品種に近い大きさに変化している。この稲籾の大きさの変化も集約的稲作農耕の出現と軌を一にした人工現象といえるのである。

新石器時代中期末から後期の良渚文化は、まさに集約的な稲作農耕がより進展する段階である。このことは遺跡出土の動物遺存体の分析からも、それ以前の段階には一定以上のシカなど野生動物が含まれていたが、良渚文化段階に飛躍的にブタなどの家畜動物の割合が高まることと併せて、農耕の進展を示している。さらに農耕に伴う石器には、収穫を行う石鎌が普及する。石包丁として穂首刈りのために使われる石刀はほとんど普及しないことから、石鎌が根刈り鎌ではないかとする意見がある。良渚文化前期の浙江省湖州市銭山漾《こしゅうしせんざんよう》遺跡第四層から「千篰《せんぶ》」と呼ばれる田に水を入れて泥をこねる道具が出土している。金沢大学の中村慎一助教授は、先の根刈り鎌である石鎌とあわせ、こうした道具が出現することから、畦畔《けいはん》で囲まれた平らな灌漑水田が出現していたのではないかと想像する。草鞋山遺跡の水田が天水田に近いものであったのに対し、本格的な灌漑水田が出現し集約的農耕が始まったとするのである。

この他、良渚文化期には破土器《はどき》や耘田器《うんでんき》と呼ばれる定型化した石器が見られる。これらの石器は他地域にはないものであるが、一般的に農具である可能性が高いと考えられるものである。田起こし用の石犂、水を引いた水田の土をかき混ぜ田を平均化する「千篰」、収穫具である石鎌、それと今のところ用途不明の破土器や耘田器といった農具の存在は、水田農耕における通年の組織的な労働形態に支えられた、分化した労働工程を想像することができる。

まさに集約的水稲農耕の出現であり、生産性の向上が、急速な人口増加を引き起こしたことは想像に難くない。実際、良渚文化段階の遺跡数は相当な増加率が認められる。また、そうした労働の基礎単位は血縁集団である可能性が高く、労働の組織化と共に、社会の組織化が進む段階である。先に述べたように、稲作農耕の経営単位ごとに生産量の格差が生まれ、その経営単位である血縁集団すなわち氏族間での格差がますます生まれていくのである。それは、これまで以上の社会の階層化が生まれていく段階でもある。

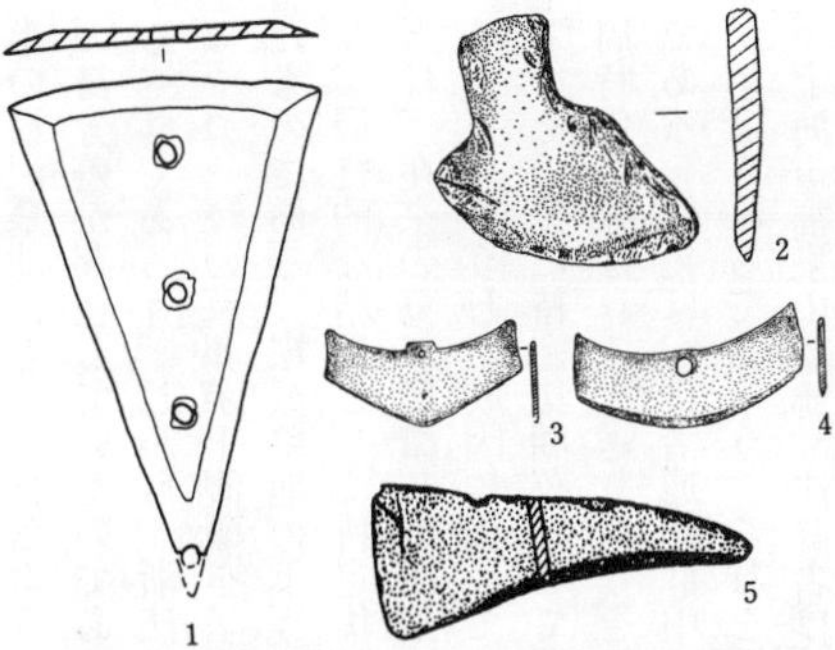

良渚文化期の農耕石器　1石犂（煙墩山遺跡）　2破土器（孫家山遺跡）　3、4耘田器（孫家山遺跡）　5石鎌（綽墩遺跡）

階層上位者の墓で目立つ副葬品の玉器の量の多さ

社会の階層化は、墓葬構造においても明瞭である。墳丘墓が成立するのもこの良渚文化段階である。ただしこの墳丘墓は特定の個人のための墓ではなく、墳丘内に複数の墓葬からなる特定の集団墓であることが特徴的である。新石器時代中期後半の崧沢墓地にも見られたように、単位集団間での格差が出現していた。いわば家系単位での身分差が存在していたのである。こうした格差がより広がる形で墳丘墓が出現したと考えるべきであろう。しかも、浙江省桐郷市《とうきょうし》普安橋《ふあんきょう》遺跡の調査で明らかになったように、墳丘墓は一つ一つの墓葬が土饅頭を呈するように築かれたものが、最終的に大きなマウンドとなったものである。崧沢墓地のような単位集団がある一定の場所に土饅頭を築いていくことにより、最終的な結果として特定集団墓としての墳丘墓が成立したのである。したがって墳丘墓とは、在来の墓が集積した在来墳丘墓とも呼べるものである。

一方、そうした成因によってできた墳丘墓とともに、もともと祭壇として築かれたマウンドをその後に特定集団墓として墳丘墓とするものが見られる。マウンド内に、燎祭と後の殷周時代に呼ばれる火送り祭りを思わせるような焼土台と、それを囲む方形の溝が存在するのである。例えば、良渚遺跡群中の浙江省杭州市《こうしゅうし》余杭区《よこうく》反山《はんざん》遺跡、瑶山《ようざん》遺跡、匯観山《わいかんざん》遺跡などが挙げられるであろう。これを簡略して祭壇墳丘墓と呼んでおこう。

上海市福泉山《ふせんざん》遺跡、江蘇省昆山市趙陵山《こんざんしちょうりょうざん》遺跡、江蘇省常州市寺《じょうしゅうしじ》墩《とん》遺跡などは、普安橋遺跡のような在来墳丘墓パターンと祭壇墳丘墓パターンがミックスされたものの可能性が高い。しかし、こうした祭壇墳丘墓は、墓葬内の副葬品内容や数量が、はるかに普安橋パターンの在来墳丘墓より高いものであり、階層的な格差が見られる。また祭壇墳丘墓は良渚文化中期から現れるものであり、社会の階層化の進展がもたらした階層上位者の墓である。

この階層上位者の墓における副葬品で、とりわけ目立つのが玉器の量の多さであろう。玉器としては獣文が飾られた玉琮《ぎょくそう》や、武器である玉鉞《ぎょくえつ》、あるいは邪悪なものを除く玉璧《ぎょくへき》などが見られる。玉琮とは方柱状の形態の玉製品で、内側が円柱状に刳《く》り抜かれている。玉琮は、この中空部分を通して、天の神と地の神をつなぐものと考えられるような祭祀具である。玉璧も円盤状の玉器の中心部分に円形の孔があくように、贅沢な作りであるとともに特異な形態をなす。当時の宇宙観を意味する、玉琮と同じような祭祀具である。また玉琮には、外面に毛彫り状の非常に細かく精巧な神人獣面文と呼ばれる文様が彫り込まれている。しかもこの獣面文が、何段にもわたって刻まれる長い方柱形のものも見られる。京都大学名誉教授の林巳奈夫氏によれば、良渚文化の獣面文が、殷周社会の青銅器に見られる饕餮文《とうてつもん》の原形であるという。これに対して玉鉞《ぎょくえつ》はもともと武器である鉞が玉からなることから、軍事権を示す威信財と考えられている。

王権形成には至らず、首長制社会の枠にある良渚文化

瑶山や反山墳丘墓では、墓葬が列をなして配置されているが、列ごとに副葬される玉器の内容に差違が認められる。例えば、瑶山墳丘墓では二列に墓群が並んでいるが、北列と南列では副葬品において区別がある。南列には玉琮、玉鉞、三叉形冠飾《さんさけいかんしょく》が、北列では玉璜《ぎょっこう》や紡錘車が副葬されている。残念ながら被葬者の人骨は腐ってなくなってしまっており、形質人類学的な鑑定はできないが、南列に特有な玉琮などの副葬品が北列に認められない排他的な墓列の関係は、この空間配置の差違が男女の性差による可能性を示している。というのは、玉

璜や紡錘車という副葬品は、崧沢文化段階には女性墓に対応する副葬品であったからであり、その段階までジェンダーが墓葬の差違に大きな要素となっていたからである。

玉琮、玉鉞、三叉形冠飾などの副葬品を持つ南列が男性墓であるとすると、男性が祭祀権や軍事権という首長権力を身につけていたことになる。しかし一方では、同一の墳丘墓に男女が規則的に埋葬されていることは、これらの集団には血縁関係などの一定の集団関係が存在することを示している。そうであるならば、良渚文化の階層構造も、他地域と同じような男系を中心とする血縁関係を単位とする階層社会に突入しているということができ、祭祀と軍事を司る首長権は男系が握っていたと解釈できるのである。

良渚遺跡群では、遺跡群の中心に東西七六〇メートル、南北四五〇メートル、高さ一〇メートルを超す壮大な人工土台である莫角山《ばっかくさん》遺跡がある。莫角山遺跡の人工土台の上にさらに大莫角山、小莫角山、烏亀山《うきさん》といった土台が存在し、これら三つの土台の間には大型の版築建物基壇や最大が直径六〇センチメートルに及ぶ柱穴からなる建物遺構が確認されている。建物遺構が具体的にどのように構築されていたかは不明であるが、祭祀空間あるいは人々が集会して組織的な団結を誓い合うような場であった可能性が高い。こうした祭祀的建造物を中心に、その周りに独立した墳丘墓が取り囲んでいる。

こうした遺跡が良渚文化全時期を通じて継起的に築造されていたかが問題になるが、金沢大学の中村慎一助教授の復元によれば、現在の考古資料からは欠落した時期においても、墳丘墓などが存在していた可能性が高く、良渚遺跡群は良渚文化全時期を通じて繁栄した遺跡群であると考えられている。後の殷代の殷墟と同様に、祭祀空間や宗廟などに相当する莫角山遺跡とその周辺には、歴代の階層上位者の家族墓である墳丘墓が取り巻いている。しかも莫角山から遠くなるにしたがい階層的にはランクが低下する墳丘墓が見られる点などは、殷墟にも通じる階層構造であるかもしれない。

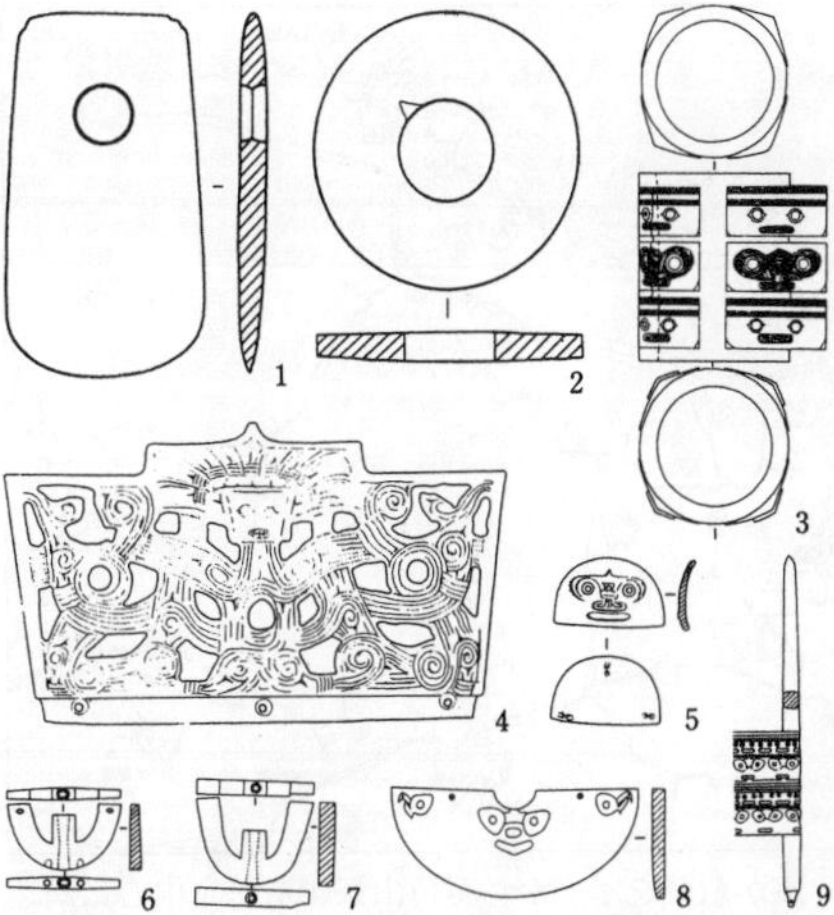

反山墳丘墓出土良渚文化の玉器　1鉞　2璧　3琮　4冠状飾　5半円形冠状飾　6、7三叉形冠飾　8璜　9錐形飾

ところで、良渚文化期では太湖周辺のそれぞれの地域において墳丘墓が認められ、地域単位での首長層が存在している。首長墓の存在を示すのは、墳丘墓と副葬品の玉琮・玉璧や玉鉞などの威信財である。先に述べた反山墳丘墓の二〇号墓では、総計五四七点といった大量の玉器を保有しており、反山墳丘墓内でも最強の首長といったイメージがある。玉琮などの玉器が威信財であり、その保有数が被葬者の首長としての権威を示しているのである。

　ところで、玉器の保有数など威信財の量を地域首長間で比較していく

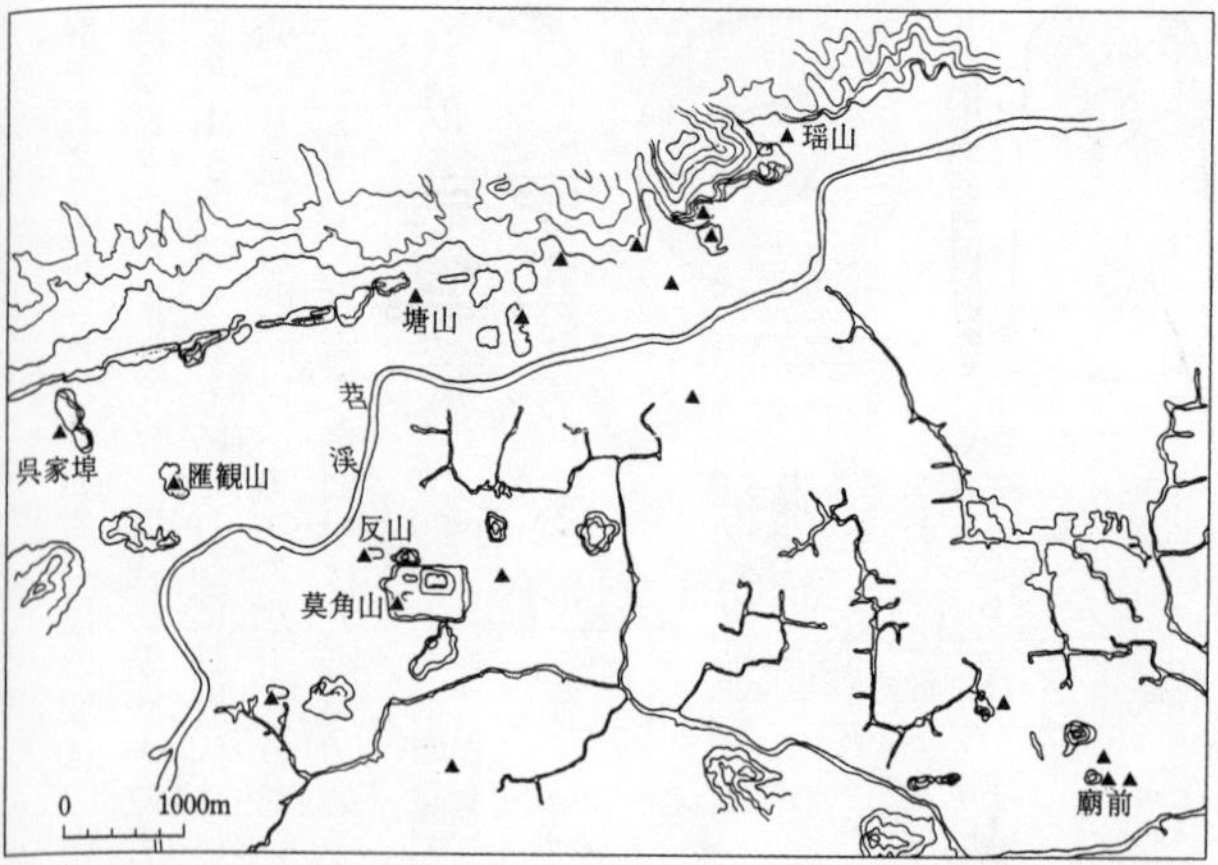

良渚遺跡群の遺跡分布　▲が遺跡を示すが、莫角山祭祀遺跡を中心に周辺に遺跡が広がっている

と、時間が経過する中で首長層の覇権が地域間で移動するという可能性が考えられる。例えば良渚文化中期には、太湖南岸の良渚遺跡群が最も優勢であったが、良渚文化後期には、寺墩遺跡など常州地区の太湖北岸にその覇権が移ったと、奈良国立文化財研究所の今井晃樹氏は主張する。良渚文化期の地域間関係は、決して安定的なものでないとする考え方である。

一方では良渚遺跡群において、現在、良渚文化後期の遺跡があまり発見されていないが、本来存在するものであり、良渚文化全時期を通じて良渚遺跡群こそが、良渚文化全体の盟主的な存在であると想定する中村慎一氏の考え方もある。また、玉琮に分割された痕跡があることから、玉琮が威信財として地域首長間の

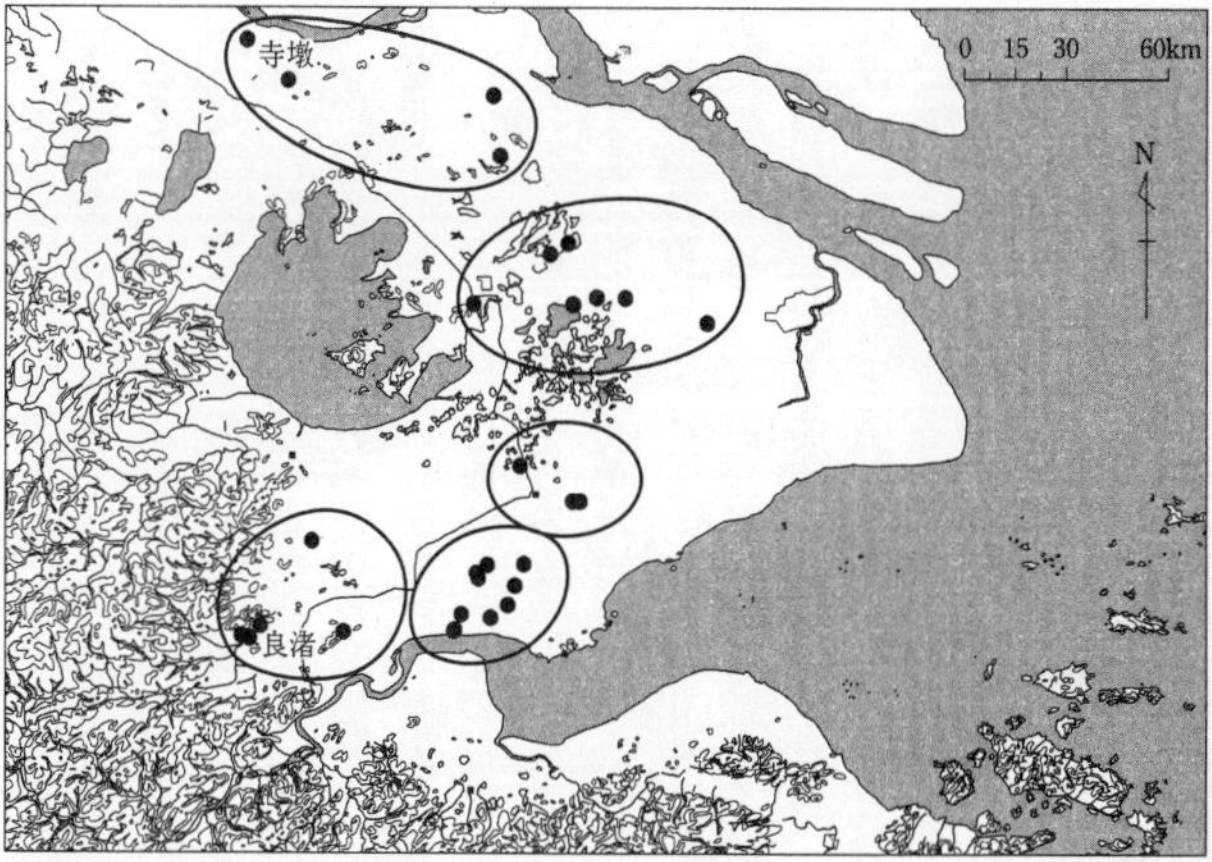

太湖をめぐる良渚文化遺跡　墳丘墓をもつ遺跡の分布を見ると、太湖周辺では少なくとも5つのグループが存在する

政治的な同盟に際して分割され、分有されていくといった考え方も見られる。

　問題はこうした玉器が一元的に生産・管理され、一元的に地域首長に配布されるか否かである。現在のところ玉器製作址は、良渚遺跡群の塘山《とうざん》遺跡や江蘇省句《こう》容市《ようし》丁沙地《ていしゃち》遺跡で発見されており、また玉琮の内側の刳り抜かれた廃材の部分である玉芯の存在から、常州地区の磨盤墩《まばんとん》遺跡付近にも玉器製作址が存在する可能性がある。必ずしも一元的な生産を考える必要はなさそうである。

　この点では、後の二里頭文化や二里岡文化期が一元的に青銅礼器を生産している点とは異なっている。

　良渚文化期は、太湖を巡る諸地域の首長が男系血縁単位を核とした階層構造を構成し、地域首長が玉琮など玉器を保有しながら、より下位の地域首長には玉器を贈与ないし分有させることにより、祭政システムによる同盟関係を構築していたと考えられる。

　おそらくは、玉器を分有された地域首長がさらに地域内部での贈与を行うため、玉琮を分割して配布することもあったであろう。その中で太湖南岸の良渚遺跡群は当初盟主的存在ではあったが、良渚文化後期には玉財の枯渇もあってか、玉器の贈与システムが立ちゆかなくなり、覇権を握れない不安定な政治勢力に変化している。その意味で、良渚文化後期には、太湖北岸の常州地区の寺墩遺跡の勢力が相対的に力を増したと理解できる。

　しかし、このように地域単位での首長の成立と、地域間で首長の序列化が形成されつつあるものの、その序列化は不安定かつ流動的である点からすれば、王権が形成された段階には達しておらず、良渚文化は首長制社会の枠組みに収まるものであろう。

良渚遺跡群は少なくとも良渚文化中期にはその盟主的な存在であり、莫角山遺跡などの建築遺跡において、祭祀活動による社会集団の結束が図られ、祭儀国家の原形を形成していたと思われる。しかも殷周社会の青銅彝器《いき》に見られる饕餮文《とうてつもん》の原形が玉琮の獣面文にあるとすれば、二里頭・二里岡文化の祭祀活動を含めた祭政権力の原形は、良渚文化にあったのかもしれない。

　良渚文化がこのように発達した首長制社会を構成していたのにもかかわらず、突然の衰退と共に文化的には洗練度の低い馬橋《ばきょう》文化に移行する。この良渚文化の終焉の原因については、大規模な水害などの自然災害であるとする説が有力である。紀元前三〇〇〇年紀中葉には、気温の冷涼化に伴い大規模な洪水が起きた可能性がある。現に良渚文化の包含層の上には厚い沖積層が覆う調査事例が幾つか見られる。

しかし、重要なことは、自然災害などにより稲作農耕の生産性が急激に減少するにしたがって、こうした社会変化に対して玉器を代表とする祭政権力が社会秩序を維持することができなくなったことが、良渚文化の衰退の大きな要因ではないかと思われる。祭政権力や軍事権を基礎とした良渚文化の首長制システムが崩壊したことこそが、良渚文化の終焉に繋がったのであろう。

衰退していく良渚文化の周辺域では、例えば上海市の広富林遺跡のように、河南龍山文化王油《おうゆ》坊《ぼう》類型が淮河流域から広がっていったのである。良渚文化に次ぐ馬橋文化には、土器の叩き技法に特徴がある印文陶が普及していることから、華南などの南方から北上した印文陶

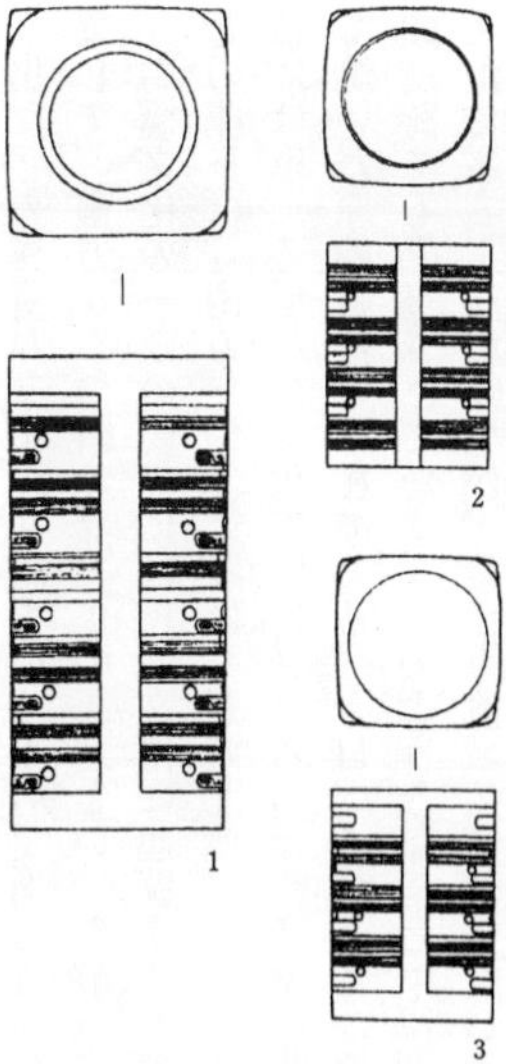

分割された玉琮　浙江省余杭市横山遺跡2号墓出土の玉琮のうち、1は完全であるが、2の下端は獣面文の目や口がなく、3の上端は獣面文の目がない。後二者は半割されたものである

文化などの異質な文化の系譜を引くものであると解釈される場合が多い。良渚文化の衰退に乗じて、南方からの新たな文化の北進といった解釈で語られるのが一般的である。

馬橋文化の一部の要素には良渚文化に連続するものもあるとともに、馬橋文化の石包丁などの農具は、南方というよりはむしろ北側に隣接する王油坊類型の系譜を引いているように私には思える。馬橋文化で注目されるのは、印文陶の発達だけではなく、カオリン土を高温で焼いた原始磁器の存在である。今日、このような原始磁器は後に第一〇章で詳述する二里頭遺跡でも発見されている。このような江南と中原との関係は、二里頭文化以前の河南龍山文化である王油坊類型が、長江下流域に広がっていったことと関係していると思われるのである。

読者はこの私の想定を記憶の片隅に残しておいていただきたい。また、王油坊類型に一般的な格子叩きなどの土器製作技法こそが、印文陶を発達させる技術基盤であるようにも思われるのである。王油坊類型の南に向けた広がりの中に、良渚文化の系譜を引きながら、馬橋文化の成立があったのではないかという見通しを、私自身は持っている。

彭頭山・大渓・屈家嶺・石家河文化

特殊な人物像や動物像が特徴の石家河文化の玉器

長江中流域は稲作農耕開始の核心地域である可能性がある。新石器時代前期の彭頭山《ほうとうざん》文化は、湖南省の澧水《れいすい》流域の文化であり、一方湖北省では皁市《そうし》下《か》層《そう》文化と呼ばれている。ともに縄蓆《じょうせき》叩きからなる釜、壺、鉢を基本的な土器組成とする文化であるが、皁市下層文化の方がやや新しい段階に出現している。この彭頭山文化の八十壋《はちじゅっとう》遺跡では、多量の稲籾が出土している。中国の農学者は栽培イネであると考えているが、稲籾がかなり小型であるところから、中村慎一氏は野生イネの可能性を疑っている。しかし、栽培であれ野生であれ多量のイネが採集され備蓄されていたことは確かである。

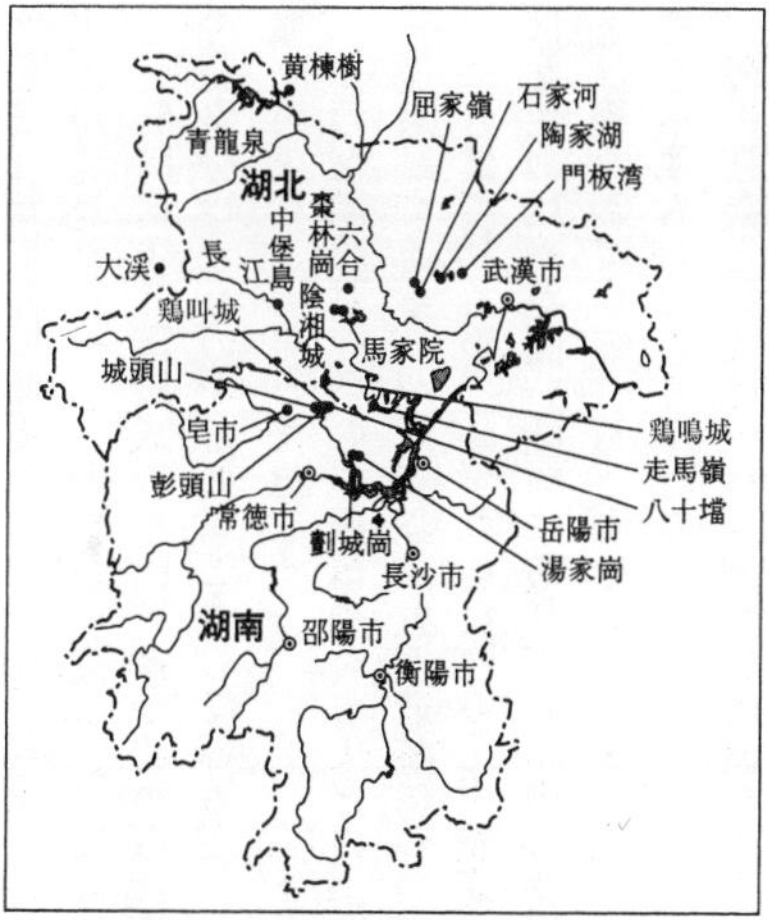

長江中流域の新石器時代主要遺跡

この八十壋遺跡は、集落の周りが濠で囲まれる環濠集落であり、これまでのところ中国大陸で発見された最古段階の環濠集落の一つである。環濠という大規模な土木事業からすれば、この段階に集団内での組織的まとまりが高まったことを意味している。また環濠集落の環濠は、採集されたイネを野獣などから防御して安定的に保存するという機能があるかもしれないし、集落を自ら守るための機能であるかもしれない。

新石器時代中期の湯家《とうか》崗《こう》文化期（大渓《だいけい》

文化併行期）の城頭山遺跡も、環濠集落である。この城頭山遺跡では、灌漑用の溝をもった水田が発見されている。先に述べた長江下流域の草鞋山遺跡の水田とは構造が異なっている。畦畔による階段式の水田区画が認められるものであり、天水田に水路が加わり、出排水の調整を行うものである。こうしてみると、各地域で地形に応じたイネ栽培の工夫がなされているということができよう。

この初期農耕社会の実態は果たしてどのようなものであろうか。まずは大渓文化段階での墓地遺跡である、四川省巫《ふ》山《ざん》大渓《だいけい》遺跡について眺めることにしよう。大渓墓地は前期・後期墓に分けられるが、いずれも女性の比率が高い傾向にある。長江下流域でも崧沢文化期までは女性の比率が高い傾向にあり、同時期の黄河中流域・渭河流域の墓地で男性比率が高いのとは異なっている。もともと長江中・下流域という稲作農耕地帯は、母系社会であった可能性を示すものであるかもしれない。

母系社会といえば、民族例では雲南のナシ族が有名であるが、母系家族が社会の基礎単位であった可能性があろう。

一方、副葬品は土器を中心とするものであるが、黄河中流域のようなジェンダーによる副葬品の区別が強調されることはない。大渓墓地前期では、特に副葬品数における差違は少ないが、大渓墓地後期では副葬品数における多寡の違いが増す傾向にあって、集団内での埋葬における扱いの差が開く傾向にある。これは集団内での個人が比較的平等である社会であるにもかかわらず、次第に階層関係が生まれていく過程を示していよう。ただしその埋葬の扱いの差違については性別による差違は見られず、集団内の血縁関係者単位で階層分化が進行していると考えられる。

これがよりいっそう進行していく段階が、大渓文化末期から屈家嶺《くつかれい》文化段階の湖南省安郷県劃城崗《かくじょうこう》墓地などに認められるのである。墓地は埋葬地の分布から、北区と南区に分かれており、呉汝祚《ごじょそ》氏や後に北京大学の趙輝《ちょうき》教授が証明したように、墓葬は縦列に組となるように埋葬配置が認められる。趙輝氏は、この墓群の基礎単位を単婚夫婦からなる核家族と考え、淮河流域に見られる長屋式住居のような拡大家族が、墓葬配置の縦列の列単位にあたり、それらの墓列をまとめる墓区が拡大家族の上部構造である氏族と見ている。

しかし、その墓群の基礎単位を単婚家族の構成員であるとする証拠はない。やはり、それ

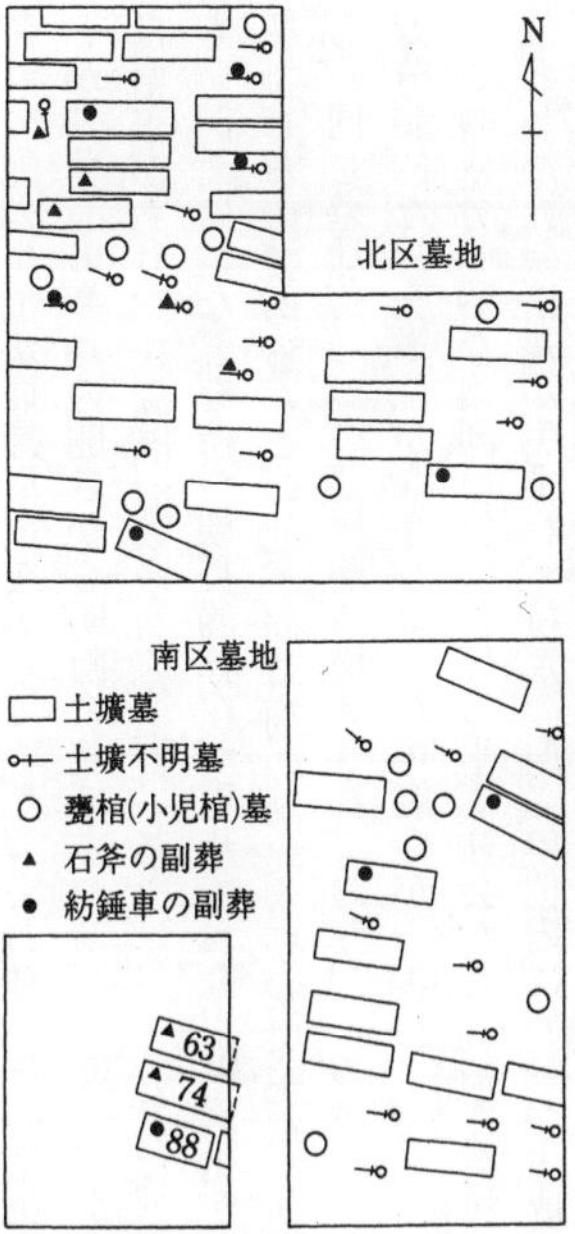

劃城崗墓地の配置　北区墓地と南区墓地の間は約40メートルの距離を置いて区画されており、相対的に南区墓地の方の副葬品が豊かである

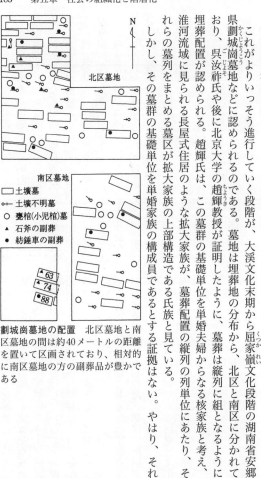

ぞれの配列単位が血縁単位を示しているのであり、その単位間での階層分化が進んでいることが副葬品の多寡の開きから明瞭に判断される。また、二分化した墓群間でも副葬品構成には格差があり、氏族間でも格差が進行している。さらにその血縁関係の単位グループ内にも、例えば鉞などを持つ族長的存在が現れており、階層化が重層的に進行していることが理解できるのである。この他、同時期の湖北省公安県王家崗《おうかこう》遺跡や湖北省鍾祥県六合《しょうしょうけんりくごう》遺跡でも、同じ墓地が二つの墓群から構成されており、この段階は、集団が半族として二分される双分制的な社会単位が存在していた可能性がある。

この双分制的な集団単位における平等社会から、稲作農耕の経営単位である血縁家族を単位とした社会格差が生まれ、特定の血縁単位内に族長が生成していく過程は、次第に階層が分化し、階層社会の到来を示すものである。

墓葬で明確に階層上位者である墓と認定できるものは、新石器時代後期である屈家嶺《くつかれい》文化の後の石家河《せっかが》文化前期段階からである。石家河遺跡内の鄧家湾《とうかわん》三二号墓や肖家屋脊《しょうかおくせき》七号墓では、二層台という墓葬における特殊な構造をなすとともに、多量の土器が副葬されている。鄧家湾三二号墓では、一〇歳ぐらいの少年が埋葬されているが、片刃石斧とともに四〇個以上の副葬土器が二層台上と棺内に分けて副葬されている。肖家屋脊七号墓は男性被葬者であり、威信財である石鉞を持つとともに、一〇六個の副葬品が副葬されている。

首長墓的な存在であるこれらの墓が、集団墓ではなく単独に立地する点は、首長の存在としての特殊なあり方を物語っている。しかもそれらが男系の首長である点に、長江下流域と同様に男系の階層社会が到来していることを示すが、長江下流域のような墳丘墓は存在しない。地域の特殊な動向として、石家河文化後期には、これまで小児棺として存在した甕棺を成人棺として利用する大型甕棺による成人墓の出現がある。これらは肖家屋脊遺跡に存在しているように、集落である石家河遺跡とは分離した特定の場所に、特定個人を埋葬する施設として存在している。これら成人被葬者が社会内での特定階層であることは、この段階から副葬され始める石家河文化特有の玉器を所有していることで、読者も納得していただけるであろう。

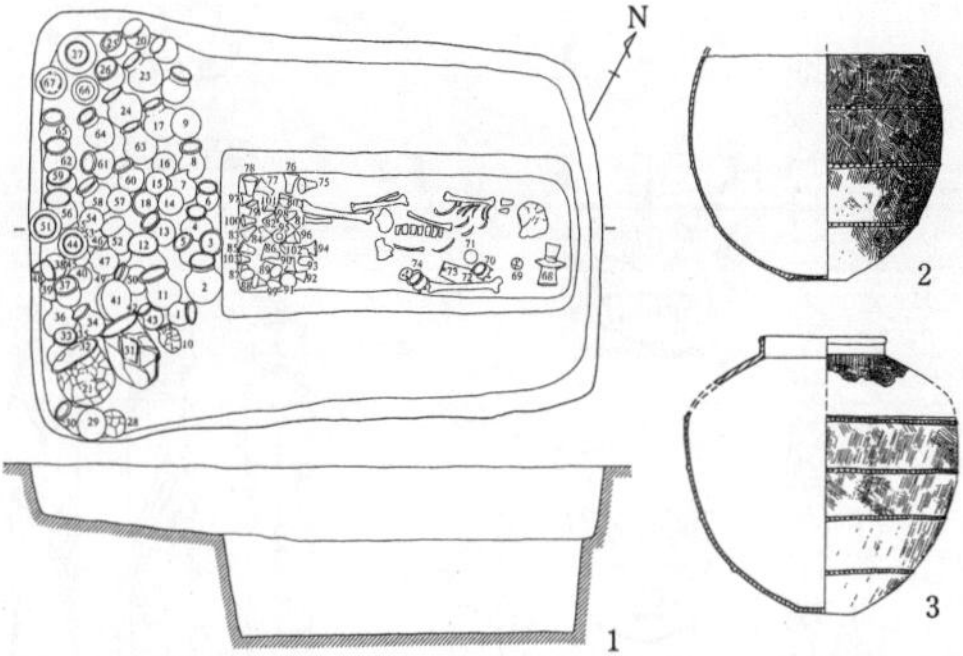

長江中流域新石器時代後期の首長墓　1肖家屋脊7号墓　2、3肖家屋脊6号甕棺墓

　ところで、石家河文化の玉器は長江下流域の良渚文化のものとは形態的に異なり、特殊な人物像や動物像からなっている。

　丸彫りの人物像は、丸い大きな耳輪をはめ、団子鼻とつり上がった目、牙をむき出した口が印象的で、さらには頭に被り物を戴いている。動物像ではセミやイヌワシを象《かたど》るものが特徴的である。このような玉器は、この地域ならではの特殊な威信財であり、これを所有した特定階層者の成人墓として、こ

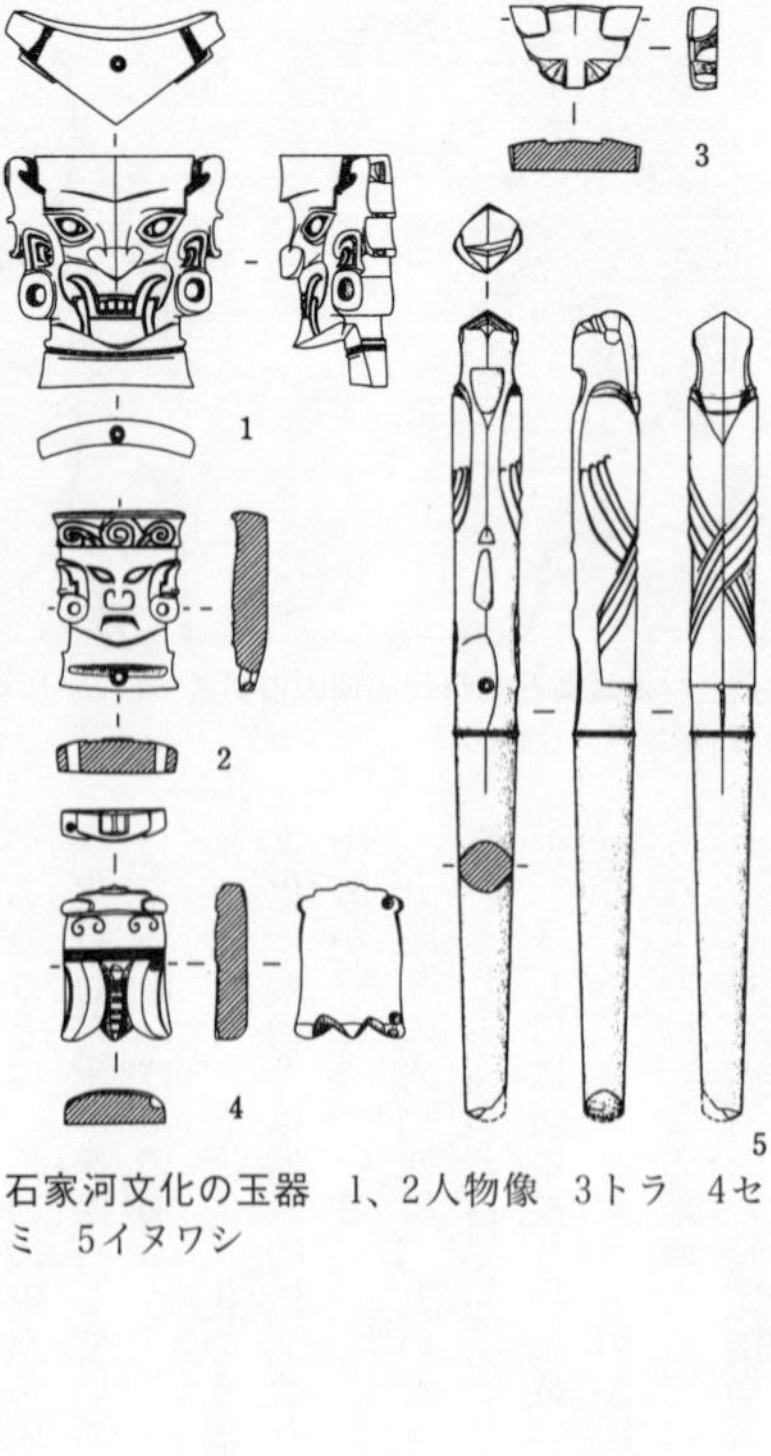

石家河文化の玉器　1、2人物像　3トラ　4セミ　5イヌワシ

の地域独自に大型甕棺墓が出現したのである。

成人甕棺墓といえば、日本列島では弥生時代の九州北部に存在することを思い出される読者もおられよう。小児棺としては、世界的に普遍的に認められる甕棺墓に対し、成人甕棺墓は、突然変異的に相互関係なく一部の地域に出現していくことは興味深い。ただし、石家河文化の甕棺墓は二次葬であり、成人の遺骨を死後に甕棺内に安置したものである。こうした成人甕棺墓は、他に湖北省荊州市棗林崗《そうりんこう》遺跡や湖北省鍾祥県六合遺跡でも認められ、特殊な

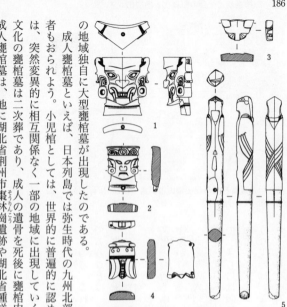

玉器を副葬品としてもっている。

棗林崗遺跡の場合、東へ約二キロメートル離れたところに城址遺跡である陰湘城《いんしょうじょう》遺跡が存在しており、その集落の特定階層者たちの墓地が成人甕棺として他集団とは分離して埋葬されているのである。甕棺といった特殊な墓葬構造や玉器という威信財に見られる厚葬の風、さらには一般階層墓から独立した占地といった墓葬変化においても、この地域の階層社会への進化状況を読みとることができるのである。

すでに大渓文化の段階に水路をもった水田が存在することを述べたが、石製農耕具に関してはそれほどの発達を見ない。この段階では、収穫具としては貝の側縁を加工した貝製鎌が認められるぐらいで、農耕具としての石器は発達しない。その意味では遺存しにくい木製品や骨角器が農耕具として利用されていた可能性がある。しかし、長江下流域では崧沢文化や良渚文化で新しい石製農耕具が出現していったのと対照的に、長江中流域では屈家嶺文化以降に石包丁が普及する程度で、それほどの変化や新しい石製農耕具の開発は認められない。また、収穫具である石包丁も、屈家嶺文化が漢水流域を溯って分布域を北上させるのと呼応するように、黄河中流域の新石器文化との接触によって導入された石器である。ともかく、長江中流域では長江下流域のような集約的農耕化を示すような石器生産の発展は、今のところ見いだすことができないのである。

長江下流域では、稲作農耕へ男女の労働が結集した集約的な農耕がなされたことを述べてきたが、ここ長江中流域ではそのような社会発展を描く証拠がない。墓葬分析においても、大渓文化末期から屈家嶺文化にかけて、いわば等質的な社会と理解されていた。

洪水防備も兼ねた巨大な城壁を持つ長江中流の遺跡群

さて、長江中流域の家屋構造は彭頭山文化期に竪穴式住居が発見されているが、大渓《だいけい》文化以降は壁立ち住居である地上式住居が一般的である。これは基槽《きそう》といって、住居壁の基礎部分をあらかじめ溝状に掘り、そこに壁の芯としての柱を立て、それに直交するように細木や竹を組み、いわば木舞《こまい》を形成して壁土を塗り固めるものである。さらに床面や壁土を火で焼き固め、防湿効果を高めるとともに、堅牢な家の壁を作ることができる。

私も陰湘城遺跡の発掘で屈家嶺時期の地上式住居を発掘したことがあるが、焼土である壁土や床面は、土器を焼く窯の窯壁のように硬く焼き締まっており、発掘道具の鍬で叩いてもびくともしない。それを見てびっくりした記憶が今でも鮮明であるが、焼きの堅さからは相当の火力が使われたに違いないと実感したものである。

屈家嶺文化期にはこのような地上式住居で、複室構造をなすものが現れる。河南省淅川《せきせん》県黄楝樹《こうれんじゅ》遺跡や湖北省鄖県青龍泉《うんけんせいりゅうせん》遺跡などに見られる隔壁を隔てて二室からなる住居である。しかもそれぞれの部屋には、入り口と炉が存在しており、二世帯の住居からなっている。一世帯は、例えば黄楝樹一一号住居址で男性の性別分業を示す斧と女性の性別分業を示す紡錘車が出土しており、男女からなる世帯単位と考えられる。これを婚姻家族と考えるのが素直であると思えるが、これら婚姻家族が隔壁を境に二世帯としてまとまっている。このことから、これら二世帯の婚姻家族には何らかの関係、すなわち血縁的な関係が存在すると想像するのが普通であろう。例えば、一婚姻家族の子供が新たな婚姻家族を持つような、拡大家族のあり方であるかもしれない。

こうした複室住居が線状に一列に連結して並び、「コ」の字状を呈した集落をなすのが黄棟樹遺跡である。血縁的背景をもった、拡大家族からなる氏族単位の共同体であろう。この状況は、先に示した等質的な墓葬構造にも合致しており、こうした氏族単位が集約的に稲作農耕を行うことにより、生活を維持していたと想像できるのである。いわば稲作農耕の経営単位が、この氏族共同体にあると考えられるのである。

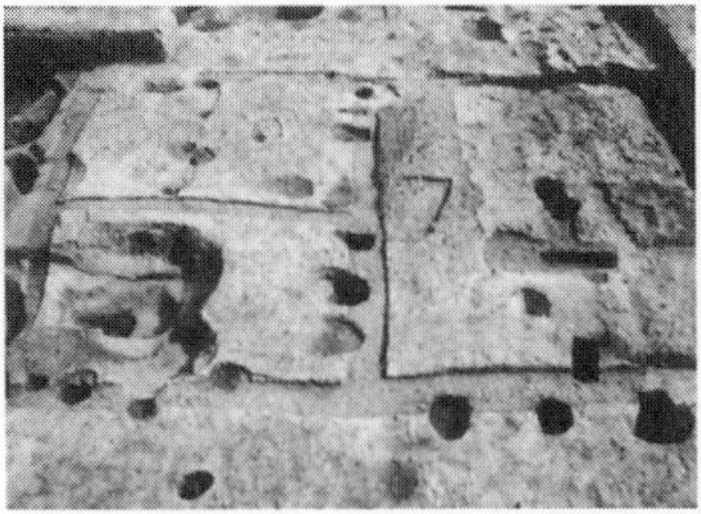

陰湘城10号住居址　方形区画の溝が地上式住居の壁構造の基礎にあたる

ところで、集落構造といえば、新石器時代前期の彭頭山文化に環濠集落がすでに認められ、新石器時代中期の大渓文化においては湖北省荊沙市陰湘城遺跡や湖南省城頭山遺跡で環濠が認められる。

陰湘城遺跡と城頭山遺跡はともに大渓文化時期には環濠であったものが、新石器時代後期の屈家嶺文化時期には環濠を埋めて、その上に土塁を築き、土塁の外側を濠で囲む城址遺跡が出現するのである。明らかに濠を掘った環濠集落に比べ、土を積み上げた土塁によって取り囲まれた城址遺跡の方が、防御機能は高まるであろうし、その建設にあ

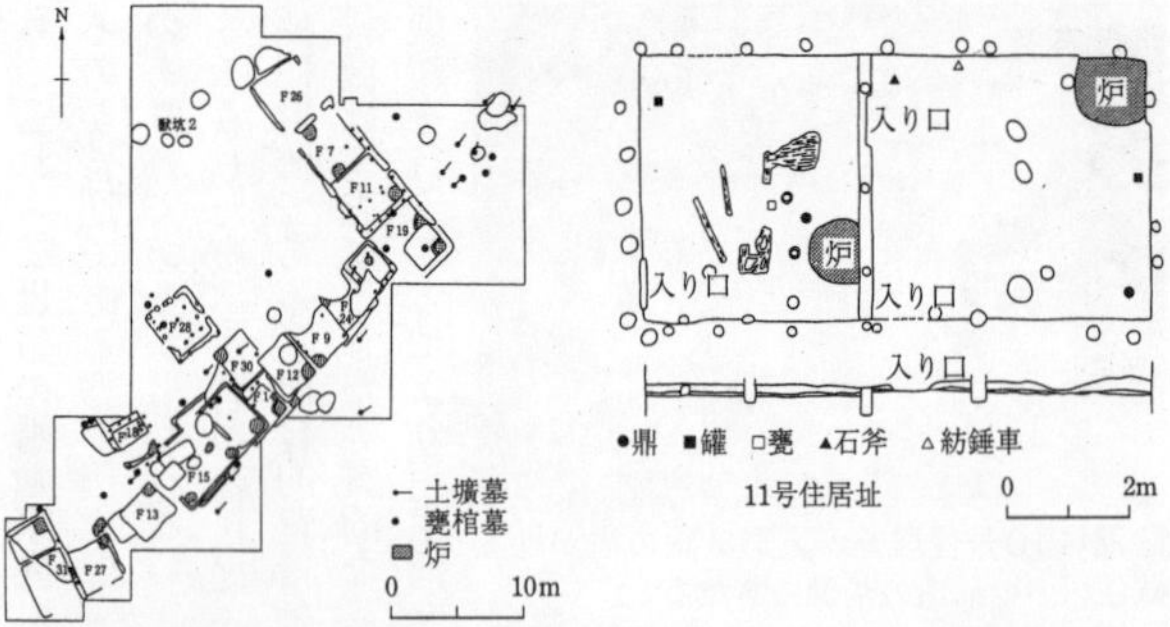

黄楝樹遺跡の集落　左図が拡大家族によってコの字形に拡大した集落、右図はその一つである11号住居址（F11）である二室住居であり、2世帯の住宅と考えられる

たる労働量ははるかに高いものがある。

さて、城頭山遺跡の大渓文化時期の環濠部分からは、船の櫂などの木製品が発見されている。環濠が単に集落を取り囲むようにして野獣から食料などを守るといった、黄河中流域の姜寨遺跡などの環濠集落とは、その意味が異なるようである。また、長江流域の集落は同じ場所に時期を隔てて経年的に居住される場合が多く、西アジアのテルのように結果的にはマウンド状に丘をなす場合が多い。これは基本的には洪水から集落を守るための知恵である。したがって、城頭山遺跡の環濠は河川と連結して船が入ることも可能であったはずであり、環濠は日本の輪中《わじゅう》のようにクリークのような交通路であるとともに、洪水から集落を守る治水施設であったと考えることもできよう。

実際、大渓文化後期に河川の氾濫が頻繁化していた事実として、湖北省宜昌県《ぎしょうけん》中堡島《ちゅうほうとう》遺跡や四川省巫山《ふざん》大渓遺跡の発掘では、水成堆積層が発見されている。環濠がさらに発展した土塁を持つ城址遺跡は、そうした洪水防御用の構造であると考えれば、より発展したものである。また湖北省荊門《けいもん》市馬家院《ばかいん》遺跡では、土塁の外側の濠が外の河川と通じており、河川から濠を伝って城内に入れる構造となっており、城頭山遺跡と同じ機能を有している。

しかし、城址遺跡の場合、例えば湖北省天門市石家河遺跡では、土塁すなわち城壁の一辺が一一〇〇メートル×一二〇〇メートルで、しかも城壁底部幅が約五〇メートル、城壁の高さ六～八メートルをなすものであり、その建設における土量から見た労働力は想像を絶するものがある。

先の墓葬構造から見た場合、この時期に首長層に相当する墓葬はまだ発見されておらず、強大な権力によってこうした構造物が建設されたとは考えにくい。石家河遺跡の場合、城壁内部の地形は決して平坦ではなく、やや丘状をなすところもあれば、低く谷を形成しているところもある。この低い谷部分は天水田として利用できる場所とも思われるし、また鄧家湾《とうかわん》や譚家嶺《たんかれい》のような丘の部分は居住地として最適である。さらに城壁内部の平坦地である三房湾には、建築遺構はないものの、土器のうち杯がほとんどで、しかも相当量の杯が出土している。平坦地であるとともにたくさんの杯の出土は、この地が諸集団の集会所であるとともに祭祀行為が行われた場所ではないかと考えられている。当然、族長は存在した段階であるが、こうした建設が諸集団の協力の下に完成したものと考えるべきであろう。近隣の集団が洪水という脅威の中、信仰的なまとまりの中で共同してなされた作業と思われる。

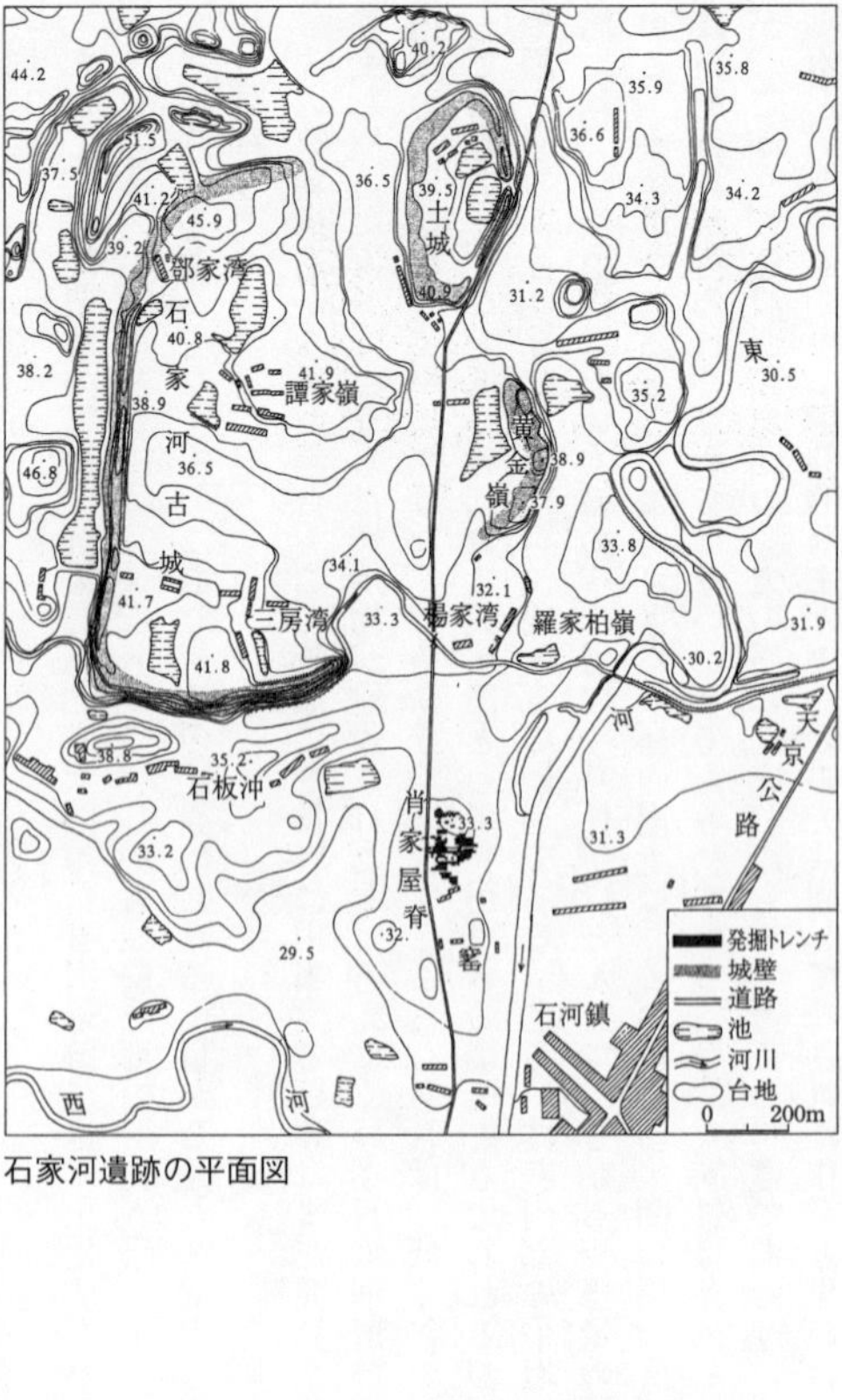

石家河遺跡の平面図

石家河遺跡の場合、南北三キロメートル、東西二・四キロメートルの範囲内に四〇ヵ所にのぼる遺跡が集中しているとされる。それらの遺跡が、血縁集団からなる氏族単位の集落であるとすると、これらの氏族が共同して城壁の建造がなされたものであろう。その場合、そ

省名	遺跡名	所在地	規模(東西×南北)m	築造時期
湖北省	石家河	天門市	1100×1200	屈家嶺文化
	陶家湖古城	応城市	850×950	屈家嶺文化
	門板湾	応城市	400×550	屈家嶺文化
	馬家院	荊門市	580×700	屈家嶺文化
	陰湘城	荊沙市	580×500(推定)	屈家嶺文化
	走馬嶺	石首	370×330	屈家嶺文化
	鶏鳴城	公安県	430×480	屈家嶺文化
湖南省	鶏叫城	澧県	400×370	屈家嶺文化
	城頭山	澧県	直径約325	屈家嶺文化

長江中流域の城址遺跡の規模

れは集団間の対立に伴う戦争に対する防御機能というよりは、むしろ洪水に備えて城壁を作るといった集団の協業に意味があったのである。洪水という自然の畏怖からもたらされた宗教的な行為として、城壁作りという協業が存在したのである。近隣諸集団がこぞって集まり、城壁を作るという宗教行為が繰り返されたのであろう。

現在、長江中流域には、屈家嶺時期に構築されたと考えられる城址遺跡が九つ発見されている。このうち、一九三ページや一九四ページの図表に示すように、漢水流域では一辺が一〇〇〇メートル以上の城址遺跡である石家河遺跡、ついで一辺が九〇〇メートル前後の陶家湖古城、一辺五〇〇メートル前後の門板湾遺跡と三つの城址遺跡が固まっている。沮漳《そしょう》河《が》流域では一辺五〇〇メートル台の城址遺跡が二つ、さらに澧水《れいすい》流域から洞庭湖北岸において一辺三〇〇〜四〇〇メートル程度の城址遺跡が四つ密集している。

規模だけ比較していくと、いかにも漢水流域の石家河遺跡を中心に、そこから離れるにつれて城壁規模が小さい城址遺跡が立地しているように見える。ピラミッド状の階層構造

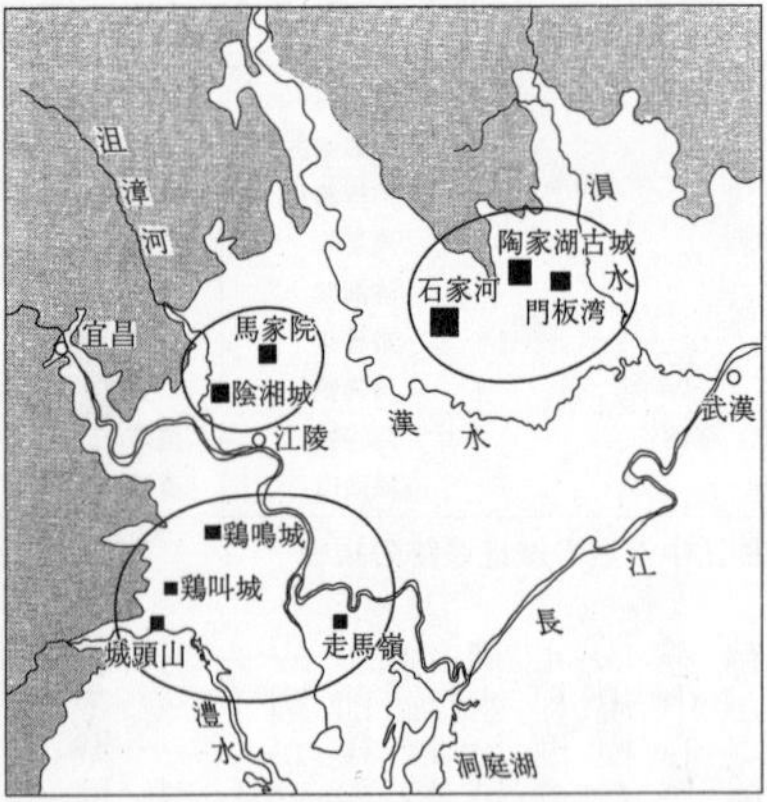

長江中流域の城址遺跡分布　円で囲んだ3地域の城址遺跡は北から南にかけて相対的に規模が小さくなっている

が、いかにも城址遺跡間で見られるような規模の格差が存在している。石家河遺跡が中心都市的な存在であることからすれば、石家河遺跡には強力な首長や王が存在していたのであろうか。しかし、こうした強力な首長や王の存在を示す宮殿建築物は、これらの城址遺跡内では発見されていない。また、おもしろいことに城址遺跡は屈家嶺文化時期に一斉に築造されたものであり、次の時期に新たな築造が始まる城址遺跡は存在しない。

これは、これら漢水流域、沮漳河流域、澧水流域の三地域がそれぞれ異なった地域単位を形成していたことを示すとともに、それぞれの地域における人口比率に対応して城壁の規模が異なっている可能性もある。その意味では漢水流域が最も多くの人口をまかなうことのできる肥沃な地域であり、人口密度も高い地域であったと思われる。

これら三地域では集団間で競い合いながら、洪水対策用の城壁を作りあげることに社会的協業という宗教的な集団意識が存在したはずである。これは決して漢水流域が盟主的な存在として屈家嶺文化において君臨していたのではなく、互いの地域内での集団規模とその協業における競争意識からの相対的な規模差が現れることになってしまったのである。したがって、城址遺跡の規模格差は、決して政治的な盟主関係や同盟関係を示しているように思われない。

墓葬分析では、屈家嶺文化に次ぐ石家河文化前期になって、やっと首長墓が出現するなど、社会階層差が明確になっていく。こうした石家河文化段階にこそ、城址遺跡が仮に防御集落であれば、より増加して良いはずであるのに、それが全く認められないのである。

その点で、長江下流域が、新石器時代中期末・後期初頭から階層分化と集団構造の重層化を示したのに対し、長江中流域は、等質的な血縁的氏族集団という部族社会段階にとどまっていた。洪水に備えた宗教的な協業によって巨大な城壁が作られたにもかかわらず、この段階には社会的階層システムはそれほど進化していなかったのである。

ようやく石家河文化段階になって、首長や階層社会が出現し、こうした集団関係の維持のために、玉器や動物形塑像に見られる特別な宗教性が必要となったのであろう。さらに石家河文化段階の玉器は、山東龍山文化や良渚文化の文様意匠やシンボリズムの影響を受けたものであり、この地域独自の玉器生産を行っている。したがって、石家河文化段階になって初めて固有の玉器を必要とする社会に達したことを注目すべきである。

社会進化の相違と相似

男女の分業体制が農耕に特化していく過程

旧石器時代以来の二つの文化圏周縁部で始まったアワ・キビ農耕と稲作農耕が、それぞれの地域において、社会集団による集約的労働投下という形で次第に専業化していく様相が理解されたのではないだろうか。そのあり方は、男女の社会的分業から、その分業体制が農耕に特化していく過程でもあった。また、農耕の専業化は、次第に余剰生産物を管理掌握する首長の登場と、それを支える社会の階層分化を生んでいく。

こうした階層関係の母胎をなすのは決して個人ではなく、社会集団単位である。集団単位を決定しているのは血縁関係によって組織化された集団単位であり、いわゆる氏族にあたる。農耕の経営単位も氏族単位にあり、さらに経営単位は細別化していく傾向にある。氏族である血縁集団を維持し、その結束をまとめるにあたって、黄河中流域などの再葬墓に見られたような祖先祭祀が繰り返されたのである。

こうした社会進化の過程は、各地域文化の時間軸である文化編年をもとに比較していくと、必ずしも同時進行というわけではなく、各地域間によって多少の時間差や、あるいは社会の生業単位として見られる組織化の形態にも、いささか差違が認められる。こうした点をここでは強調しておくとともに、時間の流れの中で、次第に地域間での交流というものが活発化していくという、歴史的現象についても若干触れておきたい。

すでに述べたように、農耕の開始期とは決して生産性においては高いものが期待できる段階ではなく、あるいは農耕が始まったからといって、すぐに安定した食料生産が可能になったわけでもない。まさしく農耕の発生とは、更新世から完新世への移行期における、一定の環境域の周縁部における新たな人類の環境適応でしかなかったのである。

そこでは、これまでの社会形態に見られた小集団内での性別分業という効率的な労働形態が見られた。これは人類学者であるマードックらが示した、今日の無文字社会の人々に見られる性別分業の民族例からも、よく理解されるところである。おそらく、初期の農耕に従事した人たちは女性である。これはもともと野生穀物の収穫が女性の主たる仕事であったことの延長であり、栽培化の過程にも女性ならではの細やかさと忍耐強さが必要であったに違いない。

そしてまた、種籾を翌年に残さないといけないという食料の保存は、すでにそれだけでリスクをもった社会であり、そうしたリスクを集団内で治めまとめる組織的なまとまりが必要であったのである。何しろ気候不順に際して、種籾を残しながら飢饉の飢えをしのぐのは大変困難であり、集団としての統制がとれていなければ、簡単に消費され、さらに集団が瓦解し死滅してしまうからである。

そうした集団性と性別分業からなる社会集団が、完新世を経ていくうちに、さらに紀元前六〇〇〇年以降のヒプシサーマル期と呼ばれる今日より気候が温暖湿潤化した段階で、例えば黄河中流域で見られたように、栽培穀物の増産や安定的な生産量が保証された段階に至ると、男女における女性の社会的な役割も高くなっている。それが、黄河中流域の裴李崗文化の墓地に見られた性別の厚葬墓に現れている。

さらに土木作業や狩猟を得意とする男性も、農耕という生産活動に共同して組織的に労働を投下していく段階に至る。これは黄河中流域では新石器時代中期初頭の仰韶半坡類型期に達せられていたであろうし、これを経済的な基盤としながら父系の血縁組織を基盤とした家族形態が生まれていく。

父系を中心とした血縁家族は、祖先祭祀を宗教的な要《かなめ》としてまとまり、拡大家族によって集団を膨張させていく。そして血縁家族間すなわち氏族間での経済差や、集団内での社会的地位差が生じていく。階層関係が複雑化するとともに首長が出現し、生産物を統括し再分配する過程で、専業的な手工業民が生まれていく。これが黄河中流域では、新石器時代後期の社会である。

こうした社会進化の段階性は、黄河中流域と黄河下流域とを比べてみた場合、そう大きな差はない。いわばアワ・キビ農耕社会では同じような社会進化のスピードをもっていた、と現象的には理解できるのである。

一方、長江中・下流域では、性別分業などの性差が社会標識として示される段階が、崧沢文化段階の新石器時代中期前半まで存続している。長江中流域では、同じ段階には母系社会であった可能性がある。稲作農耕社会がこの段階までそれほど組織的に労働投下しなくとも、アワ・キビ農耕に比べ効率的な生産量を挙げていたからではないだろうか。その意味では、その後の農耕においても、長江流域はイネにのみ栽培穀物を特化させている。これはイネの持つ生産性と栄養源の高さによるという自明的な性格のためであると共に、長江流域の生態系が、華北に比べ植物資源が豊かであったためであるかもしれない。

しかし、社会集団の組織化へ転換すると、その後は急速な発展を示す。崧沢文化後半期以降出現してゆく新たな農具、そして良渚文化での複合的な農具の出現は、稲作農耕生産を経済基盤に置くことを示し、また農耕に社会集団単位で労働を集約化していることを示しているだろう。また、この変革により、長江流域でも父系による集団単位での階層化が進み、良渚文化などでは首長層が出現していく。

首長層の出現が新石器時代後期の最も目立つ特徴

新石器時代後期は各地域での地域文化に首長層が出現していく段階であるが、同時にその首長権を維持するための宗教性や信仰といったものは、例えば玉器の意匠などによって示され、それぞれの地域において異なっている。宗教や精神生活も、個々の地域で異なっているのである。また、農耕社会における時間軸での前後関係は見られるものの、次第に社会進化をもたらす別の起爆剤としては、地域間での交流の始まりがある。他集団との何らかの交流を持つことが、また集団内での社会的な地位を高めることにもつながった。またそうした交流の拡大による情報の共有こそが、同じような社会組織を持とうとし、社会進化の地域的な相違をなくして標準化をもたらす原因となっている。

新石器時代中期末から後期初頭にかけて、すなわち紀元前三〇〇〇年を経て、各地域文化における階層関係の多層化とともに、集団の統合化が各地で進んでいく。各地で次第に冷涼乾燥化が進み、気候が悪化する段階ではあるが、社会の組織化が逆に食料の生産性を向上させている段階であると想像される。

黄河中流域では、陶寺遺跡において、首長墓を頂点として階層関係のピラミッドが明確な墓地、そこから四〇〇メートル離れた地点に一〇〇〇メートル×五六〇メートル規模の城壁を持つ城址遺跡がセットとして現れている。

黄河下流域では、山東省文物考古研究所の張学海氏によって示されたように、城址遺跡の規模別の階層格差が三段階に分けられ、第一レベルの最も規模の大きい城址遺跡を中心に、周辺に第二レベルの規模の小さい城址遺跡、さらに第三レベルの一般集落が衛星的に並ぶという、集落遺跡での社会秩序とともに、朱封墓地のような首長墓と見なされる木槨墓が存在している。

長江下流域では、良渚遺跡群に見られるように巨大な祭壇遺構である莫角山遺跡を中心として、反山遺跡、匯観山《わいかんざん》遺跡、瑶山《ようざん》遺跡などの墳丘墓が並ぶ。こうした墳丘墓も元々は祖先祭祀のような祭祀活動が行われて後、一族の家系墓地として形成されている。

玉器を中心とした副葬品の構成や数量において、やはり最も豊かな墳丘墓は反山遺跡であり、ついで匯観山遺跡、そして瑶山遺跡というふうに格差が見られる。

墳丘墓の相対差に応じて墓地の位置は、祭祀センターである莫角山遺跡から次第に遠くなっている。莫角山遺跡を中心に、首長一族の墓、さらに周辺に貴族一族の墓が続くというふうに見てとれる。良渚遺跡群は、洪水よけの土塁や玉器製作場の塘山遺跡を含めると、工房区なども見られ都市的な様相も示しているが、一般的な都市に見られる首長層や貴族層の居宅など階層上位者の住居は発見されておらず、墓地や祭壇建築の人工土台といった祭祀センターの様相が強い。

ともかくこの時期には、階層秩序において高度に発達した社会であることが容易に予想される段階に達しているのである。

長江中流域では、長江下流域の同時期に比べ比較的階層関係において等質な部族社会であり、血縁集団が協業する形で巨大な城址遺跡が建設される。城壁の用途が洪水対策であると考えられるが、巨大な城址の建設には莫大な労働が投下されている。その建設作業とは宗教的な行為として行われたものであり、多集団による共同作業であって、社会の階層化は長江下流域ほどには発達していない。城址の規模の違いは、建設にあたった母集団の数の違いであり、城址の建設も地域集団間の等質的な競争によってなされたものである。首長を中心とする階層化社会が到来するのは、長江中流域では、新石器時代後期後半の石家河文化まで待たなければならない。

玉器による祭政権力の出現とともに、同じ宗教観に裏付けされた動物形塑像が、石家河文化圏に分布している。そこには祭祀活動に裏打ちされた精神的な集団統合が存在していたに違いない。

このように見ていくと、それぞれの地域社会内での安定した農耕の進展に伴い階層関係が複雑化していくとともに、生産活動によって得られた収穫物を統括する首長の出現が認められる。さらに首長は、手工業品を生産する特定技能集団を従え、生産物の再分配を行う。そうした首長の地位は特定氏族や家系によって独占され、その社会秩序を保つために祭祀権や軍事権を首長が独占していく。そして首長は特定の宗教祭祀によって生産物の再分配を実行していくことによって、社会や集団を安定的に維持していたのである。

このような農耕社会の急激な社会進化こそが、日本列島の同時期の社会や文化と大きく質を異ならせていることを、読者は理解できたであろう。

第六章　非農耕地帯と農耕の拡散

北の非農耕地帯

非農耕地帯に隣接するアワ・キビ農耕社会の特質

旧石器文化の二つの文化系統を基盤に、それらが隣接する地域に、それぞれアワ・キビ農耕社会と稲作農耕社会が生まれ、次第に社会が進化していく。こうした地域の外側には、旧石器時代以来の狩猟採集社会が存在した。本章で扱うのがこの地域である。しかしこの地域が農耕社会に比べ歴史的発展が遅れているということを強調するつもりはない。何回も繰り返し述べてきたように、初期農耕開始時には、農耕地帯と非農耕地帯では食料の生産性に格差がなく、むしろ非農耕地帯の方が生産性が高い可能性を述べてきた。とくに華南地域は、長期にわたって農耕を必要としない、狩猟採集による安定した社会が形成されていた。本章では、まず非農耕地帯の特質を述べてみたい。

ところで、農耕という技術やそれを含む生活様式などが、農耕地帯から非農耕地帯へと伝播していく現象が一般的に認められる。ここで対象とする地域も時間差はあるにしろ農耕が拡散していく地域である。もちろん農耕を受容した後も、一部には狩猟採集活動は続くので

中国東北部から極東にかけての主要遺跡

あり、農耕の依存度に関しては、農耕中心地より低く、時代を経過するにしたがい、それが増大していくのである。したがって同時代における農耕への依存度は、農耕の中心地から周辺に向かって遠くなるにつれて減少していく。本章では、この農耕の拡散過程についてもふれるとともに、農耕化することによる非農耕地帯の社会変容に注目したいのである。

土器製作技術からすれば、遼西から極東までは基本的に中国考古学で筒形罐という平底の深鉢からなる地域であり、その技術は系統的に華北まで見られる。東京大学の大貫静夫《おおぬきしずお》教授は、この筒形罐のことを極東平底土器と呼んでいる。本書でもこの呼称を利用させていただくとすれば、極東平底土器分布圏の南端あるいは境界地域である黄河中流域や黄河下流域に、新石器時代早期にアワ・キビ農耕が生まれたことは、すでに説明した。アワ・キビ初期農耕地帯とは、極東平底土器分布圏から見れば周辺に存在しているが、そのアワ・キビ農耕が周辺地帯から、次第に極東平底土器分布圏へと拡散していくのである。この極東平底土器文化圏の主体地域は、中国東北部から極東の沿海州南部にかけてである。

これら中国東北部から沿海州南部地域は地理的に大きく二分できる。簡単に言えば渤海湾《ぼっかいわん》に注ぐ河川流域を持つ地域と、嫩江《のんこう》、第二松花江《しょうかこう》、松花江などアムール川に注ぐ河川流域を持つ地域である。

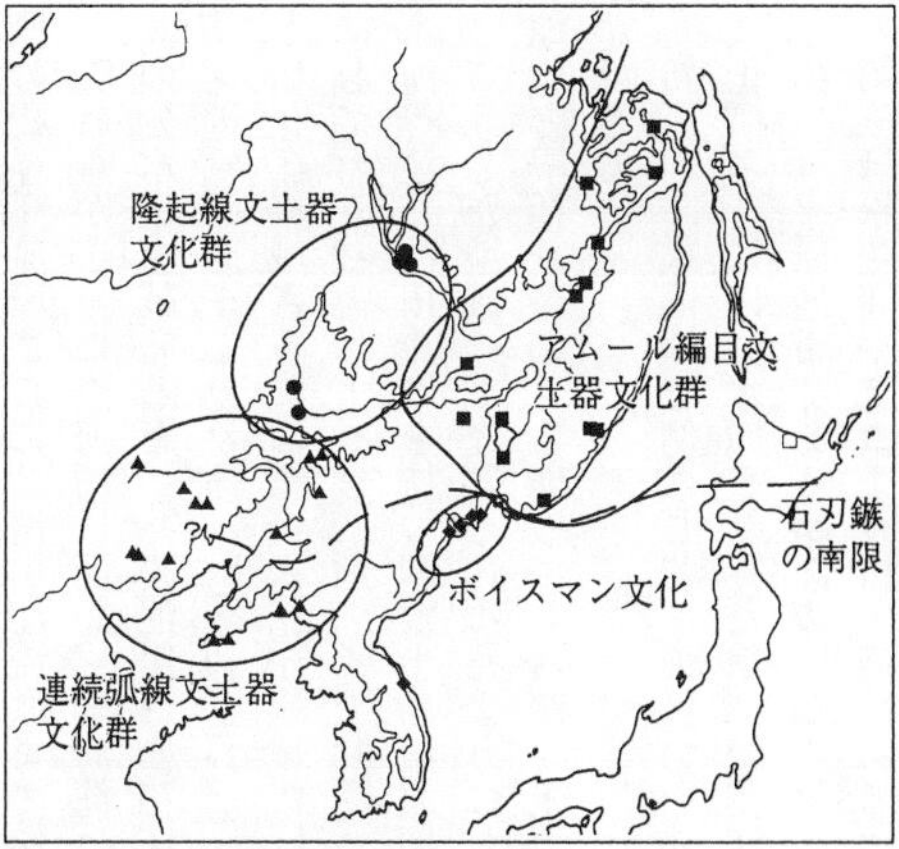

極東の土器様式分布圏（大貫1998より）

さて、渤海湾に注ぐ河川流域を持つ地域は、現在の遼寧省《りょうねいしょう》に相当するが、大きく遼河《りょうが》を挟んで西側を遼西《りょうせい》、東側を遼東《りょうとう》として呼び分けられる。遼西の西端は燕山山脈にあり、北は現在の内蒙古自治区の東部一帯を含み、シラムレン河流域にまで及ぶ地域である。第二章で述べた戦前の東亜考古学会による調査で有名な赤峰市紅山後遺跡も、シラムレン河の支流域に位置するが、シラムレン河はやがて遼河に流れ込み、さらに渤海湾に注ぐ。遼東はこの遼河から東側の鴨緑江《おうりょくこう》流域さらには清川江《せいせんこう》流域までを指している。

これらがともに渤海湾に面し、渤海湾に注ぐ流域であるのに対し、遼寧省北部の鉄嶺《てつれい》あたりの分水嶺を越えると、その河川は松花江流域に注がれ、やがてアムール川に合流し、サハリン近くのオホーツク海へと流れ込むのである。松花江流域も、黒龍江省《こくりゅうこうしょう》西部の嫩江流域と松花江流域さらには第二松花江流域に区分できる。第二松花江流域とは、遼東と分水嶺で接しており、吉林《きつりん》市や長春《ちょうしゅん》市を中心とする地域である。さらに豆満江《とうまんこう》《トマンガン》流域のように直接日本海へ注ぐ河川流域を持つ朝鮮半島東北部から沿海州南部地域に分かれる。

こうした地域は、先にも述べたように、新石器時代を通じて基本的に極東平底土器を持つ地域と一括りにできる地域であるが、土器の文様系統からは大きく三つの地域に分けることができる。

新石器時代前期を例にしてその区分を述べると、まず遼西と遼東の興隆窪《こうりゅうわ》《シンロンワ》文化や新楽《しんらく》《シンラ》下層文化、さらには分水嶺を越えた第二松花江流域に見られる連続弧線文土器である。

第二は平原地帯である嫩江流域からアムール川中流域に広がる隆起線文土器である。

第三は松花江やアムール川下流域あるいはその支流であるウスリー江流域に広がるアムール編目文土器である。

第二松花江流域は連続弧線文土器地帯であるが、一部には隆起線文土器も見られ、接触地帯的な様相を示している。

また、アムール編目文土器文化圏の南には、豆満江流域から沿海州南部に広がる連続刺突《しとつ》文《もん》を特徴とするボイスマン文化が存在している。これは朝鮮半島東北部の地域文化というふうにも呼び換えることができる。連続刺突文土器は、朝鮮半島東北部の西浦項《せいほこう》《ソポハン》遺跡第一・二期でも認められ、ボイスマン文化としてまとめることができる。

こうした極東の区分でいえば、朝鮮半島の西海岸は遼東地域と、朝鮮半島の東海岸は豆満江から沿海州南部と常に接触関係を持ち、朝鮮半島は遼東や沿海州南部からの影響を受けているというふうに、概括化することができる。

本章では、こうした地域のうち、華北に最も近接している遼西・遼東地域について概観してみたい。遼西に関しては、第四章で興隆窪―紅山《こうざん》文化系統として独立した地域文化系統と指摘した地域である。

遼西地域

住居内に先祖の墓地がある興隆窪文化

この地域の最古の土器文化は、千斤営子《せんきんえいし》《チェンジンインズ》類型と呼ばれる筒形罐からなる土器で、無文であるか口縁部にわずかな沈線文や突帯が見られるのみで、文様が発達しない平底の深鉢形土器であるが、実態はまだはっきりしていない。近年この類型を小河西《しょうかせい》文化あるいは新井《しんせい》文化と呼ぶ研究者も現れている。華北や極東において一万三〇〇〇～一万年前の土器が発見されていることからも、この地域においてそうした初現期の土器が存在する可能性が高いが、初現

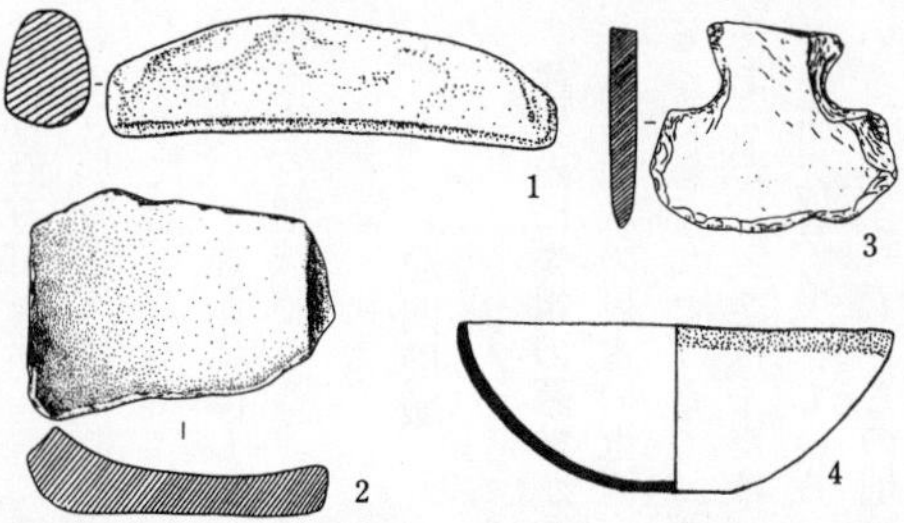

華北型農耕石器・紅頂碗　1磨棒　2磨盤　3石鏃（1、2、3興隆窪遺跡）　4紅頂碗（4内蒙古敖漢旗小山遺跡）

期の土器に関しては今後の研究課題として残されている。

この小河西文化の石器構成は資料が少ないことから明確ではないが、知られている材料からは、磨棒《まぼう》、杵《きね》、臼形器が発見されており、磨盤《まばん》・石鏃《せきさん》といった華北型農耕石器は完全な形で揃ってはいない。現在この地域で明確な新石器文化は新石器時代前期の興隆窪《こうりゅうわ》文化段階からである。すでに磨盤、磨棒、石鏃といった華北型農耕石器をもっており、初期農耕が始まっていた可能性が高い。興隆窪文化の内蒙古敖漢旗《ごうかんき》興隆溝《こうりゅうこう》《シンロンゴウ》遺跡ではキビやアワなどの栽培穀物が発見されており、初期農耕の拡散状況が証明されつつある。

紀元前六〇〇〇年から紀元前三〇〇〇年の気候が温暖湿潤期であるヒプシサーマル期は、華北に生まれたアワ・キビ農耕が次第に南から北へ拡散していく時期であり、新石器時代前期（紀元前六〇〇〇年頃）には遼西・遼東といった狩猟採集社会にもアワ・キビ農耕が拡散していくのである。遼東の紀元前五〇〇〇年頃の遺跡である遼寧省瀋陽《しんよう》市新楽遺跡では、キビが発見されているのがその例である。しかも、新楽下層の土器文化は、遼西の興隆窪文化の土器様式の影響のもとに成立したものである。すなわち、遼西から土器様式と華北型農耕石器が、もともとの狩猟採集社会である細石刃などの石刃《せきじん》文化地域へ拡散していった現象として捉えることができ、初期農耕を含めた文化複合体として、ヒプシサーマル期という気候の温暖湿潤化に後押しされながら、南から北への文化拡散現象として把握することができるのである。

また、新石器時代前期には華北に生まれた紅頂碗《こうちょうわん》といった特殊な土器が遼西にまで拡散し受容されており、農耕技術や華北型農耕石器というだけでなく、特定の土器器種も南から北へ拡散するという現象を示している。

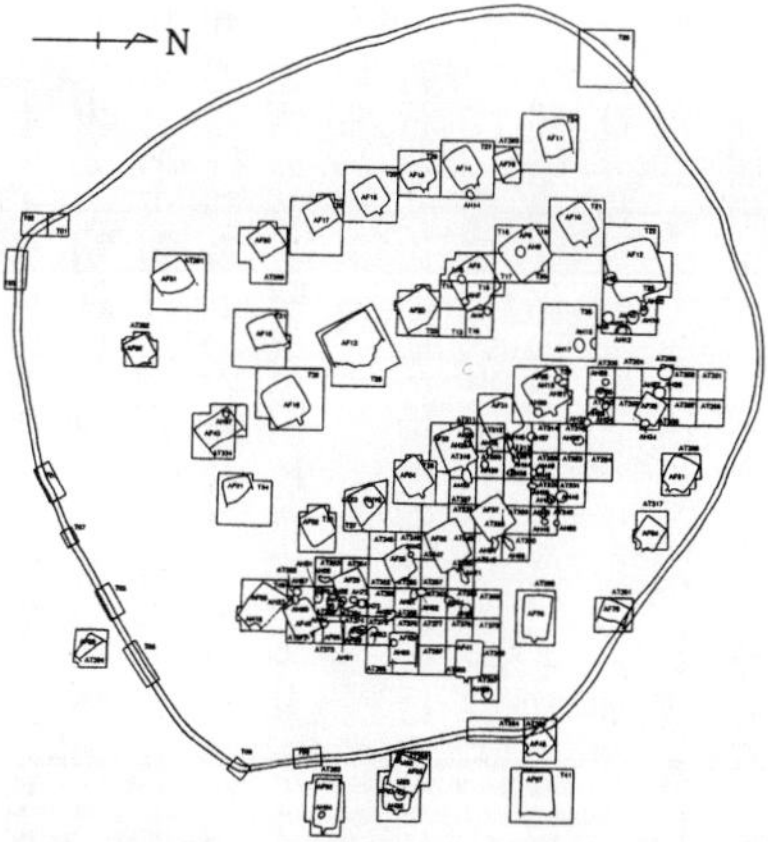

遼西の環濠集落（内蒙古自治区林西県白音長汗遺跡A区環濠集落）環濠の内側に、同一方向の入り口からなる住居が南北方向に列をなすように並んでいる

石刃文化という極東の特徴的な石器文化が本地域の地域性を表しているということはすでに述べたが、この他、興隆窪《こうりゅうわ》文化に見られる玉玦《ぎょくけつ》や匕形《ひけい》玉製品は、広く極東全域に認められるものである。こうした現象からも、本地域が極東として統一的な文化様相あるいは精神世界を、社会の背景に共有していることが理解できるであろう。

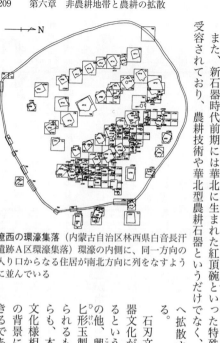

ブナ・ナラ林の堅果類を採集活動の基本におく極東地域の生業活動を背景にして、共通の文化表象や精神世界が示されるのである。わが国の縄文前期の福井県桑野《くわの》遺跡においても玉玦・匕形玉製品が見られ、日本海を介しての極東との交流が想像されているが、このような共通した装身具の存在はブナ・ナラ林の堅果類を背景とする共通した文化現象である。

遼西地域も堅果類の採集活動を基本とする社会に、華北からアワ・キビ農耕文化を受容しているのである。

新石器時代前期の興隆窪文化にはすでに環濠集落が出現している。華北では、仰韶文化において、環濠集落は中心に広場を持ち、住居の入り口が広場に面している求心的構造であった。興隆窪文化の環濠集落は、それとは異なり、住居の入り口が同一方向に向きながら列状に並び、複数列配列されている。列単位の住居間の関係や列間の社会的関係は不明であり、また列ごとに大型住居が存在しているわけではない。同規模の住居が並んでいることからも、住居単位での社会的な格差は存在しない等質的な社会である。

この社会で注目されることは、住居内に墓地が見られる点である。同じように住居内に埋葬施設を持つことは、西アジアのレバント地域を中心とする初期農耕文化であるナトゥーフ文化にも認められる。そこでは第一世代の祖先を住居内に埋葬し、祖先を共有しながら家族あるいは一族の結束を保つためのものと理解されている。興隆窪文化の住居内埋葬の例も、こうした現象と同じものである可能性がある。

例えば興隆窪遺跡一八〇号住居では、入り口に対して住居の最も奥の部分に一一八号墓が営まれている。成人男性が仰向けに葬られ、その横にイノシシ類二頭が副葬されている。イノシシは被葬者の財を示しているのか、宗教的な意味があるのか不明であるが、墓の上面は住居址の堅い床面となっている。入り口には貯蔵穴があり、大貫静夫氏によれば、奥が聖の空間、手前が世俗的な空間と解釈されている。

さらに入り口から見て右側に調理具である磨盤や炊事用の罐が集中し、左手奥には石鏃や石斧など土木具や木工具が集中している。性別分業が行われていた当時にあって、炊事や調理具は女性の労働を示し、土木具や木工具は男性の労働を示している。住居の左手が男性、右手が女性の空間を示し、こうして世帯家族が営まれていた。そして第一世代の祖先を聖の空間に祀《まつ》りながら、世帯家族の紐帯としていたのである。

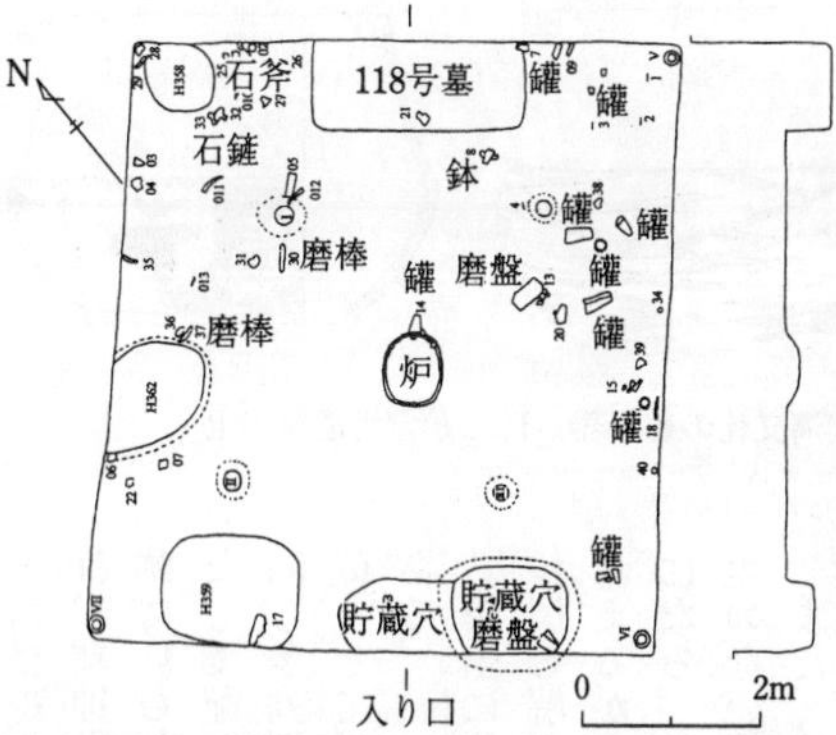

興隆窪遺跡180号住居　住居址の奥壁側に118号墓が付設されている

興隆窪文化に次ぐ新石器時代中期の趙宝溝《ちょうほうこう》《ジャオバオゴウ》文化では、華北型農耕石器の一つである耕起具としての石鏟が、興隆窪文化段階に比べ、丁寧に加工され、定型化している。

また、この時期には、尊形器《そんけいき》といった特殊な

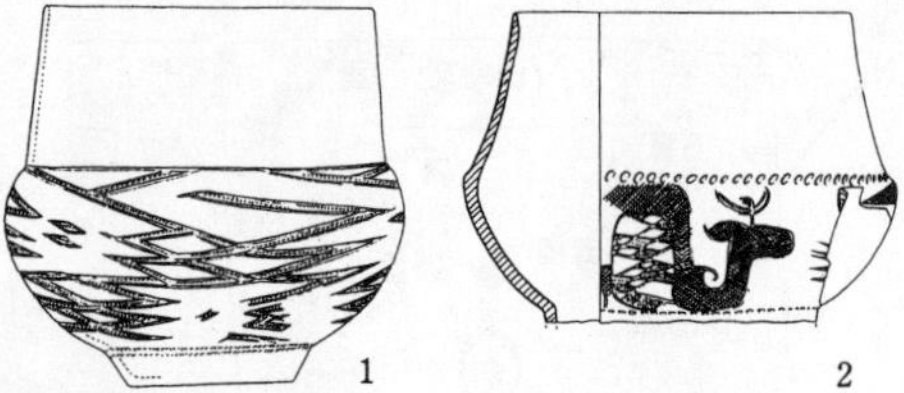

1　2

趙宝溝文化の尊形器　1、2趙宝溝遺跡出土

土器に幾何学文やトリ、イノシシ、シカといった動物文が描かれ、精神世界の変化が認められる。この段階も、例えば趙宝溝遺跡に見られるように、斜面の等高線に沿うように住居が長い列をなして配置される。それは数列からなり、前時期の興隆窪文化と同じ多列型の集落構造が持続している。集落内では二、三軒を単位として世帯家族の上部組織として氏族単位が存在した可能性がある。

集落に比較的大型の住居が存在するが、これを集団の統率者の住居と解釈するか、集落構成員の集会所的な機能を持った住居と考えるかでは、大きくこの段階の社会構造の解釈を異にすることになる。私自身は後者の機能を想定しており、社会内での身分格差のない等質的な共同体が営まれていたと考えている。

また、住居内においては、前段階と同様に入り口部分と奥が世俗と聖の空間として区別されており、炊事用の土器や石器と石斧などの木工具の住居内での出土位置に明確な違いがあるところから、同じように男性と女性の住居内での空間に区別があることが、複数の研究者から指摘されている。

第五章で花弁文の彩陶盆・鉢を特徴とする仰韶文化廟底溝《びょうていこう》類型が、新石器時代中期に農耕社会の各地に一定の広がりを見せることを述べたが、同じ時期、仰韶文化廟底溝類型は、内蒙古中南部地域やさらにはこの遼西地域に一定の影響を示している。

紅山文化には彩陶が卓越するが、これは一定程度仰韶文化廟底溝類型の影響を受けた結果である。しかし一方では龍鱗文《りゅうりんもん》などの紅山文化ならではの彩陶文様も見られ、新しい文化を受容した地域文化自身での自立性を認めることができる。

牛河梁遺跡を特徴づける「女神廟」の存在

新石器時代中期の紅山文化は、この地域でこれまで以上に農耕が発達した段階にある。これまでの華北型農耕石器に加え、さらに穂摘み具である石包丁が農耕石器として備わっている。

紅山文化では農耕の発展を背景として、明確な階層分化を示すこの地域固有の墓葬である積石塚《つみいしづか》が出現している。積石塚は、石を積み上げてマウンドを築き、その地下に墓壙を掘って箱式石棺からなる個人墓が営まれる。マウンドの縁には、墓域との境界を示す意味から彩陶で底部が中空である筒形罐が一定の間隔で埋められている。まるで日本列島の古墳時代に見られる埴輪のような錯覚を覚えさせるものである。

こうした丁寧な墓葬構造以外にも、副葬品には紅山文化に特有な玉器が副葬される。その玉器とは璧《へき》、環あるいは勾雲形佩飾《こううんけいはいしょく》、箍形器《こけいき》などの装飾品である。さらにカメ、トリ、フクロウなど動物を象《かたど》ったものや、猪龍《ちょりゅう》や龍と呼ばれる想像上の動物からなる。これら玉器は威信財であるとともに、宗教的な意味が存在していたであろう。

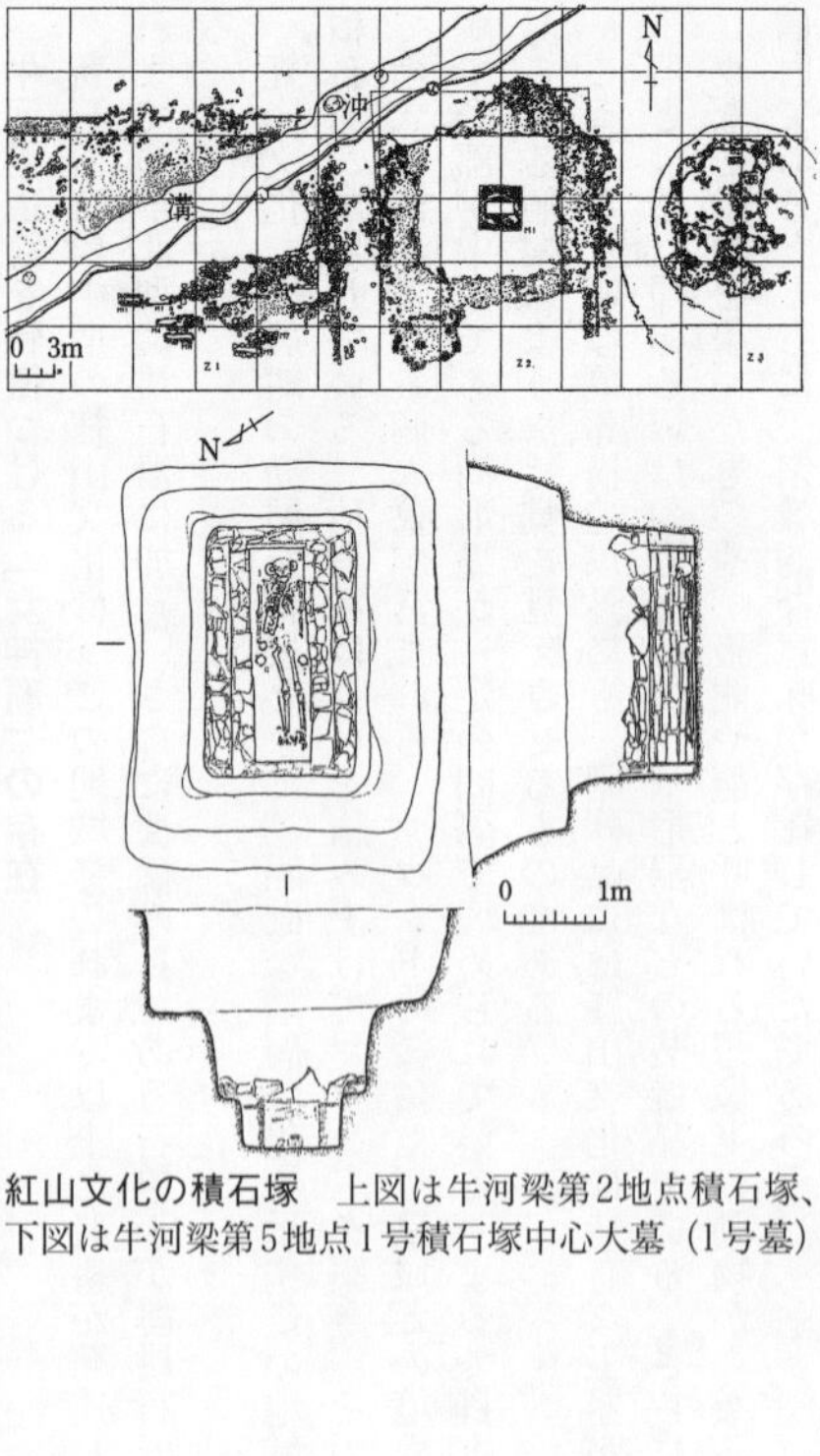

紅山文化の積石塚　上図は牛河梁第2地点積石塚、下図は牛河梁第5地点1号積石塚中心大墓（1号墓）

玉器を持ち積石塚に葬られた被葬者は、まさにこの社会の統率者であり、階層分化が明瞭になった段階である。

積石塚内部から現在までに発掘された墓葬は六一基を数えるが、このうち三一基が副葬品を持つ墓である。副葬品を持つ墓は箱式石棺からなり、持たない墓は単なる土壙からなっており、墓葬構造からも階層差を示している。また、副葬品を持つ墓のうち二六基が玉器のみ

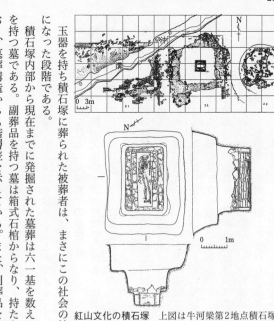

を副葬する墓である。副葬品を持つ墓の実に約八四パーセントに達している。これは玉器が副葬品として特化していることを示しているとともに、宗教的意味が付与されたものこそが社会の指導者であったことを意味する。被葬者が経済的な優位性を示すというよりは、宗教的な権威者であったことを示しているのである。

ところで、積石塚六基が集中して築かれた牛河梁《ぎゅうがりょう》第二地点は、この社会の首長が継続的に埋葬された墓地である。これらの人々の関係性が問題となるが、残念ながら被葬者の性別や年齢などの情報はない。

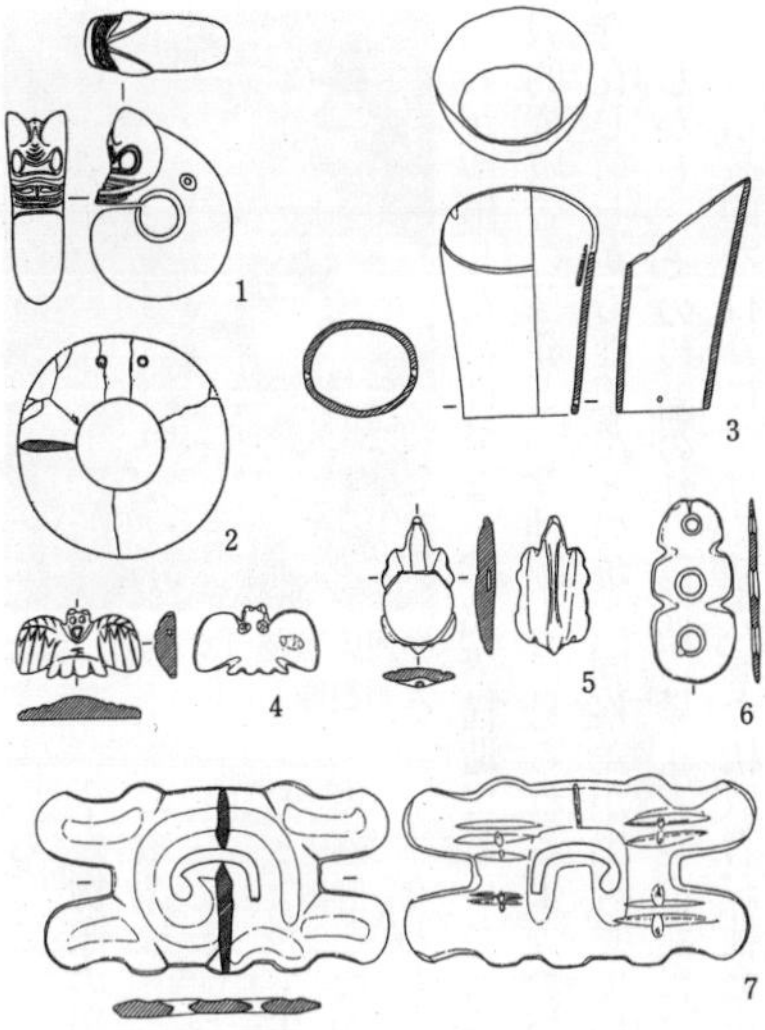

紅山文化の玉器　1猪龍　2璧　3箍形器　4鳥形器　5亀形器　6三連環璧　7勾雲形佩飾

牛河梁遺跡群では、今のところ発掘された四つの地点で丘陵頂部に積石塚群が築かれていることが判明している。この他、未発掘のものを含めて合わせて一三地点で積石塚が存在していることが知られている。

牛河梁遺跡群では、積石塚が分布する範囲の北部中央付近の山の斜面から「女神廟《じょしんびょう》」と呼ばれる祭祀用建造物が発見されて

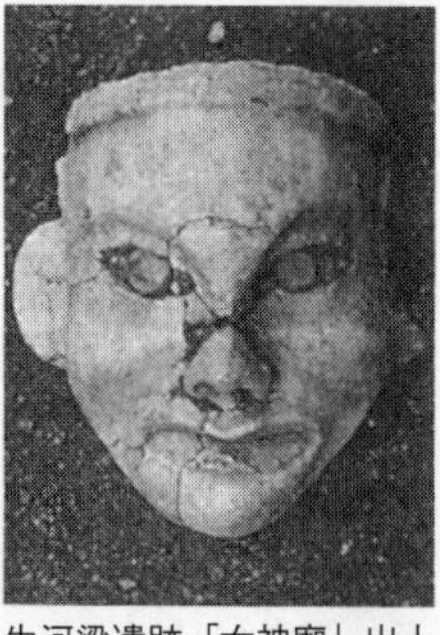
牛河梁遺跡「女神廟」出土人頭塑像

いる。ここでは大型竪穴住居の中に、壁体と共に動物や人物像の塑像が発見されている。とくに大きな女性の塑像は、この祭祀用建物を「女神廟」と呼ばせた理由にもなっている。「女神廟」と複数の積石塚がセットとなって牛河梁遺跡群が、紅山文化社会の中心的な集落群となっているのである。

すなわち宗教的な裏付けをもって社会的に突出した個人が輩出しただけでなく、集落構造においても中心的な存在が出現しているのである。宗教的権威者の墓葬と「女神廟」に見られるような祭祀センター的な存在として牛河梁遺跡が存在し、しかも他集落との集落間格差が出現しているのである。

しかし、その段階の社会構造は、決して世襲による首長制社会に達していたわけではなく、宗教的な行為における個人的な権威者が社会を束ねていたのではないだろうか。一方、集落規模における等級がより明確となり、中心集落を中心とした地域単位のまとまりが確立していくのは、この地域の青銅器時代である夏家店下層文化段階に達するまで待たなければならない。二里頭文化に併行する夏家店下層文化時期は石塁や土塁に囲まれた城址遺跡が出現する段階にあたるのである。

遼東地域

気候の温暖化が農耕の北への拡散をうながした

遼河を介して西側を遼西、東側を遼東と呼び、遼東は鴨緑江を境に朝鮮半島と接している。遼東は遼西に比べ山が発達しており、広大な平野部はない。山が海岸線まで迫っており、河川の河口付近にわずかな沖積地が見られる程度であり、景観的には朝鮮半島や日本列島と地形環境が類似している地域である。遼東も極東平底土器文化圏に含められるが、その特徴から見れば、その文化領域は常に清川江以北の西北朝鮮を含んで語ることのできる地域である。その意味では、朝鮮半島と接触する地域であり、華北のアワ・キビ農耕文化が朝鮮半島にどのように文化伝播していくかを考えるにあたって重要な地域である。

この地域の土器文化は現在知られている最も古いものでは、やはり遼西の興隆窪文化の影響を受けた土器から始まっている。深鉢を主体とする土器の器形のみならず、文様の類似や施されている文様の構成に至っても、遼西のものに類似しており、興隆窪土器文化の強い影響を受けているといわざるを得ない。また、集落構造も遼西の興隆窪文化のものに類似しており、同一の入り口方向を向いて住居が直線上に並んで配置され、それが何列も配置されるものである。遼寧省瀋陽市新楽《しんらく》遺跡がその典型的な集落である。

この新楽遺跡の二号住居址からはキビが出土しており、華北型農耕石器とともに一定の農耕が開始されていたことは確実である。遼西からの土器の影響、華北型農耕石器の流入など、華北のアワ・キビ農耕が、遼西を介して遼東に流入してきたことを明瞭に物語っている。それとともに新楽下層遺跡には細石刃も認められ、遼西や内蒙古中南部と同じように極東の狩猟採集民の石器や石器技術との交錯地帯であることが理解できるのである。あるいはこうした交錯地帯の考古学的な事実は、逆に狩猟採集社会に農耕が拡散していったことを裏付けるものである。

こうした農耕の拡散期が新石器時代前期から中期にあたるのは、すでに述べた紀元前六〇〇〇年—紀元前三〇〇〇年に見られる温暖湿潤期のヒプシサーマル期がその導因である。すなわち農耕が始まった地域の生態系が北へ延びたことと呼応して農耕が拡散したのである。そのため、極東平底土器文化圏という華北とは異なった文化様式地帯にも、農耕は拡散していくのである。しかしその農耕も、この地域にあっては同時期の華北に比べては相対的に依存度の低いものであり、一方では堅果類などの採集活動も盛んであったのである。また、遼西地域の紅山文化に見られるような社会の階層化は、本地域では認められない。農耕を受容しながらも、それほど農耕が発達しなかったことを物語っている。

新楽下層と同じような弧線文が連続して列状に施される極東平底土器は、遼東の南端である遼東半島まで見られる。これを私は新石器時代中期初頭の小珠山《しょうしゅざん》下層土器として位置づけている。遼西・遼東地域では華北型農耕地帯と極東地域の交錯地帯として、華北型農耕石器と細石刃という二系統の石器技術が交錯していたが、遼東半島では磨盤・磨棒といった農耕

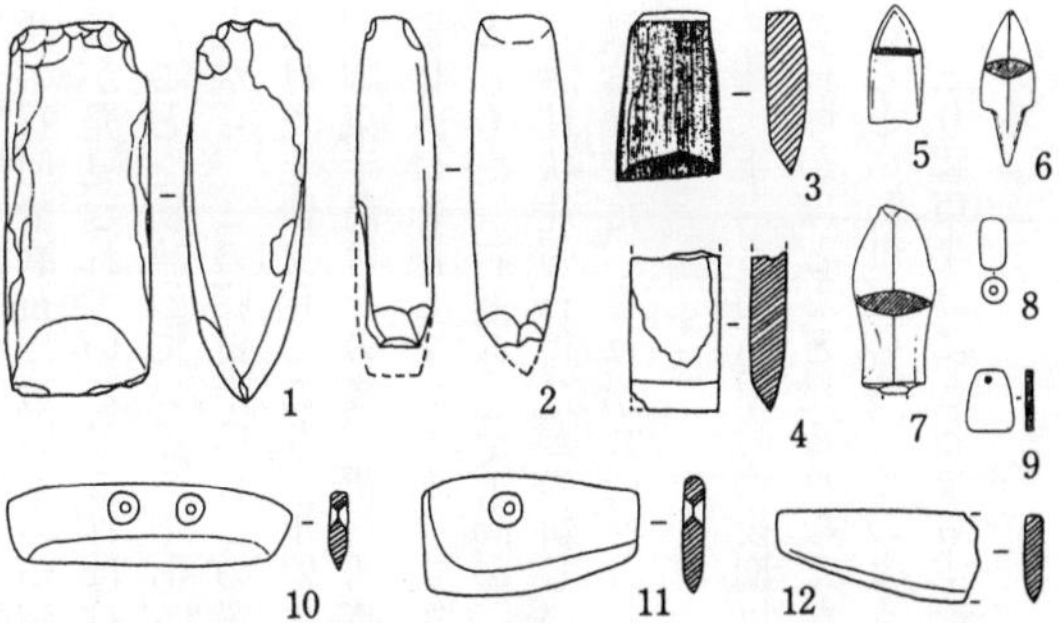

膠東半島新石器時代後期の石器群　1石斧　2柱状片刃石斧　3、4扁平片刃石斧　5、6、7磨製石鏃　8、9垂飾具　10、11、12石包丁（楊家圏遺跡出土）　これらの石器が朝鮮半島無文土器文化や弥生文化の石器の原形をなす

用の粉食具が認められないのと同時に、細石刃も認められないのである。いわば華北と極東の交錯地帯的な様相を示してはいない。華北的な文化要素と極東的な文化要素が認められない、より縁辺部としての特徴を示している。

土器様式としては遼東内に組み込まれるが、石器様式は異なり、生業を異にしているのである。遼東半島は生業的にはむしろ対岸の山東半島先端と類似しているといえよう。この山東半島先端地を別に膠東《こうとう》半島と呼んでいる。

膠東半島は完新世前半期の縄文海進期には、青島付近の膠東湾に大きく南から海が入り込み、現在の膠萊河《こうらいが》あたりも北から海が進入しており、島状の景観を呈していたと考えられている。これが縄文海進後しだいに沖積して平野となり山東半島全体が陸続きとなったのである。この新石器時代中期初頭の時期はまさに膠東半島は島であったのである。

遼東半島においても、膠東半島においても、石器としては磨盤・磨棒は見られず、縄文時代の石皿や磨石《すりいし》に近いものが認められる。さらに矢柄《やがら》研磨器といった骨角器製作のための道具が発見されている。これは狩猟採集社会段階にあって、その中でも漁撈が主体となっていたことを物語っているのである。両半島に挟まれた渤海湾は、共通の漁場であった。しかしながら、この膠東半島もこの段階には、山東の新石器時代中期初頭である北辛文化の影響を受けた土器文化にあり、土器における情報源は異なっている。

膠東半島はその後、新石器時代中期後半には山東半島の大汶口《だいぶんこう》文化の影響を強く受けた土器様式に転換していくが、次第に沖積化して山東としての連帯が強まっていく段階である。とともに、石器としても磨盤・磨棒のみならず石包丁などの新たな農耕石器や扁平片刃石斧・柱状片刃石斧などの新しい磨製石器が出現していく。さらに植物珪酸体分析などに示されるように、アワが栽培されているという証拠が膠東半島においても見いだされるのである。

膠東半島も新石器時代後期以降に本格的な農耕化を果たし、これまでの漁撈社会を代表する貝塚がほとんど見られなくなっていく。その貝塚の消滅する年代が紀元前二八六〇年頃であるといわれている。このような膠東半島のアワ・キビ農耕化とともに農耕石器の変革は、ひとり膠東半島にとどまらず遼東半島においても新石器時代後期以降、大きな影響を及ぼしている。

この段階、遼東半島でも新たに農耕石器が出現すると同時に、土器様式の構造的な転換をもたらすようになるのである。この転換は、私には九州北部の縄文時代から弥生時代への転換と実に類似した現象と思えてならないのである。

しかし、一方で遼東では新石器時代後期以前、少なくとも新石器時代中期初頭には農耕が遼西から拡散していることは間違いない。このあたりに遼東地域の文化要素の把握の難しさとともに、農耕伝播経路の把握の難しさがある。私たちは東北アジアの農耕化に関しては、段階的な拡散とともに、その拡散の系統性の変化にも注目していかなければならないのである。次に、この農耕の拡散経路について考えてみることにしよう。

華北型農耕の拡散

東方へも向かった華北型農耕の拡散

遼西から遼東へといった華北型農耕の拡散はさらに東方へと動いており、華北型農耕石器は遼東から朝鮮半島西海岸の大同江下流域や漢江下流域へ拡散していく。朝鮮半島西海岸では新石器時代早期・前期段階の様相が不明であるが、新石器時代中期併行の智塔里《ちとうり》《チタムリ》遺跡などではアワが確認されており、華北型農耕石器とともに農耕が伝播しているのである。私がここでいう華北型農耕石器とは、石鏟、磨盤や磨棒という華北の早期・前期のアワ・キビ農耕社会に見られる基本的な石器を指している。石鏟は播種に際してあるいは耕地を作る際の土を起こすための道具である。耕起具とも呼ぶことができる。磨盤・磨棒はアワ・キビを粉にする粉食具であることはすでに述べた。

こうした華北の新石器時代早期・前期に一般的な石器とともに、朝鮮半島では遼東に見られる柳葉形磨製石鏃が流入していく。こうした石器群と共に、大同江下流域で成立した尖底深鉢を特徴とする櫛目文土器が、朝鮮半島西海岸の北から南へあるいは東南へと拡散している。土器様式と石器様式さらにはアワ・キビ農耕といった生業を含める文化全体が拡散しているのである。すなわち、この拡散は一部の文化的属性のみからなる文化伝播というのではなく、複合的な文化属性からなる文化伝播なのである。

ここではこの複合的な属性からなる文化様相を文化複合体という表現で示したいのであるが、文化複合体として農耕が伝播していくのである。もちろん伝播された地域では文化複合体を受容しながらも、地域的に改変していくという受け手の自主性も十分備えている。

こうしてアワ・キビ農耕は朝鮮半島南端である洛東江《らくとうこう》下流域の釜山《プサン》市《し》東三洞《とうさんどう》貝塚一号住居址でも、アワ・キビが発見されるに至っている。出土したアワそのものの放射性炭素年代は紀元前三三六〇年である。もちろんアワ・キビ農耕の拡散は、必ずしも華北の同時期の農耕社会における生産量と同様の農耕が行われたことを意味してはいない。華北地域が農耕開始期にそうであったように、狩猟採集という生業の補完的な意味を色濃く持っていたのであり、狩猟採集社会から翌日には農耕社会へ変化したというようなドラスティックなものではないのである。

このような朝鮮半島西海岸を中心に、遼西・遼東を通じて朝鮮半島にアワ・キビ農耕が拡散していく状況が確認されたのはごく最近のことであり、以前の学説を大きく変えていくことになった。この拡散現象を、私は朝鮮半島初期農耕化の第一段階と呼んでいる。

一方で、極東地域の農耕化は従来かなり遅い段階に発生すると考えられていた。すなわち、初期鉄器時代にならないとアワやキビといった具体的な農耕を示す証拠が認められなかったのである。しかし、沿海州南部では石器組成などからは、これを遡って新石器時代後期のザイサノフカ文化段階にまで農耕が遡る可能性が、近年になって議論されるようになっている。例えば、新石器時代末期のノヴォセリシェⅣ遺跡では四八二粒のキビが発見されている。

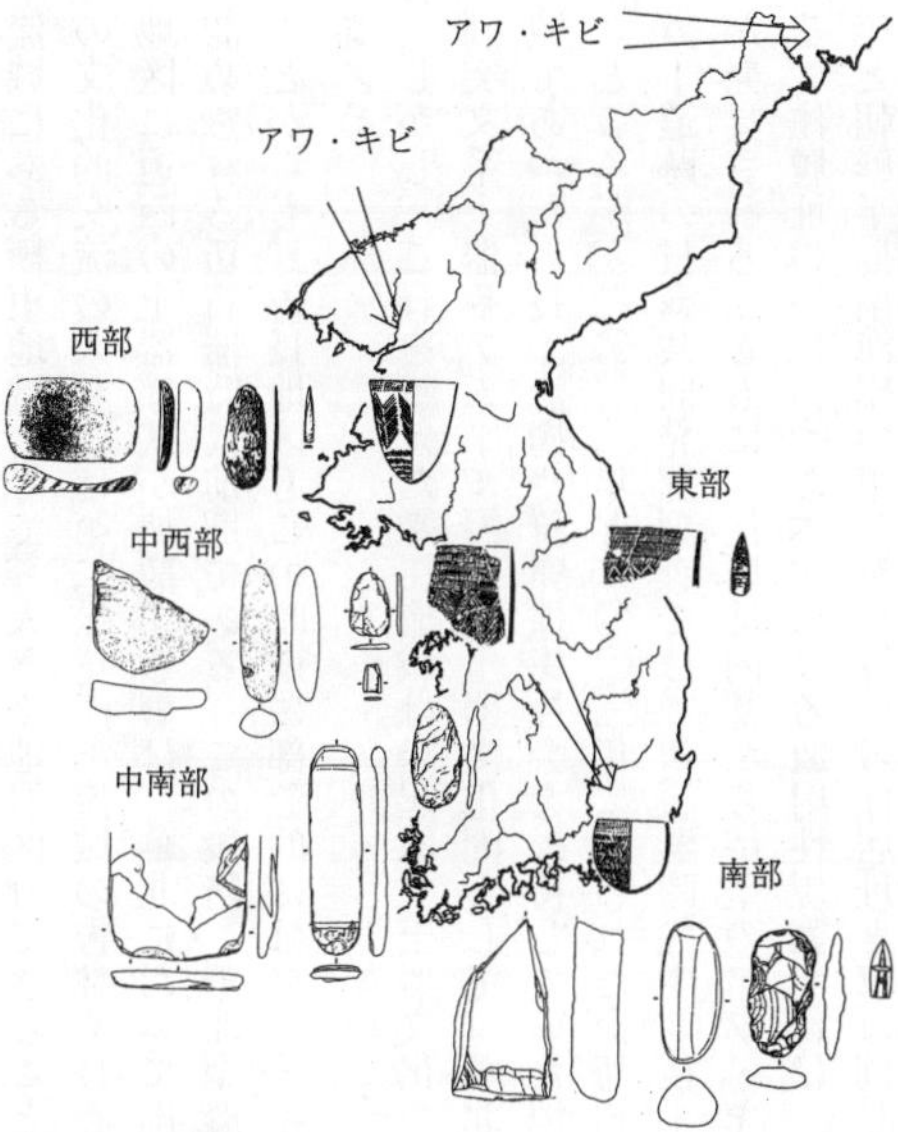

朝鮮半島初期農耕化の第１段階

ところで、遼西・遼東では河川が渤海湾に流れ出るのに比べ、現在の吉林省や黒龍江省はアムール川に注ぐ松花江流域にある極東地域として、大きく地形区分できることを述べた。極東地域への遼西・遼東の文化的交流の入り口は第二松花江上流域の吉林や長春を中心とする吉長《きっちょう》地区である。この地区に遼西の土器様式が拡散するのは、華北において南から北へ文化影響力のベクトル線が認められる新石器時代前期である。この段階、華北型農耕石器も併せてこの地域に流入することからも、吉長地区もこの時期に部分的にはアワ・キビ農耕技術が拡散している可能性があろう。

しかし、これを越えた嫩江《のんこう》流域は隆起線文土器文化であり、沿海州南部から豆満江流域は刺突文系土器やアムール編目文土器文化圏として、華北型農耕の文化様式は認められない地域であった。長く漁撈や狩猟採集社会を維持していた地域と考えられていた。

ところが、二〇〇二年と二〇〇三年に行われた沿海州南部ウスリースク郊外のクロウノフカI遺跡の日露共同発掘調査では、新石器時代中期後半併行のハンシI文化期の住居址二棟が発見されるとともに、住居址内部から待望のアワ・キビが一〇点あまり発見されたのである。住居址の炉にあった木炭による放射性炭素年代は、紀元前三六二〇年—紀元前三四八〇年と朝鮮半島南海岸の東三洞貝塚一号住居址とほぼ同じ年代であった。

この調査は熊本大学の甲元眞之《こうもとまさゆき》教授とロシア科学アカデミー極東支部のヴォストレツォフ氏を代表とする調査であったが、私もこの発掘調査に参加していた。調査中は、多くの蚊に悩まされ、かゆみとともに顔中にニキビのような刺された痕が残った。厳しい自然条件のせいで、大変苦労した発掘調査であった印象が強い。また、遺跡近くの簡易テントによるキャンプ生活や冷たい川での水浴、あるいは焚き火を囲んで夜が更けるまでロシア人研究者と語りあった日々が思い出される。発掘以外にも思い出深い調査であった。しかも、最終的にはアワ・キビ一〇点あまりという望外の発見に至った。これも発掘調査の醍醐味といえるであろう。

この発見により、極東でも朝鮮半島と同じように、沿海州南部地域までは遼西・遼東を通じた華北型農耕が伝播していった可能性が生まれてきたのである。

稲作農耕文化の拡散

稲作農耕の伝播の拠点が山東半島

イネの栽培化は今のところ長江中流域で今から一万年前に始まったといえよう。その栽培化のプロセスはすでに述べた。イネ栽培化の初現期は新石器時代早期にあたるが、次第に稲作農耕は長江中流域から長江下流域あるいは淮河《わいが》流域へと拡散していく。新石器時代前期の河南省賈湖《ジアフ》遺跡《かこ》は裴李崗文化に属するが、アワ・キビとともにイネを農耕作物として持っている。華北の農耕作物は基本的にアワ・キビからなるが、華北と華中の接触地域には栽培イネの拡散とともに複合的な農耕作物が栽培される。稲作が開発された華中は基本的に栽培穀物はイネのみからなり、そのほかは菱の実などの採集植物や、ブタの飼育、ニホンジカ・キバノロなどの狩猟あるいは淡水漁撈から生業が成り立っている。こうした稲作農耕は、時代を追って長江中・下流域を核心として周辺に拡散していく。

とくに新石器時代前・中期の温暖湿潤期であるヒプシサーマル期が、栽培イネそのものの植物的な進化を果たすのに作用したとともに、北方への拡散の大きな導因になったであろう。

新石器時代中期には漢水を北上し渭河流域の仰韶文化にも栽培イネは拡散し、同じ時期、淮河支流域を遡り黄河中流域にも栽培イネが拡散している。しかし、こうした拡散は決してすでに見てきたアワ・キビ農耕が遼西・遼東や朝鮮半島で示したような石器組成を含めた文化複合体による伝播過程を示すわけではなく、コメ単体として拡散している。いわば、アワ・キビ雑穀農耕社会が、イネ生態系の北限が北に延びるのに呼応しながら、新たに栽培穀物の中にイネを取り込むという現象として理解できるのである。

一方、山東半島へのイネの伝播はやや遅い。新石器時代後期の龍山文化期になって、滕州《とうしゅう》市《し》荘里《そうり》西《せい》遺跡や山東半島の海浜部である日照市《にっしょうし》堯王城《ぎょうおうじょう》遺跡ではイネが出土している。また、山東半島の東部、青島よりさらに東に位置する棲霞《せいか》県《けん》楊家《ようか》圏《けん》遺跡でも紅焼土からイネが見つかっており、龍山文化期にはイネは山東半島の東端まで達していたと理解されるのである。特に荘里西遺跡ではキビも出土しているが多量のイネが出土しており、沼沢地に面しているという立地の特徴からも、農耕としては畑作のキビよりもイネに主体が置かれている。

しかし同時期の棗荘《そうそう》県《けん》建新《けんしん》遺跡では、荘里西遺跡に比較的近い場所に立地しているが、アワ・キビという雑穀農耕が行われていたことが出土した穀物から理解されている。山東半島も新石器時代中期の大汶口文化期にはアワを中心とする畑作農耕が基本であったのに対し、龍山文化期から雑穀農耕の中にイネが取り込まれ、さらに立地条件によって沼沢地のような稲作の適地では、稲作農耕が主体となるという展開が考えられるのである。

近年、精力的に遺跡のウォーター・フローテーション（水洗浮遊選別）を行っている社会

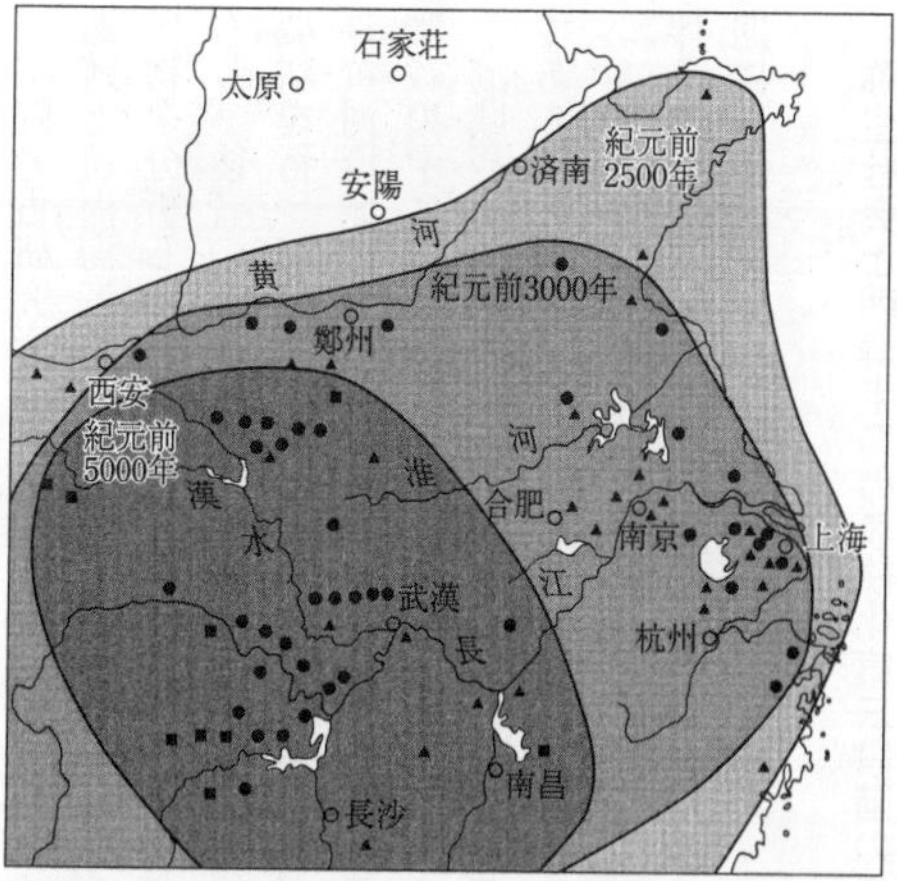

栽培イネの伝播　長江中流域を起源地として次第に周辺へと栽培イネが拡散していく（■新石器時代前期、●新石器時代中期、▲新石器時代後期）

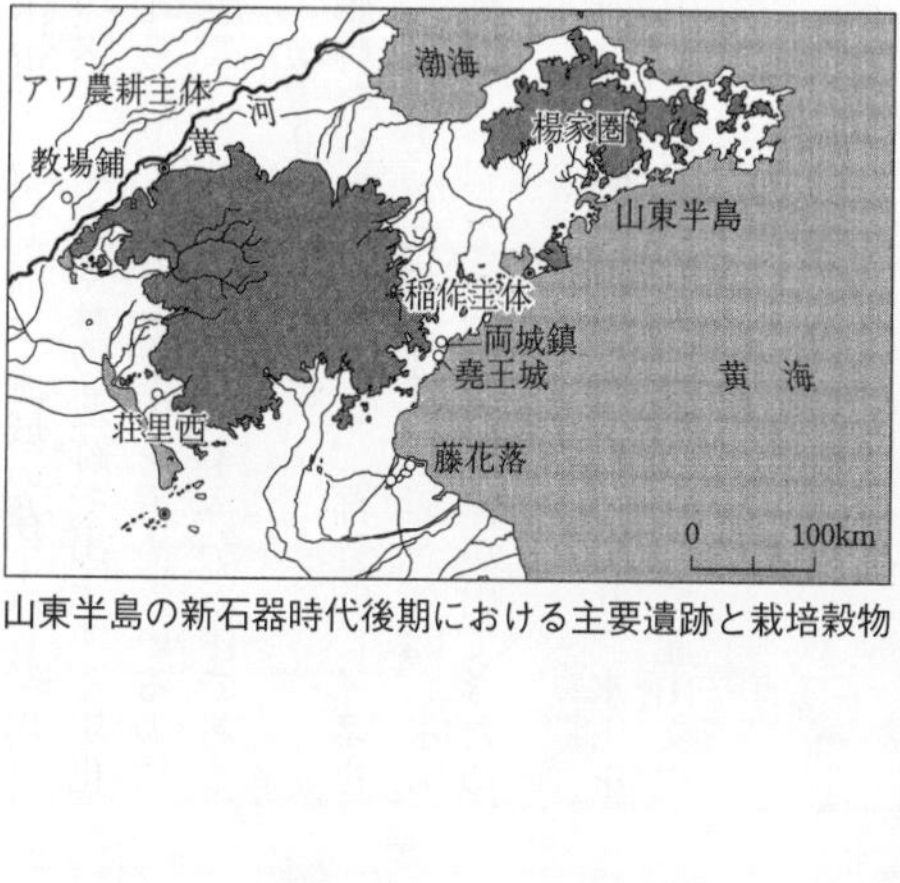

山東半島の新石器時代後期における主要遺跡と栽培穀物

科学院考古研究所の趙志軍《ちょうしぐん》氏は、同じ龍山文化期で山東半島の黄河下流域の茌平県教場鋪《じんへいけんきょうじょうほ》遺跡と黄海海浜部に位置する日照県両城鎮《りょうじょうちん》遺跡を比較し、それぞれの遺跡で出土する炭化植物を分析した。その結果、前者の遺跡ではアワが九二パーセントと主体を占めているのに対し、後者の遺跡ではイネが四九パーセント、アワが三六パーセントと、イネが主体である農耕を行っていたことを、遺跡出土の炭化種子で明らかにしている。

黄河流域では、先に述べたようにアワ・キビ雑穀農耕を基本としながら、部分的にイネを雑穀の中に取り込むという農耕を行っていたが、山東半島の黄海に面する海浜部では、長江下流域や淮河流域から海浜部を伝わるように稲作農耕が北上していった可能性が出てきたのである。

さらに、江蘇省連雲港市《れんうんこうし》藤花落《とうからく》遺跡では龍山文化期の水田遺構が発見されており、水田を伴うような本格的な水稲農耕が黄海海浜部を伝わり山東半島南岸から東端に向けて龍山文化期に伝播していった可能性が高い。

弥生社会と朝鮮半島の農耕化第三段階の内容

イネに関しては、朝鮮半島にも漢江下流域以南の半島南部に紀元前二〇〇〇年頃に伝播しており、渭河流域や黄河中流域に見られたような畑作農耕の中にイネを取り込むという過程が認められている。この現象を私は朝鮮半島初期農耕化第二段階と呼ぶ。

さらに畑作農耕とともに水田を持つような本格的な水稲農耕が朝鮮半島南部で始まるの

は、紀元前二千年紀の終わりになってからである。このような水稲農耕も、山東半島南部の黄海沿岸を北上していった水田技術が、山東半島東端から遼東半島、朝鮮半島へと拡散した可能性があるのである。朝鮮半島における本格的な水稲農耕が始まるこの段階を、私は朝鮮半島初期農耕化の第三段階と呼んでいる。第三段階の農耕化の内容こそが日本列島の弥生社会の母胎となっているのである。

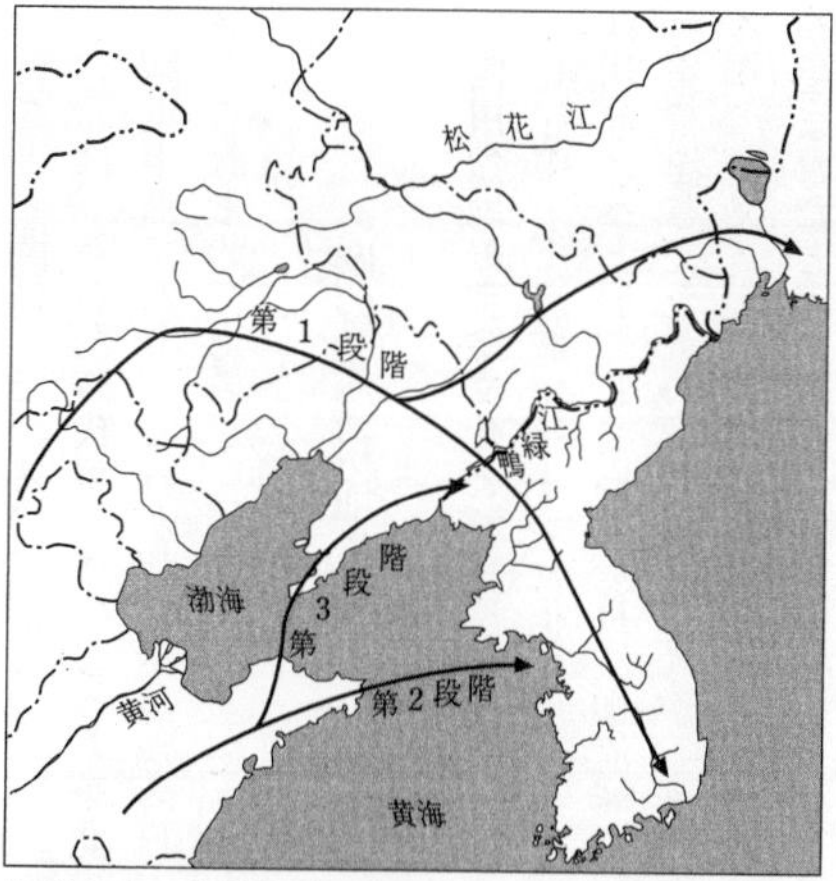

朝鮮半島の農耕化第１段階～第３段階の伝播ルート
第1段階はアワ・キビ農耕の拡散、第2段階はイネの拡散、第3段階は水稲農耕の拡散である

このように、朝鮮半島初期農耕化第二段階ならびに第三段階の胎動は、ともに山東半島東端の膠東半島から朝鮮半島の漢江下流域へ拡散するものであったり、膠東半島から遼東半島を迂回して朝鮮半島に流入するものであった。このことは、先に遼東地域の農耕拡散の地域的な展開を論ずるにあたって述べたように、新石器時代中期後半以降の大汶口文化による膠東半島のアワ・キビ農耕化と、その後の黄海沿岸を北上する山東半島南端を大動脈とするイネの拡散との邂逅が膠東半島にあ

ったことと関係しているのである。

いわば、新石器時代早期に始まった華北のアワ・キビ農耕と華中の稲作農耕が邂逅したのが膠東半島であり、これが朝鮮半島から日本列島の水稲農耕文化の直接的な起源地であると考えられるのである。

南の非農耕地帯

四川盆地の宝墩文化と稲作農耕

長江中・下流域で始まった稲作農耕は、北へ東へと拡散する動きとともに、長江を遡って四川盆地へと展開していく。長江中流域で発達する新石器時代中期の大渓文化が長江上流域へ影響を与えたものと考えられるが、その過程で稲作農耕も四川盆地へ拡散していったであろう。事実、大渓文化の系譜を引く重慶《じゅうけい》地域の棚嘴《ほうし》文化の影響を受けて四川盆地の宝墩《ほうとん》文化《バオドン》が生まれたと考えられている。宝墩文化は新石器時代後期の長江中流域の石家河文化に併行する段階の地域文化である。

その石器を見れば、石斧、扁平片刃石斧などの工具が発達するとともに、杵や石包丁などの農耕具が存在している。そのほか磨製石鏃などを含み、石器の形態や組成はやはり長江中流域のものに類似している。こうした点から見ても稲作農耕を基盤とした生活様式が基本であると考えられるのである。また宝墩文化は、長江中流域で見られたと同じように、四川盆地にも城壁を備えた集落遺跡である城址遺跡が認められる。今のところ岷江《びんこう》流域に宝墩遺跡をはじめとして六基の城址遺跡が発見されている。例えば宝墩遺跡の城壁は長さ一〇〇〇メートル、幅六〇〇メートルと広大なものであり、大きさという点でも長江中流域のものに類似している。

さて、この宝墩文化を基礎に殷周《いんしゅう》併行期にはこの地域独特な青銅器文化である三星堆《さんせいたい》文化が花開くことになる。三星堆文化第一期は基本的に宝墩文化の直接の系譜を引く新石器終末《サンシンドウイ》期の文化であるが、三星堆文化第二期には土器様式が大きく変化しており、その内容は中原の二里頭《にりとう》文化の影響を受けていると考えられている。まさに二里頭文化の拡散として考えられるものであるが、この点については第一〇章で触れることになるであろう。

一方、長江中・下流域に栽培イネが開発され稲作農耕が始まって以来、南嶺山脈を越えて稲作農耕が伝播することはなかった。南嶺山脈とは華中と華南を区別する地理的な障壁であった。また、華南は現在でも亜熱帯域に入るように、豊富な野生植物が繁茂することから、農耕の必要性が感じられない豊かな地域であり、永く狩猟採集社会が続く地域であった。すでに一万年前には土器がこの地域においても出現することは述べたが、久しく農耕は起こる必然性がなかったのである。現在でも広東省《カントンしょう》中部の清遠以南では野生イネの生育が認められるような地域であり、栽培イネ以前の野生イネがこの時期においても採集活動の重要なターゲットになっていたのかもしれない。

華南の新石器時代編年は、楊式挺《ようしきていヤンシテイン》氏によれば四期に区分できる。新石器時代早期の青塘《せいとう》類型、新石器時代前期の陳橋《ちんきょう》類型である。青塘類型は華南丘陵地帯の洞窟遺跡に認められ、礫器を中心に土器が伴うものである。近年この地域で最も古い縄蓆文《じょうせきもん》土器と無文土器が発見された広東省英徳牛欄洞《えいとくぎゅうらんどう》洞穴なども、青塘類型に属する。広西《こうせい》チワン族自治区の甑皮《そうひ》岩《がん》《ゾンピイエン》遺跡第一期から第四期までも、この時期に相当する。とくに最古とされる甑皮岩遺跡第一期からも手づくね製の土器が出土しており、AMS年代測定法によれば、紀元前一万五〇〇〇年—紀元前九四〇〇年という測定値が示されている。

新石器時代前期の陳橋類型は海浜部の貝塚遺跡を中心に見られるもので、一部は年代的に新石器時代中期に入るかもしれない。石器として定型的な磨製石斧や片刃石斧が出現する段階であり、縄蓆文による丸底釜が主な土器として存在している。かつて張光直が大坌坑《だいふんこう》文化と呼んだ台湾における縄蓆文釜を主体とする土器文化も、この時期に併行する。これら中国東南沿岸から華南にかけて縄蓆文釜を中心に見られる新石器文化は共通性を持っているが、個々の地域における個性や差違も認められ、狩猟採集経済を基盤とした緩やかな情報帯を共有する地域であるといえよう。

華南新石器時代中期は西樵山《せいしょうざん》《シチアオシャン》文化（金蘭寺文化）であり、新石器時代後期は石峡《せっきょう》文化である。西樵山文化は珠江三角州から島嶼部にかけて分布するものである。当時は、現在に比べ珠江三角州に海が深く進入していたところから、海浜部に面した遺跡や生業的な特徴がある。その特徴としては磨製石斧の中に新たに有肩石斧《ゆうけんせきふ》が出現するとともに、縄蓆文釜を中心とする土器組成の中に彩陶が出現することにある。有肩石斧に関してはその石器製作場など

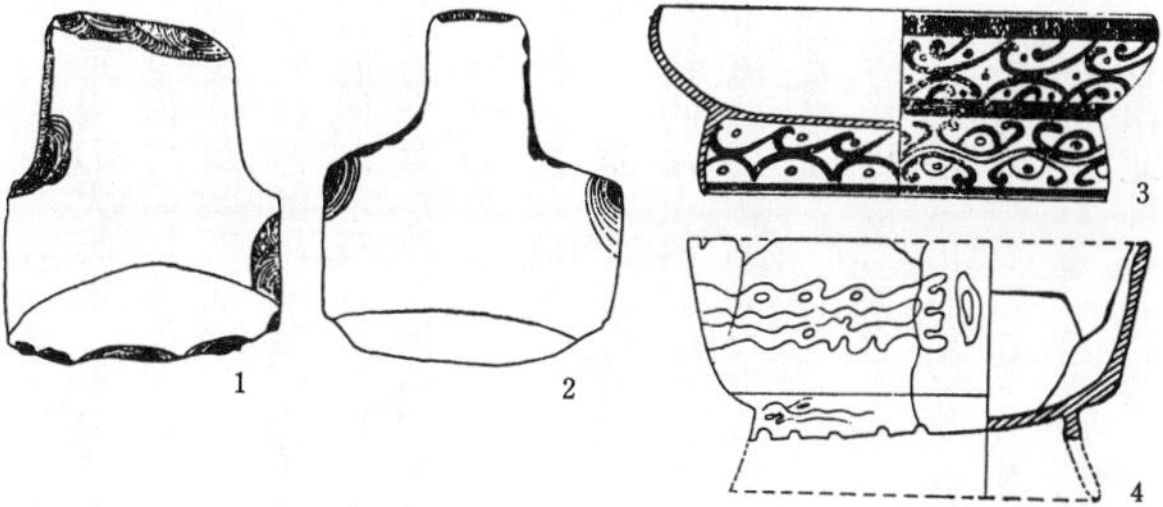

有肩石斧（1、2）と彩陶（3、4）　1金蘭寺遺跡　2高要下江遺跡　3小梅沙遺跡　4春坎湾遺跡

も発見されており、専業的な生産地などが出現する社会的な進化も認められる。ただしこうした西樵山遺跡には細石器なども伴っており、その技術的な系譜や機能については未だ不明な点も多い。

一方、彩陶は脚付きの鉢すなわち圏足盤《けんそくばん》に施されるものがほとんどである。彩色は白色系のスリップの上に紅彩で幾何学的な文様が描かれている。このほかカオリン土で圏足盤を作る白陶も見られる。こうした彩陶や白陶がどのようにして華南に出現したかは議論中であるが、その中で同時期の香港地域に見られる西樵山文化の一種である大湾文化の彩陶や白陶を、湖南省洞庭湖《こなんしょうどうていこ》付近の大渓《だいけい》文化あるいは湯家崗《とうかこう》文化に見られる彩陶と白陶との関係から説明する学説もある。私は圏足盤という器形や彩陶技術は、長江中流域の大渓文化や屈家嶺《くつかれい》文化との交流の中に出現したと考えている。生業的には狩猟採集段階ではあるが、石器生産地の出現や他地域との交流を示すような社会的な発達が認められる段階なのである。また、彩陶はさらに台湾ではやや時期的には遅れるが、円山《えんざん》文化として発達していく。

華南の大転換、石峡文化と稲作の出現

華南での稲作農耕の出現は比較的遅い。すでに述べてきたように、狩猟採集社会が新石器時代早期以来継続しており、小規模なグループからなる共同体社会が続いていた。広西チワン族自治区邕寧県《ようねいけん》頂螄山《ていしざん》《ティンスシャン》遺跡第四期の紀元前四〇〇〇年頃には、華南でも稲作農耕が始まる可能性が示唆されているが、今のところ明確な根拠は提示されていない。何よりも文化や社会的な大きな変化が、その段階に認められないことは、稲作農耕の開始を積極的に支持できない点である。

社会的な飛躍が見られるのは、紀元前三〇〇〇年以降の新石器時代後期である石峡文化にある。華南北部に分布し、大きな文化的な転換が認められる。その一つは、縄蓆文釜という伝統的な土器組成に新たに鼎《てい》、鬹《き》、觚形器《こけいき》、高柄杯などの器種が出現する。また、長江中・下流域に普遍的な壁立ちの平地式住居が出現するとともに、定住的な集落が発見されるようになる。

さらに最も大きな違いは、栽培イネの出現である。集団墓の墓葬内部に葬送儀礼として被葬者の傍らに栽培イネが供えられている。狩猟採集社会から農耕社会への転換が認められるのである。このことは栽培イネの発見だけではなく、有段石斧の出現などの石器組成の転換に認められる。狩猟採集社会から稲作農耕社会へ転換したのである。

華南北部におけるこのような社会性の転換には、江西省の贛江《かんこう》流域に広がる樊城堆《はんじょうたい》《ファンチョントウイ》文化

の影響を受けたことが明らかとなっている。また、樊城堆文化は一方では福建《ふっけん》省の閩江流域に同時期に出現する曇石山文化に影響を与え、水稲農耕社会を出現させている。樊城堆文化の背後には長江下流域の良渚文化が存在するが、その強力なイデオロギーは樊城堆文化を介して華南の石峡文化や曇石山文化へも伝わっているのである。

その一つが、石峡文化などに見られる良渚文化に特徴的である玉琮である。この玉琮は良渚文化そのものではなく、文様や形態に幾分変化が見られ、在地で生産された可能性が高い。いわばこうした水稲農耕文化の広がりが、土器組成や石器技術ばかりではなく、精神生活部分としての玉琮の伝播にもつながっている。しかもその玉琮は物質そのものの移動ではなく、玉琮を作ろうとする意識的な受け手側の受容である。ここに農耕文化の広がりの一定の法則性を見る思いがする。しかし、この段階にどうして華南地域に農耕社会が広がっていくのであろうか。

農耕地帯と非農耕地帯

新石器時代から色分けされた農耕民と狩猟採集民

新石器時代早期に二つの文化圏の接触地帯に生まれたアワ・キビ農耕地帯と稲作農耕地帯は、いわば従来の狩猟採集社会から生まれた新しい生業体系であった。何回も繰り返すようであるが、この場合の非農耕地帯は、決して農耕地帯に劣る生産性にあるのではなく、むしろ非農耕地帯の方が豊かな狩猟採集活動にあった。あるいは農耕地帯においても、農耕は狩猟採集経済の補助的な生産活動である場合もあったであろう。しかし、農耕地帯は社会集団の組織化の中で次第に集約的な農耕を可能にし、さらには温暖化の中で栽培作物が生態に適応する形で生産性を伸ばしていったのである。

そのような過程の中で、新石器時代前・中期の温暖湿潤期であるヒプシサーマル期は、農耕の拡散における重要な意味があったのである。

とくに前期の華北では、南から北へ向けて土器文化の影響が広がるベクトル線が示されていた。このことは、単純に新石器時代早期と中期を古気候の変化で対比した場合、気候の温暖湿潤化に応じて従来の生態系の北限が北へ全体的にスライドしたことと同じ意味を持っている。いわば生態系の北への移動が、物質文化で見られた土器技術の北への広がりであり、社会集団の北への広がりということができよう。まさにこの動きが、農耕技術の北への拡散であったのである。

生態系の北限が北へ延びるにつれてアワ・キビ栽培穀物の栽培生態域も北へ延び、農耕技術の北部への拡大が見られたのである。その拡散は、朝鮮半島では華北型農耕石器と大同江下流域で成立した土器様式とともに文化複合体として半島南海岸まで新石器時代中期には達していくという現象に認められるのである。また、同じような拡散の動きは、クロウノフカI遺跡で見られたように、農耕が極東の沿海州南部にまで新石器時代中期に達している可能性がある。

一方では、華中で成立した稲作農耕がヒプシサーマル期の中で次第に分布域を北に拡大しており、本来の生態域である淮河を越えて黄河中・下流域に達していくのも新石器時代前・中期段階である。しかし、この拡散は生態域に沿う形で黄土台地や太行山脈を北上することはなく、黄河中流域ではほぼ北緯三五度線以南に止まったのである。

淮河以北の新たにイネを受容した社会は、アワ・キビ農耕という華北型畑作農耕を基本にしており、この農耕基盤に新たにイネを受容することにより、多角的な農耕生産が可能になったということもできるであろう。また、この稲作農耕の拡散期には、文化的な影響が長江流域から華北へ伝播するという文化複合体としての拡散の仕方ではなく、いわばイネ単体あるいは稲作技術単体が伝播している。華北の社会集団が他地域から文化的な影響の一環としてイネを受容したものではなく、稲作技術のみを意識的に受容しているのである。その意味では、先に見た北方地域の農耕社会から非農耕社会へのアワ・キビ農耕の拡散と質的には異なっている。では農耕地帯から非農耕地帯への稲作農耕の拡散は、南においてはどうであろう。

北方への拡散に比べ遅れる形で、文化複合体としての農耕の拡散が新石器時代後期にある。石峡文化などがそれにあたるが、まさにその段階はヒプシサーマル期が終焉し、冷涼乾燥期に相当し、従来の生態域が今度は南側へシフトする段階にもあたっている。この時期に、華中から華南へ鼎などの土器様式を含めて文化複合体として稲作農耕文化が、本格的に南側に拡散していくのである。

中国大陸の文化系譜の二つの極が接する接触地帯から、農耕がそれぞれの生態に適応する形で生まれ、農耕地帯が次第に環境変化と社会変化の段階性に応じて北へ、南へと拡散していく現象を読者には知っていただけたであろうか。

まさしく旧石器時代以来の狩猟採集社会民から農耕社会民が生まれたのが、この新石器時代である。今日の世界における生態域に応じた水平的社会区分である極北と赤道地帯に見られる狩猟採集民、中緯度地帯を中心に広がる農耕民という色分けが、この新石器時代から始まっていったことを改めて認識していただいたのではないだろうか。

しかしこうした場合、読者が疑問とされるのは、現世界にあって存在している遊牧民がいかに生成していったかということであろう。この手掛かりも東アジアの新石器社会に認められるのである。次章で詳しく述べたい。

第七章　牧畜型農耕社会の出現

農耕社会と牧畜型農耕社会

動物考古学が読み解く気候変化と家畜化動物の種類

紀元前三〇〇〇年頃に始まる新石器時代後期は、温暖湿潤期であるヒプシサーマル期が終わり、冷涼乾燥化の時代である。この時期、生態系が南側にシフトすることから南嶺山脈を越えて南側に農耕が拡散することを述べた。では、この段階以前に農耕が拡散した北側の地域はどうであろうか。

生態的には環境が悪化する段階に、これまで農耕が拡散した北西から北側の周縁域において、興味深い傾向が見られる。まず、文化的にはこれまでに認められなかった文化情報帯がこうした地域に出現し始めるのである。これらの地域は戦国時代以降、長城《ちょうじょう》が築かれ、北方遊牧民と対峙する接触地帯としても有名である。私はこのような地域を長城地帯と呼んでいる。

これらの地域には、河川流域などの小地域単位を核として隣接する地域ごとに徐々に情報を繋ぐ形で、文化的な情報網が築かれていく。その一つが新石器時代後期の内蒙古中南部地域と遼西地域に見られる。これらの地域は、これまで華北の文化系譜と極東の文化系譜の交錯地帯として存在することを述べた。いわば南北間の交流として、土器や石器の交流あるいは農耕の北への拡散が見られた。

しかし、新石器時代後期からは地域間関係が変化し、内蒙古中南部と遼西という東西方向の地域間の交流が認められるのである。いわばこれまでの南北方向の交流から、東西方向への交流の転換が見られる段階である。それはやはり土器としての交流がまず目を引く。

例えばこれまで遼西の典型的な土器である筒形罐が、内蒙古中南部に初めて現れるとともに、内蒙古中南部の伝統的な縄蓆文《じょうせきもん》が遼西の筒形罐においても施されることなどにある。また、内蒙古中南部の海生不浪《かいせいふろう》文化と遼西の小河沿《しょうがえん》文化の彩陶文様の類似性などが指摘できるのである。

一方、甘粛省《かんしゅくしょう》や青海省《せいかいしょう》などの甘青《かんせい》地区である中国西北地域はどうであろう。甘青地区は新石器時代中期に渭河《いが》上流域から仰韶《ぎょうしょう》文化の彩陶が広がり、仰韶文化石嶺下《せきれいか》類型を生み、その後、在地化して馬家窯《ばかよう》類型、半山《はんざん》類型、馬廠《ばしょう》類型などの甘粛彩陶文化と呼ばれた馬家窯文化が発達する。そしてこれが龍山文化併行期には、斉家《せいか》文化へと変化していく。このような甘粛彩陶文化や斉家文化には、この地域独特の把手が付く器形である小口双耳罐《しょうこうそうじかん》や双耳《そうじ》罐《かん》・単耳《たんじ》罐《かん》などが存在するが、これらが甘青地区と内蒙古中南部の併行する時期に普遍的に見られるなど、相互の地域交流が認められるのである。すなわち、長城地帯を共通とする文化情報帯が形成される段階である。とともに、次第に黄河中流域や渭河流域の地域文化とは

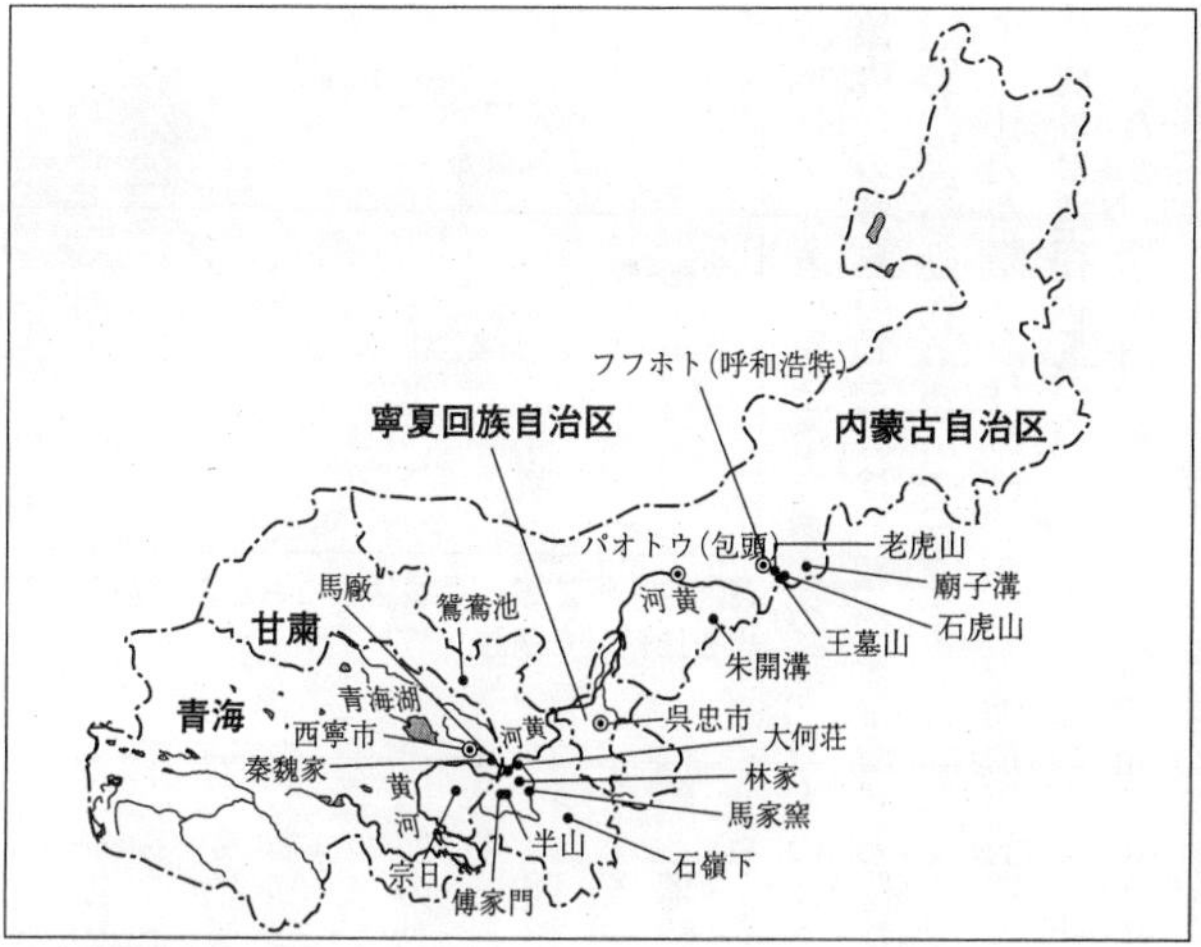

長城地帯遺跡分布図

異なる様相を帯びていく。

さてこの段階に、生業における変化が認められるのである。渭河流域や黄河中流域あるいは黄河下流域と長城地帯とを比較してみたい。ここでいう長城地帯とは、甘青地区といった中国西北地域と内蒙古中南部地域である。甘青地区は黄河上流域とも呼ぶことができる。

新石器時代人は、農耕によって穀物生産を行い炭水化物を吸収し、同時に狩猟活動や家畜によってタンパク質を摂取していた。遺跡から出土する動物骨の種類や数量から、彼らが消費した動物の内容が理解される。これは考古学の中でもいわゆる動物考古学という分野であり、動物骨の正確な鑑定が必要となる。さらに動物の個体数を問題

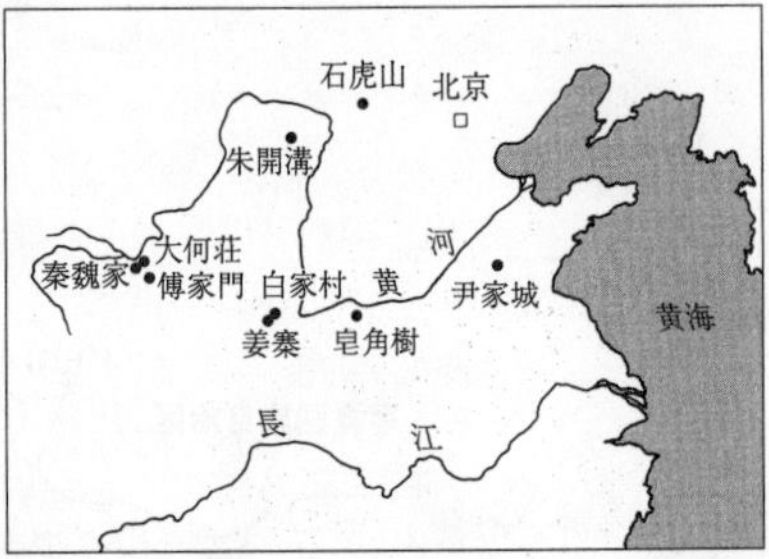

黄河中・下流域と長城地帯における動物骨の量比を比較した遺跡

にするとき、単に同定された動物骨の数を数えていても、一匹の動物は多種類でかつ多数の骨格から成り立っていることから、個体数を比定することにはつながらない。動物骨をまず鑑定するが、一つの種類の動物でも骨格の多様な部位別に同定を行い、次に部位ごとに個体数を数えていく。そして部位別の個体数の最も多い数を、その種の動物の個体数として算定していく。これを最少個体数と呼ぶが、この計算の仕方から遺跡で消費された動物の種類の比率をだすことができるのである。

私も発掘に参加した内蒙古自治区涼城県《りょうじょうけん》石虎山《せっこざん》《シーフーシャン》遺跡は新石器時代中期の環濠集落であったが、この環濠内部や土坑から多量の動物骨が出土した。華北や長城地帯の大地はアルカリ質土壌であるので、日本のような酸性土壌と違い、骨は残りやすい。この環濠内での多量の動物骨は、環濠を廃棄する際に一括して遺棄して環濠を埋めたものであり、遺跡住民の動物消費の実態をよく反映したものである。あるいは集落を廃棄するにあたって、壮大な祭りが行われ、多量の動物が消費されたのであろうか。あいにく環濠集落内部の住居址は遺存状況が良くなく、床面のみしか検出できず、集落構造を把握することができなかったが、環濠内で多量の動物骨を発見した私は、この動物骨こそが当時の古環境や食事の内容を探る手がかりになるに違いないと思ったものである。

石虎山遺跡の動物骨は北京大学の黄蘊平《こううんへい》《ファンユンピン》教授によって詳細に分析され、動物骨の最少個体数も求められた。現在、中国考古学界では動物考古学も次第に盛んになっており、中国社会科学院考古研究所の袁靖《えんせい》《ユエンジン》氏などがその牽引役を務めている。そのため、新石器時代の出土動物骨の最少個体数を知ることができる例も増えてきた。こうした出土動物骨の最少個体数を、先ほどのような地域別にしかも時間軸に沿って比較してみようと思うのである。そのことによって、当時の人々の狩猟や家畜の実態を知ることができるとともに、捕獲された動物相の違いから、環境の変化を知ることができるのである。

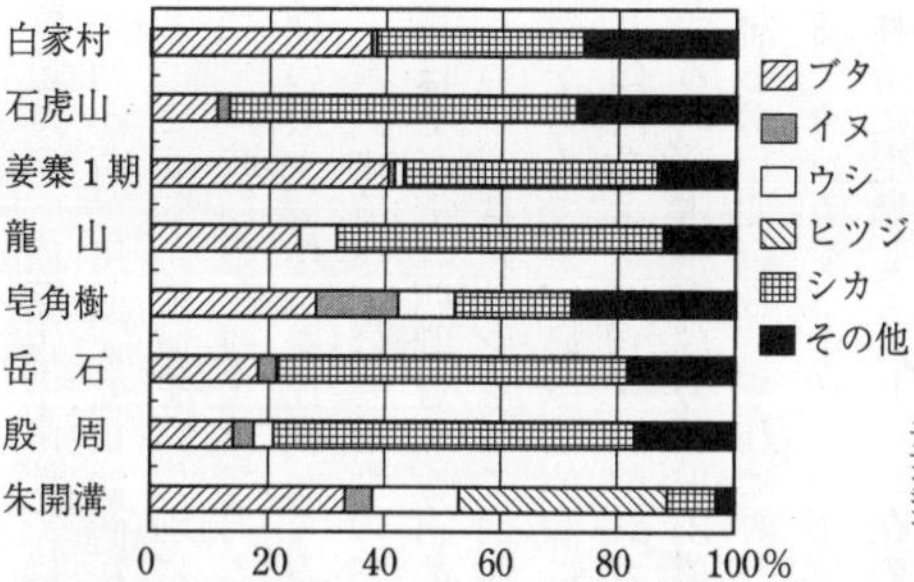

動物骨の量比の比較　黄河中・下流域に安定してシカ類が存在しているのに対し、長城地帯は牧畜動物の比率が高いことが分かる

渭河・黄河中流域の資料としては、新石器時代前期の陝西省臨潼県《せんせいしょうりんとうけん》白家村《はっかそん》《バイジアツン》遺跡、新石器時代中期から後期にかけて時期別の最少個体数を示した陝西省臨潼県姜寨《きょうさい》遺跡が挙げられる。黄河下流域では、山東省泗水県尹家城《いんかじょう》遺跡で動物骨の最少個体数が知られている。甘青《かんせい》地区（黄河上流域）では、甘粛省《かんしゅくしょう》武山県傅家門《ぶざんけんふかもん》遺跡、永靖県大何荘《えいせいけんだいかそう》遺跡、永靖県秦魏《しんぎ》

家《か》遺跡が、内蒙古中南部では新石器時代前期末〜中期初頭の石虎山遺跡、新石器時代後期終末期から二里頭・二里岡《にりこう》時代の内蒙古自治区伊克昭盟朱開溝《いこくしょうめいしゅかいこう》遺跡で良好な資料が認められる。こうした地域を時代別に比較してみよう。また、時代別の比較をより鮮明にするため、二里頭時期の一般集落である河南省洛陽市《かなんしょうらくようし》皂角樹《そうかくじゅ》《ザオジアオシュ》遺跡や、黄河下流域の尹家城遺跡の殷周《いんしゅう》時期の最少個体数を比較してみたい。

黄河中流域では、前期の白家村遺跡において、家畜であるブタと狩猟対象であるシカが、ほぼそれぞれ四割近くを占めている。白家村遺跡のデータは、最少個体数が示されていないため、実は頭骨をもって個体数としているが、新石器時代中期初頭の姜寨一期の比率との比較からみても、最少個体数に近いものであると考えられる。姜寨一期は白家村遺跡とほぼ同じ傾向を示すが、ブタやシカの全体に対する比率はより高まっている。こうした時期に相当する内蒙古中南部の石虎山遺跡では、黄河中流域に比べ家畜であるブタの比率はより低い傾向を示している。それに対して高いシカの比率が認められる。このシカ類は大型のシカであるアカシカや、中型・小型であるニホンジカあるいはノロから成り立っている。これらは森林帯に生息しており、現在の草原化している内蒙古中南部とは大きく植生や生態環境が異なっていたことを、実感できるのである。とともに、家畜であるブタの比率が低いことは、同時期の黄河中流域に比べ、農耕の発達度あるいは農耕への依存度が低いことを反映していよう。

また、この時期の気候条件を、遺跡から出土する動物組成はよく表している。白家村遺

遺跡名／動物名	白家村	姜寨1期	姜寨2期	姜寨4期	姜寨5期	朱開溝
ブタ	187 (37.70%)	85 (40.67%)	8 (25.00%)	12 (18.18%)	4 (13.79%)	52 (33.12%)
イヌ	2 (0.40%)	2 (0.96%)		2 (3.03%)	1 (3.45%)	7 (4.46%)
コウギュウ		3 (1.44%)	2 (6.25%)		1 (3.45%)	
ウシ科						24 (15.29%)
ヒツジ						56 (35.67%)
スイギュウ	80 (16.13%)					
ニホンジカ		48 (22.97%)	7 (21.88%)	19 (28.79%)	11 (37.93%)	
アカシカ	80 (16.13%)					8 (5.10%)
ジャコウジカ		3 (1.44%)				
ノロ						5 (3.18%)
キバノロ	97 (19.56%)	21 (10.05%)	4 (12.50%)	16 (24.24%)	1 (3.45%)	
シカ科		19 (9.09%)	7 (21.88%)	5 (7.58%)	6 (20.69%)	
モウコガゼール	28 (5.65%)	2 (0.96%)		1 (1.52%)	1 (3.45%)	1 (0.64%)
ハリネズミ		1 (0.48%)				
ニオイモグラ		1 (0.48%)				
アカゲザル		1 (0.48%)				
チュウゴクモグラネズミ		4 (1.91%)				
チュウゴクタケネズミ	8 (1.61%)	2 (0.96%)	2 (6.25%)	2 (3.03%)		
ウサギ		1 (0.48%)	1 (3.13%)	2 (3.03%)		
ドール		1 (0.48%)				
タヌキ	10 (2.02%)	5 (2.39%)	1 (3.13%)	4 (6.06%)	3 (10.34%)	
ツキノワグマ		2 (0.96%)				
クマ科						1 (0.64%)
アナグマ		4 (1.91%)		1 (1.52%)	1 (3.45%)	1 (0.64%)
ブタアナグマ		2 (0.96%)		1 (1.52%)		
トラ		1 (0.48%)				
ヒョウ						1 (0.64%)
ネコ科	4 (0.81%)	1 (0.48%)		1 (1.52%)		
ラクダ						1 (0.64%)
合計個体数	496	209	32	66	29	157

黄河中・下流域と内蒙古中南部地域における遺跡別動物骨の種類と量比

跡、姜寨一期、姜寨二期、姜寨四期までのシカ類は、白家村遺跡でアカシカが存在するものの、新石器時代中期の仰韶文化姜寨一期から姜寨四期まではニホンジカが一般的であり、この他キバノロが認められるにすぎない。同じシカ類でも内蒙古中南部の石虎山遺跡では、ノロやアカシカが主体であったものと大きく種類を異にしている。

その中でも注目すべきは、姜寨一期から姜寨四期まで動物全体の約一〇~二〇パーセントを占めているキバノロである。キバノロは現在では淮河以南の沼沢地付近に生息しており、他のシカとは生態域を異にしている。現在の華北とは異なった照葉樹林帯に近い生態環境が、この時期の黄河中流域に見られたことを物語るものであり、まさしく温暖湿潤期であるヒプシサーマル期を反映しているものである。

また、白家村遺跡、姜寨一期から姜寨四期においては、竹林に生息するチュウゴクタケネズミが認められる。竹林が現在の華北には存在せず、江南以南の風景であることは読者自身がご存じであろう。現代では、竹林が有名なのは長江上流の四川省である。パンダの故郷としても有名であるが、竹林とパンダが切っても切れない関係にあるように、竹林は照葉樹林帯を代表するものである。渭河流域が現在の環境とは違い、照葉樹林帯に近い環境にあったことを知ることができるのである。タケネズミの存在もまた、温暖湿潤期であるヒプシサーマル期の存在を動物骨から証明した事例である。

ところが、新石器時代後期の廟底溝二期併行期の姜寨五期になるとキバノロの割合が三・五パーセントと極端に減少するとともに、チュウゴクタケネズミが認められなくなる。この

遺跡名	傅家門		傅家門		大何荘		秦魏家		皂角樹
時期	仰韶文化 石嶺下類型		馬家窯文化		斉家文化		斉家文化		
ブタ	12	48%	11	52%	194	73%	430	83%	28%
イヌ	1	4%	2	10%	2	1%	0	0%	14%
ウシ	2	8%	0	0%	8	3%	38	7%	10%
ヒツジ	0	0%	0	0%	56	21%	50	10%	0%
ヤギ	5	20%	4	19%	0	0%	0	0%	0%
シカ	1	4%	0	0%	5	2%	0	0%	20%
その他	4	16%	4	19%	0	0%	0	0%	20%
総個体数	25		21		265		518		

黄河上流域（甘青地区）における遺跡別動物骨の種類と量比

動物相の変化こそが、明瞭にヒプシサーマル期の終焉と冷涼乾燥化の現象を反映しているのである。

冷涼乾燥化が牧畜動物の家畜化を推進

紀元前三〇〇〇年を境とする冷涼乾燥化現象は、黄河上流域においては鮮明に認められる。黄河上流域の傅家門《ふかもん》遺跡では、新石器時代中期末の仰韶《ぎょうしょう》文化石嶺下類型において、同じ時期の黄河中流域に比べてはるかにシカの比率が少ないものの、それに反比例するようにブタの比率が高く、そのほかウシやヤギなどの牧畜動物が一定の比率を占めている。これは、冷涼乾燥化によって森林が草原化する中でシカの生態系が奪われ、その生息数が減少するに伴い、この地域では代替として家畜であるブタへの依存度が高まり、牧畜動物の家畜化が始まっていくことを示している。

この現象は、同じく傅家門遺跡では新石器時代後期前半の馬家窯文化においても持続している。新石器時代後期の斉家《せいか》文化では、大何荘遺跡や秦魏家遺跡の事例で示されるように、シカの狩猟はごく僅かであるかあるいはほとんどない状況にある。一方、仰韶文化石嶺下類型や馬家窯類型に比べ一層ブタへの依存度が高まるとともに、ヒツジやウシなどの牧畜動物が併せて二〇パーセントの割合に高まっている。狩猟はほとんどなされておらず、特化的にブタやヒツジ、ウシといった家畜にタンパク源を依存しているのである。この地域は、同じ時期の内蒙古中南部よりも家畜への依存度が高い状況にあることも興味深い。

一方、岳石《がくせき》文化や殷周時代の黄河下流域の尹家城《いんかじょう》遺跡では、新石器時代の黄河中流域の状況とほとんど差がないか、むしろシカの比率が高い傾向にある。これは、冷涼乾燥化する紀元前三〇〇〇年紀（紀元前三〇〇〇年～前二〇〇〇一年）以降においても、黄河下流域の方が黄河中流域に比べて森林帯が安定しているという生態環境を反映したものであろう。

一方で、黄河中流域の二里頭文化期の一般集落である河南省洛陽市《らくようし》皂角樹《そうかくじゅ》遺跡では、同時期の黄河下流域よりはブタとウシという家畜動物の比率が高まっているが、その中でもウシという牧畜動物の比率が高くなる傾向にある。しかし、龍山時代に比べてシカの比率は低くなっているにもかかわらず、同時期の黄河上流域や内蒙古中南部に比べはるかにシカの比率は高く、全体で二割という一定程度のシカの比率が認められる。

黄河中流域では、新石器時代が終わった二里頭文化期において、ブタ、ウシの家畜動物の比率は高まるものの、ヒツジは存在せず、シカなど野生動物も一定程度捕獲しており、同時期の黄河上流域や内蒙古中南部とは生業を大きく異にしている。

このように、紀元前三〇〇〇年を境とする気候の冷涼乾燥化現象に伴い、次第にこれまでの野生動物の狩猟、とりわけシカの狩猟が減少し、これに代わってブタあるいは牧畜動物であるヒツジやウシといった家畜動物が増加していく現象が、黄河上流域や内蒙古中南部で顕著に認められた。とくに新石器時代後期後半の斉家文化や新石器時代終末期の朱開溝《しゅかいこう》遺跡においては顕著である。

ブタの家畜化という点においても、家畜化がはるかに洗練されていることがブタの歯の形態やブタの死亡年齢構成から知ることができる。新石器時代中期の渭河流域の北首嶺《ほくしゅれい》遺跡で発見されたブタの歯に比べ、新石器時代終末期の朱開溝遺跡のブタの歯ははるかに小さいものである。歯が小さくなることは家畜化によってブタの食生活が変化したことに起因する。また同じく渭河流域の姜寨一期段階と朱開溝遺跡のブタの死亡年齢を比べると、朱開溝遺跡の場合、幼獣や青年ブタでの屠殺が多い。この点も野生のイノシシを狩猟しているのではなく、計画的に飼育が行われ、食肉に供していたことが理解されるのである。

しかし、こうしたブタの家畜化の進展以上に注目すべきは、牧畜動物であるヒツジやウシの飼育が格段に増加している点である。これは、森林帯が草原化し、シカの生息域が減少することと反比例する現象である。黄河中流域でも新石器時代後期からウシやヒツジの牧畜動物が出現しているが、二里頭文化期の一般遺跡である皂角樹遺跡などでは、それほど牧畜動物の比率は高くなく、ヒツジなどは存在していないように、牧畜化という点では黄河上流域や内蒙古中南部の方がはるかに牧畜への依存が高い。

こうした動物相の変化は遼西地域においても認められるが、明確になるのは二里頭文化期以降の夏家店《かかてん》下層文化段階であり、黄河上流域や内蒙古中南部より若干遅い段階になってからである。

一方で、黄河上流域や内蒙古中南部では、牧畜が発達した段階においても、農耕石器が存在するように、従来通りの農耕に伴う要素が認められる。一定の農耕も行われていたわけで、私はこうした牧畜に依存した農耕社会を牧畜型農耕社会と呼ぶことにより、黄河中流域や黄河下流域の同じアワ・キビ農耕社会と区別すべきであると考えている。

交流と受容で大きく変わった土器の様式

新石器時代後期は、こうした生態系の変化に呼応する形で生業形態あるいは経済社会の新たな分節が認められる段階である。その変化は、社会経済的な分節だけではなく、その分節に伴う形で、文化現象における地域間交流の方向性においても変化をきたす段階である。その意味でモデルケースとなるのが、内蒙古中南部と遼西地域である。

この両地域は新石器時代後期以前は、縄蓆文罐《じょうせきもんかん》を中心とするアワ・キビ農耕社会と極東平底土器文化圏の接点として、相対する二つの文化系譜が邂逅する地域であった。いわばこれらの二つの地域は、アワ・キビ農耕が拡散する通過点ではあったが、土器文化などの情報帯としては異なった地域間関係を持っていた。いわば文化系譜において異なった地域であったのである。

ところが新石器時代後期になると、内蒙古中南部の海生不浪《かいせいふろう》文化と遼西の小河沿《しょうがえん》文化において、土器に相互関係が認められるのである。小河沿文化は極東平底土器文化圏に属しており、その文化圏の特徴である筒形罐が存在する地域である。これに対して、内蒙古中南部は、新石器時代中期まで一貫して筒形罐が存在しない地域であった。

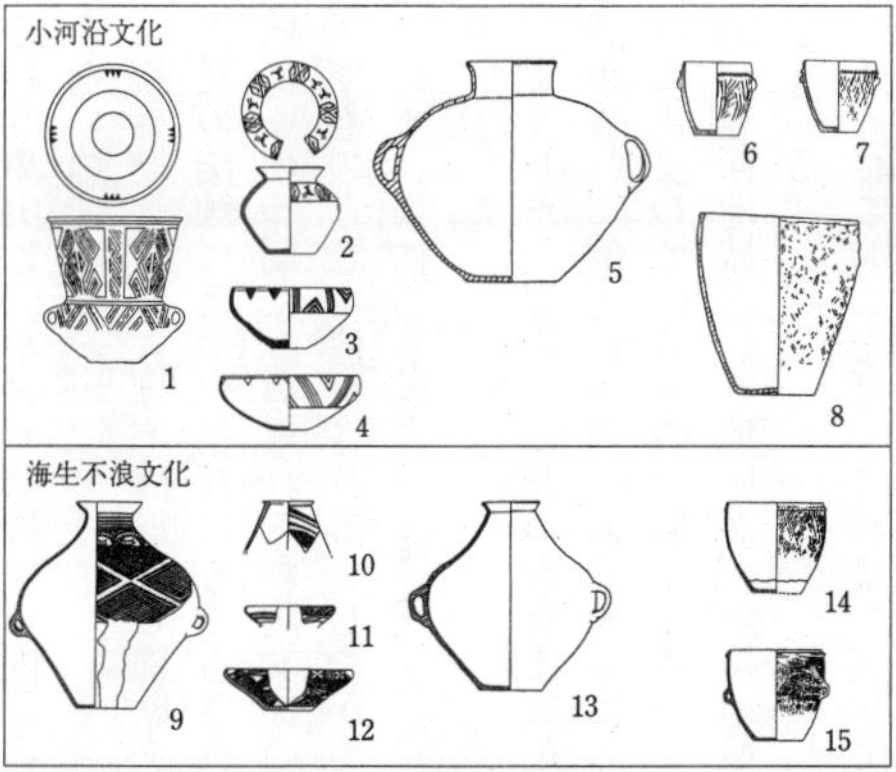

内蒙古中南部と遼西の土器の比較　1〜8小河沿文化（遼西地域）9〜15海生不浪文化（内蒙古中南部）

ところが海生不浪文化に至ると、この地域でも筒形罐が出現することになる。これまで筒形罐は系譜上この地域に存在しないことから、隣接する遼西地域からこの土器がもたらされたと判断せざるをえないのである。一方、遼西においてもこの段階に変化が起きる。筒形罐にこれまで存在していなかった縄蓆叩き、すなわち縄蓆文が施されるようになるのである。縄蓆文は、内蒙古中南部では、石虎山文化後半期から一般化する文様で、縄蓆叩きという土器製作技術で製作されるものである。この地域ではすでに古い段階から継続的に存在しているものであった。この縄蓆文の発生が必然性をもたない遼西に存在するという事実は、やはり隣接する内蒙古中南部との接触によって導入されたものと考えざるをえないのである。

言い換えるならば、筒形罐と縄蓆文は遼西と内蒙古中南部という隣接した地域において、相互の接触によって相互にもたらされた文化融合を示しているのである。その意味で、両地域にこの時期に認められる彩陶文様の文様構成は類似しており、これも相互接触の可能性を示すものとして注目される。したがって、この段階はこれまで存在しなかった新たな文化交流あるいは情報交換を可能にする情報帯が内蒙古中南部と遼西において認められるのである。

こうした土器様式に認められる文化交流は、内蒙古中南部と黄河上流域（甘青《かんせい》地区）にも認められ、例えば土器の器種構成における小口双耳罐や双耳罐・単耳罐などは、これらの地域に普及しているものである。そのように見ていくならば、まさに黄河上流域、内蒙古中南部、遼西地域という地域が、隣接地域を相互に繋ぐ情報帯を次第に形成していったことを示している。

さらにこのことは、これまで述べてきた生業形態に関して、牧畜型農耕社会と考えられる地域において、共通の情報帯が形成されたことを意味している。社会経済の類似のみならず、同じ情報帯を有する文化的な交流圏としてこの地域を把握することができる。私はこれらの地域を、戦国時代以降北方の遊牧民族と農耕民である漢民族が対峙する場所であり、象徴的な長城が形成される地域として、長城地帯と呼び分けている。この長城地帯こそが新石器時代後期以降、次第に社会経済的にも文化的にも長城以南の人々と乖離していくのである。

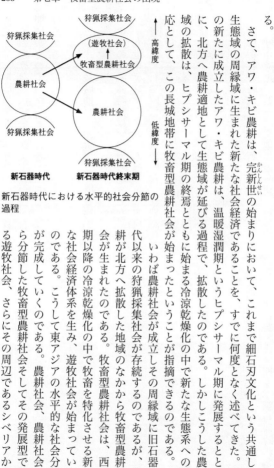

さて、アワ・キビ農耕は、完新世《かんしんせい》の始まりにおいて、これまで細石刃文化という共通した生態域の周縁域に生まれた新たな社会経済であることを、すでに何度となく述べてきた。その新たに成立したアワ・キビ農耕は、温暖湿潤期というヒプシサーマル期に発展するとともに、北方へ農耕適地として生態域が延びる過程で、拡散したのである。しかしこうした農耕域の拡散は、ヒプシサーマル期の終焉とともに始まる冷涼乾燥化の中で新たな生態系への適応として、この長城地帯に牧畜型農耕社会が始まったということが指摘できるのである。

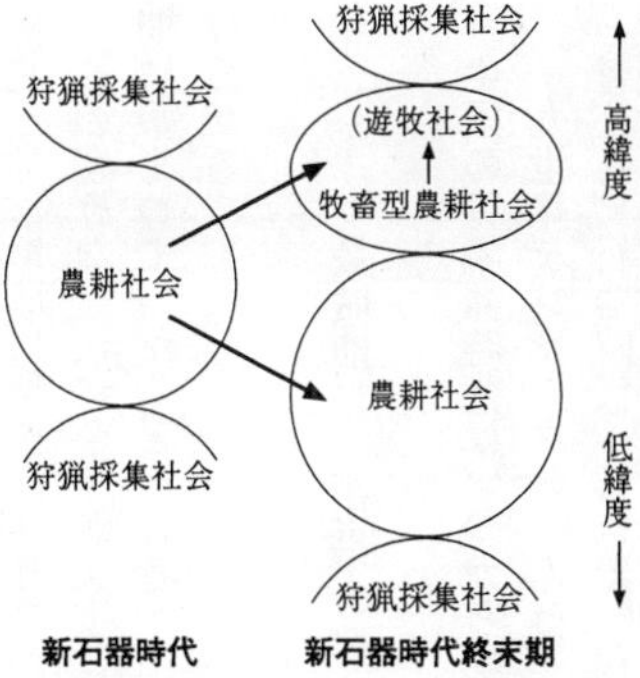

新石器時代における水平的社会分節の過程

いわば農耕社会が成立しその周縁域に旧石器時代以来の狩猟採集社会が存続するのであるが、農耕が北方へ拡散した地域のなかから牧畜型農耕社会が生まれたのである。牧畜型農耕社会は、西周期以降の冷涼乾燥化の中で牧畜を特化させる新たな社会経済体系を生み、遊牧社会が始まっていくのである。こうして東アジアの水平的な社会分節が完成していくのである。農耕社会、農耕社会から分節した牧畜型農耕社会そしてその発展型である遊牧社会、さらにその周辺であるシベリアから極北と熱帯地域に狩猟採集社会が形成されたのである（前ページの図）。

このような近代に至る無文字社会民を含んだ地理的な社会分節が、すでに新石器時代終末期に始まっていたことを読者が知るならば、先史時代研究の重要性を改めて実感していただけるだろう。

長城地帯文化帯の形成と青銅器

中国の青銅器時代はいつから始まるか

一九世紀デンマークのトムセンは、古代の遺物は素材の変化によって三時期に区分されると考えた。石器時代、青銅器時代、鉄器時代というふうに時代変化していくとする有名な三時代法である。その後、イギリスのジョン・ラボックによって、石器時代は旧石器時代と新石器時代に区分される。そして、新石器時代から青銅器時代へと変化するのである。中国考古学では、青銅器時代とは二里頭文化期以降の殷周時代を指す。

長城地帯が文化的なまとまりを明瞭に表すのは、青銅器時代すなわち二里頭文化期以降である。ところで、中国大陸における青銅器はいつ頃から出現するのであろうか。

実は新石器時代にすでに断片的な青銅器の存在が発見されている。北京大学の厳文明《げんぶんめい》教授は、社会進化が進み農耕地帯の各地で首長制社会が進む新石器時代後期を、新石器時代という名称から区別して、青銅器の存在をもって金石併用期と呼称している。しかし、この段階の青銅器は、後に述べる二里頭文化期以降のような青銅の容器はまだ出現しておらず、刀子《とうす》というナイフの一部や錐《きり》といった簡単な工具や垂飾具のような装飾品あるいは形態不明な断片に限られている。本格的な青銅器時代というにはほど遠く、青銅器そのものが実用具としてもそれほど社会的価値が見いだされていない段階といえよう。しかも銅と錫の合金である青銅だけではなく、銅そのものを敲《たた》いて成形した純銅なども認められる。さらに西北地域では中央アジアに多いヒ素混じりの銅を素材としている場合も見られる。技術的にまだ発展し

新石器時代における青銅器の拡散（佐野2004より）中国では青銅器は西北地域に始まり、その後、黄河中流域でも認められるが、二里頭文化期には長城地帯と黄河中流域ではその内容を異にしていく

た段階に達していないのである。

一方、西アジアやヨーロッパでは青銅技術は東アジアより古い段階から発達しており、西アジアでは紀元前六〇〇〇年以前から銅が使用され始めている。またバルカン地方では紀元前四〇〇〇年には双笵《そうはん》による銅製の斧が出現しているのである。

中国大陸では新石器時代中期後半から後期前半の仰韶文化期（甘粛彩陶文化期）から青銅器の存在を示す資料が見られる。渭河流域の姜寨遺跡ではこの時期の管《かん》や破片が発見されているが、仰韶文化半坡期の資料であり、これが確実な例であれば、中国最古の例である。しかし、その素材は真鍮からなっており、真鍮という技術がかなり後世にならないと出現しないことから、この資料の年代に疑問を投げかける研究者も多い。

確実な例でいえば、黄河中流域というよりは黄河上流域に資料が多い。そのうち甘粛省東《とう》郷族自治《きょうぞくじち》県林家《けんりんか》遺跡では馬家窯文化馬家窯類型の段階に青銅製の刀子が出土している。その他の例は青海省同徳県宗日《どうとくけんそうじつ》遺跡の垂飾や環などの装身具で、宗日文化と呼ばれ、馬家窯文化に相当する段階とされる。こうした仰韶文化期の類例は黄河上流域の場合、五遺跡にも上っている。

西アジアさらにそれに隣接する中央アジアの方が青銅技術が古い段階から始まっており、さらに東アジアでも黄河上流域という西北地域に古い段階の資料がまとまっているところから見れば、青銅器や純銅の技術はユーラシア大陸を伝わって西からの文化交流で東アジアにもたらされた可能性が高いと私は考えている。

新石器時代後期になると、刀子や錐といった簡単な工具と装身具が黄河上流域に集中して発見されるが、黄河中流域や黄河下流域でも銅片が出土し、黄河流域に簡単な青銅器が広がっていることがわかる。

　こうした状況が大きく転換するのが新石器時代が終わった二里頭文化併行期である。この時期には、黄河流域のみならず、内蒙古中南部、遼西といった地域にも青銅器が認められる。この時期の青銅器は器種が増加し、刀子や錐以外にも斧《ふ》・鑿《さく》や矛《ほこ》が黄河上流域の甘青地区のみならず新疆においても認められる。こうした工具や武器以外に腕輪、耳輪、泡《ほう》といっ

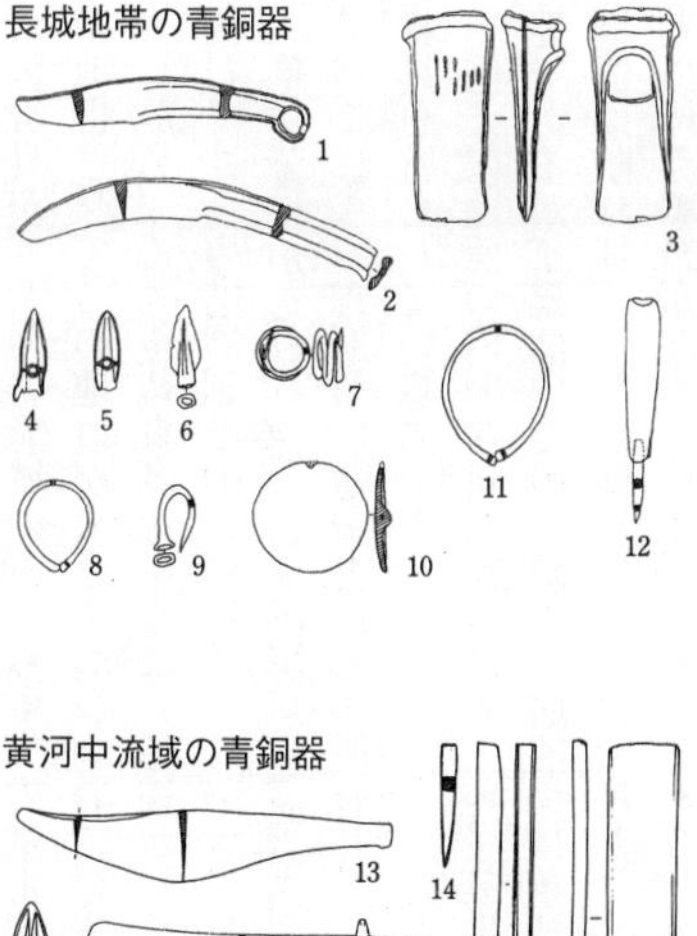

長城地帯と黄河中流域の青銅器の比較（1〜12甘粛省火焼溝遺跡、13〜21二里頭遺跡）
1、2、13刀子　3、16斧　12、14錐　15鑿
4、5、6、17鏃　7指輪　8、9耳輪　10泡
11腕輪　18鉞　19戈　20斝　21爵

た装身具が、黄河上流域のみならず、内蒙古中南部、遼西に共通して見られ、この段階に長城地帯としてこの地域が大きく結びついていることが認められるだろう。

しかし、これら装身具を中心に共通性が見られる長城地帯においては、これらの青銅器が決して社会の階層制と結びついているわけではない。

墓葬分析から見れば、墓地内での墓壙や副葬品の多寡などから見られる社会階層において、これらの青銅器は階層上位者が所有しているだけではなく、階層下位の被葬者も青銅装身具を所有しているのである。

例えば遼西の内蒙古自治区敖漢旗《ごうかんき》大甸子《だいでんし》墓地は、二里頭文化期に併行する夏家店《かかてん》下層の墓地であるが、集団内での明瞭な階層関係は墓地の配置や副葬品などに現れているものの、青銅器に限ればこうした階層構造とは対応していない。銅製の耳輪や指輪はむしろ女性の被葬者に伴う場合が多く、性差を反映しており、威信財とは見なしがたい。したがって長城地帯においてはこのような青銅器生産や青銅器においては情報が共有されていて、同じような青銅器生産を行っていたが、青銅器は決して威信財としては利用されていなかったのである。

これに対して、黄河中流域は異なった動きを示すのである。新石器時代後期までは青銅片が確認されるに過ぎなかった黄河中流域であったものが、二里頭文化期になると刀子や錐などの工具あるいは鈴《れい》のような楽器以外に、二里頭文化三期以降には戈《か》や鏃《ぞく》といった武器、さらには斝《か》や爵《しゃく》のような青銅礼器が生産されるようになる。とくに青銅礼器は一般的な双笵《そうはん》では生産できない技術的には進化したものであり、長城地帯では全く見られないものである。

さらにこうした青銅礼器を中心に階層上位者の墓のみに埋葬される現象が見られる。すなわち青銅器副葬が階層構造の規範と対応しており、階層標識になっているのである。威信財として青銅礼器が使われているのである。まさにこの点が、長城地帯の青銅器とは異なった社会的な受容がなされているといえる。そしてまた、青銅礼器を中心とした位階システムを取り入れた黄河中流域は、長城地帯とは異なった青銅器文化を展開することになる。

一方で、青銅短剣や装飾品を中心とした長城地帯が一つの文化的なまとまりとして、牧畜農耕社会を、そして後には遊牧社会を展開していくことになるのである。

これに対して、青銅礼器を中心とした祭儀システムを展開する黄河中流域は、殷周社会の母胎として農耕社会の道を歩むことになる。新石器時代後期以降に農耕社会から牧畜型農耕社会が分離し、長城地帯が社会的にも文化的にも黄河中・下流域とは分離していく状況が、青銅器の発達と受容においても見てとれるのである。

鬲社会と非鬲社会

鬲の伝播から分かる、来歴と受容の秘密

農耕社会と牧畜型農耕社会が分離する新石器時代後期には、また別の現象が認められる。鬲《れき》という三足をもった煮沸具が、農耕社会と牧畜型農耕社会の接触地帯に出現するのである。鬲は、同じ三足器である鼎《てい》と違い、三足部分が中空になっている点が特徴となってい

る。この中空の足は、鬲が出現する前には斝《か》というやはり三足器に認められる。

鬲の出現に関しては、この斝やあるいは渭河流域の仰韶文化に見られた尖底器が起源と考えられる場合がある。起源論に関しては未だ明確ではないが、少なくとも鬲の型式から見れば、渭河流域から内蒙古中南部と、内蒙古中南部から山西省中部（晋中）・北部（晋北）という二系統が見られる。その鬲の二系統とは単把《たんぱ》鬲《れき》と低頸鬲《ていけいれき》である。

単把鬲とは、文字通り一つの把手が付いていることに特徴がある。低頸鬲は、後の殷代に普遍化する、鬲の祖型ともいうべきものである。単把鬲は渭河流域から内蒙古中南部、低頸鬲は内蒙古中南部から山西省北部に認められる。いわば農耕社会と牧畜型農耕社会の接触地帯においてこうした鬲が生まれていったということができるであろう。さらに単把鬲は黄河中流域の斉家文化に広がる。低頸鬲は太行《たいこう》山脈を越え太行山脈東麓に広がり、かつ山西省南部にまで広がっていく。

これまで鬲は殷代における基本的な器種であり、とくに墓葬の副葬品の基本的な土器であるところから、殷王朝の政治的な広がりと殷様式の鬲の広がりとが同一視されてきた。いわば殷周社会の範囲に土器からラベルを貼る絶好の材料と見なされてきた。それ故、鬲という土器器種を過度に注目しすぎたきらいがある。とくに北京大学の厳文明教授が鬲をして中華文明の核と見なしたことから、いっそう拍車がかかっている。

ところでこうした予見をはずして鬲の生成と広がりを見ていくならば、どうであろう。新石器時代が終焉して二里頭文化、二里岡文化へと黄河中流域すなわち中原での文化様式が変化していく。この内、二里頭文化は鬲を基本的にもたない鼎を主体とする文化様式であり、後に北方の接触地帯との交流の中で鬲を受容していく。

一方、二里岡文化は鬲を基本的な器種としているが、二里岡文化は太行山脈東麓に位置する先商《せんしょう》文化を母胎として生まれたものである。先に述べたように、内蒙古中南部から山西省北部（晋北）に生まれた低頸鬲が広がり受容した地域が、先商文化であったのである。すなわち受容された鬲を基本土器構成とした先商文化が、発展して二里岡文化になったのである。しかもこの二里岡文化が殷王朝前期に相当する文化であるところから、鬲が殷文化の範囲を示すものとして理解されているのである。

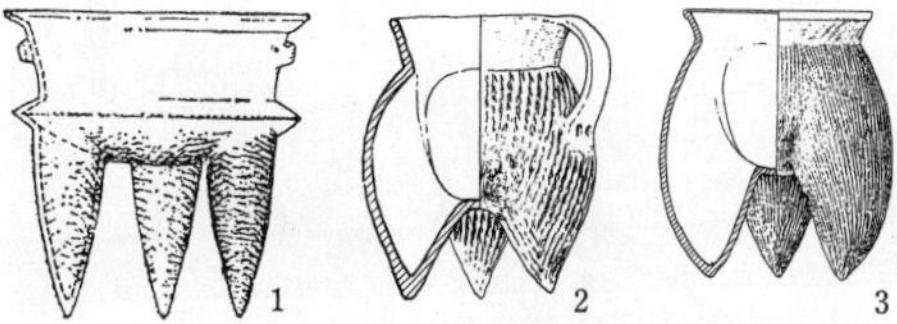

斝と鬲　1斝（陶寺遺跡）　2単把鬲（山西省杏花村遺跡）　3低頸鬲（杏花村遺跡）

すでに鬲の来歴を示したように、鬲は当初決して政治領域を示すようなものではなく、牧畜型農耕社会と農耕社会の接触地帯に新たな生活様式への適応で生まれたものであったのである。その意味では、鬲がその後、遼西の夏家店下層文化、嫩江流域の白金宝《はっきんほう》文化、第二松花江《しょうかこう》上流域の西団山《せいだんざん》文化など中国東北部へ広がっていくのは、決して殷文化の広がりとしては理解できない。やはり、長城地帯としての文化的あるいは情報交換の一体化の動きとして、新出の器種である鬲が受容されていったというふうに理解できるのではないだろうか。

窰洞式住居　山西省石楼県岔溝遺跡3号住居址（左図）とその復元図（右図）

一方で、黄河下流域の山東においても山東龍山文化後期やその後の岳石文化の段階に鬲が受容されている。これは太行山脈東麓に広がった鬲が、さらに接触する山東地域へと拡散していったということができるであろう。

ところで、鬲が出現した地域は、渭河流域から内蒙古中南部、山西省中部（晋中）地域といった牧畜型農耕社会と農耕社会の接触地域であった。ところで、新石器時代後期以降の冷涼乾燥化に適応した住居構造として、地面に穴を掘って住居とする窰洞《ようどう》《ヤオドン》式住居がある。この窰洞式住居も、黄河の上流域から鬲が出現していった渭河流域、内蒙古中南部、山西省中部に見られる。さらにこの住居構造は山西省南部や河南省北部あるいは太行山脈東麓から遼西にまで分布している。まさしく鬲の広がりと同じ動きを示しているのである。

また同じようなモノの動きとして、卜骨《ぼっこつ》が挙げられる。第九章で詳述するように、卜骨は黄河上流域から鬲が出現していく牧畜型農耕社会と農耕社会の接触地帯に、新石器時代後期から発達する。卜骨は黄河上流域で新石器時代中期末に出現しており、その発信源は西北地域にある。西北地域は、先に議論したように青銅器という新出技術の発信源である可能性を述べた。

コムギは一体いつ中国で栽培されだしたのか

この他の新しい文化要素として注目できるのがコムギである。コムギなど穀類を粉にしたものは、現在中国では「面」と呼ばれている。中国のレストランで料理を注文した人なら誰でも経験することであるが、注文の最後に主食は何になさいますかとウェイターやウェイトレスから尋ねられる。その人の好みであるが、ご飯あるいは餃子やラーメンと答える人が一般的であろう。餃子やラーメンあるいはマントウなどは、現代中国語の「面」に属し、コムギが原材料である。コムギである「面」は現代中国人の主食であり、それも華北など北方の人たちの主食である。

華中以南の南方人の主食は、ご飯と決まっている。新石器時代の農耕は、華中がイネであり、華北がアワ・キビであった。そのアワ・キビに代わって、華北ではコムギが現在の主食である。その意味でも、コムギが中国大陸にいつ出現し普及するかは、大問題であるといえよう。ちなみに現在の日本では、ご飯とともにコムギを材料とするうどんやラーメンが存在する。中国北方の主食である「面」と南方の主食であるコメを兼ね備えている。現代日本人は中国の南北両文化を共有しているということもでき、東アジアの共通文化を享受しているのである。

コムギはこれまで龍山文化期に出現した可能性が存在していた。例えば、山東省兗州県西《えんしゅうけんせい》呉寺《ごじ》遺跡のコムギである可能性のある花粉や陝西省武功県趙家来《ぶこうけんちょうからい》遺跡のコムギの藁の例である。しかしこれらは種実ではない例であった。

確実なコムギの種実が出土したのは、甘粛省民楽県東灰山《とうかいざん》遺跡からである。ここではコムギだけではなくオオムギも出土している。しかし、その年代は四壩《しは》文化段階であり、中原でいう二里頭文化併行期であり、龍山文化より新しい段階である。しかし、近年山東半島においても山東龍山文化の茌平県教場鋪《じんへいけんきょうじょうほ》遺跡や日照県両城鎮遺跡においてコムギが水洗浮遊選別法《すいせんふゆうせんべっほう》によって発見されている。確実に新石器時代後期に山東半島でコムギが栽培されていたことが明らかとなったのである。また、中原の河南省洛陽市皀角樹遺跡においても二里頭文化期にコムギが存在することが明確化している。このことも、上記した事実を裏書きしているのである。

かつて熊本大学の甲元眞之《こうもとまさゆき》教授は、新石器時代末期から殷代に石鎌が普及する事実と、コムギの存在が結びつくという仮説を出されているが、このことが裏付けられつつある。

ところでコムギの野生種は中国大陸には存在しない。コムギは西アジアのレバント地方で新石器時代初期に栽培化されたものが、ユーラシアを広がっていく。

中国でのコムギの出現もユーラシアステップ地帯を媒介として西北地域から流入してきたと想定するのが最も妥当であろう。まるで青銅器の伝播現象と同じくするかのごとくである。牧畜型農耕社会が長城地帯に成立する段階と時を同じくして、コムギが流入していくとすれば、冷涼乾燥気候に適応した新たな栽培穀物であったということができるのではないだろうか。そしてさらにこの時期に出現し華北に広がっていく鬲という新しい土器器種も、こうしたコムギの広がりとその調理具の広がりが一致する動きとして捉えられるかもしれない。さらに卜骨の広がりというものも、コムギや牧畜の広がりと呼応した新しい農耕祭祀である可能性があるのではないだろうか。

第八章　地域間交流と社会の統合

社会的威信と交流

彩陶の交流から読む、彩陶の威信財としての役割

話を農耕社会の進展に戻したい。農耕社会は社会組織が次第に複雑化する過程にあった。それぞれの地域の社会発展の状況は第五章で詳しく述べたが、そこでは諸地域の固有の発展を力説した。しかし、個々の地域は個別の社会発展を示しつつも、次第に固有の地域圏を超えて、交流が始まっていく。

この交流とはモノの等価交換である交易というよりは、特殊で滅多に手に入らないというプレミアが付くものの入手であったりした。何よりも、こうした特殊な物質は、社会の階層化に応じて階層上位者が手に入れるものとなった。

しかも、特殊でプレミアの付いたものを持つことこそが、社会的なリーダーであることを衆目に認めさせることになったのである。そしてまた、特殊なものを持つことは、他地域の人々との交流を示すものであり、そのこと自体が集団内での尊敬を勝ち得ることになったのである。

こうした現象の実例は、例えば新石器時代中期である山東の大汶口《だいぶんこう》文化前期に認められる。大汶口文化は、山東地域に出現する固有の地域文化であるが、一方ではこの時期にこの地域に存在しない彩陶の盆や鉢が認められるのである。

この彩陶盆・鉢とは、同じ時期に黄河中流域の仰韶《ぎょうしょう》文化廟底溝《びょうていこう》類型で一般的に見られるものである。器面に白色スリップを掛け、紅彩や黒彩で花弁文や回旋鉤連文《かいせんこうれんもん》などが施されるものである。また、仰韶文化廟底溝類型の彩陶とは、明らかに異なる五角星紋というこの地域独自の文様も見られ、仰韶文化廟底溝類型の彩陶を受容しながら、この地域で独自な開発がなされた彩陶盆も存在する。

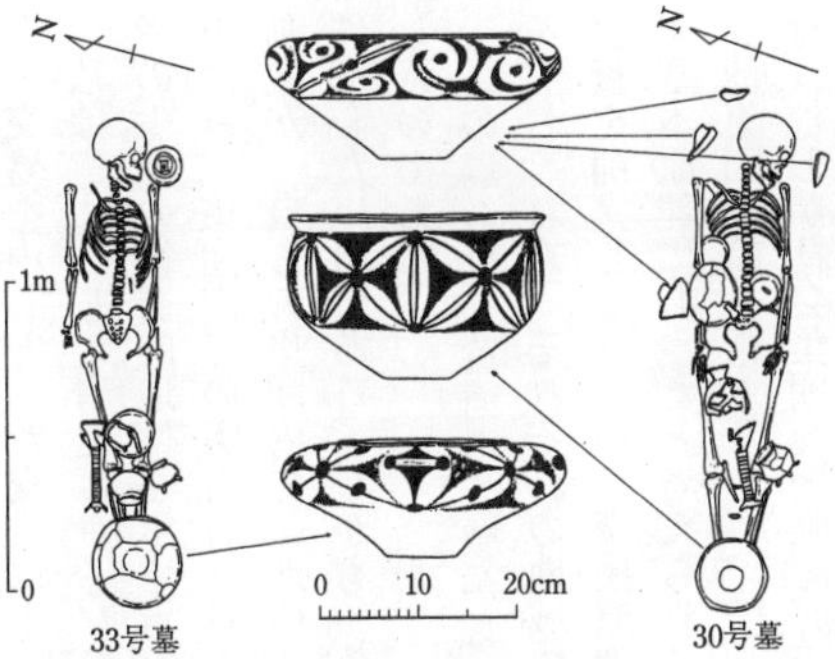

大汶口文化における彩陶と墓葬への副葬　大墩子遺跡30・33号墓（西谷1991より）

さて、こうした彩陶は、山東の大汶口文化の場合、住居などの日用土器として使用された痕跡はなく、もっぱら墓の副葬品としてのみ使用されている。しかも、これらの彩陶が納められる墓は、副葬品が比較的多い裕福な墓にのみ限られている。

そこでこうした現象から、国立歴史民俗博物館の西谷大《にしたにまさる》氏は、彩陶が集団内の権威の象徴として取り扱われたとみる。そしてその背景を人の移動ではなく、交易を中心とした交流によってもたらされた現象であると考えた。

私は、こうした考えにさらに踏み込む意味で、他地域で作られた彩陶を持つことが、被葬者の生前の社会的地位を示す点から、他地域との交流を行っていることが、集団内での尊敬を生み、集団内での実力者と見なされると考えるのである。この場合、他地域と交流を行う動機が、自らの集団内での地位に反映している、あるいはその地位を保証するものであると理解したいのである。しかも、その際に他地域からの贈与という一方向的な行為がまず存在したのである。

この場合は、黄河中流域から彩陶が贈与されるという行為が基となっていると考えられる。おそらく、それぞれの地域で固有に発展していく先史社会にあって、交流というものが物資を補完しあうという交換原理から始まったとするよりは、集団間を関係づける贈与がまず基本原理にあったと考えられるということである。

他集団と誼《よしみ》を結ぶために、惜しげもなく贈与がなされるのである。異質な集団との交流を行うことが社会集団の緊張と好奇を生み、その執行権が集団内の実力者にあるということにより、また社会集団の組織化が進んでいくのである。交流こそが、集団の社会的な成長に大きく寄与したのではないかと思われるのである。読者には、先史社会を解釈するにあたって、現在のわれわれが持つ消費社会的な損得感の経済的価値観を振り払って、想像していただきたい。

同じような、交流によって生まれるものが、石鉞《せきえつ》である。石斧《せきふ》の基部側に円孔《えんこう》があけられるものであり、有孔石斧ともいう。本来は石斧と同じ工具であったものが、次第に武器として使われたり、武威を反映した権威を象徴する威信財に転換していく。このような工具ではなくなった段階の有孔石斧を正しくは石鉞と呼ぶべきであるが、形態変化から明確にその区分を示すことは難しい。ここではすべてを石鉞と呼んでおく。

石鉞を分析した九州大学大学院生の濱名弘二氏によれば、石鉞を墓の副葬品とし、被葬者の社会的地位を示す威信財として利用され始めたのが長江下流域であり、石鉞の副葬が長江下流域に始まり、その風習が黄河下流域へと広がったとする。石鉞が長江下流域で社会的な威信を示すようになった背景は、石材の安定的な供給とその再分配に、社会集団のリーダーが関わっていたことによるものである。さらにこの段階以降に社会集団内での社会階層の格差が広がっていくことと相関して、石鉞の副葬が活発化していく。

外来集団との交渉権こそ指導力

では、なぜに黄河下流域にこうした石鉞の副葬行為、しかもそれは階層上位者と対応した威信財として文化伝播したのであろうか。こうした現象は、例えば山東省兗州県《えんしゅうけん》王因《おういん》《ワンイン》墓地の墓葬に示される。王因墓地は、大汶口文化前期の墓地であり、紀元前四三〇〇年から紀元前三五〇〇年ぐらいにかけての墓地である。この段階の墓地は、第五章でも述べたように、副葬品の数や墓壙の大きさにそれほどの格差がなく、次第にそのような格差が形成されようとする段階である。基本的には大きな階層差の存在しない等質的な社会組織であることが、墓地の様相からも見てとることができる。

こうした墓地が、墓どうしの破壊（切り合い）関係や副葬土器の型式差から、大きく三段階に分けられている。すなわち大汶口文化前期をさらに前葉・中葉・後葉というふうに分けることができるのである。このような大汶口文化前期内での細分によっても、次第に墓壙の大きい墓や副葬品の多い墓が出現するといった、階層格差が広がる萌芽的な状況が理解されるのである。

ところで、この王因墓地においても黄河中流域に産する彩陶盆・鉢が副葬品として使われている。また、長江下流域でより古い段階に始まる石鉞の副葬も始まっている。この他、長江下流域に特徴的な高坏《たかつき》である豆《とう》も副葬品に加わるようになる。豆の器形や豆脚部の透かし孔の形や透かし孔を持つ伝統は、長江下流域の崧沢《すうたく》文化のものとよく似ており、豆も長江下流域との交流の結果もたらされたものの可能性が高い。

さて、すでに述べた彩陶は、黄河中流域では墓からも住居址からも出土し、生活のさまざまな部分で利用されていたと判断される。しかし、黄河下流域の大汶口文化ではほぼ墓のみからしか出土しない。これは、その出土量が少ないこととともに、彩陶が大汶口文化地帯では貴重なものとして扱われていたことを物語っている。同じことは、他地域からもたらされた石鉞や豆においても当てはまる可能性がある。

彩陶、石鉞、豆といったそれぞれ黄河中流域や長江下流域がその産地であったものが、山東に何らかの理由でもたらされているのである。こうした外来産の品物が、墓葬内では副葬品が多い墓とともに組み合わさっている。富裕層のみがこうした外来品を副葬品として持つことができるのである。

ここで断っておきたいが、こうした外来品は必ずしも外地で作られたもののみが、王因墓地へもたらされたわけではない。品物の出自は外部にあるが、その生産地は王因墓地の構成員たちによってなされている場合も多いのである。すなわち自家生産である可能性が高いといえるのである。

まさに他集団や他文化に由来するものを持つことが、王因墓地集団の階層上位者や富裕層を意味することは、いったいどういう意味があるのであろうか。私には、外来集団との交渉を持っているという行為を、副葬品のような物質に転化して象徴しようというのが、彩陶、石鉞、豆であったのではないかと思われる。王因墓地集団は、当初、黄河中流域の集団との交渉を好み、ついで長江下流域の集団との交渉を好んだ。それに応じて外来系の品物も変化していくのである。外来集団との交渉権を持つ人こそ集団内で次第に力を得てきたということができるのではないだろうか。

交易という経済的行為よりも、他集団との交渉権を持つことがその社会内でのリーダーを生み、交流の始まりにおいては経済的な交易というものは存在しなかったと考えた方が良いのではないだろうか。経済的な交易とは互酬的なギブ・アンド・テイクの関係で成り立つはずであるが、黄河中流域の彩陶に対して山東側が提供する物質は、黄河中流域では今のところ知られていない。同じことが、長江下流域の石鉞や豆といったものの見返りである山東の品物も、長江下流域では認められない。黄河下流域の山東に出自するものが逆に長江下流域で受容される例に大口尊《だいこうそん》があるものの、この場合も長江下流域の階層上位者が大口尊を独占している。これはむしろ儀礼的な共有関係といえるかもしれない。

これらの点からすれば、新石器時代中期という社会集団が比較的等質な段階において、他地域の特定の品物がその地域の威信財的な貴重品になることは、社会集団内での他地域との接触を持つ立場にある人が、その社会内での社会的な評価を得ることを意識していたと考えられるのである。

交流とは、経済的な側面よりは、社会集団内での社会標識に大きな意味があり、このような形で交流が開始したのがその実態であったのであろう。そしてまた、このようにして他集団との交流が、その後次第に加速していくことになる。

副葬品として多用されたタカラガイの役割

新石器時代の外来系遺物として別に注目しておくべきは、タカラガイである。タカラガイは暖海産で熱帯海域に生息し、例えばキイロタカラガイは現在では台湾や海南島以南に生息している。南海産のタカラガイが新石器時代においては、黄河中流域にも見られるが、黄河上流域が圧倒的に多く集中して認められる。最も古い例は、新石器時代中期末から後期初頭の青海省大通県上孫家寨《だいつうけんじょうそんかさい》遺跡三八四号墓の副葬例である。馬家窯文化馬家窯類型にあたるが、確実な例は馬家窯文化馬廠類型の青海省楽都県柳湾《らくとけんりゅうわん》遺跡八七三号墓や九一六号墓の副葬例であろう。続く新石器時代後期後半の斉家文化に至ると類例はもっと増えていく。

黄河上流域という内陸部に、南海産のタカラガイがいかにしてもたらされたかということは大問題であり、これに関しては諸説ある。最も有力な説は、東シナ海を沿岸沿いに北上し、黄河下流域から中流域を通じて上流域へ伝来したというものである。

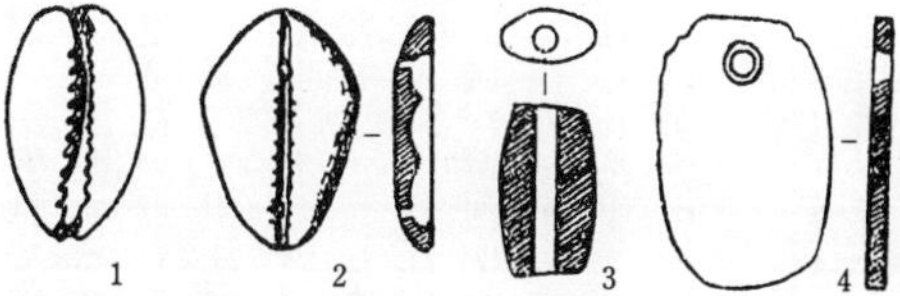
黄河上流域のタカラガイとトルコ石　1　タカラガイ（柳湾873号墓）　2　石製タカラガイ（柳湾765号墓）　3　トルコ石製管玉（柳湾1144号墓）　4　トルコ石製垂飾具（柳湾1200号墓）

その伝来ルートの真偽はともかく、タカラガイやこの地域に産出しないトルコ石が、外来品として、この地域の社会では貴重品であり、これを装身具として持つことには社会的な意味合いがあったのである。このようなタカラガイやトルコ石も上記してきたような、他集団との交流を持つという社会標識としての意味合いが強かったと思われる。

後にタカラガイは、二里頭文化期以降さらには殷代以降に墓葬の副葬品として多用される。新石器時代に外来品として付与された社会的意味が、幾分変容しながらも殷周社会において重要な威信財になっていったのである。

ところで、地域文化が個々に発展していく過程を第五章で述べてきたが、独自に発展した地域においても、近接地域間から次第に交流が始まっていく。この過程を示すものが、各地域に展開する土器構成の変化である。二七五ページの表に示したのが、第五章で説明してきた地域における土器構成の時間的な変化である。ここではわかりやすく説明するために、土器の器種をなるべく簡略化して述べている。専門家の方にはやや物足りない点もあろうが、御寛恕いただきたい。

表でまず注目すべきは鼎《てい》である。黄河中流域（あるいは淮河上流域）で、鼎が新石器時代前期に出現するが、これが次第に黄河下流域、長江下流域、長江中流域と隣接地域間での接触によって広がっていく過程が理解できるであろう。

逆に、長江中流域の新石器時代前期に出現した豆《とう》（高坏《たかつき》）は、次第に長江下流域、黄河下流域、黄河中流域というふうに時代を追って拡散している。

一方、山東地域である黄河下流域において新石器時代中期にいち早く開発された酒器の鬹《き》は、黄河下流域という立地の特性からしても、一方では長江下流域から長江中流域へ、一方では黄河中流域からその上流である渭河《いが》流域へというふうに、次第に広がっているのである。

同じく新石器時代中期に黄河下流域で開発された大口尊も、長江下流域から長江中流域へと伝播していく。さらに前章でも述べた鬲《れき》という新しい器種は、新石器時代終末期に長城地帯との接触地帯で広がっていく器種であるが、渭河流域、黄河中流域北部、黄河下流域の一部に認められる。

ここで注目すべきは、新石器時代終末期の鬲を除いて、新石器時代後期には、各地域で独自に開発された土器器種が、渭河流域から黄河中・下流域、そして長江中・下流域といった

	渭河流域	黄河中流域	黄河下流域	長江下流域	長江中流域
前期					釜、壺、鉢
	罐(三足)、壺、鉢	鼎、罐、壺、鉢	釜、壺、鉢		釜、壺、鉢、豆
中期	罐、壺、鉢、尖底瓶	鼎、罐、壺、鉢	鼎、釜、壺、鉢	釜、壺、鉢	釜、壺、鉢、杯、豆
			鼎、壺、鉢、尊、鬹、杯、豆	釜、鼎、壺、鉢、杯、豆	
		鼎、罐、壺、鉢、杯、豆		鼎、壺、鉢、鬹、杯、豆	釜、鼎、壺、鉢、杯、豆
後期	罐、鼎、斝、壺、鉢、杯、豆	鼎、罐、斝、壺、鉢、杯、豆			
	鬲、斝、壺、鉢、鬹、杯	鼎、斝、壺、鉢、鬹、杯、豆			鼎、壺、鉢、鬹、杯、豆

地域社会間における土器の器種に見られる交流

広範囲な地域において、共有される事態に至っていることである。後の殷周社会の文化的範囲に相当する地域における土器器種の斉一化は、こうした地域が新石器時代後期には盛んな交流圏として、広範な情報を共有する段階に至ったことを示している。

　これは、かつてハーバード大学の張《ちょう》光直《こうちょく》教授が中国相互作用圏と呼んだ概念に相当する。また、こうした広領域の斉一性こそが、後の殷周社会の文化領域を決定する基層部分になっているのである。その意味で、前章で論じた新石器時代終末期に社会経済的に分離していく長城地帯には、鼎や鬹は広がらず、土器器種の斉一圏の外側にあることが理解できるであろう。さらに、こうした地域間交流による情報の広がりは、玉器の伝播からもうかがえる。

玉器の交流

交流の頻繁さを裏打ちする玉器の広がり

各地域には固有の玉器文化が広がっていったことは、第五章と第六章で述べてきた。猪龍《ちよりゆう》や龍といった、想像上の動物を象《かたど》った特徴的な紅山文化の玉器。玉琮や玉璧といった、神政の為の精巧な玉器が発達した良渚《りようしよ》文化。人面玉器や動物頭形玉器など他地域とは異なった玉器文化が発達した石家河文化など、それぞれの地域で特徴的な玉製品が生産され、それが同じように社会階層の広がりの中で階層上位者の権威物である威信財として、利用されたのである。

このような玉器が、各地の情報が交流しあう新石器時代後期には、それまでの生産地域を越えて拡散していく現象が見てとれるのである。

骨鏟形《こつさんがた》玉器という特異な玉器が、山東地域では大汶口文化晩期の臨沂《りんぎ》大范荘《たいはんそう》遺跡などに認められる。本来は骨製の鏟というスコップのような土木具を模して作られたと考えられる玉器であり、山東地域が最も古いものである。この骨鏟形玉器は、新石器時代後期後半の龍山文化期には、山東のみならず、黄河中流域より西北の長城地帯との接触地域である陝西省神《しん》木県石峁《ぼくけんせきぼう》遺跡でも出土している。

骨鏟形玉器はその後の二里頭文化期には、黄河中流域の二里頭文化圏内でも盛んに生産され、一般的に玉璋《ぎょくしょう》とよばれる玉器となる。二里頭文化期以降は、この玉璋が黄河流域や長江流域だけではなく、華南地域やベトナムにまで拡散していくのである。

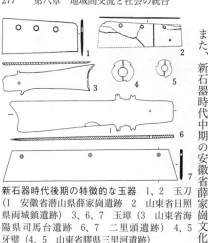

この骨鏟形玉器とともに、山東由来の玉器として牙璧《がへき》と称される玉器がある。これは有孔円盤形の璧状を呈するが、周縁に切り込みが入った手裏剣状の形態である。これも石峁遺跡で発見されており、長城地帯との接触地域までもたらされた例である。

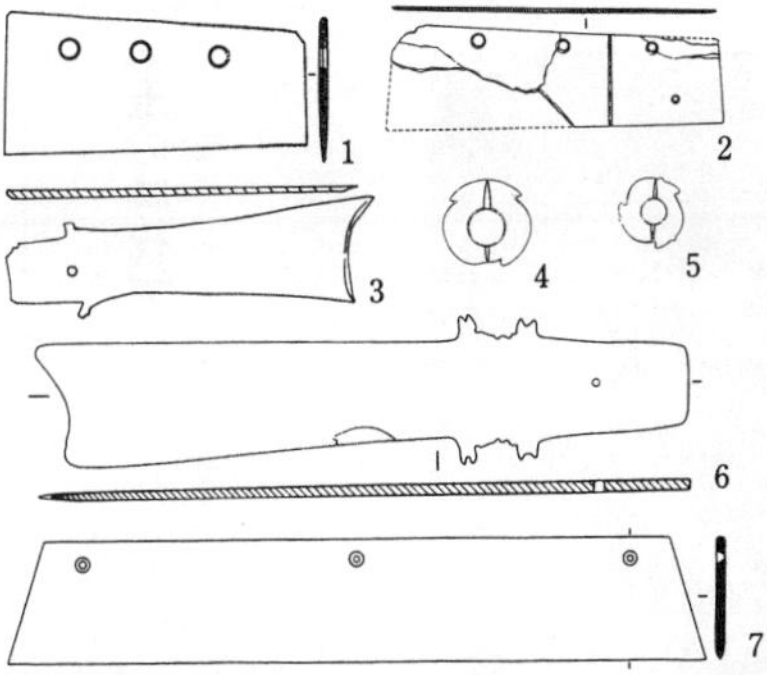
新石器時代後期の特徴的な玉器　1、2　玉刀（1　安徽省潜山県薛家崗遺跡　2　山東省日照県両城鎮遺跡）　3、6、7　玉璋（3　山東省海陽県司馬台遺跡　6、7　二里頭遺跡）　4、5　牙璧（4、5　山東省膠県三里河遺跡）

また、新石器時代中期の安徽省薛家崗《せっかこう》文化で発達する石包丁形玉器は、山東でも山東龍山文化段階に墓の副葬品などに盛んに用いられる。この石包丁形玉器は、穀物の穂摘み具である石包丁を模した玉器と考えられている。石包丁の場合、紐通しの孔が二つないし一つである場合が普通であるものの、石包丁形玉器は多孔であるところも特徴的である。石包丁形玉器はやはり龍山文化期には西北地域にまで分布が拡大している。長城地帯の接触地域である陝西省延安市《えんあんし》蘆《ろ》山峁《ざんぼう》遺跡や神木県石峁遺跡でも発見されているだけではなく、西北地域の斉家《せいか》文化の青海省大通県上孫家寨遺跡でも出土してい

【玉の時代】

①

玉は新石器時代において最も貴重なものであった。社会に階層差が生じると、玉器は次第に威信財となり、階層上位者の身分を示すものとなる。さらには祭祀具として宗教祭祀の要となり、祭祀をもって首長の権力と結びつく。そのため、各地域で独特の玉器文化が生まれていくが、それらの文化は個々の地域に存在する固有の精神文化と結びついている。遼西《りょうせい》の紅山《こうざん》文化では猪龍《ちょりゅう》と呼ばれる龍を表現した玉器が出現するが、龍の意匠は、黄河中流域においても陶寺《とうじ》文化の彩絵陶の意匠に見られるように広く認められる。長江下流域では良渚《りょうしょ》文化の玉琮《ぎょくそう》や玉璧《ぎょくへき》が固有の形態として出現するが、後には黄河中流域や上流域へと広がっていく。玉琮の神人獣面文《しんじんじゅうめんもん》は、殷代の青銅彝器の重要な文様意匠である饕餮文《とうてつもん》の祖型である。また、黄河下流域の大汶口《だいぶんこう》文化期に出現した玉璋《ぎょくしょう》は、その後、黄河中流域へ広がり、二里頭《にりとう》文化では重要な威信財となる。二里頭文化やその後の殷文化は、これまで各地で出現した玉器に代表される精神文化を積極的に吸収している。

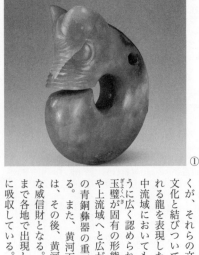

②

①紅山文化の玉龍　中国考古学界では猪龍と呼ばれるものであり、遼西の紅山文化の独特な玉器である。（遼寧省文物考古研究所蔵）**②良渚文化の玉琮**　浙江省杭州市反山12号墓出土。玉琮は方柱状をしているが、中心が円柱状に刳り抜かれている。四面に獣面文が施されている。（浙江省文物考古研究所蔵）　**③良渚文化の神人獣面文**　杭州市瑶山10号墓の玉飾。上部に神人が、下部に獣面が刻まれている。（浙江省文物考古研究所蔵）　**④二里頭文化の石璋**　河南省偃師市二里頭遺跡Ⅴ区3号墓出土。（中国社会科学院考古研究所蔵）

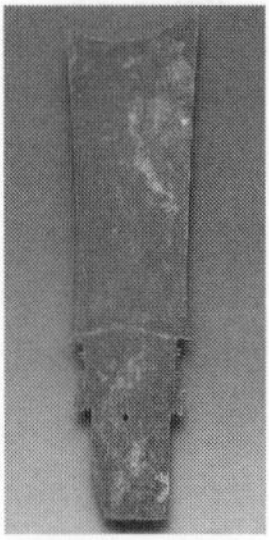

④

③

る。石包丁形玉器は、玉璋と同じく二里頭文化期には二里頭遺跡などで出土されるものである。また、石包丁形玉器は玉刀とも呼ばれる。

なお、骨鏟形玉器や石包丁形玉器という命名をなされた京都大学名誉教授の林巳奈夫《はやしみなお》氏は、最近自らの説を否定して、それぞれの祖型が骨鏟や石包丁ではないとされている。ではいったい何かとなると明確な答えはない。ここでは、こうした玉器が盛んに用いられた地域から、次第にその分布が広がっていったことを知っていただければそれでよい。

さて、中国西北地域の斉家文化に出現する玉器は、石包丁形玉器（玉刀）だけとは限らない。長江下流域の良渚《りょうしょ》文化で発達した玉琮《ぎょくそう》や玉璧《ぎょくへき》までもが、新石器時代後期後半に斉家文化分布域まで広がっていくのである。玉琮・玉璧の広がりは、良渚文化に隣接する樊城堆《はんじょうたい》文化を通じて華南地域の石峡文化へも広がることを第六章ですでに述べた。水稲農耕の広がりと軌を一にする動きであるが、玉琮は良渚文化から直接もたらされたものではなく、文様は幾分変化しているところから、石峡文化内で生産されたものであると考えられる。

この玉琮・玉璧は華南地域とともに、黄河下流域の山東、さらには黄河中流域、そして黄河上流域の西北地域まで広がるという広範な分布が確認されている。

そして、その広がりとともに、玉琮・玉璧の形態を模しつつも、文様とくに獣面文が退化消失する傾向を示しながら、形態的に地域変化していく。その意味では、玉琮・玉璧そのものが長江下流域から伝播したのではなく、玉琮・玉璧が持っている宗教的な意味を含めて広がり、そして各地域で形態変化しながら受け入れられ、生産されていったと考えるべきであろう。

同じように長江流域に由来する玉器としては、長江中流域の石家河文化に見られる玉器の移動であろう。山東由来の骨鏟形玉器や玉牙璧、あるいは石包丁形玉器、さらに長江下流域由来の玉琮・玉璧が発見された陝西省神木県石峁遺跡では、石家河文化に由来する鷹形玉笄《たかがたぎょくけい》と玉虎頭《ぎょくことう》が発見された。

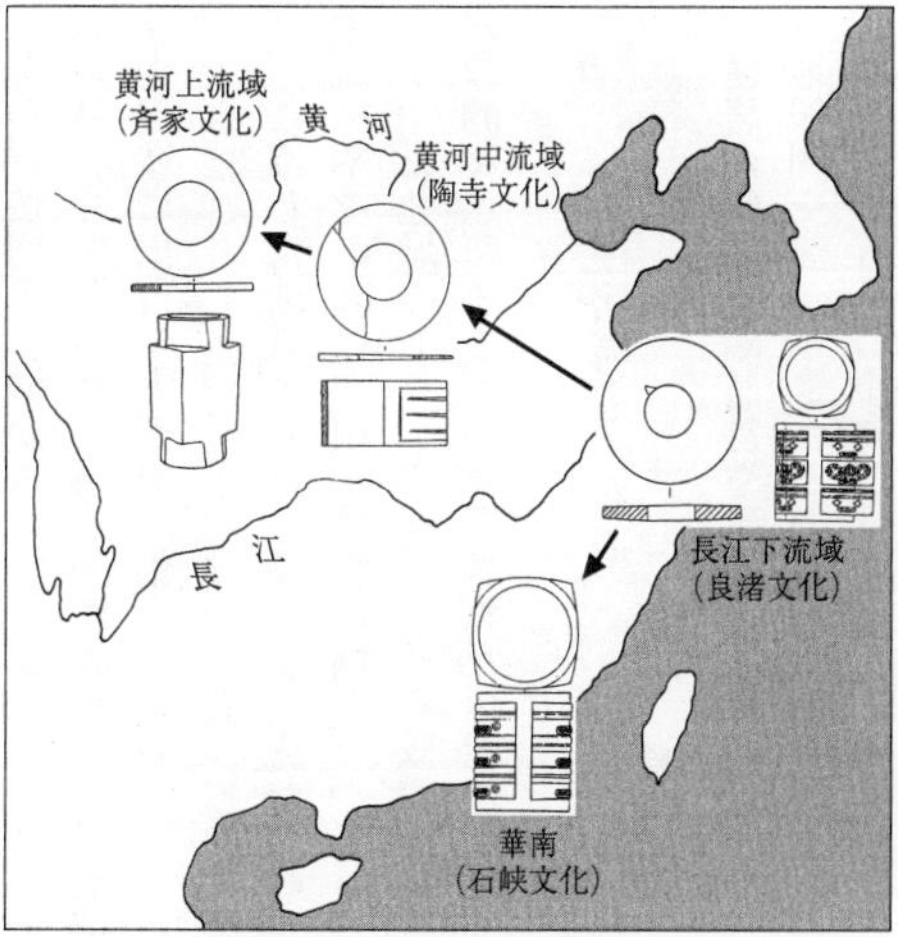

玉琮・玉璧の地域間での移動　良渚文化を核として、次第に周辺諸地域でも玉琮・玉璧の生産が始まる

京都大学人文科学研究所の岡村秀典氏はこれらを直《じか》に観察した結果、石家河文化からの搬入品であるという。石峁遺跡は、各地からもたらされたあるいは各地に出自する玉器の吹きだまりのような遺跡であり、各地域の玉器が混在している。石家河文化の鷹形玉笄は、最近になって二里頭文化二期の墓からも発見されている。

このように、各地に出自する玉器が広範に移動したり、他地域で生み出された玉器が受容され生産される状況が、黄河下流域から黄河中流域や黄河上流域に認められた。とくに黄河中流域から、長城地帯との接触地域である陝西省神木県石峁遺跡にかけては、黄河下流域、長江下流域、長江中流域に出自する玉器が集まっていた。

まさにこうした過程も、新石器時代後期後半の文化交流の頻繁さを裏打ちするものであり、こうした地域における盛んな交流が理解されるのである。そして、玉器においては黄河中流域やその隣接地域が受容地域となっている。これらの地域は、それまで玉器文化を持たなかった地域であり、玉器が単なる威信財や宝器として吸収されたのではなく、玉器の持つ宗教的な意味までもが受容された可能性が考えられるのである。

住居構造の変遷

住居が物語る階層差や建物の機能

地域間交流が示されるのは、土器や玉器といった遺物だけとは限らない。住居構造の技術的な変化にもその傾向が見てとれるのである。

われわれ日本人にとっては、先史時代の住居といえば地面を掘って、その中に木の柱を立てて屋根を構築する竪穴住居が、縄文時代、弥生時代、古墳時代と一般的であることから、東アジアの住居も同じものであると思いがちである。

しかし中国大陸の場合、竪穴住居以外の住居構造もあるとともに、この竪穴住居が極東か

	渭河流域	黄河中流域	黄河下流域	長江下流域	長江中流域
前期	竪穴		竪穴		竪穴、壁立ち
中期	竪穴、壁立ち 竪穴、壁立ち	竪穴 竪穴	竪穴 竪穴、壁立ち	高床式住居 壁立ち	壁立ち 壁立ち
後期	竪穴、壁立ち 竪穴、窰洞式	竪穴、壁立ち 竪穴、壁立ち、基壇	竪穴、壁立ち	竪穴、壁立ち	壁立ち

住居構造の地域的な変遷

ら華北に主に分布するものであり、北方地帯の住居構造であることに注目すべきである。その意味では、日本先史時代の竪穴住居も、このような大陸の北方系文化の伝統にあることを、読者は改めて気づかれるであろう。

さて、中国大陸の住居構造は、上の表にあるように淮河流域から長江中・下流域にかけては、新石器時代には、壁立ち住居が基本であった。いわゆる平地式住居であり、壁立ち部分を構成するために基槽《きそう》という溝を壁を構築する部分の地面に掘り、さらにその溝部分に木柱を立てて木舞《こまい》という壁の下地に組み渡す骨組みを構築して土壁を塗り上げ、柱や土壁で天井を支えるものである。この住居構造は、新石器時代中期に淮河流域で発達する長屋式住居の、基本的住居構造である。

一方、長江下流域では、新石器時代中期の浙江省余姚市《せっこうしょうよようし》河《か》姆渡《ぼと》遺跡や浙江省桐郷県羅家《とうきょうけんらか》角《かく》遺跡では高床式住居が用いられており、これは広東省高要県茅崗《カントンしょうこうようけんぼうこう》遺跡の例と同じように、湖沼地帯に特有の住居構造である。

他方、黄河流域以北は基本的に竪穴住居である。しかし、黄河下流域・黄河中流域や渭河《いが》流域では、両系統が交錯する形で、竪穴住居と壁立ち住居が交錯して、両系統の住居が構築される場合がある。また、竪穴住居のプランにおいても、円形住居は太行《たいこう》山脈東麓から黄河中流域や黄河下流域が主体であり、新石器時代後期には円形住居でありながら平地式の壁立ち住居に転換したり、日干し煉瓦で壁を積み上げる技術も見られる。

方形竪穴住居は、内蒙古中南部から陝西盆地が主体となる。陝西盆地である渭河流域では新石器時代中期には、方形と円形の竪穴住居が併存し、同じプランで平地式住居も見られる複雑な動きを示す。しかし新石器時代後期の渭河流域は、方形プランが円形プランより多い傾向にある。一方、遼西以北の中国東北部から極東の一部は、方形竪穴住居が一般的である。

さらに新石器時代後期には西北部を含む長城地帯からその接触地帯である黄土台地にかけて、傾斜面を洞穴状に掘ってそこを住居とする、窰洞《ようどう》《ヤオドン》式住居も出現する。この構造は、新石器時代後期の冷涼乾燥化に応じて、西北部から長城地帯あるいは黄土台地へと広がっていく。

このように、一定の地域的な住居構造の変遷や系統性というものが見られるが、新石器時代後期には、とくに黄河中流域や下流域を中心として平地式住居である壁立ち住居や竪穴住居が併存するようになる。

さらに平地式住居には、例えば河南省淮陽県平糧台《かなんしょうわいようけんへいりょうだい》遺跡のように、基壇《きだん》を構築してその上

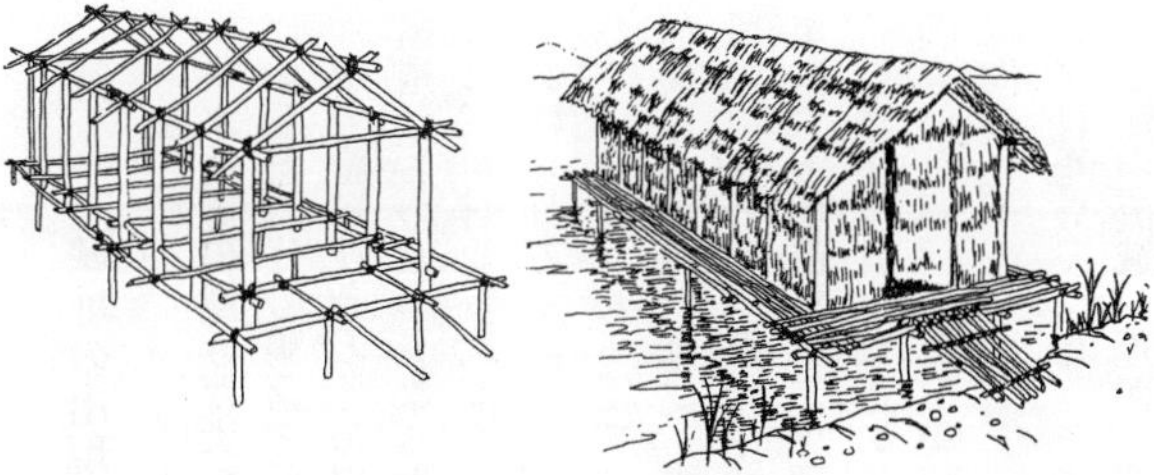

高床式住居　広東省高要県茅崗遺跡の高床式住居（左）とその復元図（右）

に建物を建てる基壇建築が登場する。これが殷周社会に見られる宮殿建築の基本構造となるのである。いわば、それまでの地域系統による住居構造あるいは住居技術というものが存在したが、新石器時代後期はそれらが融合する段階にあることは、先に見た土器器種や玉器のあり方と類似している。

こうした文化的融合過程が活発化するのが新石器時代後期であるとともに、住居構造が複合化していくのは黄河中流域にあるといえよう。すなわち基壇建築、平地式壁立ち住居、竪穴住居、窖洞式住居などである。このうち前三者は社会の機能分化に応じた機能差として住居の社会的な機能意味が異なって用いられる。とともに、居住民の階層差ということにも反映して、階層に応じた住居構造というものが生まれていく。殷代後期の都城である殷墟には、基壇建築、壁立ち住居、竪穴住居が併存するが、これはまさしくそれを使用する人々の階層差や、神殿あるいは宗廟、貴族層の居宅、一般住居、食料貯蔵庫といった建物の機能差という、社会分化を住居構造が反映することになるのである。

城址の出現と戦い

洪水防御の働きが大きい城壁の役割

新石器時代の集落といえば、環濠集落を思い起こされる読者も多いであろう。第五章や第六章で農耕社会とその周辺域の社会での環濠集落の成り立ちを、地域ごとに説明した。住居構造はおのおの異なるものの、それぞれの社会で環濠集落が出現していく。その最も早いものは、新石器時代前期である遼西の興隆窪《こうりゅうわ》文化の興隆窪遺跡、査海《さかい》遺跡、白音長汗《はくいんちょうかん》遺跡などがあげられるであろう。同じように古いものに、長江中流域の新石器時代前期の湖南省澧県《こなんしょうれいけん》八十壋《はちじゅっとう》遺跡がある。アワ・キビ農耕の中心地である黄河中流域では環濠集落は発達せず、渭河流域の陝西盆地で、新石器時代中期の仰韶《ぎょうしょう》文化半坡《はんぱ》類型に属する半坡遺跡や姜寨遺跡の段階に至って、渭河上流域の甘粛省秦安県大地湾《かんしゅくしょうしんあんけんだいちわん》遺跡では、仰韶文化史家類型段階になってやっと環濠集落が出現するようになる。

環濠集落は、集落の周りを濠で取り囲まれるところから防御的な機能を持っていることは間違いない。また、集落内部には多数の住居が集中しているところからも、イギリス新石器時代のコースウェード・エンクロージャーと呼ばれる祭祀行為を行った環濠遺跡のようなものではない。では、その防御の対象とは何であろうか。

長江中流域、遼西、渭河流域ともに、その集落構造や墓葬分析からも部族社会段階の等質的な階層社会であることを述べてきた。ということは、これらの集落内部あるいは集落間での階層格差による闘争や、集団間での摩擦は存在していない段階であると判断される。とすれば、防御機能としての環濠は、集落の周りに生息する野獣から集団民や貯蔵されている食料を守るという機能を考えるのが、最も合理的な解釈であろう。

黄河中・下流域や長江中・下流域の農耕社会において、集団内での階層格差が広がっていくのは、新石器時代中期後半段階であることを第五章で述べてきた。それぞれの地域において次第に父系血縁氏族を単位とした家系単位での階層差というものが生まれてきたことを述べた。さらにこうした社会的な階層格差は、墓地における墓葬間での階層差を示すだけではなく、例えば黄河下流域の山東でも述べたように、集落の大きさにおける格差という形でも示され始める。集落の大きさで示される拠点的な集落とその周囲を小さな集落が取り囲むという関係が出現するのである。

この過程で、集落の周りに土塁を巡らせる城が構築されていく。この城址《じょうし》には城壁のみならず、その周りにさらに環濠が巡る集落も存在する。こうした集落を城塞集落、城郭集落、囲壁《いへき》集落とさまざまな呼び方が日本の研究者間でなされている。西アジアでいえば都市遺跡ということになるが、都市と呼ぶとかなり文明化された段階という語彙上の誤解を与えてしまう。中国ではこうした集落を城址あるいは城と呼んでいる。中国新石器社会に特異な集落構造であるところから、私は中国語そのものを使って城址遺跡という呼び方を用いることにしている。

中国大陸の城址遺跡の一覧を一九三ページの表と二八九ページの表で地域別に示してみた。

さて、この城址遺跡が比較的古くかつまとまって出現するのが、第五章ですでに述べた長江中流域である。新石器時代中期から後期にかけての屈家嶺《くつかれい》文化段階に一斉に花が咲くように出現する。長江中流域の城址遺跡は、漢水流域の湖北省天門市石家河遺跡のように城壁の一辺が一キロメートル以上に及ぶ巨大なものから、直径約三二五メートルの湖南省澧県城頭山遺跡に至るまでさまざまである。しかし、他地域と比べて相対的に規模が大きいところに特徴がある。城址内部も決して平坦面だけとは限らない。この点でいうと黄河中・下流域の城址遺跡の景観とはかなり違う。

私も日中共同発掘調査に参加した湖北省荆沙市陰湘城《いんしょうじょう》遺跡は、一辺が五〇〇メートルを超える城址遺跡であったが、城址遺跡内部を横断するだけで現在の集落区と谷部や水田区を歩き回らないといけないことからも、実際以上に広いという印象を覚えている。現在でも谷部一帯は水田として利用され、やや高い緩斜面は畑や水田として、あるいは小高い平坦地は居住区というように土地利用が異なっていた。

陰湘城という城壁に取り囲まれた空間すべてが、居住空間として利用されていたわけではないだろう。陰湘城遺跡では確認されなかったが、可能性としては城址遺跡内部にも水田などの生産地を取り込んで集落が構築されていた可能性が考えられるのである。

石家河遺跡でも、同じように城内は起伏が激しく、やや小高い鄧家湾《とうかわん》や譚家嶺《たんかれい》地区は居住

地域名	省名	遺跡名	所在地	規模（東西×南北）m	築造時期
黄河下流域	山東省	辺線王	寿光県	1辺100	山東龍山文化中期
		辺線王		1辺240	山東龍山文化後期
		史家	桓台県	4.4 ha	山東龍山文化後期
		丁公	鄒平県	310×350	山東龍山文化
		田旺	臨淄市	400×450	山東龍山文化
		城子崖	章丘市	430×530	山東龍山文化
		尚荘	茌平県	3 ha	山東龍山文化
		楽平鋪	茌平県	200×170	山東龍山文化
		大尉	茌平県	3 ha	山東龍山文化
		教場鋪	茌平県	1100×300	山東龍山文化
		王集	東阿県	120×320	山東龍山文化
		景陽崗	陽谷県	300～400×1150	山東龍山文化
		皇姑塚	陽谷県	150×495	山東龍山文化
		薛国古城	滕州市	170×150	山東龍山文化
		西康留	滕州市	185×195	大汶口文化後期
		丹土	日照市	600×500	山東龍山文化中期
	江蘇省	藤花落	連雲港	325×435	龍山文化
黄河中流域	河南省	後岡	安陽市	1辺70m以上	龍山文化
		孟荘	輝県	340×375	龍山文化中・後期
		西山	鄭州市	直径約180	仰韶文化秦王寨類型
		古城寨	新密市	460×370	龍山文化後期
		新砦	新密市	残存長924×160	龍山文化後期
		王城崗	登封市	82.4×92	龍山文化中期後半
		王城崗		残存長30×65	龍山文化中期後半
		郝家台	郾城県	148×222	龍山文化中期
		平糧台	淮陽県	185×185	龍山文化中期
	山西省	陶寺	襄汾県	560×1000	龍山文化前期
		陶寺		1800×1500	龍山文化中期

黄河中流域と黄河下流域における城址遺跡の規模

域であったりするように、すべての空間に集落が広がっていたわけではない。集落だけを城壁で取り囲むとすれば、無駄な空間が非常に多いのである。例えば、石家河遺跡内部の三房《さんぼう》湾《わん》では杯がたくさん出土するものの遺構はなく、グラウンドのような平坦地であり、おそらく大勢の人が酒杯を傾けながら集会できるスペースであったと想像される。

長江中流域の場合、第五章でも述べたように、こうした城址遺跡の周囲には小規模の集落が取り囲んでいるが、城址遺跡そのものの規模は、相対的に漢水流域、沮漳《そしょうが》河流域、澧水流域・洞庭湖北岸という具合に次第に小型化している。これはこのような地域間格差あるいは階層関係が結ばれていたというよりは、それぞれの地域での城址規模を支える人口数に比例していると考えたい。要するに城壁を構築できる周辺域の住民たちの人口規模に比例して、城址の規模が異なっているのではないかと考えられる。

その場合、こうした巨大な土木事業を行う動機づけが問題となる。私も、かつて弓矢である鏃《ぞく》の分析を行い、長江中流域でも大渓《だいけい》文化、屈家嶺《くつかれい》文化、石家河《せっかが》文化と時間軸上に鏃が次第に大型化していくことを確認した。そして、そこには階級摩擦による集団間の戦闘用武器として、鏃が大型化していくことを考えた。城壁やその周りを巡る濠の機能として、長江中流域の戦闘に対する防御機能という可能性も大いに魅力的である。

ところが、城址遺跡に限ってみれば、その築造開始時期は屈家嶺文化期が大半であり、より戦闘が激しくなったであろうと想像される石家河文化期には新たに築造が始まるものはほとんどない。その点からいえば、社会的な階層格差は次第に成長しており、そこに戦闘のようなものも起きた可能性はあるが、必ずしも防御機能として城壁が構築されていったわけではないことを示している。その点では、水田域など生産地帯を含む広領域を取り囲む城壁には、長江流域に特徴的な洪水対策という機能面を考慮に入れる必要性がある。

水稲農耕地帯に必要なモンスーンによる雨季が、時として洪水を生むことは現在でもよく耳にするところである。実際、大渓遺跡や中堡島《ちゅうほうとう》遺跡では大渓文化末期の洪水による堆積層が発見されている。そして、また考えるべきは、このような大規模な城壁作りという土木工事をするにあたっての共同作業という点である。

陰湘城の城壁の断面　東城壁にトレンチを入れて層位を観察した

例えば、先に述べた陰湘城遺跡の場合どうであろう。日中共同調査に参加した私たちは、この城壁の構築方法を探るために、東城壁を断ち割って、断面を観察することにした。陰湘城遺跡の城壁は、城壁の基底幅が四〇メートル、高さ五メートルの巨大なものである。城壁の外側には幅四五メートルの大きな濠が巡っている。城壁を一部断ち割るだけでも、現代の鉄製工具を使って大勢の農民の労力を必要とした。これとは反対に、城壁として盛り上げるのは、スコップに相当するような満足な石器が見あたらない当時にあって、さぞかし大変で骨の折れる労働作業であっただろうと実感したものである。

城壁の断面観察によると、一大土木工事であることが分かった。外周にある濠を掘り上げた際の排土を再利用しながら、黄色と灰色の粘土を交互に層をなすように盛り上げるものであり、後世の版築《はんちく》技術とは異なっている。こうした大土木作業は、自ずと大勢の人々による協業であることはすぐに思いはせられるところである。

屈家嶺文化時期の社会性を考えれば、強力な王権が存在して、その威圧の下になされた労働作業とはとうてい思われない。強力な首長権は存在しない段階である。何らかの宗教性を帯びた協業作業に大きな意味があったのではなかろうか。その点、石家河遺跡内部の三房湾に今でもたくさん落ちている杯は、周辺の集落から集まった協業者たちの共通の祭祀場であったことを想像させる。同じような城址遺跡は、時代はやや下るが、長江上流域では宝墩文化期の城址遺跡に見られることになる。

一方、黄河中流域では、新石器時代中期末に河南省鄭州市西山《ていしゅうしせいざん》遺跡で最も古い城址遺跡が出現して以降、新石器時代後期には城址が増大していく。

同じことは黄河下流域にもあてはまる。山東省滕州市西康留《とうしゅうしせいこうりゅう》遺跡は大汶口文化後期の城址遺跡としてこの地域で最も古いものであるが、新石器時代後期後半の山東龍山《りゅうざん》文化期において城址遺跡が普遍化していく。

さらに山東地区においては、城址遺跡を中心とした幾つかの集落ネットワークが存在するのである。現在の黄河北岸には城址遺跡が集中しているが、たとえば山東省茌平県教場鋪《じんへいけんきょうじょうほ》遺跡を中心とする城址遺跡や、一般遺跡のまとまり、山東省陽谷県景陽崗《ようこくけんけいようこう》遺跡を中心とする

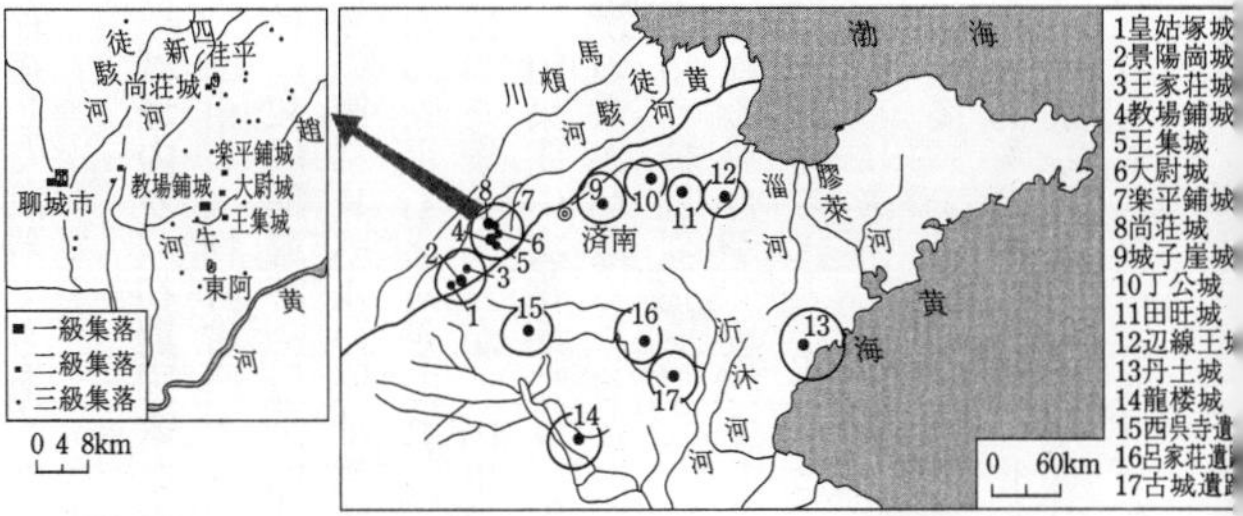

山東龍山文化における集落群

まとまりなどが認められるのである。教場鋪遺跡は一一〇〇メートル×三〇〇メートル、景陽崗遺跡は三〇〇〜四〇〇メートル×一一五〇メートルと巨大なものである。また、教場鋪遺跡や景陽崗遺跡では、城壁のみならず城内に版築基壇が存在し、社会集団の中心的な建物も存在していた可能性が高いのである。

このあたりの様相は、長江中流域の城址遺跡とは異なり、社会集団の階層化と連動した動きを示している。より大きな城址遺跡を中心に、その周りを相対的に小型の城址遺跡が取り囲み、さらに一般の集落が散在しているのは、集落における階層構造が明確な段階に至っている。しかも中心的な城址遺跡には版築基壇という基壇建築が存在し、政治的な中心である可能性が高いのである。これは、大汶口文化以来墓葬に見られる階層秩序が、集落間にも現れたものである。

首長を中心とする階層構造が、集落という社会生産基盤単位で保証され、かつ周囲の城址遺跡や一般集落をネットワークとして結びつける何らかの政治的な紐帯をもつ段階に至っており、そうした政治的なネットワークが地理的に並立して存在した段階でもあった。

城址内が、初期国家なみに機能区分された陶寺遺跡

山東省文物考古研究所の所長であった張学海《ちょうがくかい》氏は、この状況を見て集落規模を三段階に分け、教場鋪遺跡や景陽崗遺跡のような第一レベルの城址遺跡が存在し、その周りを規模の小さい第二レベルの城址遺跡が取り囲み、さらに第三レベルのより規模の小さい一般遺跡がそれらを囲むと理解した。卓見である。こうした地域ブロック単位において集落の階層構造を持ったまとまりが、山東では併存していたのである。

山東龍山文化期には、鏃である磨製石鏃や骨鏃はともに大型化あるいは重量化していく。鏃の重さが重くなるということは、鏃を放つ弓の力が増すということを条件に貫通力が増すという機能変化を果たし、これが単なる狩猟用というよりは、武器としての機能変化と捉えられる場合が一般的である。山東龍山文化の大型化や重量化は、武器としての機能進化であると捉えることができるであろう。

さらに矢柄との装着を強固なものにするために、鏃における矢柄の装着部分である茎《なかご》が発達する。あるいは、鏃の断面形は菱形や三角形を呈するようになり、鏃そのものの耐久力や殺傷力を高める形態変化が起きているのである。

実際に大汶口文化後期の江蘇省邳《ひ》県大墩子《けんだいとんし》遺跡三一六号墓のような被葬者の左大腿骨に鏃が射込まれた殺傷人骨が存在することは、戦闘そのものが存在していることを端的に物語っている。ところで、黄河下流域の城址遺跡は、先にも述べたように、それぞれのネットワークの中心的な城址遺跡を比較すると、それほどの規模における格差は認められず、それぞれのネットワーク間での力関係は伯仲していたと考えることができるであろう。そこには決して征服や被征服といった血なまぐさい戦闘関係はあり得ない状況であった。

一方、同じく新石器時代後期から城址遺跡が一般化する黄河中流域はどうであろう。これまで黄河中流域の城址遺跡は、せいぜい一〇〇メートル四方が一般的な比較的規模の小さいものしか知られていなかった。近年、河南省輝《き》県《けん》孟荘《もうそう》遺跡が一辺三四〇メートル、河南省新密市《しんみつし》古城寨《こじょうさい》遺跡が一辺四六〇メートルと大型の城址遺跡が知られるようになった。

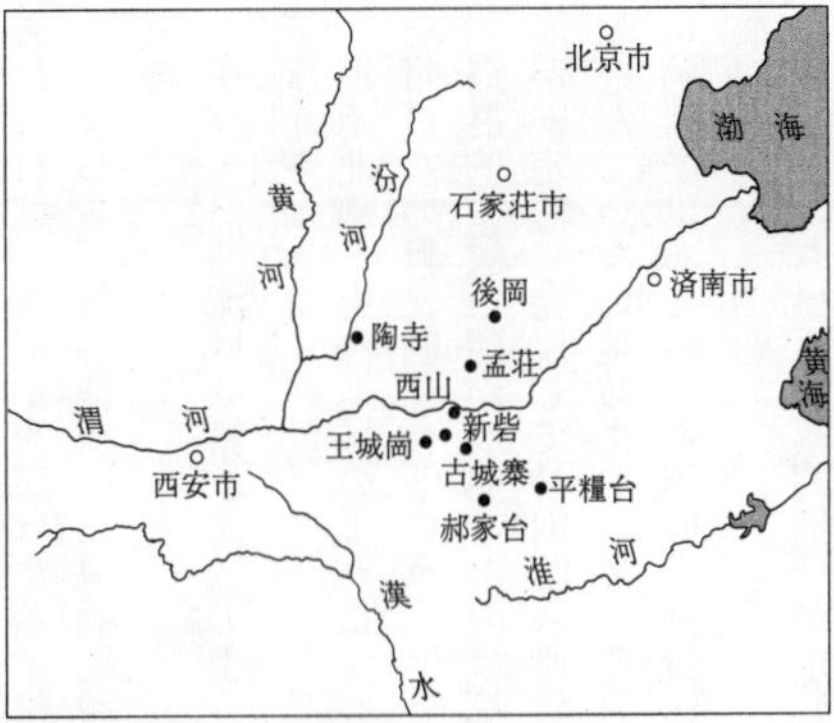

黄河中流域の城址遺跡

さらに極めつきは、これまで被葬者の階層格差が明瞭であることが明らかとなった陶寺《とうじ》遺跡において、城址遺跡が発見されたことにある。その規模も一辺一キロメートル以上と巨大である。

こうした地域の集落間の規模から、その格差が黄河中流域内でも異なっていることを明らかにしたオーストラリアのラ・トゥルーブ大学の劉莉《りゅうり》氏らによれば、黄河中流域は集落単位の構造化から三つに分類できるとする。

すなわち、陶寺地域や三里橋《さんりきょう》地域では、集落間の求心構造をもつ社会組織の複雑な首長制社会。

伊河《いか》・洛河《らくか》流域や沁水流域のような集落間の遠心的構造をもち、あまり統合されていない首長制社会。

河南北部・中部地域のように中心集落をもたないで、競合的で統合されていない、複雑性を帯びない首長制社会という三区分である。

最終的に殷王朝が成立したのは第三の最も未分化だった社会組織であり、必ずしも社会集団が安定的に発展して初期国家段階に移行するわけではないことを述べ、社会分化がそれほど進んでいない地域においてこそ急激に初期国家段階に移行することを述べている。興味深い論考ではあるが、近年の発掘資料からはこうした社会発展モデルを再考すべき段階に至っている。

まず、いち早く集落間構造が求心的構造化したとされる陶寺地域・三里橋地域であるが、注目すべきは陶寺遺跡における城址遺跡の発見である。陶寺遺跡は新石器後期の龍山《りゅうざん》文化期に相当する遺跡であるが、大きく前・中・後期の三段階に分けられている。陶寺遺跡前期にはすでに南北一〇〇〇メートル、東西五六〇メートルの小城が建設されている。河南《かなん》龍山文化併行期という古い段階に、これほど大きい城址遺跡が黄河中流域に存在することだけで驚きである。しかもこの段階は、陶寺墓地でも示されたような社会階層の分化が進んだ世襲的な父系血縁組織を単位とする首長制社会である。その意味で、同じ時期の長江中流域の大型城址遺跡を構築した人々とは異なり、社会進化上はより発展した社会環境を実現していたということである。

これを裏打ちするように、長江中流域の大型城址遺跡では見られなかった城内での空間利

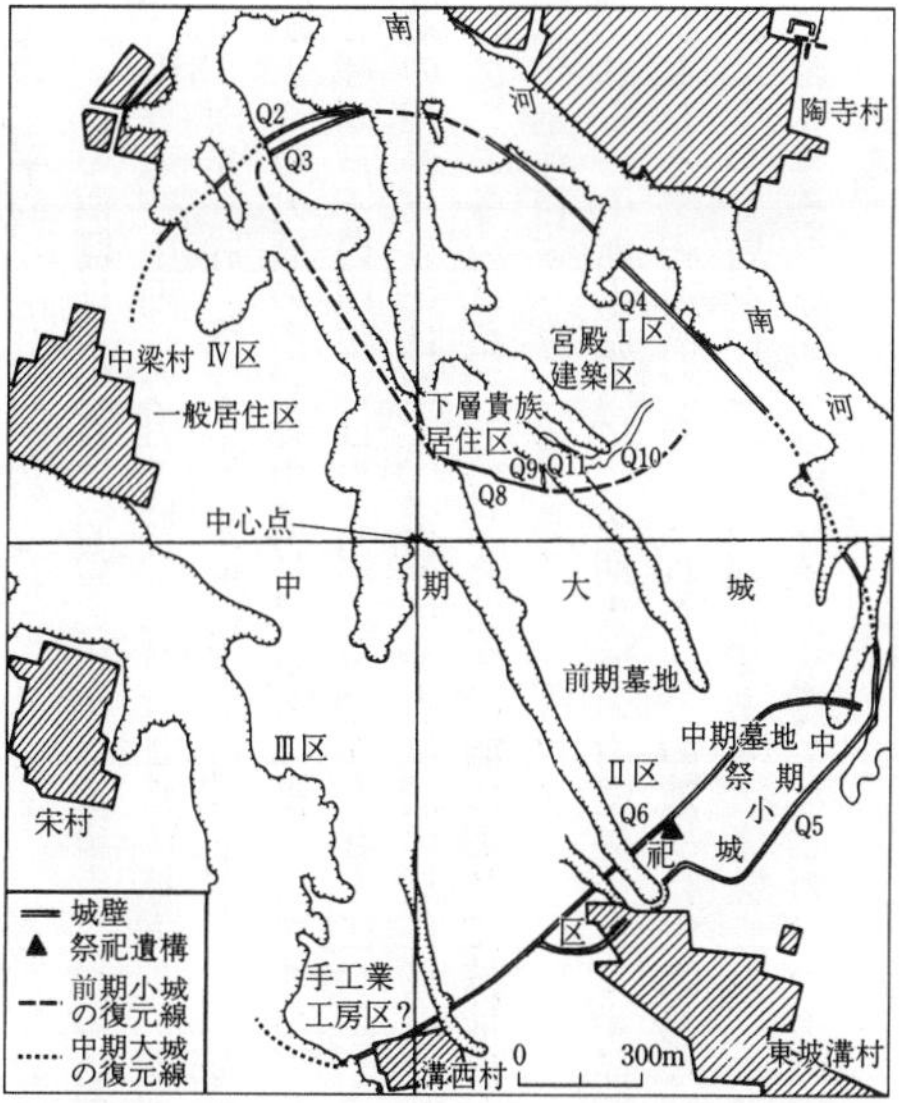

陶寺遺跡の城址　前期小城をもとに中期大城に拡大している。中期大城の南側にはさらに中期小城区画が張り出し、中期墓地や祭祀遺構が存在する

用の水平的な区分が認められるのである。小城内南部には宮殿建築区があり、住居規模から、その西側は下層貴族層の、東側は上級貴族層の居住区であることが判明してきている。

陶寺遺跡中期になると城址遺跡はさらに拡大し、前期小城をもとに、東西一八〇〇メートル、南北一五〇〇メートルという大城に拡大している。これを中期大城と呼ぶことにするが、この大城の南側に中期にはさらに拡張して小城が付設されている。この小城を中期小城と呼ぶ。その内部には貴族層の墓地が存在している。このように、陶寺遺跡の城址遺跡は、その規模だけではなく、宮殿区や貴族層の居住区、一般民の居住区、可能性として手工業工房区、あるいは墓地といった社会機能に応じて城址内が水平区分されているところが、社会進化上注目すべきものである。

さらに中期小城内に、中期大城の南壁に接して半径約二五メートルの半円形の三層の基壇からなる祭祀遺構が発見された。その遺構は宗教的な建物であるだけでなく、天文観察やそれによって暦を作るための建物であると考えられている。この半円形の基壇には隙間が空いており、その隙間の方角は冬至や夏至などの日の出の方位と一致し、暦を知ることができるのである。

暦はまさしく農作業や祭祀を司るものであり、首長が暦を直接管理していたのである。このように機能分化した集落構造は、基本的に殷周社会の都市と同じものである。こうした段階を初期国家段階と呼ぶ研究者も早晩出現するであろう。

陶寺遺跡を「堯」の所在地とする説の根拠と妥当性

初期国家か否かの定義的な問題は、第一〇章に残しておくことにして、さらに注目すべき事実がある。それは陶寺遺跡後期になると、宮殿区がすでに廃棄されて、代わって一般の石器や骨角器の製作場に転換していることである。さらに、陶寺遺跡中期の建物部材が遺棄され、後期には城址としての機能が消滅している可能性が高い。さらにこの段階での暴力的な痕跡が多い点である。

この時期の溝からは、人頭骨が三〇個体あまりと四〇〜五〇体の散乱した人骨が発見されている。その多数は男性である。また別の包含層からは、頸骨を折られ牛角が陰部に差し込まれた状態の女性遺体が見つかっている。また中期小城の墓地内にある階層上位者の墓葬である二二号墓は、陶寺遺跡後期に墓が荒らされ、棺の上部が破壊され、棺内も攪乱を受けていた。興味深いことは、攪乱坑の底に意図的に人頭骨が五つ置かれており、攪乱者が単なる盗掘者ではなく、墓を冒瀆する意図があったかのように思われる点である。

このように、陶寺遺跡後期には、城址遺跡は暴力的な破壊を受け、死者の墓をも暴く行為が行われた可能性があるのである。後の戦国時代における戦闘によって征服する際の陰惨なる状況を彷彿とさせる光景である。戦国時代のような組織戦ではなかったであろうが、集団間の政治的な摩擦による戦闘が行われ、陶寺城址遺跡が廃絶した可能性は高いであろう。

こうした新石器時代後期終末段階において、黄河中流域ではこれまで劉莉氏が集落間の求心性がなく中心集落が存在しないとした河南北部や河南中部において、大型城址遺跡が発見されたのである。一つは河南省登封市王城崗遺跡《とうほうしおうじょうこう》である。

王城崗遺跡は、初めて新石器時代にも城壁が存在するということが確認された遺跡として有名であるが、その規模は決して大きいものではなかった。約九〇メートル四方の城壁が二つ存在することが確認されていたが、近年の調査でそれらの外側に時期は明確ではないが、より大規模な城壁が存在することが確かめられた。

また、第一〇章で詳述することになるが、この地域の河南省新密市新砦《しんさい》遺跡でも新石器時代終末期から二里頭文化期にかけて一辺九〇〇メートルに及ぶ巨大な城址遺跡が発見されているのである。この地域でも集落間規模の格差がそれほど大きくないという段階ではなく、歴然とした集落間の階層差とそれを中心とするネットワークが形成されていたのである。

むしろ注目するとすれば、黄河中流域における陶寺地域、伊河《いか》・洛河《らくか》流域、河南中部といった地域ブロック単位での社会進化の格差が、これまで考えられたほどに大きな差をもっていなかったということであり、むしろ地域ブロック間で階層化されていることにある。同時に陶寺地域のように新石器時代後期前半段階では傑出していたが、その後は別の地域ブロックで大規模な城址遺跡が出現していくことにある。地域ブロック間において常に陶寺地域が覇者的な存在であったわけではなく、その後には、新砦遺跡のような河南中部に覇権が移っているということである。

このあたりは、同じ時期の良渚文化内での政治関係と類似しており、安定した集団関係が維持されるのではなく、地域ブロック間での競争のような関係にあることが興味深く、その

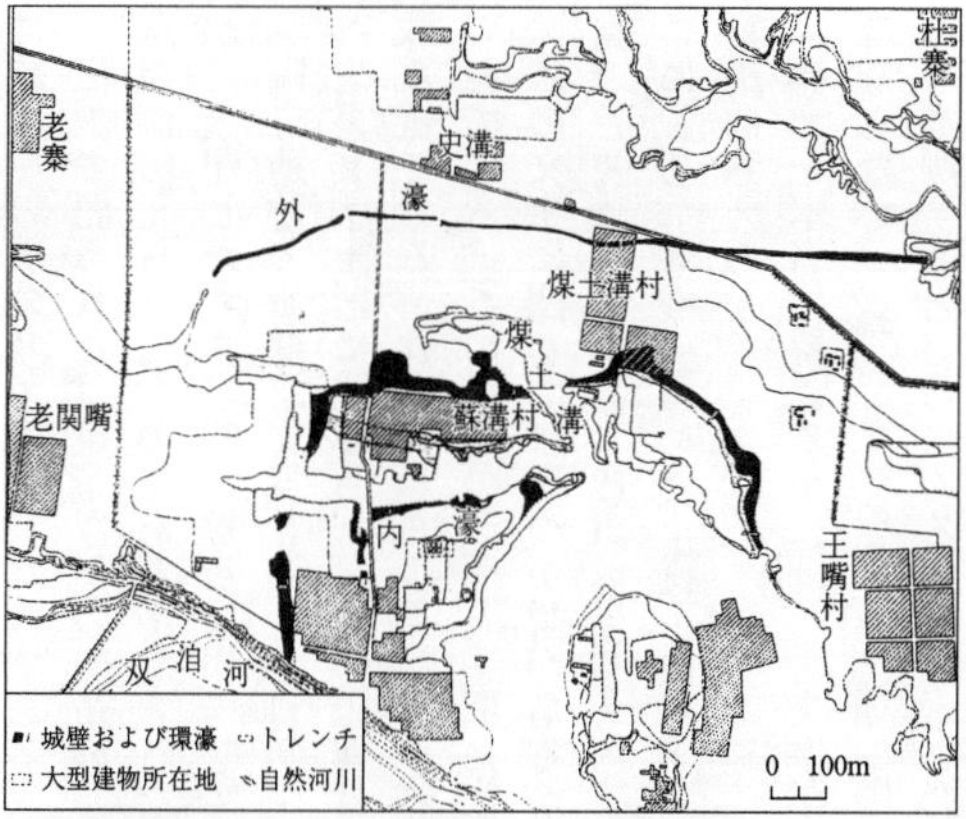

新砦遺跡の城址　三重の環濠をもつ城址遺跡であり、城壁は龍山文化終末期から新砦期まで存続している

覇権も時代に応じて地域ブロックを移っていくことにある。こちらの芽を摘めば、次にはあちらの芽が出てくるような、そのような相対差において覇権が移っていくという状況を示している。そして、そこには陶寺遺跡で見られたような凄惨な武力による暴力的な破壊も存在したのである。

一方、いち早く城址遺跡が出現した長江中流域では、城址遺跡の地域間規模の格差は存在したものの、集団内での階層差や身分差はそれほど発達していなかった。また、黄河下流域では中心集落を中心とする地域ブロック（地域ネットワーク）間での競合はあるものの、その関係性を超えて一部の地域ブロックが突出するという状況は存在しなかった。

こうした点からいえば、黄河中流域の社会関係は、社会進化上は他地域よりさらに発展した複雑な首長制社会段階に達していたということができるであろう。そしてまた、この地域内での集団間の競合は、まさに統合への道のりでもあったのである。

伝説で語られた、黄帝などの五帝の時代は、もしかすると黄河中流域のこの集団間の競争過程が伝えられたものであるかもしれない。第一章で私が華夏《かか》系諸族とした伝説の地域集団が、上記した考古学的な解釈に相当しているのかもしれないのである。

陶寺遺跡で城壁を発見した社会科学院考古研究所の何駑《かど》氏は、この遺跡でかつて発見された朱書《しゅしょ》文字土器に注目した。この土器は扁壺《へんこ》と呼ばれる、胴部の一面が平坦になっている特殊な壺である。井戸底からよく発見されることから、水をくみ上げる土器ではないかと考えられている。この扁壺の凸面と平面に朱書きでそれぞれ文字が一つずつ記されている。

この文字に関しては幾つか説があるが、何駑氏は、この朱文字が単なる記号ではなく「文《ぶん》堯《ぎょう》」と読めるとする。尊い祖先たる堯という意味である。「文」と読めることには問題がないにしろ、もう一つの文字は上段が土で下段が兀からなるところから、「堯」と読めると何駑氏は考える。

「堯」と本当に読めるかには、古文字学的な論争を踏まえる必要があり、未だ慎重であらねばならない。「堯」と読めるならば、陶寺遺跡が伝説の王である堯の所在地であることは誰しも推測するところである。しかもこの扁壺は陶寺遺跡後期のものであり、城址が暴力的な破壊を受けて後のものである。かつて繁栄した都城を懐かしみ、祖先である堯を弔うために書き込まれたとするならば、陶寺遺跡はまさに堯の都ということになる。画期的な発見というだけでなく、最古の文字を発見したことにもなろう。

しかし、この説は、学界では未だ定説とはなっておらず、伝説の五帝時代までもが、歴史的な事実として確認されるという意味において、なお慎重であらねばならないだろう。

伝説の堯の手がかりがあるとすれば、もう一人の舜《しゅん》はどうかと思われる読者もおられるであろう。有虞氏の王である舜に関しては、第一章でも述べたように、その都が山西省西南部という説と河南省東部から山東省西南部という二説がある。『春秋左氏伝《しゅんじゅうさしでん》』哀公《あいこう》元年の条に「少康を生む。……有虞に逃げ奔《はし》る」という記述があり、注には有虞とは河南省商丘地区虞《ぐ》城県《じょうけん》とされる。また『孟子』離婁《りろう》章句下には「舜は諸馮《しょひょう》に生まれ、負夏《ふか》に遷り、鳴条に卒す。東夷の人なり」とある。舜は東夷すなわち山東一帯の人で、有虞とは現在の河南省虞城県あたりとされる。

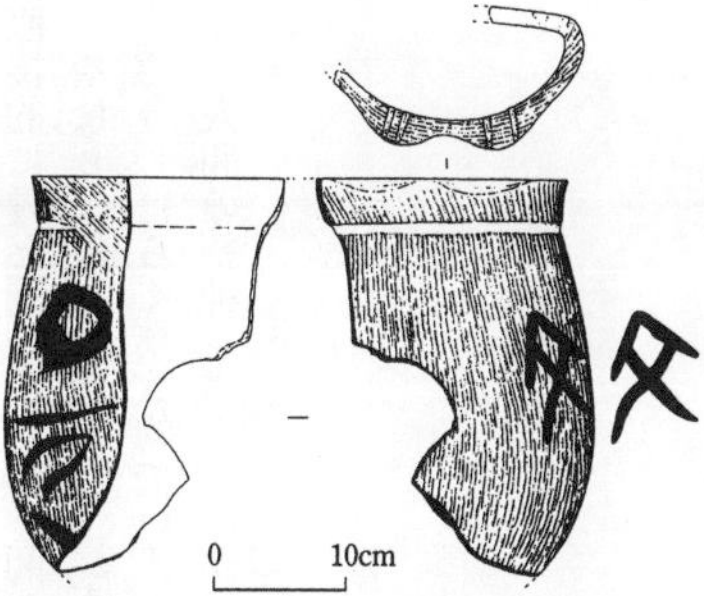

陶寺遺跡出土扁壺の文字資料　右が「文」であり、左を「堯」と読む説がある

北京大学の李伯謙《りはくけん》教授は、こうした文献記述から類推して、有虞の位置が山東に隣接する河南龍山文化王《おう》油坊《ゆぼう》（造律台《ぞうりつだい》）類型に相当し、王油坊類型こそが有虞氏に関わる考古学文化、すなわち舜に関係するものであると考える。後の二里頭文化が山東の文化系統を色濃く受けているのは確かであり、舜から禅譲された禹《う》の都が二里頭遺跡であるとすれば、歴史的な解釈としても魅力的である。しかし、今のところ王油坊類型が

直接的に舜と関わる考古学的な証拠はない。

やはり伝説の内容を考古学的な解釈に直接援用することには、慎重を期するべきであろう。今しばらく禁欲的でいたい。さて、本章で述べたような地域間交流や集団の統合に際して、人間の精神レベルはいかに作用したのであろうか。次章で眺めていくことにしよう。

第九章　犠牲と宗教祭祀

人物像と動物像

女性全身像は極東から遼西・渭河流域の特色

文献資料がない時代の精神世界を垣間見ることは、かなり困難でしかも憶測の域をでない場合も多い。しかし、社会集団や個人の暗黙裏に了解した精神世界を背景として、物質文化が作り上げられているのであるから、物質資料からもその暗黙的に認知されている精神世界を復元できるはずである。物質文化の形態や文様上の特色からも、単なる地域性といった解釈を越えて、その背後にある人間の精神生活の特質を把握することもできる。

このようなイデオロギー的な特質は、社会の発展段階に応じてその質をも変容させているが、一方では、これまで本書で見てきた生業に見られる人間集団の文化変容といった現象を越えて、人間集団をまとめている精神世界をも抽出することができるはずである。精神世界の把握は、これまでの先史世界の歴史的な展開をより具体的に解釈することにも繫《つな》がっていくのである。まずはそうした精神世界を表現している人物像や動物形像といったものから見ていくことにしたい。

今村佳子氏によれば、新石器時代の人物像は大きく三つに分類できる。頭部像のⅠ類、全身像のⅡ類、土器や石器などの器物上に表現された偶像のⅢ類である。

このうち全身像のⅡ類は、遼西を中心に新石器時代前期には中国東北部に見られ、その後、中期になって渭河流域に見られるようになる。いわば遼西地域を発信源として、人物像という表現スタイルの分布が、次第に南側へ拡大しているかのように見受けられる。ところで全身像は沿海州でも認められ、基本的に極東を通じた偶像である。しかも女性像であるところが、極東から遼西・渭河流域の特色となっている。

これらの女性偶像は、旧石器時代後期〜新石器時代の北方ユーラシアに見られる女性像の一種と考えるべきであろう。日本の縄文時代の土偶も女性像が意識されており、この北方ユーラシアの女性像の範疇に入るものである。土器様式としても遼西までは極東平底土器文化圏に入るものであり、同じ精神文化圏として捉えることができるのである。異なった土器様式圏である

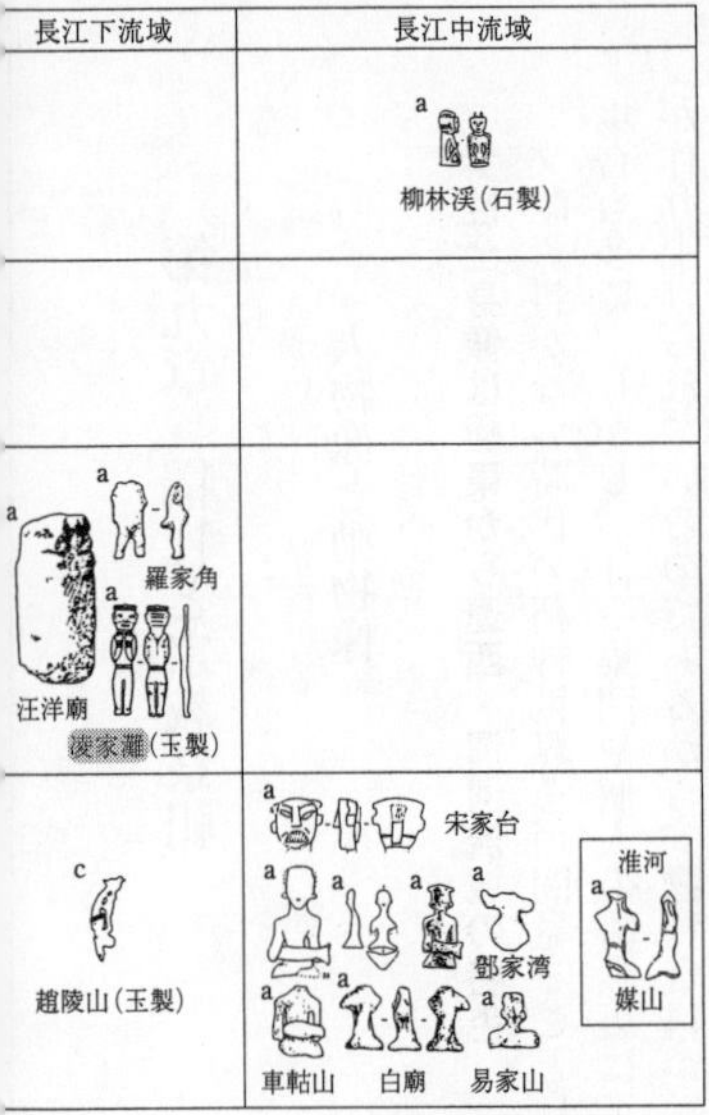

＊注記のないものは土製
＊網掛けは副葬品

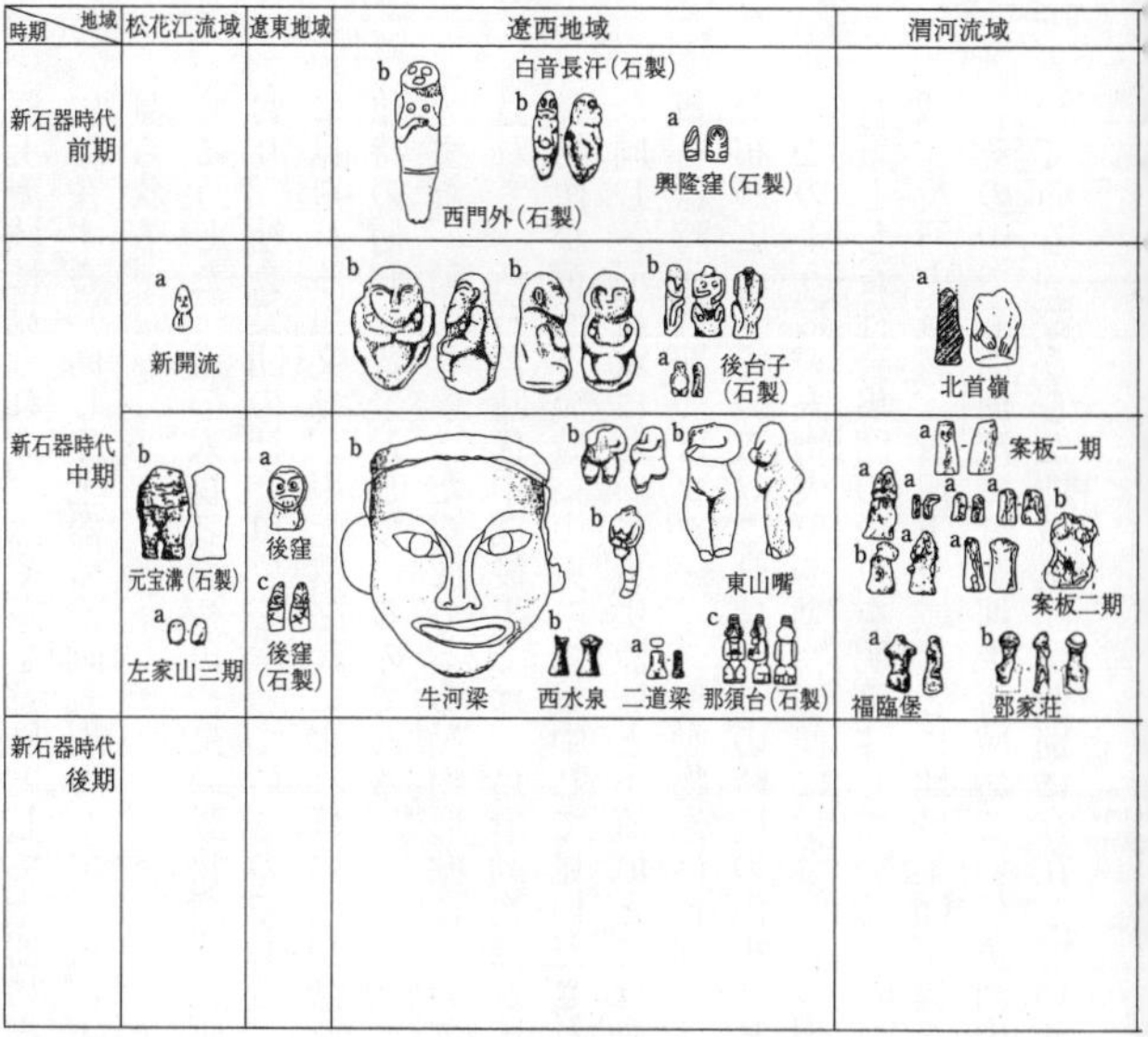

新石器時代の全身偶像の地域的・時代的変遷（今村2002より）性別を表現していないものをa類、性別の明らかなものをb類、デフォルメされたりして人間離れしたものをc類として示す。遼西地域には一貫して女性像が見られ、女性像は渭河流域にも広がっている

渭河流域の女性像は、遼西と内蒙古中南部を介しての接触によって生まれたものであろう。新石器時代において、遼西を含む極東は、北方ユーラシアを基盤とする精神文化圏の中に位置づけられ、黄河流域や長江流域とは区分できる。朝鮮半島の新石器時代や日本の縄文文化も極東と同じ基盤に位置づけられよう。

一方、渭河流域から黄河中流域あるいは黄河下流域の偶像表現の特徴は、土器に描かれる人物像であったり動物形像である。例えば、土器に人の顔を表現して貼り付けられた人物像は、渭河流域から黄河上流域に見られる。魚や鳥を意匠として土器に描く絵画表現は、渭河流域から黄河中流域に存在する。同じく土器の絵画表現として、黄河下流域では火炎を表現した記号が大口尊《だいこうそん》に見られる。

こうした一定の人物表現や魚や鳥の動物意匠絵画は、地域社会の精神生活の範囲を示しており、社会集団の社会単位を示しているのである。例えば、渭河流域の新石器時代中期前半に見られる魚文《ぎょもん》は、甲元眞之《こうもとまさゆき》氏によれば再生観念を示すとされるように、地域集団内部での独特の信仰を背景としているのである。

また、動物を象《かたど》った塑像である動物形像においても、同じように地域集団のまとまりが示される。新石器時代中期後半では、鳥形動物像が黄河中流域で見られ、ブタあるいはイヌ形動物像が黄河下流域（山東）で集中して見いだされる。

同じ黄河流域においても中流域と下流域とでは動物形像の流行が異なっているのである。新石器時代後期にはブタ・イヌ形動物像は黄河下流域（山東）からさらに長江下流域にまで分布が広がっている。これは、この時期の山東と長江下流域の交流を示すものである。

このように、人物表現や動物形像に示される表現の違いは、宗教や信仰などの精神世界を背景とした社会集団の単位を明確にしている。これらの表現の違いは、黄河上流域、渭河流域、黄河中流域、黄河下流域ごとに地域集団が異なっていることを明確にしていよう。

その中でも渭河流域は黄河上流域あるいは黄河中流域と個別に交流が存在したことを物語っている。こうした地域集団が個別に存在していることは、第五章で展開した地域別の文化形態の違いが、実は社会集団として異なっていることを明確に示したのである。

さらに偶像表現で見れば、新石器時代中期の長江下流域内陸部の凌家灘《りょうかたん》文化でも独特な偶像表現が玉器に見られ、新石器時代後期の長江中流域の石家河文化では独特な人物像や動物像の塑像が発達し、それぞれの地域社会の特殊性が知られるのである。

さらに、渭河流域から黄河中流域の精神文化の地域特性を示すのが陶祖《とうそ》（男根偶像）表現である。渭河流域から淮河上流域は、男子直系親族である父系血縁組織を単位とする社会構造が新石器時代中期には出現し、この単位を元に新石器時代後期には階層化構造が複雑化していくことを第五章で述べてきた。しかも、この父系血縁組織を単位とする集団組織の出現は、長江中・下流域より早い段階に達成されている。

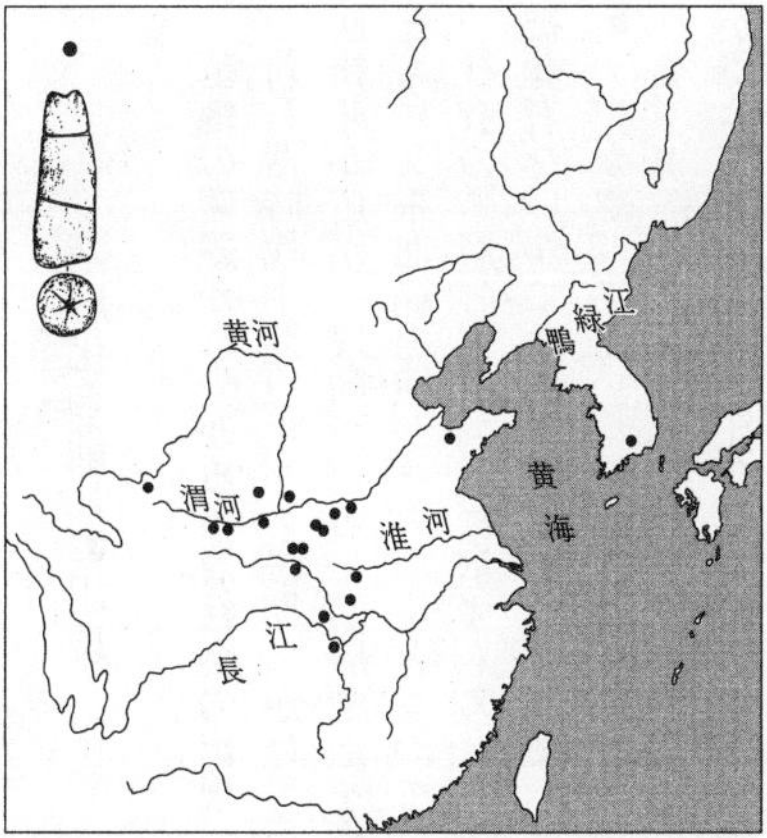

陶祖（男根偶像）の分布（甲元・今村1998より）

新石器時代中期の渭河流域では、父系血縁組織を単位として、姜寨《きょうさい》遺跡に見られた再葬行為による祖先祭祀が行われるが、陶祖に表現されている精神文化は、父系血縁組織を重視する社会観に由来しているであろう。

階層化と儀礼の出現

墓地の変遷から分かる階層社会の出現

新石器時代中期後半から後期にかけては、各地で社会における階層構造が明確となり、階層格差が広がる段階である。階層構造を構成する単位は、黄河中・下流域、長江中・下流域ともに父系血縁組織がその単位となっている。

社会の階層分化を端的に示すものは墓葬における格差である。墓葬の格差は墓葬における被葬者をいかに手厚く葬るかによって示される。それは副葬品の数量で表されたり、その内容の豊かさ、あるいは被葬者を安置する棺の有無、棺を安置する墓壙の大きさなどに反映される。また、こうした格差が集団単位で起きているのかあるいは個人差として起きているのかでは、その段階の社会像を想定する場合、条件が大きく異なってくる。

さて、まず階層分化が起きている社会の実例を、黄河下流域の新石器時代中期後半から後期前半にかけての大汶口《だいぶんこう》文化を例にしながら、墓葬の比較から社会階層の分化を探ってみたい。さらに社会の階層分化が進むにしたがって、その階層分化を安定させる精神生活の機能としての儀礼の問題を考えてみたい。

山東省泰安《たいあん》県大汶口遺跡は、大汶口文化の命名のもととなった遺跡として有名である。大汶口遺跡は、大汶口河によって遺跡が大きく二つに分断されている。川の南側は一九五九年に調査され、北側が一九七〇年代に調査された。ともに墓地遺跡であるが、北側は北辛《ほくしん》文化から大汶口文化前期のものであり、南側は大汶口文化中期から後期のものである。一九五九年に調査された南側の墓地を時期ごとに見ていくと、墓地が幾分変遷していることが分かる。

紀元前四二〇〇年から紀元前二六〇〇年にかけて存続する大汶口文化を単純に三期に区分すると、およそ前・中・後期の各期が、五〇〇年間存続したことになる。大汶口文化中・後期であるこの墓地は約一〇〇〇年間存続していたことになり、その時間単位で墓葬の変遷を見た場合には、それほど多くの墓が集中しているわけではなく、集落の全構成員がここに埋葬されたわけではないかもしれない。選択された人々の墓葬であったことも十分に想像される。

ところで、その墓地の変遷を見ていくと、配置されている空間にいくらかのまとまり、すなわちグループがあるように見える。このまとまりがその被葬者間の何らかの関係性を背景にしているとすれば、それは家系などの血縁関係を背景にしている可能性があるだろう。

さらに時期ごとの変遷を視覚的に見ていくと、次第に大型の墓が増えているように見える。中期前半の墓ではあまり大型の墓が目立たないが、後期の墓では大型の墓が目立って多くなっている。一方で後期には小型の墓も依然として存在していることからも、墓葬の大きさに格差が広がっていったことを示している。

墓葬の大きさはすでに述べたように、墓壙を掘る際の労働の投下量を反映しており、大きな墓を作ることは被葬者を厚く埋葬する姿勢が見られ、被葬者の社会的な身分を反映しているのである。

中期前半の墓には墓葬の大きさにそれほど格差が認められなかったのに対し、後期の墓では大きさの格差が広がっていることは、大汶口文化社会内部での階層格差が広がっていることを示しているのである。しかも、後期で見ると、大きい墓が空間配置上まとまって分布しているのに対し、小型の墓は群れをなして、大型の墓とは異なった場所に固まっている。空間配置に被葬者の血縁単位すなわち家系が基本になっていることをすでに述べたが、この原理が働いているとすれば、社会的な階層差は後期の段階では集団単位間で広がっていることを示しているのである。すなわち家系単位で、階層差が生前から決まっていた可能性があるのである。

副葬品の種類の相違から儀礼の実態を読む

こうした家系単位での社会的な階層差を身分秩序として、日常的に機能するのが儀礼である。

その儀礼を示すものが、墓の副葬品に認められる。大汶口墓地に副葬される必需品とも呼べるものが、副葬のための土器である。大汶口文化は、彩陶や紅陶・褐陶とともに黒陶、さらに後期になるとカオリン土を用いて作られた白陶が用いられる。これは土器の機能に応じた区分である器種というよりは、土器の作り方による分類であり、できあがりにおける色合いや風合いの違いを示している。いわゆる器の形による器種という区分においては、上記の区分は横断的な区分である。例えば紅陶には鼎《てい》、壺《こ》、豆《とう》（高坏《たかつき》）があり、時には杯《はい》や鬹《き》もあるという具合である。

しかし、白陶の場合は、鬹や盉《か》など特殊な器種に限定されるように、土器の扱いに違いも見られる。ところで、紅陶や褐陶はほぼすべての器種にわたって作られる庶民的なものであった。いわば、器種内容とともに紅陶・褐陶に対して黒陶、あるいは黒陶に対して彩陶のちに白陶に、より高級感が感ぜられたのであろう。一方、土器器種においても日用に使われる雑器と、儀式などのハレの場に使われる土器とでは大きな社会的な違いが存在する。これらの器種と墓における副葬品との対応を見ていくと、おもしろい事実が発見されるのである。

大汶口文化の墓に副葬される土器の器種は、一般に鼎、壺、豆（高坏）といった煮沸具、貯蔵具、供膳具といった日常生活に用いる土器が基本となっている。こうした日用品に加えて、さらに杯、鬹、盉あるいは尊《そん》といった土器が加わる場合がある。鬹・盉は液体を注ぐ土器であり、杯は液体を飲む器である。

一般にこのような器種は酒器として考えられており、酒を飲む道具と考えられている。また、大型の尊は、酒を醸造したり酒を蓄える酒甕《さかがめ》であると想像されている。

これらを酒器とした場合、これらの土器は特殊な土器であり、日常生活には必要とされないハレの場での儀式などに用いられるものである。いわば今日の正月に用意されるお屠蘇《とそ》の道具のようなものである。

このような特殊な土器は副葬品としてはすべての墓に副葬されるわけではなく、むしろ階層上位者に伴う場合が多い。このことは、墓葬の大きさを労働投下量という意味から被葬者の階層的な高さを表すものとして見た場合、あるいは副葬品の多さ少なさが被葬者の階層の上下を示すものとして見た場合、三一五ページの図に示すように副葬土器の器種構成も階層差に応じて異なっているのである。

鼎・壺・豆（高坏）は一般庶民墓の副葬土器であり、これらの器種に加えてさらに杯が副葬土器に加わるものが、一般庶民よりさらに上位階層に位置づけられる。さらにこれらの器種に鬹あるいは盉といった酒器が加わる、最上位階層者に対応しているのである。

身分秩序と土器の器種構成が対応しており、それは単に副葬土器が多いという話ではなく、特殊な土器を身分秩序に応じて副葬することが可能であるという社会規範や社会秩序があることを示している。しかもその特殊な土器が酒器であることは、祭儀と関係する道具を特権階層のみが持つことを許されることを意味している。

まさにこうした身分秩序を祭儀道具から規制することこそが、儀礼というものが社会秩序を維持するための精神的規範として機能していたことを物語っているのである。

大口尊に刻まれた甲骨文字より古い記号の謎

また、上位階層の墓において酒甕である大口尊の口縁部付近に何らかの記号が記されている場合がある。こうした記号は、このような尊にのみ、しかも口縁部近くの同じ位置に刻まれている。

林巳奈夫氏によれば太陽神と理解される象形が描かれている。また、山東省莒県《きょけん》陵陽河《りょうようが》遺跡の大汶口文化の大型墓に副葬された尊には、それとは異なった記号が記されている。集団墓内の首長と思われる墓のみに記された記号とは、同一集団を象徴するエンブレムのようなものではなかったのかと私には思われる。後の殷代の青銅器には、族記号と呼ばれる氏族の標識が見られる。族記号として記される銘文記号は、青銅彝器《いき》の内面に鋳出されている。尊に刻まれた記号は、その祖型ではなかろうか。

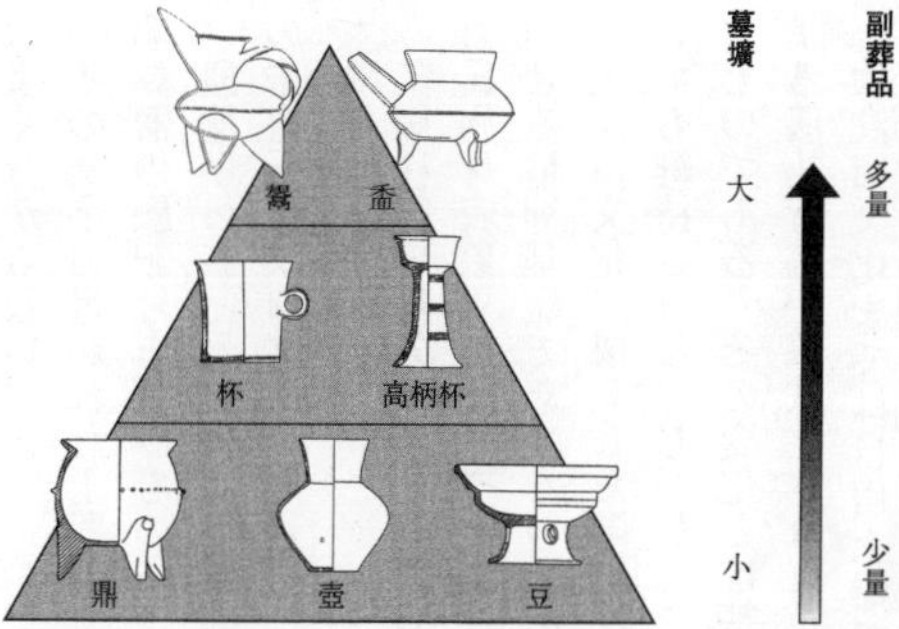

大汶口文化における階層構造と副葬土器　墓葬規模と副葬品数は相関し、階層格差を示す。さらに副葬土器の器種構成も厳格に身分差と対応しており、礼制の原形を示している

ところで、青銅器銘文が出現する以前の二里岡上層文化後半（白家荘期）に相当する河南省鄭州市《ていしゅうし》小双橋《しょうそうきょう》遺跡は、鄭州商城《しょうじょう》とは別な城であるとともに、盛んに祭祀行為が行われた遺跡として知られている。ここからはやはり酒甕《さかがめ》である大口尊が祭祀遺構から出土しており、大口尊の口縁外面に朱書《しゅしょ》された文字記号が認められる。甲骨文字より古い文字であるが、その意味

はよく分からない。

その文字の書かれた土器と文字の位置は、大汶口文化の酒甕の文字記号と、殷墟時代の青銅彝器の族記号を繋ぐものではなかろうか。

殷墟期の族記号とは同一集団のシンボルであり、祖先を意味するものである。小双橋遺跡の朱書と大汶口文化の記号もこうした祖先を意味する同一血縁集団の象徴とすれば、いかがであろう。

階層秩序の身分標識としての儀礼とともに、その階層秩序を形成している血縁集団すなわち氏族を表象する記号や文字は、まさに祖先祭祀に裏付けられた階層秩序の維持と安定を働かせる精神基盤であったのである。

大汶口文化で成立した階層秩序とそれに相関した副葬品構成は、続く山東龍山文化期においても維持される。しかし、その内容にはいささか変化が見られる。これは儀礼の変化を示すものである。その変化とは基本的に黒陶が副葬品構成の主たる土器となるもので、黒陶による儀礼行為が儀式化されたことを意味している。

大汶口文化までは日用土器である鼎、壺、豆が一般階層墓の基本的な副葬土器構成であり、階層上位者はこの土器構成の上にさらに酒器などの特殊な土器構成を加えることによって権威づけるものであった。

ところが、山東龍山文化の墓葬では、下層階級の被葬者には酒器のうちの杯などが単独に副葬され、大汶口文化に見られた日用土器の副葬概念が見られなくなる。さらに上位階層になるとこれに酒器である高柄杯《こうへいはい》とともに供膳具である豆《とう》（高坏）や盆《ぼん》あるいは壺が、さらに上位になると酒器である鬹《き》や煮沸具の鼎《てい》（甗《げん》）さらに酒を貯蔵する罍《らい》といった土器構成が加わることになる。

いわば酒器を中心として副葬土器の種類が、被葬者の階層に応じて固定化されているのであり、酒器を中心とした儀礼規範が確立したことを示しているのである。

最も階層上位の墓である山東省臨朐県朱封《りんくけんしゅほう》二〇三号墓では、鼎、鬹、杯《はい》、罍、盆、豆（高

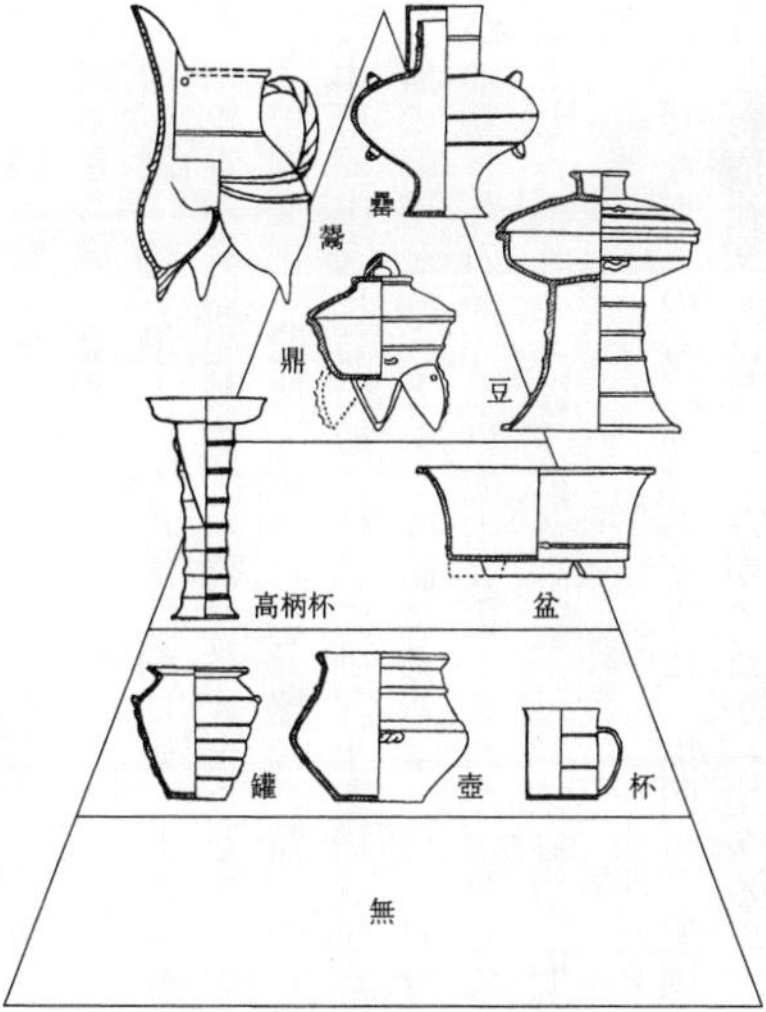

山東龍山文化期の副葬土器と階層関係　図は朱封1号墓出土の土器を例示し、こうした土器器種が階層に応じてどのように副葬品に付加されていくかを示している。最下層の人たちは副葬品を全く持たない

坏）といった器種が副葬されていた。これらのうち、鼎と鬶が紅陶であるのを除いて、すべて黒陶から成り立っている。

鼎、鬶、杯、罍といった儀礼的に確立した副葬土器構成とは、続く殷周社会で儀礼の要となった青銅彝器の基本的な器種構成をなしていることに注目しなければならない。

二里岡文化・殷墟文化の青銅彝器は、鼎や甗、爵《しゃく》や盉《か》、觚《こ》、罍から成り立っており、まさに山東龍山文化の階層上位者の副葬土器構成を青銅器に置き換えたものである。

鼎《かなえ》の軽重を問うと故事成語にあるように、身分秩序として鼎を含めた土器構成の重み付けが確立したのが、山東龍山文化であった。そしてまた山東龍山文化に見られる身分秩序を背景とした儀礼こそが、殷周社会の儀礼の基本的な精神基盤であったことを注目すべきである。

なぜなら、のちに述べるように二里頭・二里岡文化の母胎となった河南龍山文化には、こうした儀礼秩序は存在しなかったからである。

玉器と祭祀

玉琮の中空部分が神が入る「依り代」

新石器時代の玉器は、紅山《こうざん》文化、良渚《りょうしょ》文化が有名であるが、石家河文化や山東龍山文化にも知られている。紅山文化の玉器は、第六章でも述べたように新石器時代中期に独自に発達するものであり、極東の文化伝統を基盤にしながら、農耕文化の発展の中から独自に生まれたものである。地域首長が玉器を独占し、玉器に特化された社会集団内での権威づけが認められたのである。紅山文化を除くと、良渚文化や石家河文化、山東龍山文化の玉器は、新石器時代中期末から新石器時代後期に本格的に発達する。

卓越して発達した玉器文化を持つ良渚文化も、その玉器の系譜は長江下流域の同じ地域地盤の前段階の文化である崧沢《すうたく》文化にある。崧沢文化の装身具である璜《こう》などの玉器が発達したものである。

良渚文化の玉器のうち、その代表的な玉器である玉琮《ぎょくそう》は、玉器の腕輪が発達したものと考えられている。形態的な系譜は玉製腕輪が原形になっていることは明らかであるが、玉器としての意味あるいは使用法という点では、腕輪の段階と玉琮とでは全く異なっている。腕輪の段階は装身具であり、ある種の威信財であった。しかし、玉琮の段階はたんなる威信財という段階を越えて、祭祀具としての意味が強くなっている。

ここに玉器が発達していくゆえんがあるとともに、玉器と祭祀が不可分の関係になっていくのである。

玉琮は角のとれた直方体をしていて中心部分が円柱状に刳《く》り抜かれている。この中空部分を通して、天の神と地の神を繫ぎ、神が入る「依《よ》り代《しろ》」の役割が考えられている。神の「依り代」として玉琮には、神人獣面像が精巧に刻まれているのである。神人は月神、獣面像は太陽神と考えられ、それらの横に配置されている鳥はもともとイヌワシであり、神の使いと考えられている。

また玉璧は、神が統治する世界観や宇宙観を示すものであると考えられる。首長はこのような玉器を持つことにより神との交信が可能になり、神の威を借りて集団を支配し、自らの地位を維持することができる。

私はこの首長の力を神政権力と呼びたい。良渚文化では、これらの玉器を階層上位者である首長が独占していたのである。玉器には祭祀具である玉琮、玉璧など神政権力を表すものとともに、武器から表象される軍事権を示す玉鉞が卓越している。いわば祭祀と軍事を束ねていたのが良渚文化の首長であり、その権威を代弁していたのが玉器であった。第五章でも述べたように、玉器は首長の墓に大量に副葬され、首長は墳丘墓に埋葬されている。

墳丘墓はもともと祭壇であり、方形の周溝によって区画された神聖な空間で祭祀が行われた祭壇を再利用したものであると考えられている。こうした祭壇は今のところ崧沢《すうたく》文化段階から出現しているが、良渚文化段階で発達する。

おそらく崧沢文化段階では集団の統合を目指した祭祀活動であったものが、良渚文化段階では首長の家系を社会の階層上位者として権威づけ、その地位を社会内で安定させるための精神基盤として、玉器による神政権力が利用されたと想像される。

良渚文化の墳丘墓が、もともとの祭祀空間としての祭壇であり、そこに首長の家系の集団を埋葬していくというのは、その祭祀に祖先祭祀が関係し、神と首長とを繋ぐ祭祀具である玉琮などを持つことにより、神の威を借りて首長の社会的な権威を保証したものではないだろうか。その神とは、玉琮などに細かく精巧に刻まれている神人獣面文である。

林巳奈夫氏によれば、この獣面文は河姆渡《かぼと》文化に由来する太陽神であるとされる。河姆渡文化に見られる太陽崇拝の象形が、その後、馬家浜《ばかほう》文化、崧沢文化を経て、良渚文化の神人獣面文へと変化したと考えられているのである。

私もこの考えに賛同するのであるが、良渚文化の首長はこの太陽神と関係を持っていることを強調することにより、社会の指導者となっていたのである。太陽神とはまさに農耕祭祀と不可分の関係にあったことは想像に難くなく、良渚文化が稲作農耕を基盤に発達した文化であることとも、密接に関係しているのである。

これまで黄河中流域には玉器が発達しないところから、別の祭祀形態が想定されていた。しかし、新石器時代終末期には、山東や長江中・下流域の玉器が広がる過程で、岡村秀典氏によれば、中原龍山文化や斉家文化などにも独自な玉器が誕生したと考えられている。

例えば、黄河下流域の山東龍山文化期には、玉刀《ぎょくとう》や玉璋《ぎょくしょう》といった大型の玉器が流行した。玉刀は玉製の石包丁の大型品であり、石包丁形玉器とも呼ばれた。玉璋は短冊形をなした左右非対称の玉製品で、基部に歯牙状の突起を持つ。河姆渡文化や馬家浜文化の土木具である骨製鋤《こっせいすき》に系譜が求められる可能性から骨鏟形《こっさんがた》玉器とも呼ばれている。

また、大汶口《だいぶんこう》文化から山東龍山文化では、玉牙璧《ぎょくがへき》という円盤形の玉製品で真ん中に孔が空き、周縁に切り込みが入り牙のような形態を呈する玉器が発達する。

こうした山東龍山文化特有の玉製品が、次第に黄河中流域に広がり、その地で生産されるようになる。とくに二里頭文化ではその生産が盛んとなり、さらに玉璋は西漸する形で四川の三星堆文化や、さらには広東やベトナム北部まで広がっていく。こうした山東に起源を発する玉製品も、各地で自家生産されていくことからも、その観念的な意味合いが重要であり、その観念の模倣や受容が、地域での玉製品の生産に繋がったものと思われる。

一方、良渚文化の玉琮などに見られる獣面文は、林巳奈夫氏によれば、河姆渡文化に由来する太陽神であるとされる。太陽神の意匠は変化しながらも、山東龍山文化の両城鎮《りょうじょうちん》遺跡の玉器にも認められるし、石家河文化の玉器にも認められる。それらは太陽の強い光輝である日の暈《かさ》を原形とする神人表現と、その脇に配置されるイヌワシ表現に同一性が認められるのである。

長江下流域に起源する太陽神が、山東龍山文化や石家河文化へと精神文化的に共有されていく背景には、この段階の良渚文化を中心とする精神基盤の拡散を認めないわけにはいかない。すでに述べたように良渚文化の玉琮や玉璧は、首長による神政権力を示すものであった。新石器時代終末期の龍山文化後期に、玉琮や玉璧が黄河中流域や黄河上流域へ広がり、それぞれの地域で自家生産されていくのは、単なる玉器の模倣というよりは、玉器に秘められた神政権力といったイデオロギー装置をそれらの地域で必要としたということではあるまいか。

殷周青銅器の基本的な文様である饕餮文《とうてつもん》の原形が、林巳奈夫氏によって良渚文化の獣面文であることが指摘されて久しいが、意匠とともに玉琮など玉器文化の黄河中流域・上流域への拡散は、玉琮や玉璧に秘められた神政権力という精神基盤を新石器時代終末期に黄河中流域が新たに吸収し、二里頭文化以降に開花するという現象として理解したい。

犠牲と楽器

動物犠牲は農耕祭祀で、人の犠牲は社会的祭礼

楽器は骨製笛が新石器時代前期の河南省舞陽県賈湖《ぶようけんかこ》遺跡に見られ、新石器時代中期には响《きょう》と呼ばれる今日でも乳幼児をあやすような土製の鈴が各地で出現している。こうした楽器は、例えば賈湖遺跡の骨製笛が狩猟具などから発達した場合もあるであろうし、新石器時代中期以降の鈴である响が農耕祭祀と結びついて発達した可能性もあろう。しかし、楽器が山東半島において副葬土器で示された儀礼のような身分秩序と関係することは長らくなかった。

楽器が階層秩序と結びついた例としては、山西省陶寺《とうじ》遺跡の集団墓地がその最初の例である。すでに第五章で述べたように、新石器時代後期の陶寺墓地にはピラミッド型の明確な階層分化の構造が認められ、父系血縁集団を母胎とした世襲的な首長権力の存在が認められた。この墓地群内での最も階層上位者である男性首長の墓には、豊富な副葬品とともに、鼉《だ》鼓《こ》や石磬《せっけい》といった楽器が副葬されていた。

鼉鼓は揚子江ワニの皮が張られた太鼓であり、石磬とは殷周代に編鐘《へんしょう》とともに盛んに用いられる編磬《へんけい》の祖型であり、石磬一点からなっている。重要視できるのは、こうした楽器が、首長より低い社会階層の被葬者には副葬されない点であり、男性首長のみが独占している点である。すなわち、こうした楽器が男性首長の社会的な威厳を示す道具となっている点にある。

のちの殷周代では、楽器は身分秩序と結びつき、「礼楽《れいがく》」として封建社会の社会秩序となっている。その意味では、陶寺遺跡の男性首長は「楽」をもって身分秩序を示すとともに、祭祀行為を行い集団をまとめたと想像できる。

さらに鼉鼓・石磬とともに首長墓には殷周時代の典型的な祭礼具の一つである俎《そ》が副葬されている。戦国時代の礼書である『礼記《らいき》』には「諸侯の社稷《しゃしょく》を祭るのに俎や豆《とう》(高坏《たかつき》)がならべてある」とあるように、俎は重要な神を祭る祭礼具の一つであった。俎は殷周時代には青銅器や漆器などからなる礼器の一つとして貴族墓や王墓に副葬される。

さて、この陶寺遺跡における首長墓の俎には、包丁状の大きな石刀が載っており、まるで今日のまな板と包丁の組み合わせのような観を呈する。料理という行為も祭礼の始まりにおいて重要であった可能性があろう。そして、この首長墓には木製の豆(高坏)も副葬されているのである。『礼記』に記された祭礼具が、すでにこの陶寺墓地の首長墓には揃っている。しかも、こうした神を祭る儀礼は首長が独占するものであった。「楽」のみならず、殷周時代の「祭礼」の始まりが、この陶寺墓地に求められるのである。

さて、こうした陶寺遺跡の墓地には副葬品の多寡と階層構造とは対応しているが、山東の大汶口文化や山東龍山文化に見られた副葬土器の組み合わせによる儀礼は存在していない。のちの殷周社会に見られる、社会秩序である「儀礼」を示す青銅彝器の器種規範は、黄河中流域にはもともと存在していなかったのである。

一方では、「楽」や「祭礼」はこの地域で早くに重要視され、社会秩序の精神基盤として働いていたのである。のちの殷周社会は、これらの「楽」や「祭礼」に加え、黄河下流域に始まった「儀礼」を吸収し発展させることにより、中国の礼制の基本である礼楽を編み出したということができるのである。

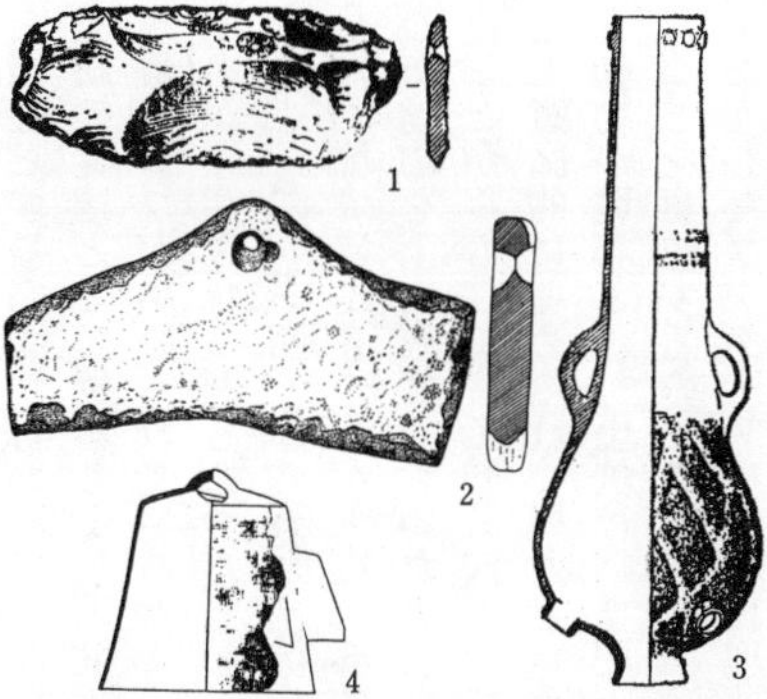

陶寺文化と二里頭文化における楽器の比較　1、2　石磬　3　土製鼓　4　銅鈴（1　陶寺遺跡3015号墓、2　二里頭遺跡K3号墓、3　陶寺遺跡3002号墓、4　二里頭遺跡22号墓）

中原地域では玉器が発達しなかったと述べた。玉器とそれに付随した神政権力は龍山時代になって、黄河中流域から上流域に向けて広がり、独自な玉器文化を形成するようになる。そのような現象から見れば、黄河中流域ではこの時期以前には、墓葬で見られた祖先祭祀以外には祭祀儀礼はあまり発達していなかったようにも思われる。

ところで、実はかなり古い段階から動物

を犠牲とする祭祀が行われていたのである。その最古の例とは、第五章で新石器時代前期の農耕の発達として例示した、河北省武安県《ぶあんけん》磁山《じざん》遺跡の貯蔵穴にある。八八基におよぶ土坑に大量のアワが納められているところから貯蔵穴と判断されたが、中にはその土坑内にブタやイヌが埋葬される例もあった。

五、一二、一四、二六五号土坑には、土坑底部に一頭ないし二頭のブタが埋葬され、一〇七号土坑ではイヌ一頭が土坑底部に埋葬され、その上にアワが堆積していたのである。こうした動物を土坑底部においたままアワを貯蔵すれば、動物の腐敗に伴いアワも汚染されていくことからも、決して貯蔵穴として利用されたとはいえない。しかも、それらの土坑は硬い土で意図的に埋められていたという。もともとは貯蔵穴であった可能性もあるが、少なくとも動物が埋葬された土坑は、祭祀土坑と考えるべきであろう。農耕祭祀として祭礼が始まったことを意味するのである。

　こうしたブタやイヌを土坑に埋葬する、いわゆる犠牲による農耕祭祀は、新石器時代前期には黄河中流域に限られ、黄河下流域に出現するのは新石器時代中期以降であり、その起源地は黄河中流域にある。

　また、こうした動物犠牲はその後、新石器時代中期後半には長江中流域、続いて新石器時代後期には長江下流域というように次第にその風習が広がっていくものの、動物犠牲が絶えず盛んなのは黄河中流域である。しかも犠牲の対象は、ごくわずかなシカのような例外を除いて、すべてブタやイヌといった家畜動物に限られている。家畜を犠牲にしてこそ農耕祭祀といえるのである。

新石器時代後期にはウシやヒツジのような牧畜動物の飼育が、西北地域を中心とする長城地帯で発達していくが、動物犠牲はこれに応じて西北地域でもウシ・ヒツジの犠牲が始まり、黄河中流域でも新石器時代終末期にはウシ・ヒツジの犠牲が加わっていく。さらに動物のみならず、人をも犠牲とした祭祀行為がなされる。人柱である。

例えば、河南省登封市王城崗《とうほうしおうじょうこう》遺跡のような城址遺跡では、建物を建設するに際して、奠基《てんき》坑《こう》として人の犠牲坑が形成される。このような人の犠牲はとりわけ中原地域である黄河中流域に新石器時代後期に発達する。犠牲祭祀が集団の結集力を維持し、さらに発展させるための精神基盤を形成していたものと思われる。

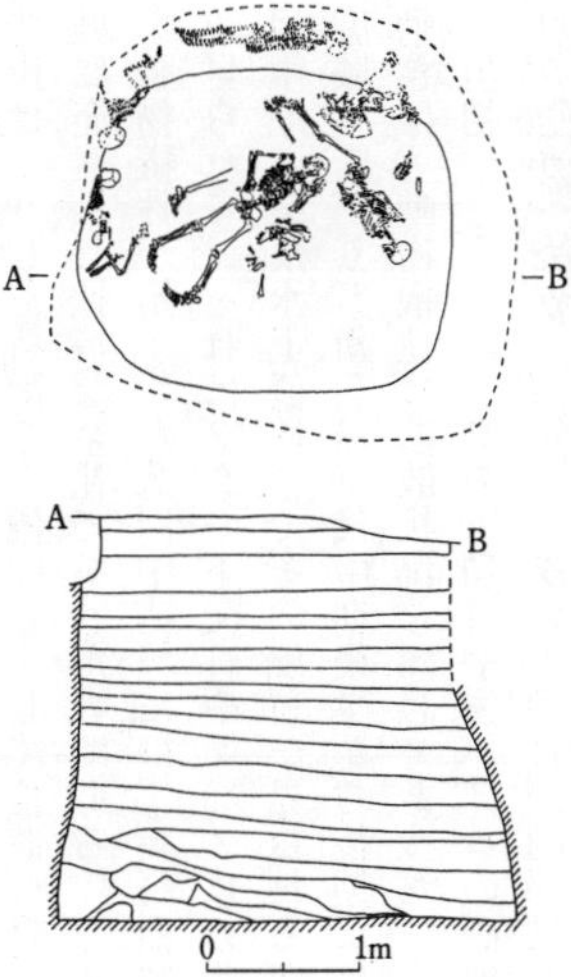

人の犠牲　王城崗遺跡龍山文化時期1号奠基坑

動物犠牲が農耕祭祀であるならば、人の犠牲は人間集団をまとめる社会的な祭礼であった。こうした動物犠牲や人の犠牲は、後にとりわけ殷代社会で発達し、動物犠牲も周代社会の基本的な祭祀として存続していく。殷代に発達した大規模な動物供犠は、王室祭祀の為に行われたものであり、岡村秀典氏はこうした特徴を祭儀国家として位置づけている。動物犠牲や人の犠牲こそが黄河中流域に発達した独特な祭礼であったのである。

動物犠牲が始まった黄河中流域には、新石器時代前期から同じように動物を副葬する行為が見られる。それはブタの下顎骨やキバノロの牙である。新石器時代前期には渭河《いが》流域や黄河中流域（漢水《かんすい》上流域）でその風習が見られるが、その後、新石器時代中期になって黄河下流域へ広がり、新石器時代中期後半から後期には、長江中流域や西北地域に拡散するという動きは、動物犠牲の拡散状況と同じであった。

当初、こうしたブタの下顎骨やキバノロの副葬は、被葬者の辟邪のためという観念的な意味が強かったが、次第にブタの下顎骨が副葬品として増えていくように、被葬者の富の象徴に転化していく。その意味では、動物副葬は、動物犠牲とは意味を異にしていくようである。

卜骨と祭祀

ヒツジ・ウシが使用された卜骨

新石器時代前期にブタやイヌの動物犠牲が始まったように、ブタやイヌは少なくとも新石器時代前期には家畜として普及している。ウシは黄河中流域では、新石器時代中期に家畜化されている。

ところがヒツジの飼育に関しては、確実なところで新石器時代中期末から西北地域に始まり、西北地域を含む長城地帯では、新石器時代後期以降に普及している。同じく新石器時代後期には、黄河中流域でもヒツジの家畜化が認められるが、西北地域ほど盛んではない。今日でも黄河下流域ではヒツジの牧畜を見ることは少ないし、ましてや淮河以南の華中や華南では、ヒツジが牧畜されることはない。

卜骨《ぼっこつ》は、このようなウシ、ヒツジ、ブタといった家畜動物やシカなどの肩胛骨《けんこうこつ》を焼いた亀裂の形態から吉凶を占うものである。卜骨は未来を占うという行為そのものが祭祀行為であり、先史時代の社会集団にとって必要なものであった。卜骨の対象となる動物は、ヒツジが最も多く、ついでブタ、その次がウシであり、シカはごく僅かである。これらの動物の肩胛骨が使われるが、大半が家畜動物であるところに意味がある。しかもブタ・シカを除けば、ウシやヒツジのような牧畜動物が主体であるように、卜骨は牧畜活動と密接に関係しているのである。

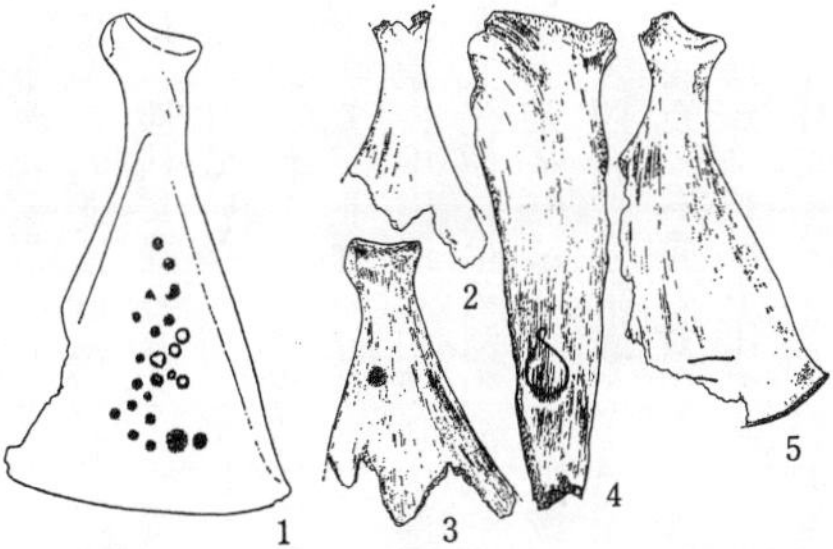

新石器時代の甘青地区出土卜骨　1　大何荘遺跡　2〜5　傅家門遺跡

牧畜は、すでに第七章でも述べたように、長城地帯で新石器時代後期から活発になっていく。長城地帯と黄河中・下流域が、牧畜型農耕社会と農耕社会という形に分化していくことを述べた。

卜骨は、最も古いものが馬家窯《ばかよう》文化の甘粛省武山県傳家門遺跡に見られ、牧畜型農耕社会である西北地域が起源地である可能性が高い。その卜骨は、新石器時代の特徴であるように、殷代に見られるような鑽《さん》や鑿《さく》といったキリやノミで孔をあけてそこを焼くということは行われていない。しかし、ヒツジの肩胛骨の焼かれた面とは反対の正面には、何らかの記号が刻まれている。まるで甲骨文字の原形を見る思いがする。

さて、卜骨の分布を見ていくと、新石器時代後期の龍山《りゅうざん》文化期に黄河上流域、渭河流域、内蒙古中南部、山西省中部地域、河北省南部地域、河南省北部地域に認められ、さらに二里《にり》頭《とう》文化期には黄河中流域や遼西地域に広がっていく。この分布の拡大域は、基本的には牧畜を生業基盤にしていく地域に対応しており、そこに牧畜動物であるウシ、ヒツジの骨を用いた吉凶を占う祭儀が、発達したと考えるべきであろう。

また、卜骨の対象となる動物は、地域によって多少差違が見られる。長城地帯の西北地域ではヒツジが主体であり、太行山脈の東麓の河北省南部を中心とする後岡二期文化ではウシが主体である。また長城地帯より東ないしその周辺域では、牧畜動物が発達しないため、シカやイノシシが使われる。朝鮮半島から日本列島で弥生時代以降に認められる卜骨も、この流れの中にあるのである。

ところで、卜骨の分布と鬲《れき》の分布が重なることから、両者は文化的に強い結びつきがあるように考えられている。第七章でも述べたように、鬲はこうした牧畜や窰洞《ようどう》式住居が広がる地域において開発された煮沸具である。これらの地域と接触した華北地域《ヤオドン》でも積極的に鬲が吸収され、後の殷や周における副葬土器の基本的な器種となったため、鬲が過剰に評価され、殷周文化の領域やその文化母胎を示すものであると考えられる場合も多い。しかし、先にも述べたように、卜骨や鬲は、長城地帯やその接触地帯において生まれたものである。しかもその出現が新石器時代後期であることからも、自然環境の変動と社会変動が呼応した現象である。

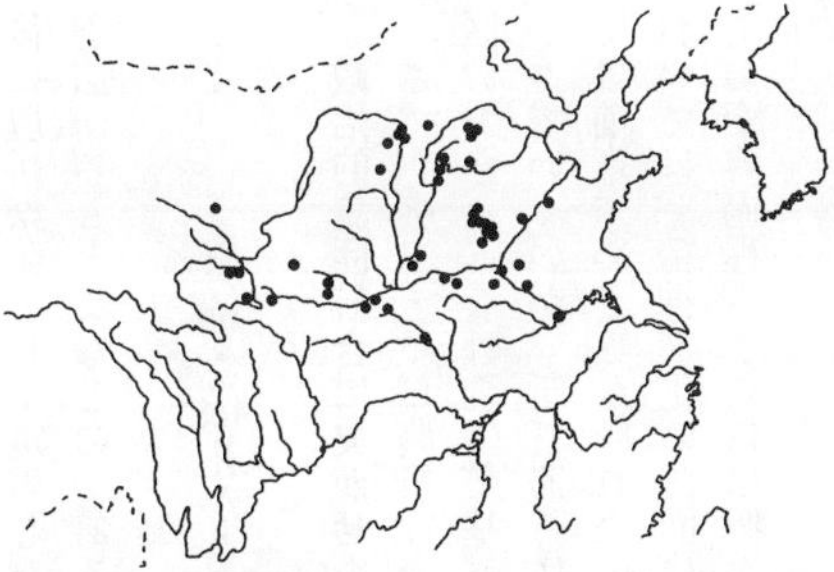

新石器時代の卜骨の分布（今村2004より）卜骨の分布は牧畜が行われた長城地帯や華北に限られる

牧畜の出現地が西北地域であるとするならば、冷涼乾燥化という自然環境の変動に呼応するように、農耕祭祀として生まれたものの可能性も高い。しかもその農耕とは、アワ・キビに加えコムギや後にオオムギというものが加わった雑穀農耕であり、そこに牧畜が伴うというものである。基本的に畑作農耕と牧畜における祭祀として、新石器時代後期に確立し広がっていったものである。その広がる範囲とは、鬲という新しい煮沸具や窰洞式住居の広がる範囲と呼応しており、同じ生態系の範囲での広がりである。

殷王朝は、長城地帯やその接触地域に広がった卜骨祭祀を元に、それを王権体制に組み込むようにして卜骨や甲骨文字を発達させていったのである。一方で、後に農耕祭祀として定着した卜骨祭祀が、さらに朝鮮半島を経て、弥生時代には日本列島へと広がることになるのである。

祭儀・儀礼から夏・殷文化へ

政治的集団統合に欠かせぬ、同じ信仰観念の共有

さて、アワ・キビ農耕社会の華北と稲作農耕社会の華中に、黄河流域と長江流域は大きく区分できる。これら生業基盤を異にする農耕社会が、次第に交流を活発化させ、統合化に向かっていくのが、新石器時代終末期から殷周社会への変動期の動きである。この過程については前章でいささか触れたところであるが、こうした地域間交流の過程や地域統合の過程においては、精神文化の側面にも注目する必要がある。個々の地域の精神文化の存在とともにその変容過程、さらには個々の地域範囲を越えた精神文化の融合過程に注目すべきなのである。

これまで述べてきたように、新石器時代の農耕社会では、個々の地域に応じた祭祀形態を持っていた。大きくいえばアワ・キビ農耕社会の黄河中流域は、父系血縁組織を中心とする祖先祭祀が盛んであった。これは集団組織を維持する機能をも持ち合わせていた。またこの地域では、農耕祭祀として動物犠牲や集団の組織化として人の犠牲も盛んになっていく。新石器時代後期の陶寺墓地では、「楽」が首長の支配権を正当化するものとして、首長に

よって独占された。一方、同じアワ・キビ農耕社会である黄河下流域の山東では、父系血縁集団を中心とする氏族を基礎とした階層構造の分化に応じて、その社会の階層構造を維持する装置として、副葬品に見られた厳格な社会規範が存在していた。私はこれが葬送行為に見られる儀礼であり、この儀礼規範こそが社会階層を維持する精神基盤であると考えている。

いわば、アワ・キビ農耕社会では、祖先祭祀にしろ、儀礼にしろ、こうした集団を成立させている中核的な習俗や制度が、部族社会から首長制社会へ移行する階層構造を維持する基本構造であった。こうした黄河流域に対し、稲作社会の長江下流域では太陽神が発達し、これが山東や長江中流域へと伝播していく。

長江下流域では玉器による祭祀が展開し、良渚文化に結実する。良渚文化でも集団祭祀が執り行われた神聖な場所である祭壇を、祭祀終了後には支配者一族の墓として利用し、祭祀権を表す玉琮や玉璧、軍事権を表す玉鉞を大量に首長の墓に副葬する葬送儀礼が見られた。良渚文化では良渚遺跡の集団を中心に太湖周辺の諸集団が同盟・連合して良渚文化として政治統合をなす。この場合も、玉器の流通を含め、首長会同に際しても玉器を通じた宗教的な統合がなされ、諸集団の政治的統合がなされたのである。その意味では、玉器は単なる身分標識や豊かさを示す威信財ではなく、神政権力として政治的な統合を成し遂げる精神基盤としての役割を果たしたのである。そこには玉琮などに刻まれた神人獣面文に示された太陽神への信仰が、集団統合のための絆となったのである。同じ信仰観念を共有することこそが、政治的な集団統合に必要なことであった。

以上のような各地域で見られた個別の祭祀形態や精神基盤が、新石器時代後期になると、地域的に流動していくようになる。これについてはとくに玉器に認められた。

例えば、良渚文化に見られた玉琮や玉璧は、華南の石峡文化のような新たに稲作農耕が広がっていった地域においても拡散している。しかしこの場合には、決して良渚文化内部で生産された玉琮が石峡文化地域に配付されたわけではない。石峡文化に見られる玉琮は、良渚文化のものとはやや差違を持っており、石峡文化内部で自家生産された可能性が高い。そうであるならば、この場合の玉琮の広がりは、玉琮そのものの広がりではなく、同じ玉琮を作ってまでも同じ神政権力を共有することに意味があったのである。

良渚文化に見られた玉琮・玉璧は、石峡文化に広がるだけではなく、これまで玉器を祭祀道具としていなかった黄河中流域や黄河上流域までも広がっていく。

しかしその広がりとは、岡村秀典氏も指摘するように、玉器そのものが移動するよりは、黄河中流域の河南龍山文化では、河南龍山文化それ自身が玉琮・玉璧を自分なりにアレンジして生産していくのである。同じことは黄河上流域の斉家文化においてもいえ、玉琮・玉璧を斉家文化的に受容し、生産していく。こうした伝播過程は、石峡文化の場合よりも、玉琮・玉璧がより形態変化しており、概念としての文化伝播を示している。

これらの地域では、社会組織の新たな必要性から良渚文化で用いられた祭祀具である王琮や玉璧などを受容して、自らのものにしているのである。もちろん、黄河中流域では、長江下流域の良渚文化や長江中流域の石家河文化で製作された玉器そのものが流入している場合も見られる。例えば、長城地帯に部分的に属するような陝西省延安市蘆《ろ》山峁《ざんぼう》遺跡では、良渚文化そのものの玉琮が出土しているのである。また、陝西省神木県石峁《せきぼう》遺跡からは長江中流域の石家河文化の玉器も出土しており、玉器の伝播の終着点である観を呈している。

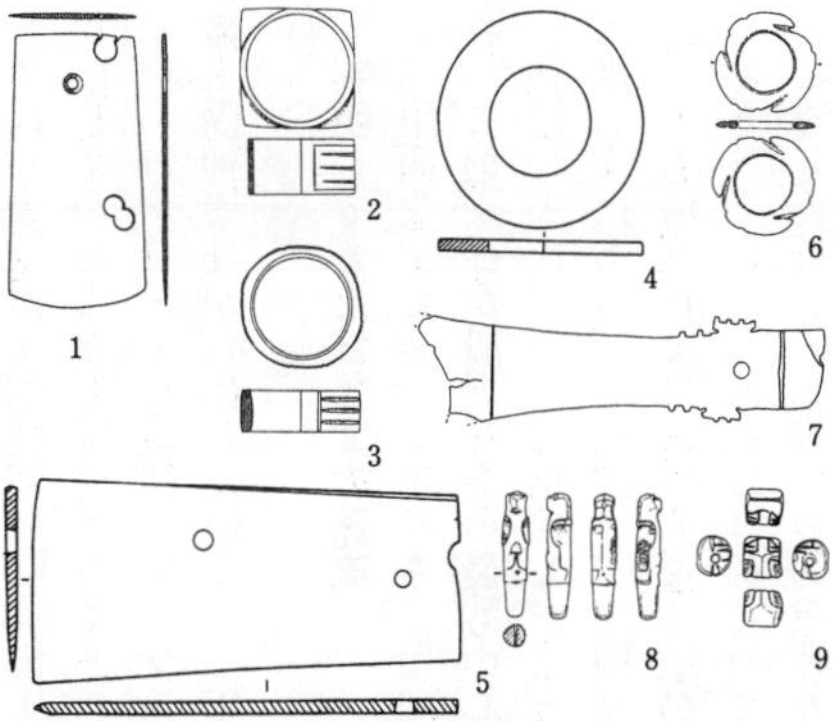

黄河中流域における玉器の展開　1　玉鉞（陶寺1265号墓）　2、3　玉琮（陶寺3168号墓・1267号墓）　4　玉璧（山西下靳寺13号墓）　5　玉刀（山西下靳寺51号墓）　6　牙璧（陝西石峁）　7　玉璋（陝西石峁）　8、9　石家河文化系玉器（陝西石峁）

玉琮・玉璧の流入に関しては、もちろん良渚文化の玉器そのものの移動が存在していたのは確かであろうが、それ以上に自家生産されていく動きは、玉琮・玉璧の背後にある神政権力こそが広がっていったことを示しているのではなかろうか。むしろその信仰概念やそれに付随する社会的な規範こそが、それぞれの地域で必要としたものではなかったのか。

これまで玉器祭祀をもたなかった黄河中流域が、新石器時代後期から新たな祭祀形態を受容した背景とは、良渚文化で見られた首長同盟による優れた社会組織の精神基盤を受容しようとしたことではなかったかと思われる。

こうした精神世界の統合を黄河中流域が新石器時代終末期に成し遂げていった

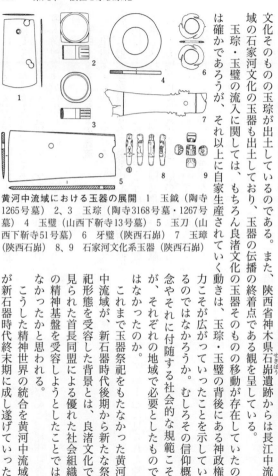

背景は、大汶口文化後期以降、山東の文化的な特徴が淮河を遡って常に黄河中流域へ影響を及ぼしていたことと関係するであろう。

いわばアワ・キビ農耕社会の父系血縁組織を中心とする祖先祭祀や農耕祭祀と、稲作社会の太陽神崇拝が合体したのが、二里頭文化以降の文化形態であるといえよう。

判明してきた饕餮文の源流

二里頭文化について現れる二里岡《にりこう》文化の青銅彝器には、饕餮文と呼ばれる獣面像が鋳だされ、この文様が殷周社会の最も中心的な神的意匠となっていく。

林巳奈夫氏が早くに指摘したように、この饕餮文の源流は、良渚文化の玉器に見られた神人獣面文にある。二里頭・二里岡文化という文献上の夏や殷に比定される文化において、少なくとも殷文化では政治的な領域の広がりからも、初期国家という発達度に達した文明社会であることは、一般的に認められている事実である。

こうした社会の精神世界の重要な象形が必ずしも、その地域内部の前史から生み出されてきたものではなかったことを注目すべきではなかろうか。新石器時代後期に農耕社会の北縁に出現した、牧畜型農耕社会において採用された卜骨を、黄河中流域においてさらに吸収することにより、重層的な祭儀が可能になったのが殷社会であったといえよう。

また、山東の大汶口文化さらに山東龍山文化で、階層構造の維持装置として生まれた「儀礼」は、新石器時代後期の陶寺墓地では存在していないことをすでに述べた。しかし、二里頭文化や二里岡文化では、山東において祭儀の土器器種であった鼎《てい》、鬹《き》、杯《はい》、罍《らい》などを、青銅器の鼎、爵《しゃく》、觚《こ》、罍などに置き換え、祭儀の基本的な礼器としたのである。まさに黄河下流域に生まれた「儀礼」を二里頭・二里岡文化が採用し、殷周社会の基本的な儀礼としていったのである。

もちろん陶寺墓地では、「楽」という観念をすでにもっていた。二里頭文化が成立した黄河中流域とは、新石器時代においてすでに祖先祭祀、動物犠牲、人の犠牲という「祭礼」を行い、社会集団の結束を固めた地域である。そこに新石器時代終末期には、長江下流域を出自とする神政権力をも取り入れ、一層の社会組織化を果たしたといえる。

さらに、首長身分を正す「楽」と山東で生まれた身分秩序である「儀礼」が、二里頭文化以降融合して、殷周社会の基本的な社会秩序である「礼楽」に育っていったのである。

このように、各地域で独自に形成された精神文化やそれに基づく制度・習俗が、中原地域と呼ばれる黄河中流域で新石器時代終末期に統合化する過程で、二里頭・二里岡文化が生まれていった。

中国の最初の王朝と呼ばれる夏・殷は二里頭・二里岡文化に相当するが、この時代を中国における初期国家の時代と呼ぶことができるであろう。初期国家として形成された初期王朝とは、新石器時代に各地で用いられた社会組織に必要であった精神基盤を取り入れたことによって成立したのである。

殷社会の基本要素である祖先祭祀、供犠、礼楽といったものが、必ずしも黄河中流域の在地的な系譜からのみ生まれたものではなく、アワ・キビ農耕社会と稲作農耕社会のそれぞれの精神文化を融合して形成されたものであることを読者に理解していただきたいのである。

続いて、初期国家形成期である二里頭・二里岡文化について話題を転じたい。

第一〇章　初期国家への曙光

二里頭時代の始まり

二里岡遺跡と夏王朝、殷王朝の関係

『史記《しき》』に記載された中国の最古の王朝は、夏《か》王朝である。伝説の「五帝」の最後の王である舜《しゅん》から、治水の功績が認められて禅譲された禹《う》は、夏王朝を開いている。『史記』の記述においては、「五帝」がそれぞれの徳をもって国を治めた個人であるのに対し、禹は世襲によって王権を継いだという点で、大きく記述を異にしている。司馬遷の立場からするならば、王権を継いだ統治体制ができた段階を王朝と呼んだのであるかもしれない。

王朝とはその字義にあるように、王権が確立した段階であり、その王権を維持するためには世襲による政権の安泰が必要である。このような夏王朝が現存したのか否かに関しては、清朝末期以来の疑古《ぎこ》派によって懐疑され、また近代歴史学を推進している欧米や日本の歴史学者からも懐疑されている。

その是非には、殷《いん》王朝の存在が甲骨文字によって証明されたのと同じように、文字の存在によって明らかにされない限りは解決の道がないという、詮ない否定論も見られる。

　また、戦国時代の七雄が競って自らの政権の正統性を主張するために、その歴史書である年代記に禹や夏王朝の事績を記したことは、本シリーズ第二巻『都市国家から中華へ』で、東京大学の平勢《ひらせ》隆郎《たかお》教授が詳しく説明されるであろう。

　五帝とともに禹や夏王朝が戦国時代に盛んに利用され、作為されたわけであり、それらの記述をそのまま信用するわけにはいかない。しかし、『尚書《しょうしょ》』や『詩経《しきょう》』には禹の事績が記され、それと同じ内容の銘文が北京の保利《ほり》芸術博物館所蔵の「盨《しゅ》」という西周中期の青銅器にも記されている。春秋時代の「秦公簋《しんこうき》」や「叔夷鐘《しゅくいしょう》」、「叔夷鎛《しゅくいはく》」にも禹や夏王朝の記述が認められる。

　岡村秀典氏も述べるように、殷以前に中原《ちゅうげん》に夏王朝という政治的なまとまりが存在していたことは間違いないであろう。

　問題であるのは、その政治的なまとまりが歴史的な区分における王朝あるいは初期国家という段階に達していたかである。しかし、この点はすでに文献からはもはや判断できない領域といえよう。考古学的な手法によってのみ、それが可能である。

　歴史記述をはずして、考古学的な手法で殷以前の文化を年代順に並べていくと、次ページの表にあるように、中原では二里頭《にりとう》文化、二里岡《にりこう》下層文化、二里岡上層文化、殷墟文化期というふうに変化していく。

　この文化とは、土器の各器種を総合した様式的な変化で示すきわめて一般的な考古学的編年単位である。殷墟文化期とは、名前の通り、河南省安陽市《あんようし》殷墟遺跡が存続した時期の文化単位であり、殷の盤庚《ばんこう》が遷都して以降の殷の最後の都が置かれた時代のものである。これに関しては、後にもう少し詳しく述べたい。

二里岡下層と二里岡上層は河南省鄭州市《ていしゅうし》二里岡遺跡の文化層を基準にして設定されたものであるが、この時期はまさしく鄭州商城《ていしゅうしょうじょう》の存続した時期と呼応している。鄭州商城に関しては、後に詳しく述べたいが、殷の最初の都である亳《はく》と比定される場合が一般的である。

時代＼地域		河南中部	河南北部～河北南部
新石器時代		王湾３期文化	後岡２期文化
夏代		新砦文化（二里頭文化１期） 二里頭文化２期 二里頭文化３期 二里頭文化４期	先商文化
殷代前期		二里岡下層文化１期 二里岡下層文化２期 二里岡上層文化１期	
殷代中期	中丁	白家荘期（二里岡上層２期）	
殷代中期	盤庚	洹北商城前期 洹北商城後期	
殷代後期	武丁……紂	殷墟文化１期 殷墟文化２期 殷墟文化３期 殷墟文化４期	

新石器時代終末期から殷代の文化編年

ところで、殷は『史記』の「殷本紀《ほんぎ》」で一般的な王朝名となっているが、甲骨文字や金文では「商《しょう》」と記載される場合が普通である。中国の学界では一般的に商を用いるが、本書では日本で伝統的に用いられている殷という呼称を用いたい。

さて、その殷は湯王《とう》によって建国されたのであるが、湯王の都が鄭州商城であるというのである。この点についても後に詳述しなくてはならないが、そうであるならば二里岡下層文化以降が殷王朝ということになる。そして、二里岡下層以前の二里頭文化が、夏王朝に相当する時期であるということに自動的になってしまうのである。しかし、この点が従来の論争の対象であったのである。

実は考古学的文化と夏王朝や殷王朝の実年代を対応させるのは、大変難しい作業といえるのである。そこでまず二里頭文化の編年問題や、二里頭文化に対する従来の学説を整理して後、二里頭文化を正確に歴史的に位置づける必要性があろう。

二里頭文化は、黄河中流域に存在した河南龍山《かなんりゅうざん》文化の系譜を引いているが、その中でも王《おう》湾《わん》三期文化の系譜を直接に引いている。河南龍山文化も土器の様式的な内容とりわけ器種構成から地域的に細分でき、次ページの図に示すような地域区分が可能である。

この地域区分は、一方では王湾三期という時期の政治的に区分できる社会集団の居住範囲を示している可能性がある。なぜなら、この時期、首長制社会として政治的な集団統合が進む段階にあり、同じ生活様式や情報を共有している集団が、政治的な統合や再編を進めていく段階にあたるからである。

この図は中国国家博物館の董琦《とうき》氏の考え方を基にしたものであるが、王湾三期文化として示された範囲内でも、嵩山《すうざん》を越えた北側と南側では土器様式に差違が見られる。

嵩山の南側はより山東龍山文化の土器要素の濃い文化であるし、また長江中流域の石家河文化の要素も吸収している。その意味では、より東側に位置する河南龍山文化王油坊《おうゆぼう》類型で山東龍山文化の要素が強くなるのは、地理的に文化領域が接しているためであり、一般的なあり方である。王油坊類型は、その意味では河南龍山文化と山東龍山文化の折衷的な文化様式を示しており、これを河南龍山文化に含めるか、山東龍山文化に含めるかは、研究者の現代の地域意識による場合が多く、あまり意味をなさない。

第五章ですでに述べたように、むしろ山東龍山文化の様式的な広がり、あるいは山東龍山文化の影響というものが、山東半島のみならず、河南省東南部の淮河上流域や、長江下流域の上海付近までに広がることに意味がある。そして王湾三期文化の嵩山の南側は王油坊類型に接しているのであり、自ずと山東地域とともに、長江下流域との交流や影響関係が可能となるのである。

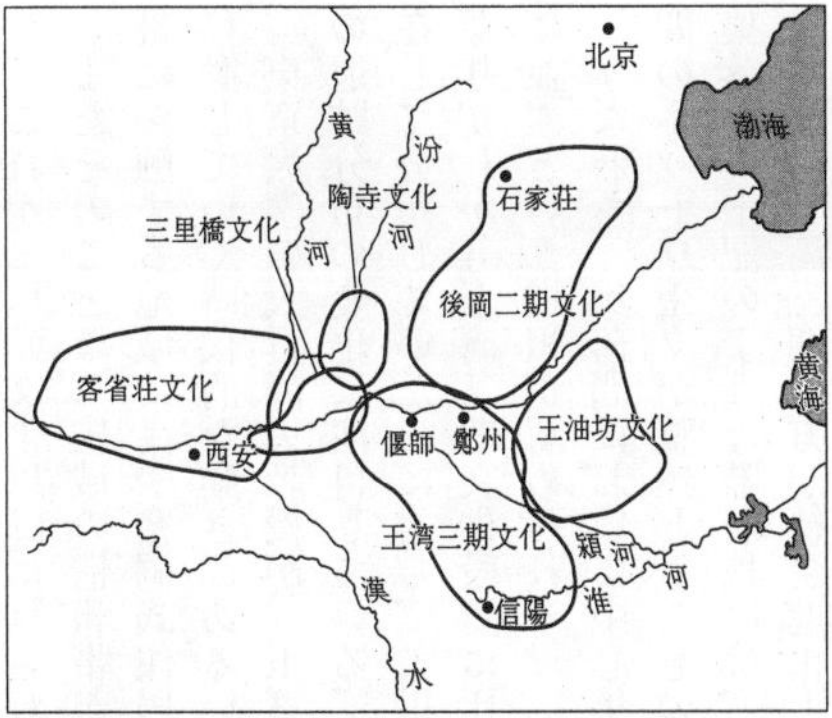

王湾三期の地域文化様式（董琦2000より）

さて、王湾三期という文化も、基本的には在地的な土器様式が変化したものを母胎にしているが、そこには鬹《き》、単耳杯《たんじはい》、高柄豆《こうへいとう》（高柄高坏）といった山東龍山を起源とする器種も受け入れている。新石器時代の終末期はすでに玉器などで述べたように、黄河中流域では他地域に出自する文化要素をいち早くかつ積極的に導入していく。さまざまな情報を取り入れていこうという特色が見られ、これが二里頭文化以降に見られる多様な文化要素の源泉となっている。

またそのことは、広域の情報帯がこの時期に長城地帯として形成され、長城地帯と長城地帯に接触する地域に鬲《れき》や窰洞《ようどう》式住居が広がるという現象と同様であり、広域に物資や情報が移動していく時代的な動き、あるいは社会進化段階を反映した現象なのである。

東京大学の大貫静夫《おおぬきしずお》教授が、王湾三期文化から二里頭文化へ移行していく段階の嵩山《すうざん》周辺の遺跡分布の変化に注目している。王湾三期文化段階には、それぞれの河川流域に遺跡が散在して分布していたのに対し、二里頭文化期以降は洛陽《らくよう》周辺に遺跡が濃密に分布するようになり、しかも王湾三期文化段階に比べ二里頭遺跡を中心に、その周辺に大型の集落が等間隔に並ぶという様相が認められる。

すなわち、集落間において中心集落が存在し、その周りに衛星集落がある、といった集落間のネットワークが整然としたものになっていく。このことは王湾三期文化段階にはむしろ集落間の上記のような階層秩序は、山西省南部の陶寺《とうじ》類型において進んでいたのに対し、洛陽平原の王湾三期の方が社会進化上は遅れていたことを示している。しかし陶寺類型がそのまま順当に社会進化を維持していくのではなく、二里頭文化以降は今度は代わって洛陽平原の地域文化の方が、社会進化を進めていくのである。

すなわち二里頭文化段階には、二里頭遺跡を中心とした求心的な集落間ネットワークが形成されている。さらに二里頭文化は洛陽平原のみならず、従来の陶寺文化を東下馮《とうかひょう》類型、三《さん》里橋《りきょう》文化を南沙《なんさ》村《そん》類型、王湾三期文化の嵩山の南側部分を下王崗《かおうこう》類型として区分され、文化様式として広域の地域圏を形成しているところが興味深い。従来の別の文化を母胎としながら、二里頭文化圏というような広域な文化情報帯が形成されたのである。このことが、必ずしも二里頭遺跡を頂点とする政治的な統合体を示しているわけではないが、二里頭文化として共通の文化様式を共有している。二里頭文化期の社会統合に関する具体的な内容は、後に触れることになろう。

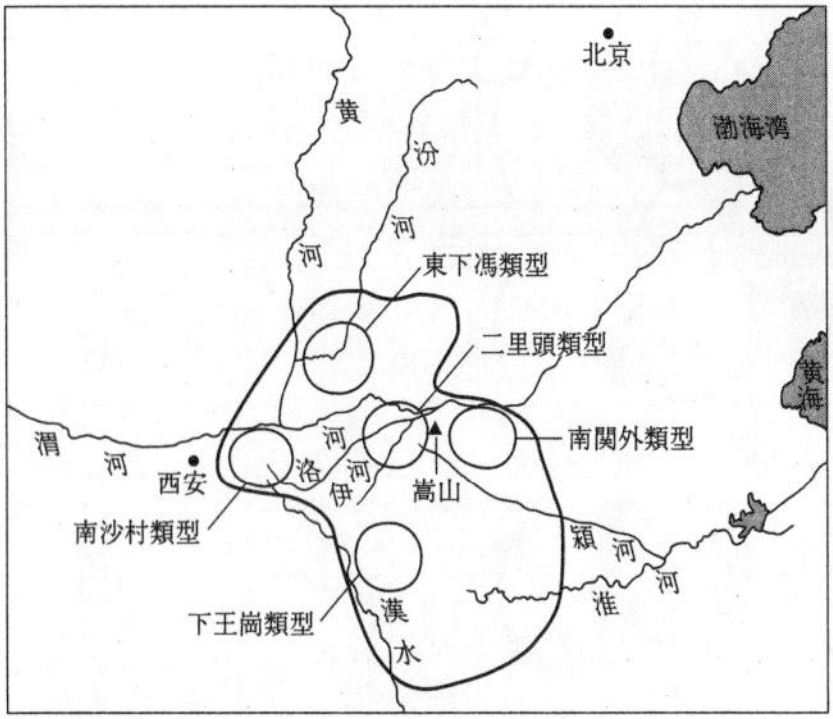

二里頭文化の文化様式（董琦2000より）同じ二里頭文化様式と考えられる範囲の中で、さらに五つの地域文化単位に分けることができる。嵩山の南側にはさらに一類型の文化単位を将来設定できる可能性がある

二里頭文化の淵源を探る

さて、二里頭文化の成立を考えるにあたって、河南省新密市新砦《しんさい》遺跡が注目されている。二里頭文化が河南龍山文化である王湾三期から生まれたことはすでに常識となっているが、王湾三期から直接に二里頭文化が生まれたかは説が分かれている。

二里頭文化は基本的に四期に時期区分されているが、二里頭文化一期と王湾三期文化との関係が問題となっている。例えば、駒沢大学の飯島武次《いいじまたけつぐ》教授は二里頭

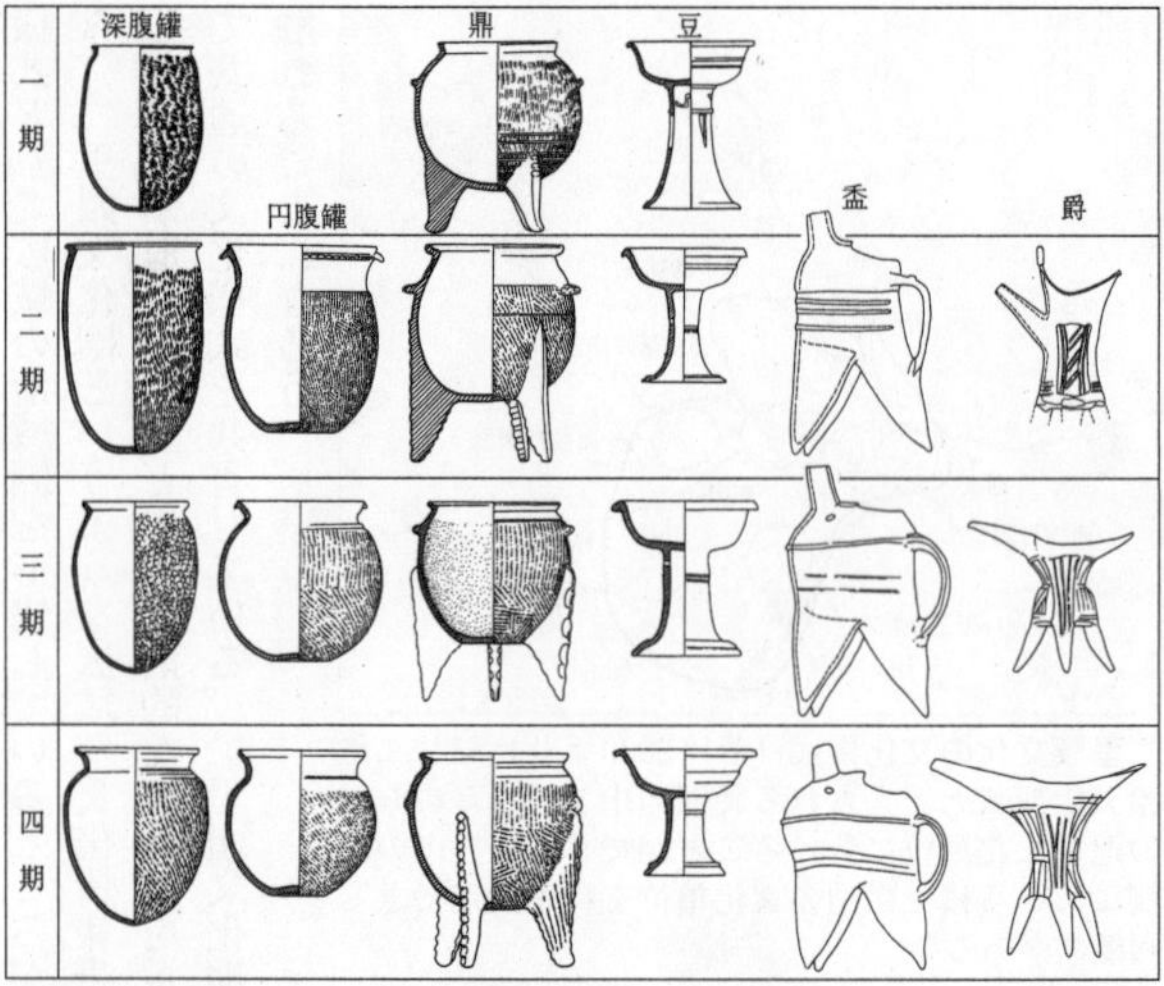

二里頭文化の土器編年　各器種が連続的に器形変化していることが明確である。その中でも、円腹罐や盉、爵といった新しい器種が出現する二里頭文化二期には大きな画期がある

文化一期は王湾三期文化終末期の媒山《ばいざん》二期と同じ土器様式を示しており、二里頭文化一期を龍山文化に含めてみる考え方を示している。しかし、一方では、先ほど述べた新砦遺跡を王湾三期と二里頭文化一期を繋《つな》ぐものとして理解を示している。

これを最初に述べたのは中国社会科学院考古研究所の趙芝荃《ちょうしせん》氏である。趙氏は龍山文化である王湾三期から新砦を介して二里頭文化が成立したと考えたのである。その後、新砦遺跡を発掘した北京大学らの調査団は新砦二期を設定し、新砦遺跡の発掘による層位関係などからも、王湾三期、新砦二期、二里頭文化と連続的に変化していくものであることを明らかにしている。さらには、新砦二期を新砦文化として二里頭文化一期を包含する段階のものとして、王湾三期、新砦文化、二里頭文化二期と変化していくと考える中国社会科学院考古研究所の杜《と》金《きん》鵬《ほう》氏の考え方も見られる。このあたりは土器型式の定義とその分期の問題となり、専門家のマニアックな領域に入っているところから、ここでは、王湾三期、新砦文化期、二里頭文化期という発掘調査で裏付けられた連続的な変化過程と捉えておきたい。ともかく、王湾三期と二里頭文化の間に、新砦期という時期が存在することが明らかとなったのである。また、新砦文化期は一部従来の二里頭文化一期を含んでいると考えておきたい。

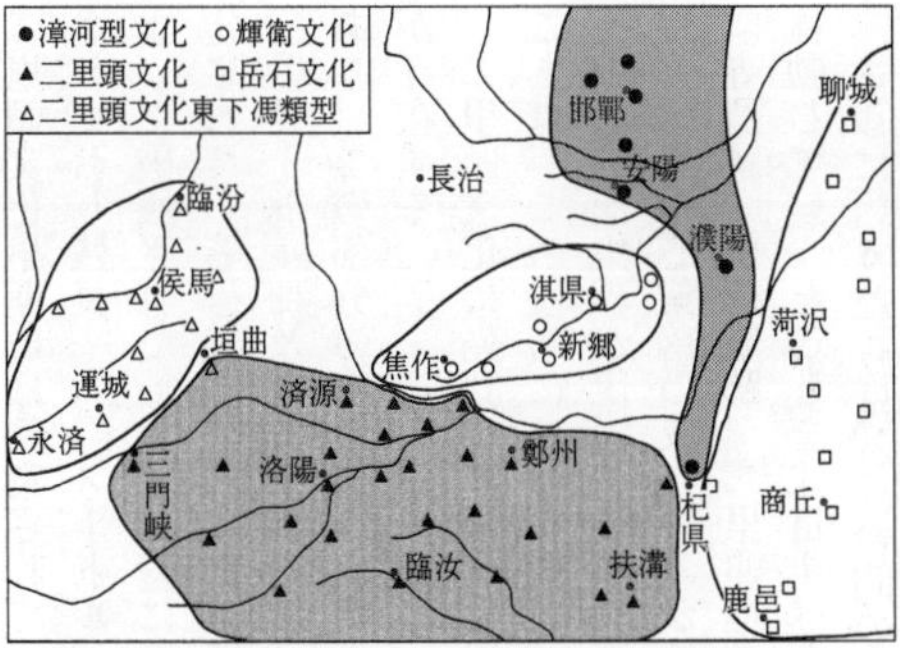

二里頭文化と先商文化（張立東1996による）

新砦文化期においても、その後の二里頭文化の中心となる伊河《いか》・洛河《らくか》地域（洛陽平原）と淮河《わいが》上流域の潁《えい》河《か》・汝河《じょか》流域では、土器型式に地域差が見られる。

その中で重要なのは、潁河・汝河流域に位置する新砦遺跡で三重の環濠をもつ城址が発見されたことである。

城壁は龍山文化終末期から新砦文化期まで存続し、

二里頭文化早期には廃棄されている。城壁は北壁が長さ九二四メートル、東壁は南側が破壊されており残長一六〇メートル、西壁も四七〇メートルしか残っておらず、南側は双洎河《そうきか》によって破壊されている。城壁に取り囲まれた部分の面積は七〇万平方メートルに達すると想定されている。城壁の周りには城壁に沿うように濠があり、さらにその外側には東西長一五〇〇メートルに及ぶ外濠がある。さらに城址内部の西南部分の比較的高いところには内濠があり、この部分の中心には東西長五〇メートル、南北幅一四・五メートルに及ぶ大型建築物が存在する。

二里頭文化に先立つ新砦文化期にこのような大型の集落遺跡が潁河・汝河流域に存在することは、この段階にはこの地域が社会的・文化的な中心地であり、その後に二里頭遺跡という中心的な集落が伊河・洛河流域に形成されたということを示している。これまで二里頭遺跡という中心集落の成立のみが注目されていたが、そうではなく、黄河中流域においては、陶寺遺跡、新砦遺跡、二里頭遺跡というように、大型の中心集落が時期ごとに場所を違えて移動していったことを注目すべきである。

さらにいうならば、この間の社会的あるいは政治的な中心地というものが、不安定であり、その中心地が流動的であるという点に注目すべきである。そしてまた、新砦文化期の中心が潁河・汝河流域にあったことは、これらの河川が淮河上流域にあるように、淮河上流域の河南龍山文化王油坊類型を介して、山東龍山文化との交流において地の利があったのである。そこに新砦文化期における、さらには二里頭文化期における東方の文化要素が汲み取られた大きな理由があったのである。

二里頭文化と二里岡文化

鼎が主体の二里頭文化、鬲が主体の二里岡文化

二里頭文化の社会的な発展が見られた段階に、二里頭文化の周辺では土器様式から別の文化類型が存在している。河北省北部から河南省南部にかけては、龍山文化後岡類型（後岡二期文化）の系譜を引く先商《せんしょう》文化（下《か》七垣《しちえん》文化）、二里頭文化と先商文化の中間地帯である輝《き》河《か》・衛河《えいか》流域に存在する輝衛《きえい》文化、さらに二里頭文化の東側に隣接して淮河流域から山東半島にかけては岳石《がくせき》文化が存在する。

もともと先商文化という文化名称を与えたのは、北京大学の鄒衡《すうこう》教授であった。鄒衡教授は先商文化を漳河《しょうか》型、輝衛型、南関外《なんかんがい》型に地域的な細分を行っていた。このうち、漳河型と輝衛型を併せて下七垣文化と呼んだのは、鄒衡教授の弟子の李《り》伯謙《はくけん》北京大学教授であった。その後、張立東《ちょうりつとう》氏は輝衛型を輝衛文化と呼び変え、先商文化漳河型を漳河型文化として両者を明確に区分している。ここでは下七垣文化を先商文化として呼んでおきたいが、先商文化を基盤として後の二里岡文化が成立している。

二里頭文化がもともと鼎《てい》を煮沸具の主体としていたものに対し、二里岡文化は鬲《れき》を煮沸具の主体としている。鼎は新石器時代前期から出現する充足の三足器であるが、鬲は第七章で

説明したように新石器時代後期に出現する空足の三足器であり、両者は出現時期と出現地を異にしている。この鬲を煮沸具の基盤としたのが先商文化であり、先商文化の広がりの中で、二里頭文化分布地域に置き換わる形で成立している。すなわち先商文化が発達して、分布領域を異にしたのが二里岡文化である。

その意味では鄭州を中心として見られた鄒衡教授のいう南関外型は、二里岡文化の直接的な前身ということができるであろう。そしてまた、二里岡文化が直接的には先商文化の系譜を引くものの、一方では二里頭文化要素さらには隣接する岳石文化の要素を引きながら生成されていくのである。そしてこの二里岡文化こそが、二里岡下層、二里岡上層、殷墟文化期というふうに連続的に続く土器様式であり、殷王朝に相当する文化であることは常識的な事実となっている。

二里頭文化と二里岡文化の接点は、近年の河南省偃師商城《えんししようじよう》の調査によって明らかとなってきた。偃師商城は二里岡文化の城址であるが、二里岡文化の中心的な城址としては鄭州商城がある。

かつて偃師商城と鄭州商城に関して、文献上のどの都城にあたるかに、大きく三つの考え方があった。

第一が、偃師商城が鄭州商城より古い段階に建設が始まったとして、殷王朝の初代である湯《とう》が建都した西亳《せいはく》だという説である。

第二は、偃師商城と鄭州商城は同時期に存在する二つの都城であり、鄭州商城が西亳であ

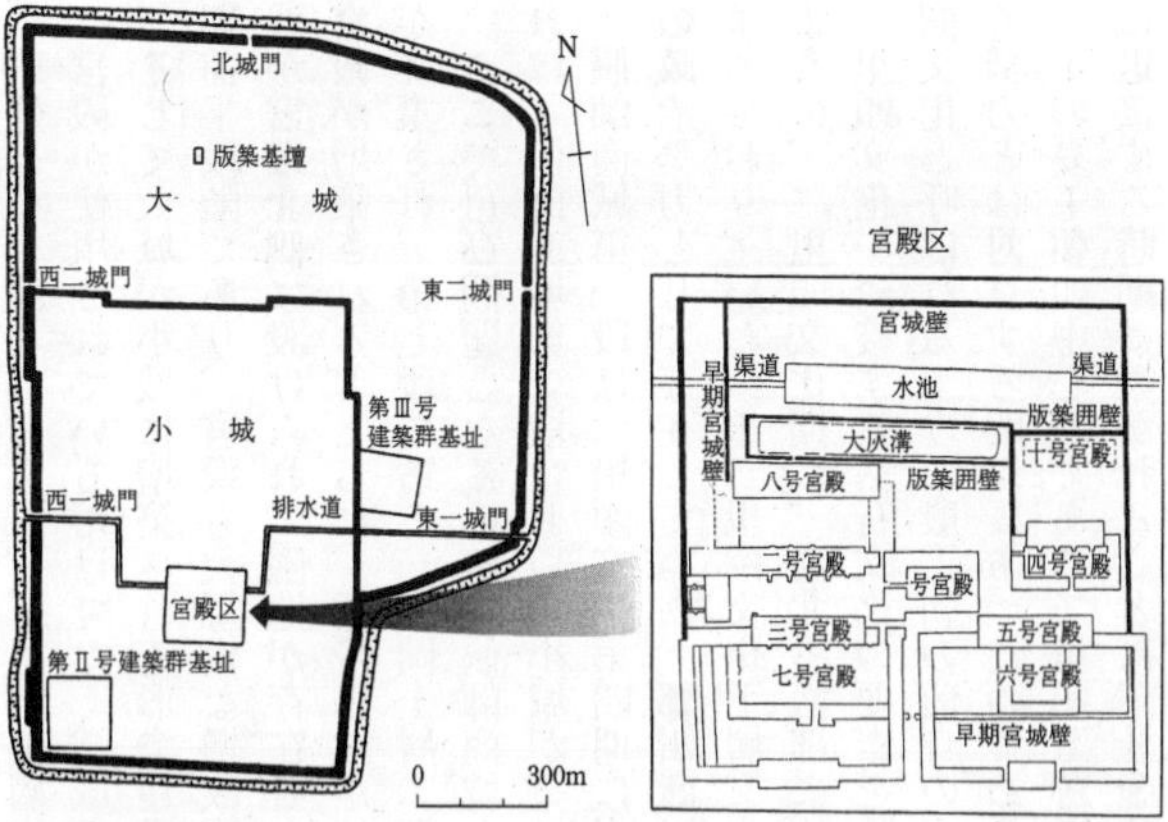

偃師商城と宮殿区　小城が拡大して大城となり、宮殿区も何回かの拡張が認められる

り、偃師商城は別の都城である太甲桐宮《たいこうとうきゅう》、あるいは同時期の副都とする説である。

第三が、偃師商城の建都年代を二里岡上層文化のやや遅い時期であると考えて、この都城が鄭州商城より遅く、安陽殷墟より早いと考えるものであり、盤庚《ばんこう》が遷都した亳殷《はくいん》と考えるものである。

近年、偃師商城において小城と大城が発見され、小城が古く大城が新しいことが明らかとなったのである。この場合、最初に小城が建設されて後、小城の西壁と南壁さらに東壁の一部を利用しながら拡張することによって大城が建設されている。

さて、小城と大城の創建年代が問題となる。偃師商城は土器型式から三期七段に分期されている。第一段が二里頭文化第四期後半に併行する時期と考えられ、第七段が二里岡上層文化白家荘《はっかそう》期に相当する。小城の創建は第二段と考えられ、二里岡下層文化の始まりの時期に相当する。この時期にはすでに宮殿が使用されているだけでなく、城外には青銅鋳造遺構が存在する。

そして大城が小城に増築される形で建設されたのが、第三段の時期である。二里岡下層二期前半段階であり、宮殿も大規模な増改築が行われ新宮殿が建設されるとともに、石積みの池が宮殿北側に設けられ、園池が存在したのである。第五段の二里岡上層一期前半には三号宮殿が増築されるとともに、五号宮殿が建設された。第六段の二里岡上層一期後半には宮殿が廃棄され、第七段である二里岡上層二期（白家荘期）には偃師商城は終焉したのである。

ここで再び問題となるのが、偃師商城と鄭州商城との関係である。杜《と》金鵬《きんぽう》氏らの解釈によれば、偃師商城第二段において小城が築城されることが重要であるとする。

偃師商城第一段は二里頭文化第四期に相当し、二里頭文化の母胎と二里岡文化の母胎は別の政治勢力として存在していた。鄭州商城ではこの偃師商城第一段の時期にすでに居住が始まっており、いわゆる二里岡文化下層文化初頭に相当する。鄭州では、鄭衡教授が指摘したように、二里頭文化期に、河北省南部に位置する先商文化（下七垣《かしちえん》文化）の影響によって、二里頭文化や隣接する岳石文化の要素を吸収しつつ南関外型が存在していた。南関外型が先商文化と呼ばれるように殷王朝の前身の文化であり、二里頭文化すなわち夏王朝と想定される勢力とは対立する関係にあったのである。

その夏王朝の中心地である二里頭遺跡近くに偃師商城が築かれる。しかも二里頭文化四期に近接する時期に築かれることに、杜金鵬氏らは注目するのである。

『史記』「封禅書《ほうぜんしょ》」に「昔、夏殷周三代の王は皆、黄河と洛河《らくか》の間に居住した」とあり、夏の都である斟鄩《しんじん》が二里頭遺跡、殷の都である亳が偃師商城、周の都が洛陽城（成周）と解釈した場合、すべてが洛河に近接して存在している。また、『漢書』「地理志」の班固注に「偃師尸郷は殷の湯が都としたところである」とあり、『書序《しょじょ》』鄭玄《じょうげん》注の「亳は今の河南偃師県の湯亭にある」などの記載に見られるように、殷王朝初代の王である湯は、夏王朝を滅ぼしてその都である亳を偃師付近に築いたとされる。まさしく偃師商城の小城こそが、これらの記載に適合する都城である西亳ということになるのである。

さらに、殷はその基盤が二里頭文化期には河北省南部の先商文化（下七垣文化）にあったものが、その政治的な領域を鄭州付近にまで拡張し、鄒衡教授のいう南関外型が成立するが、殷王湯は拠点とする鄭州から、夏王朝の都である二里頭遺跡、すなわち文献でいう斟鄩を滅ぼし、都を隣接する偃師商城に置き、亳と名付けたと解釈できるのである。そしてまた同じ時期、殷の王都として鄭州商城が築かれたのである。すなわち、偃師商城と鄭州商城に関しては、上記した第一から第三の考え方とは異なった、新しい解釈が生まれたのである。

これは、まさに歴史記述と物質文化資料を扱う考古学的な解釈とが一定の一致をみる段階、神話から歴史へという本巻のタイトルにまさしく相当する段階にあたっている。

夏王朝・殷王朝の暦年代

二里頭文化は王朝たる段階に達していたのか

第二章で既述したように、現在中国では、考古学、歴史学、天文学、文化財科学などの複数の学問領域が共同して、夏王朝、殷王朝、周王朝という三代の実年代を明らかにするという夏殷周三代断代工程《かいんしゅうさんだいだんだいこうてい》専科組が組織され、国家的プロジェクトとして研究が進められている。

中国最古の正史である『史記』の表には、暦年が記されているが、その最も古いものは西暦紀元前八四一年の共和元年以降であり、それ以前の暦年代は不明である。従って、例えば殷が周に滅ぼされた正確な実年代は不明であり、これまで幾つかの学説が登場していた。董《とう》作賓《さくひん》は紀元前一一一一年説、陳夢家《ちんぼうか》は紀元前一〇二七年説、最近では東京大学の平勢隆郎氏が紀元前一〇二三年説を主張している。

さらに、殷王湯が夏王桀《けつ》を倒して新しく殷王朝を打ち立てた暦年などは、『竹書紀年《ちくしょきねん》』の「湯《とう》が夏《か》を滅ぼし、二九代の王を経て、四九六年かかった」との記述を信じれば、殷の滅亡年代を遡ること四九六年が殷王朝の創建年代ということになる。先の説からすれば、紀元前一六〇七年から一五一九年という年代幅で捉えることができる。

夏殷周三代断代工程専科組では、こうした謎の年代に対して一定の仮説を提示できる段階

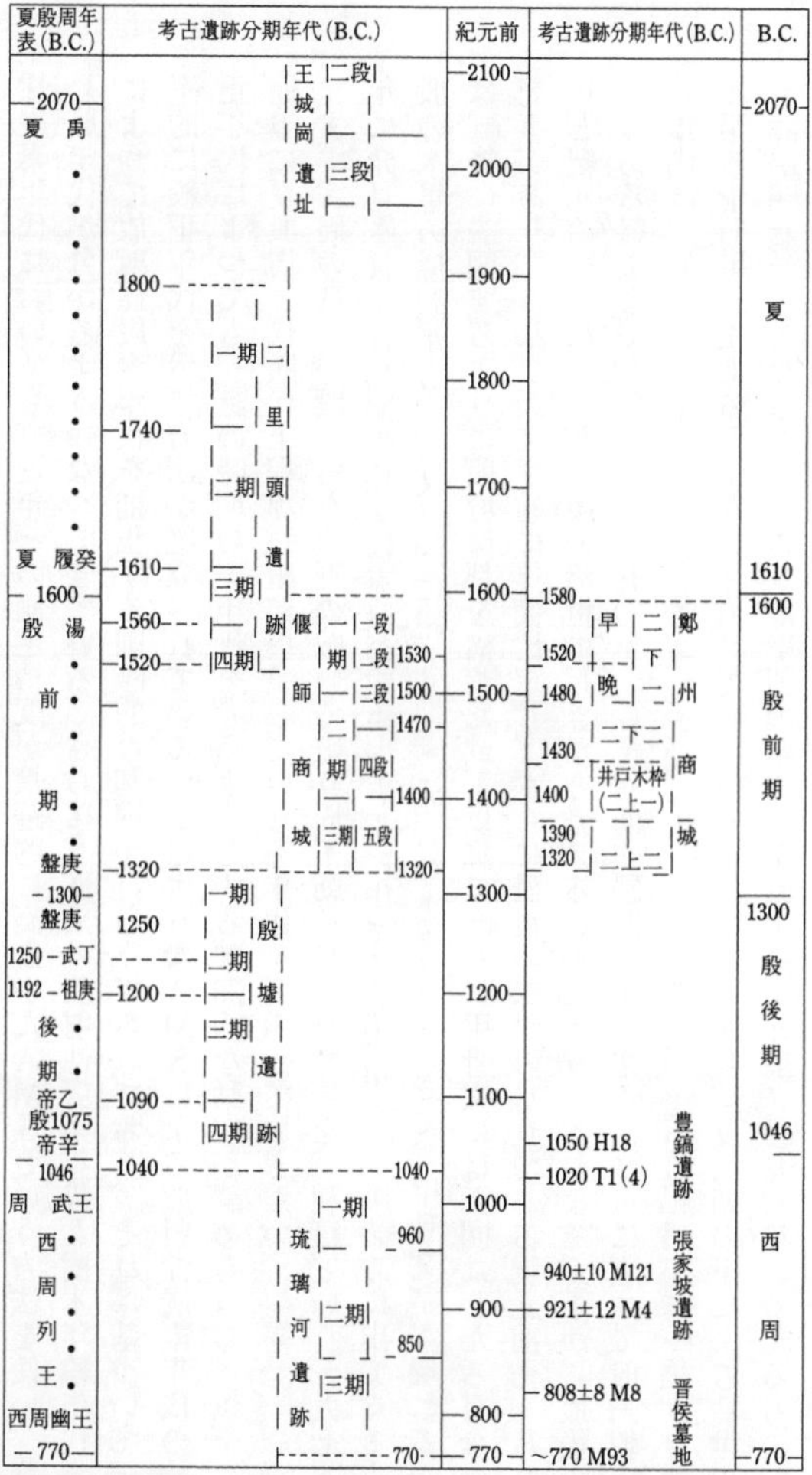
夏殷周年表(B.C.)
考古遺跡分期年代(B.C.)
紀元前
考古遺跡分期年代(B.C.)
B.C.
2070
夏 禹
夏 履癸
1610
1600
殷 湯
前
期
盤庚
1300
盤庚
1250 武丁
1192 祖庚
後
期
帝乙
殷1075
帝辛
1046
周 武王
西
周
列
王
西周幽王
770
王城崗遺址
二段
三段
1800
1740
1610
1560
1520
1320
1250
1200
1090
1040
一期
二期
三期
四期
二里頭遺跡
偃師商城
一期
二期
三期
一段
二段
三段
四段
五段
1530
1500
1470
1400
1320
一期
二期
三期
四期
殷墟遺跡
1040
琉璃河遺跡
一期
二期
三期
960
850
770
2100
2000
1900
1800
1700
1600
1500
1400
1300
1200
1100
1000
900
800
770
1580
1520
1480
1430
1400
1390
1320
早
晩
二下一
二下二
井戸木枠(二上一)
二上二
鄭州商城
1050 H18
1020 T1 (4)
豊鎬遺跡
940±10 M121
921±12 M4
張家坡遺跡
808±8 M8
~770 M93
晋侯墓地
2070
夏
1610
1600
殷前期
1300
殷後期
1046
西周
770

夏殷周三代断代工程

になっている。とくに、甲骨文字が生まれる以前の二里頭文化や二里岡文化の年代は、放射性炭素年代においても、近年その測定精度が飛躍的に高まったＡＭＳという方法を使い、詳しい年代が分かるようになってきている。さらに、従来の放射性炭素年代と樹木年輪年代学によって放射性炭素年代を補正する国際的な基準が打ち立てられており、それに基づいて確率的に較正年代を示す方法が確立されている。このようなＡＭＳによる放射性炭素年代の較正年代によっても、謎の時期の実年代を考えようとする学問的な動向が認められる。以下に簡単に夏殷周三代断代工程専科組が提示している実年代を説明しておきたい。

まず、周の武王が殷王紂《ちゅう》を牧野の戦いで破り周王朝を築いた暦年を、利簋《りき》という一九七六年に発見された青銅器の銘文に克殷《こくいん》の記事とともに出てくる木星と、『国語』に出てくる克殷の木星の位置から、天文学的に紀元前一〇四六年と考える。さて、甲骨文字が現れるのは、後に説明するように殷墟に都を構えた武丁《ぶてい》以降である。甲骨文には五回にわたる月食の記事があり、これを天文学的に年代比定し、さらに最後の二つの月食である紀元前一一八九年と紀元前一一八一年が祖庚《そこう》の治世で起きたと考えることにより、おおよそ武丁から最後の王である紂王《ちゅうおう》までを紀元前一二五〇年から紀元前一〇四六年とする。さらに遡って殷王朝成立年代は、放射性炭素年代からおよそ紀元前一六〇〇年とする。『竹書紀年』に「禹より桀《けつ》に至る十七世、王あると王なきともって歳四百七十一年」とあり、夏王朝の王による治世の合計が四七一年となることから、夏王朝の始まりをおよそ紀元前二〇七〇年と考えるものである。

夏王朝の開始に関する暦年代は、夏王朝の治世期間に明確な根拠のないところから、ここでは触れることができない。一方、年代の定点である克殷時期に関しては、既述のように東京大学の平勢隆郎氏がこの夏殷周三代断代工程専科組の説に詳細な批判をなされて、自説の紀元前一〇二三年説を展開されている。第二巻でも詳しく触れられるであろうから、読者はそれを参考にしていただきたい。

私には、これまでの克殷時期の諸説のうちどれが真実であるかを確定することはできないが、大まかな年代の目安として、おおよそ紀元前一〇五〇年頃と見ておいて問題はないであろう。

さらに殷の始まりも放射性炭素年代や克殷を起点とした『竹書紀年』の殷王朝の存続年代からすれば、紀元前一六〇〇年頃ということに大きな誤りはなさそうである。こうした年代観と、さらに放射性炭素年代に基づいた考古学的な文化年代は、三五五ページの表に示したもので大まかな理解が可能であろう。

ともかく、さきの偃師商城と鄭州商城の先後関係で問題にしたように、偃師商城は、小城部分が二里頭文化四期後半以降に創建されたものであり、殷の湯王が夏の桀を滅ぼして夏の都である斟鄩の近くに建都した亳である可能性が高いのである。まさにこの段階から考古学的には二里岡下層文化が始まるのであり、歴史的には殷王朝が始まるといえるのである。その年代はおよそ紀元前一六〇〇年頃であった。

ここまで、考古学的な相対的年代関係あるいは文献史学・天文学・放射性炭素年代による暦年代復元を述べることにより、殷王朝の前段階が二里頭文化であることは明白になったであろう。

西周代には金文資料でも分かるように、殷王朝より古い段階に夏王朝という別の政体が存在していたことが知られていた。その別の政体である夏が、二里頭文化に相当することは編年学的にもほぼ認められたとすることができるのである。そうすると、二里頭文化が夏王朝であり、夏王朝は実在したということになってしまう。

しかし、夏王朝が実在するかしないかということを問題にするのは、私にはこの場合あまり有効な議論ではないように思えてきたのである。問題は、それが文献の夏王朝にあたることを力説して初期王朝期であることを強調するよりは、二里頭文化が王朝たる社会進化段階に達していたかを客観的に論ずべきと考えるのである。二里頭文化以前の新石器社会で卓越した階層構造を示した陶寺文化や良渚文化、あるいは山東龍山文化と社会進化の内容は同じであるのか、それともそれより発達した社会システムを獲得した段階であったかを問うべきであろう。

夏王朝の発展

宮廷儀礼が始まっていた二里頭文化

文献史料で語られてきた夏王朝とは、ほぼ二里頭文化を指すことが明らかとなってきた。

ただし繰り返すようではあるが、夏王朝が二里頭文化を指すからといって、文献史料で示された夏王朝の内容が実証されたとは限らない。ましてや二里頭文化が王朝たる政治システムを完成させていたかどうか、文献史料の内容から実証されたとするのは、議論の立て方としておかしいといえよう。

なぜなら証拠とされる文献史料は、戦国時代以降の歴史観を背景に物語られたものであり、殷王朝などが甲骨文字や金文資料といった同時代の文字資料からその歴史を実証化される場合とは大きく異なるのである。

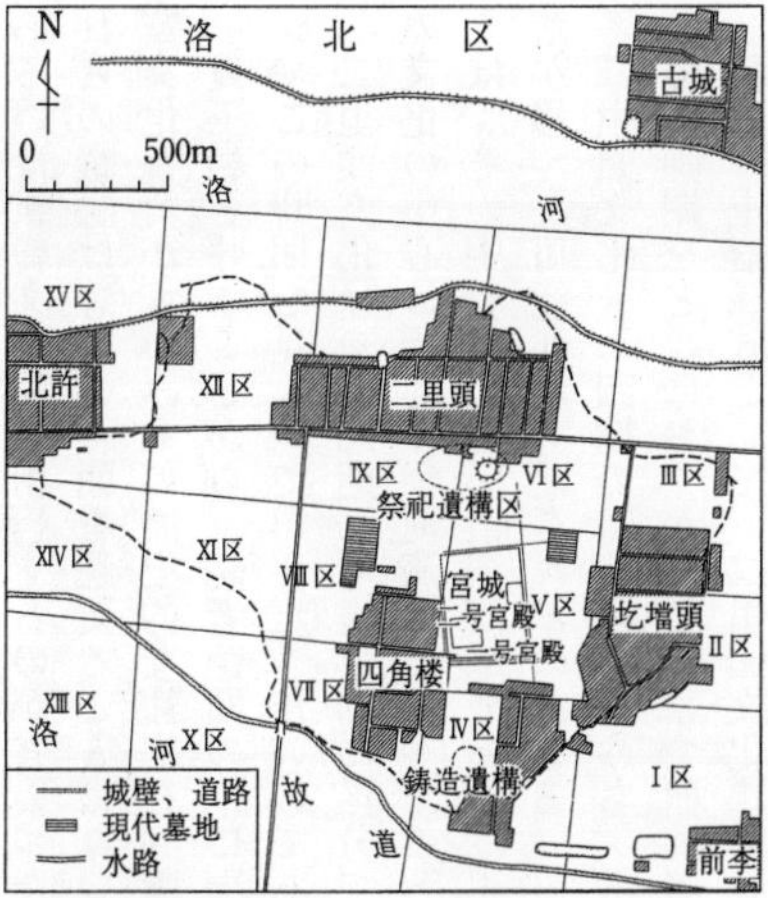

二里頭遺跡の遺構配置　区画された道に沿って宮殿区（宮城）が存在し、宮殿区の北側に祭祀遺構群があり、南側に鋳造遺構がある

さらに夏殷周三代断代工程専科組が提起するように、殷王朝がおよそ紀元前一六〇〇年に始まることから、『太平御覧《たいへいぎょらん》』巻八二が引く『竹書紀年』の夏の禹《う》から桀《けつ》に至る一七代が四七一年間であるという記述を使って、紀元前二〇七〇年を禹が夏王朝を創建した年代と考える場合がある。しかも、その夏王朝の始まりが、考古学的文化の河南龍山文化王湾三期のどの段階に相当するのか、

あるいは新砦文化期に相当するのかといった議論が今後始まる可能性もあろう。しかし、それらの議論は想定の範囲を超えることはないであろう。従って、この時期は考古学が扱う物質文化資料からのみその歴史的な性格を判断せざるを得ない。

夏王朝と呼ぶことから、読者が頭の中に事前に持っている王朝という文明化されたイメージでこの時期を見ないでいただきたいのである。その王朝自身の実態が謎だからである。

二里頭文化は一―四期に考古学的に区分できる。二里頭文化一期に遡る新砦文化期にはその文化の中心は潁河・汝河流域にあったことを述べた。二里頭文化期以降は、集落拠点でいえば、その中心は伊河・洛河流域である二里頭遺跡が最も大きい遺跡となっており、中心集落が移った可能性が考えられるのである。

二里頭文化一―四期の時期区分のうち、どの段階を歴史的な区分とするか、歴史的評価としての画期をどこにおくかはこれまで研究者によって考え方が異なっている。

私は、土器様式として、二里頭文化二期と新砦文化期から二里頭文化一期とでは大きな画期があると考えることから、二里頭文化二期を一つの歴史的区分時期と考える。いわば新砦文化期―二里頭文化一期は潁河・汝河流域に新砦文化期の社会・文化的な中心があったのに対し、二里頭文化二期以降は伊河・洛河流域に中心が移ったのである。その段階の二里頭遺跡は、二里頭文化一期に比べはるかに遺跡の面積が広がり、中心集落の様相を明確にしている。さらに重要なのは二里頭文化二期において、二里頭遺跡において宮殿が建造されたことである。

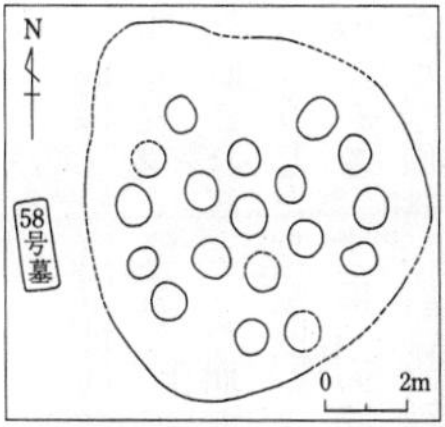

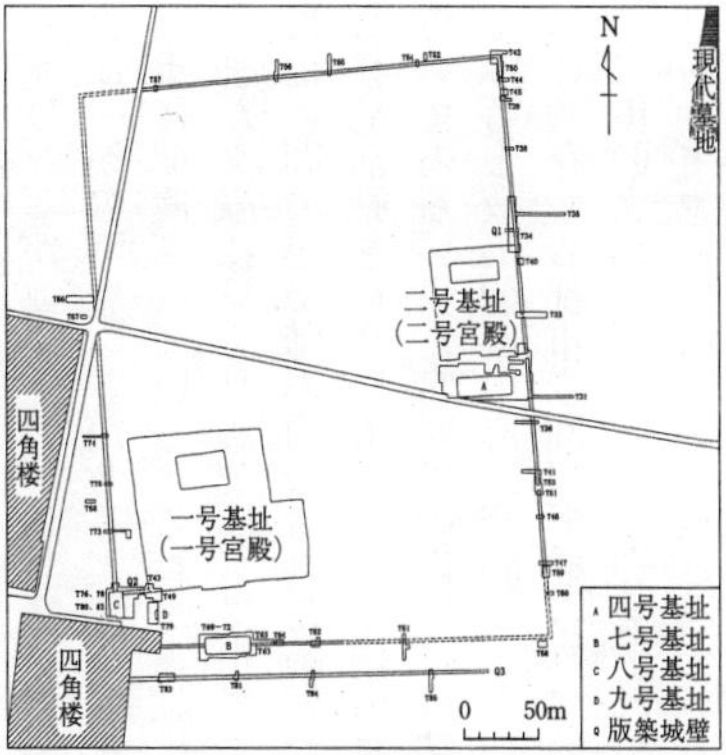

二里頭遺跡宮殿区（右図）
二里頭三期には一・二号宮殿と共に宮殿区を囲む城壁が存在し宮城を形成している

二里頭遺跡の祭壇（上図）
Ⅵ区八号祭壇

二里頭遺跡は、東西の最長が二四〇〇メートル、南北の最大幅が一九〇〇メートルで、面積が三平方キロメートルに相当する。一九九九年に遺跡の東端で幅一〇メートルの濠が発見された。この濠は、当初、防御用の環濠である可能性が考えられたが、土取り用の溝状遺構であることが確かめられた。そのような大規模な建築用の土取りが二里頭文化二期に始まっている。

これまで二里頭遺跡では、二里頭文化三期の宮殿建築である一号宮殿址や二号宮殿址が発見されているが、二号宮殿址の下から二〇〇一年になって新たに大型建築遺構が発見された。これが、二里頭文化二期の宮殿址である三号宮殿址である。南北長一五〇メートル、東西幅五〇メートルの回廊で囲まれた北院、中院、南院の三つの中庭からなるもので、中院には主殿が配置されている。中院と南院には中型墓が五基配置され、銅器、玉器、漆器、白陶器、原始青瓷《せいじ》など豊かな副葬品を

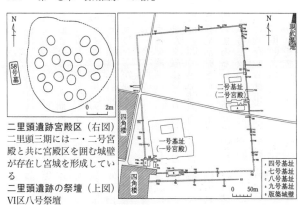

持っている。

他に三号宮殿址の西側には、同時期の五号宮殿址も存在している。さらに、これらの宮殿址に沿って整然と区画された道路網が整備されている。いわば、道路で区画された宮殿区が配置されるような都市計画が存在するのである。

こうした宮殿区がすでに整っている点からも、二里頭文化二期段階を大きな画期と考えるのである。二里頭遺跡はこの宮殿区とともにその北側には祭壇があり、祭儀が行われていた。祭壇は一般に直径五メートル以内の基壇の上部に一重ないし二重の円形の土饅頭すなわちマウンドが並ぶ。Ⅵ区八号祭壇の場合、基壇直径は八・五〜九メートルであり、基壇の中央に一つのマウンドがある。そしてその周りに六個、さらにその周りに一二個のマウンドが二重に配置されている。これが文献にいう「壇《だん》」である。

また文献に見られる「墠《せん》」に相当する平面長方形の竪穴建築物も見られる。浅い竪穴内部には人間の足で踏み固められた綺麗な土が層をなすが、しばしば焼土面も認められる。これも祭祀活動を行う場である。祭儀の具体的な内容は分からないが、祭祀空間が固定されていたのである。また宮殿区の南側には鋳造遺構が存在し、青銅工房区が存在していた。こうしてみると政治的な中心的空間とともに、祭祀空間、さらには専業化した工人組織が水平区分的に共存する都市空間が形成されていたということができるであろう。

二里頭文化三期は、従来発見されていた一号宮殿や二号宮殿に沿う形で区画された道路網に沿ってさらに城壁が発見されている。宮殿区を囲み防御する城壁という点では、現在の北

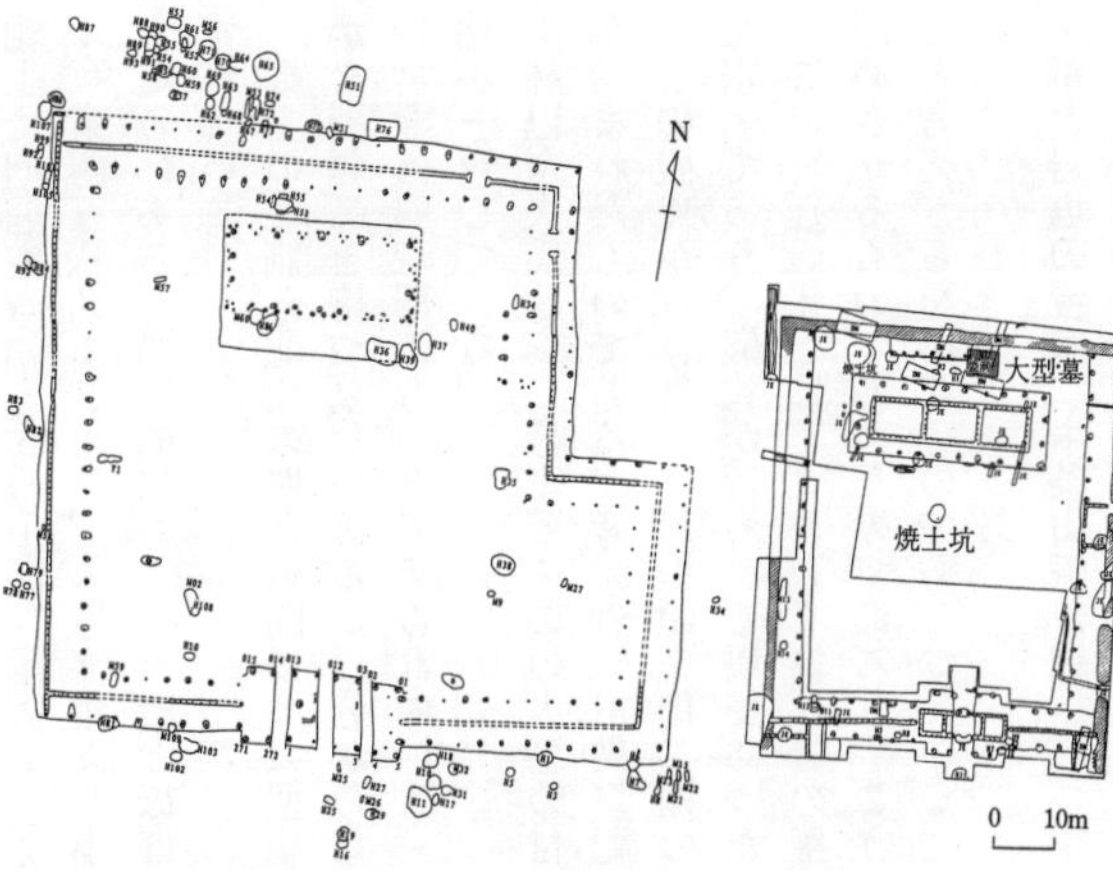

二里頭遺跡１号宮殿（左）と２号宮殿（右）

京でも見られる紫禁城のような内城すなわち宮城に相当するであろう。

その大きさは東西三〇〇メートルほど、南北は三六〇～三七〇メートルに及ぶ長方形をなす。城壁が存在する点では、二里頭文化二期よりも、より都市としての機能が高まっている。都市という特徴から見れば、後の殷王朝が建物をほぼ真北に揃えて建てているのに対し、二里頭遺跡のものは磁北に対して西へ約五度～一〇度ずれた位置を基準に建物や道路網が建設されている。このような都市計画とでも呼べる規格がすでに二里頭文化二期段階から存在し、二里頭文化三期には宮城を備えることにより、都市空間がより発達しているのである。

一号宮殿は南北一〇〇メートル、東西一〇八メートルの基壇上に回廊が巡り、中心軸上に門と殿堂がならび中間に中庭が存在する。もう一つの二号宮殿は、南北七三メートル、東西五八メートルと、一号宮殿より小振りであり、一号宮殿の東北側一五〇メートルのところにある。構造的にも一号宮殿とほぼ同じであるが、南回廊にある主門と殿堂との軸がずれている。

殿堂の北側と北側の塀との間には大型墓が一基ある。残念ながら盗掘により、どれほど豊かな副葬品を持つ墓葬であるかは分からないが、発掘調査の所見からすると、この墓葬と二号宮殿は同時期のものと考えられている。その目で、この墓葬と主門とを眺めてみると中心軸が一致している。

林巳奈夫氏は、二号宮殿をこの大墓の付属施設ともいうべきものと考え、始祖の廟で儀式が営まれたものであると考える。祖先祭祀と儀礼が結びつき、宮廷儀礼が始まるのである。

この観点から見れば、二里頭文化二期の三号宮殿にも墓葬が伴っており、同じ機能を持った宗廟であり、儀礼が行われる場であった可能性がある。

この宮廷儀礼とは、まさしく為政者の権力を始祖の廟において行使し、その権限を正当と認めさせるものであったのであろう。こうした儀礼の存在は、まさに王権に近い状態であったと考えざるを得ないのである。

銅と岩塩の宝庫、中条山脈が鍵

二里頭遺跡の発展する三期以降は、二里頭遺跡のみならず二里頭文化が社会的に膨張する段階でもある。先に二里頭文化は、伊河《いか》・洛河《らくか》流域を中心としながら、山西省南部の東下馮《とうかひょう》類型、渭河下流域の南沙村類型、嵩山の南側に展開する下王崗《かおうこう》類型に分かれることを述べた。これらは土器様式として大きく類似はしているが、社会集団として一つの政治的なまとまりを持っていたかどうかは明らかではない。

土器様式のまとまりは決して政治的な集団単位を示すとは限らない。同じような生活様式や情報を共有する地域とでも考えておいた方がよいであろう。今日でも、言語様式は同じでも国家的に分断されている地域がたくさんあること、あるいはその逆でさまざまな言語様式やさまざまな生活様式から社会集団は成り立っているが、国家的には同じである場合があることは、読者がよくご存じのことであるだろう。生活様式の類似のみでは政治的な社会集団の単位を抽出することは難しいのである。

京都大学の秦小麗《しんしょうれい》氏は、同じ二里頭文化でも伊河・洛河流域の特徴的な土器を伊洛《いらく》系土器として注目して、これらの土器が周辺地域、例えば二里頭文化東下馮類型の分布地域にどのような入り方をするかを明らかにしている。伊洛系土器の流入とは、二里頭遺跡を中心とする伊河・洛河流域の人たちが、そうした地域へ移住したことを示すという仮説に基づく。

伊河・洛河流域に隣接する中条山脈南麓では、早くから伊洛系土器が流入しているが、二里頭文化三期以降はよりその流入の度合いが増えている。殷王朝成立以後に城址が築かれる垣曲商城では、伊洛系土器が八四パーセントにも達するという。同じことは、先商文化輝衛《きえい》型と呼ばれる地域に属する河南省焦作市府城《しょうさくしふじょう》遺跡にもあてはまる。遺跡が開始するのが二里頭文化三期以降であるが、主体となる土器は伊洛系土器であり、輝衛型ではない。しかもこの遺跡は、二里岡下層期には殷王朝の城郭として使われているのである。

先の仮説によれば、伊河・洛河流域の人たちの移住や往来は、政治的な結びつきを示していると解釈される。二里頭文化内で伊河・洛河流域の直接的な支配領域が、二里頭文化三期には黄河を越えて広がっていくという解釈につながるのである。そしてまた二里頭文化期に伊河・洛河流域の人たちが移住した場所が、殷王朝成立以降には、征服者である殷王朝にとって軍事的な拠点として城郭が形成されたと解釈される。

また、河南省輝県孟荘遺跡は、龍山文化期の城址として知られているが、二里頭文化二期には龍山文化の城址の上に城壁が築かれ、二里頭文化の数少ない城址となっている。ここでも城址が使用されている二里頭文化三期では、伊洛系土器が主体を示すことを秦小麗氏は明らかにしている。

鄒衡《すうこう》氏や張立東《ちょうりつとう》氏によって提起された先商文化輝衛《きえい》型（輝衛文化）の分布範囲においても、伊洛系土器の比重が高いことが示されたのである。しかも二里頭文化期に少ない城址が築造されていることは、この地が二里頭文化の前線基地的な役割を担っていた可能性があろう。いわば政治的領域の一時的な広がりが、二里頭遺跡の拡大期と呼応している可能性がある。

つい最近、河南省滎陽《けいよう》市大師姑《だいしこ》遺跡でも二里頭文化後半期の城址が発見された。城壁の周りに存在する周濠が南北長六二〇メートル、東西長九五〇メートルに相当するやや変形した長方形の城址である。城壁は二里頭文化二期に築造され、二里頭文化三期にも増築されているという。この大師姑遺跡の位置は、二里頭文化の伊河・洛河流域の東端に位置しており、二里頭文化の東端ということができ、二里頭文化の前線基地的な要塞を思わせる。

　ところで伊洛系土器が黄河を越えて北へ広がっていく現象で注目されるのが、中条山脈の存在である。この山脈には銅鉱石や岩塩が豊富であり、二里頭文化で必要とした青銅の原材

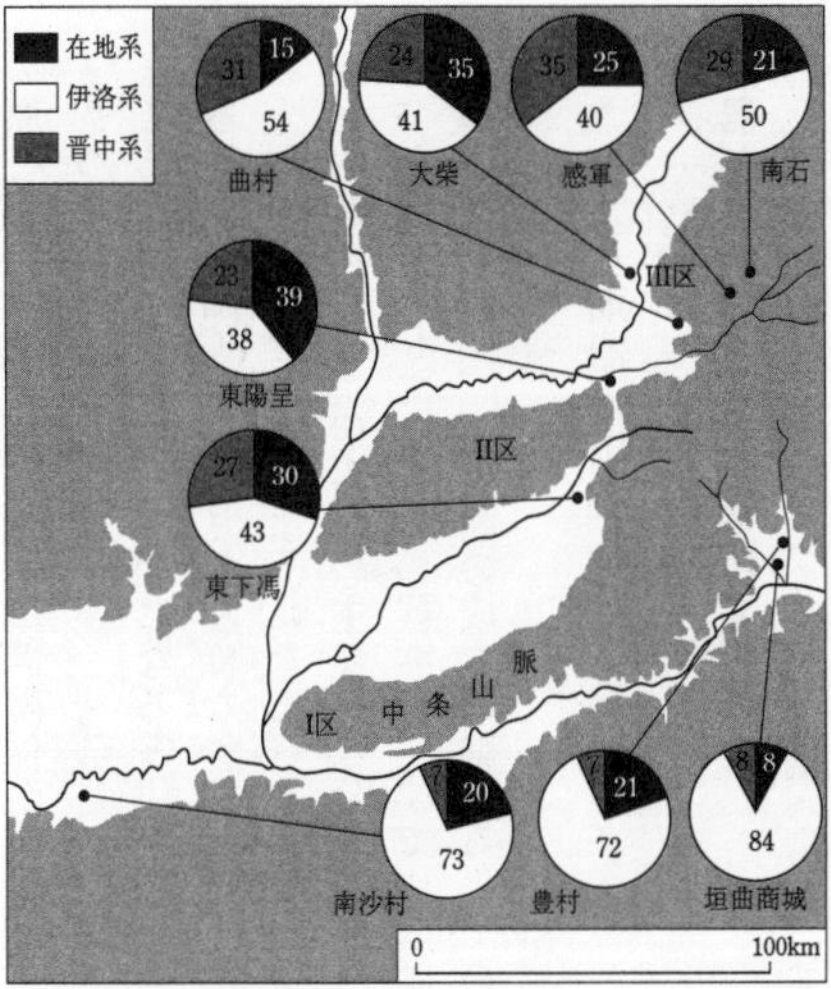

伊洛系土器の広がり（秦小麗1998による）二里頭遺跡から遠ざかるにつれて、伊洛系土器が減少している。一方、中条山脈南麓の遺跡では伊洛系土器の比率が高い

料や塩の原材料を求めて、二里頭文化の社会的範囲が広がったという考え方がある。原材料を求めて二里頭文化の人々が往来したのではないかとする仮説である。これは、ハーバード大学の張光直教授の考えを基本に発展させたオーストラリアのラ・トゥルーブ大学の劉莉《りゅうり》氏や中国社会学院考古研究所の陳星燦《ちんせいさん》氏の見解である。いわば、二里頭遺跡を消費地として、消費地

への原材料供給地としての地域間関係が政治的に結ばれたとするものであり、興味深い解釈だと思う。

ところが、二里頭文化四期になると伊洛系土器の動きは急速に収縮していく。孟荘遺跡の城址もこの段階では使用されなくなっており、伊洛系の土器の比率も減少し、先商文化輝衛型の土器が主体を占めるようになる。この段階で、先商文化輝衛型や先商文化漳河型の分布範囲が明瞭になり、伊洛系の主体的な分布範囲は中条山脈以南の伊河・洛河流域へと収縮するのである。そしてその後の展開は、すでに偃師商城の成立でお話ししたような先商文化漳河型の系統を引く、殷王朝の成立に繋がるのである。

青銅器の出現

酒器が重要視された二里頭文化

第七章で説明してきたように、純銅や青銅などの銅鋳造技術は、新石器時代中期段階以降、中国西北部を中心として黄河中・下流域まで広がっていった。そして次第に、中国西北部、内蒙古中南部、遼西地区が長城地帯として同一の青銅器の特徴を醸成するに至っている。これに対して、対極的に青銅器生産が変化していくのが二里頭文化の青銅器である。二里頭文化一期は青銅刀の破片が二点発見されているに過ぎず、本格的に青銅器が出現するのはやはり二里頭文化二期からである。二里頭文化二期は、刀《とう》や錐《きり》などの工具に加えて青銅鈴《れい》が出現している。

さらに青銅器が本格化するのは二里頭文化三期である。この段階には、二里頭文化二期に見られた青銅刀に加え、斧《おの》や鑿《さく》（ノミ）といった工具、青銅鈴に加え牌飾《はいしょく》・円形器・円泡《えんぽう》などの装飾具が豊富になっているだけではない。戈《か》や鉞《えつ》あるいは鏃《ぞく》といった青銅武器が出現しているのに加え、長城地帯の青銅器と様相を根本的に異にする青銅容器が出現している。

これらは青銅彝器《いき》と呼ばれる礼器であり、二里頭文化三期には爵《しゃく》と呼ばれる三足で酒を飲む酒器が認められるのである。爵や鈴《れい》は、これ以外の武器・工具や装飾具とは違い、鋳型において内型と外型からなる複合笵《ふくごうはん》である点、長城地帯にはない高度な鋳造技術である。しかも爵が酒器であり、鈴が楽器であるようにともに礼楽に使用される道具である。すでに述べたように、長城地帯の青銅器は装身具や武器としての発達は存在するものの、この段階で祭祀や儀礼に関わる道具を青銅器で作り上げることはない。この点において、

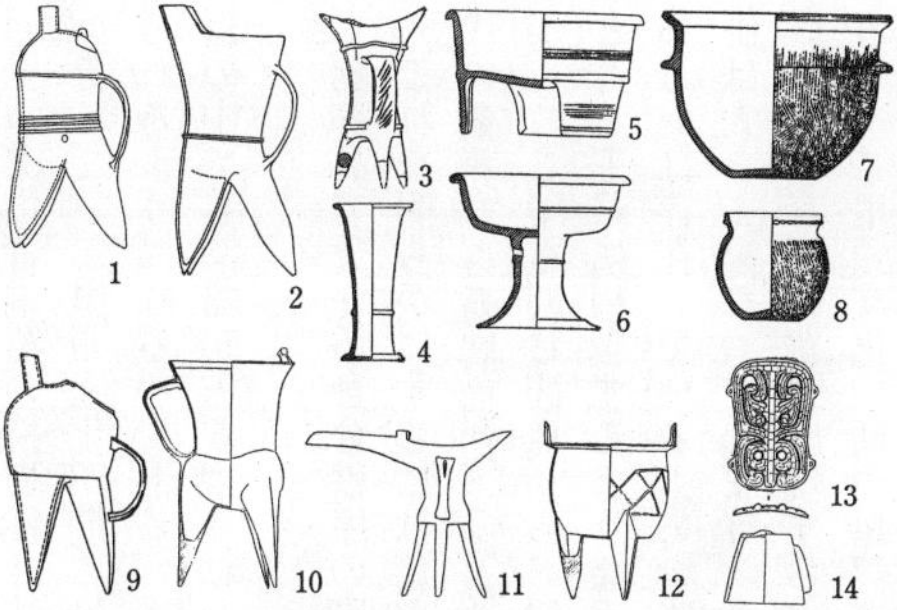

二里頭文化の墓葬副葬土器（1～8）と青銅器（9～14）の比較　副葬土器の酒器（盉、爵）が主として青銅彝器に移し換えられる（1、9盉　2白陶鬹　3、11爵　4觚　5三足皿　6豆　7盆　8罐　10斝　12鼎　13銅牌飾　14鈴）

二里頭文化青銅器の特異性と特色があるのである。

そして、二里頭文化四期には、爵に加えて斝《か》や盉《か》といった酒器、さらには鼎《てい》が青銅器で作られるようになるのである。次第に青銅彝器が整っていくとともに、二里頭文化では青銅彝器の中でも酒器が重要視された。いったいなぜなのであろうか。

副葬品で分かる身分秩序の階層ランク

これを明らかにするには墓葬における副葬品に注目してみる必要がある。すでに新石器時代の墓葬から階層構造を読みとる際に、副葬品構成や墓壙の大きさというものに注目したが、ここでも同じ観点から二里頭社会を読み解いてみたい。ところで、二里頭文化では今のところ王墓に相当するような大型墓は発見されていない。これはもともと存在しないのか、あるいは存在しているものの未発見であるのかという問題があり、これにより社会構造の評価は大きく異なってしまう。今はこの点に触れずに、別の観点から問題に迫ってみたい。

さて、青銅礼器が出現する二里頭文化三期より前の二里頭文化一期・二期段階はどうであろう。二里頭文化一期の墓葬資料は比較的少ないため、二里頭文化二期が主体となる議論ではあるが、墓葬の構造や副葬品からはいくらかの階層構造が読みとれる。少なくとも、副葬品の組み合わせからは、以下のような五段階に区分できよう。

副葬品が存在しないかあるいはごく僅かの副葬品を持つ最下位のランクがある。次に、鼎、罐《かん》、盆《ぼん》、豆《とう》(高坏《たかつき》)などの基本的な日用土器を副葬されるランクである。さらに上位は

	青銅器				玉器	漆器	土器			朱砂
	爵・斝・盉	牌飾	鈴	武器			鬹・盉(白陶)	爵	その他	
Aランク	○	○	○	○	○	○	○		○	○
	○	○			○		○		○	○
	○				○		○		○	○
		○	○		○	○	○		○	○
Bランク					○		○	○	○	○
Cランク							○	○	○	○
							○		○	○
Dランク								○	○	
									○	
Eランク										

二里頭文化の階層構造　副葬品構成や墓壙の大きさなどから大きく5ランクに分けられる

こうした日用土器に加えて、あるいは日用土器をほとんど含まない代わりに爵や盉・鬹《き》と觚《こ》という酒器が伴っている。爵や盉・鬹は酒を注ぐ道具であり、觚はコップのような酒を飲む器である。こうした墓はこれまでの墓に比べて墓壙が大きいだけではなく、木棺が使用されていたり、朱が棺内に撒かれている。さらにこれより階層上位者と考えられるものは、こうした酒器の組み合わせに加えて玉器、さらに銅鈴が伴っている。すくなくとも五段階の階層差が存在するのである。

これを上位ランクから、A、B、C、D、Eランクとしておきたい。そしてその階層表示として酒器が大きな役割を果たしている。すでに第九章で論じてきたように、こうした酒器を持つことにより階層表示や身分秩序を示したのは、山東の大汶口文化で見られたものであった。

二里頭文化における階層秩序は、下位に鼎、罐、盆、豆などの日用土器があり、その上位に酒器があるという、山東でも新石器時代後期の龍山文化のものよりは、古い段階の大汶口文化の身分標識と一致している。これは、二里頭文化の分布する地域がもともと大汶口文化後期の文化的影響を受けた王湾三期文化を母胎とすることと関係しているかもしれない。ともかく、同じ黄河中流域の龍山文化である陶寺遺跡には見られない身分標識であり、二里頭文化が他地域に母胎を持つ礼制システムあるいは宗教システムを導入して社会階層の維持を図ったと考えられるのである。

さらに、こうした酒器の盉・鬹には、例えば河南省洛陽市東馬溝遺跡や河南省伊川県南寨遺跡では、白陶を用いる場合がある。この白陶である酒器も白陶であることが付加価値をもつものであり、大汶口文化の場合と同一である。そしてこのようなCランクに属する墓は、二里頭遺跡以外の大規模集落にも認められるのである。

一方では、陶寺遺跡でも見られた階層最上位者がもつ鈴を銅鈴という形で保持しているのは、地域的な伝統を引いたものか、あるいは陶寺遺跡の位置する山西省南部地域すなわち二里頭文化東下馮類型をも同一の社会組織や政体の中におくべき精神基盤としての役割があったのかもしれない。その意味で、Aランクが今のところ二里頭遺跡だけで発見されているところには意味がある。すでに二里頭遺跡を頂点とする階層秩序が生まれつつあるのである。

二里頭文化三期はこうした階層構造の序列化をより明確に示すという意味において、二里頭遺跡の墓地で酒器が青銅製品に特化している。青銅爵の出現なのである。ここまで語ってくることにより、読者は二里頭文化あるいは中原地域の青銅器の意義について理解されたのではないだろうか。中原青銅器は、身分標識あるいは礼制や礼楽の道具として発展したということができるのである。

清代の『西清古鑑《せいしんこかん》』という金石学の書物には、青銅製の鬹《き》が記録されている。現物が存在しないので具体的なことはよく分からないが、土器の鬹をそのまま青銅製に置き換えたもの

青銅彝器の出現　青銅器は、新石器時代後期には中国西北部を中心に華北各地に現れるが、青銅の容器が作られ始めるのは、二里頭文化になってからである。長城地帯の北方青銅器文化が銅剣などの武器を中心とするのに対し、二里頭文化や殷代の青銅器は容器が主体である。この青銅容器のことを青銅彝器と呼ぶ。儀礼に用いられた青銅彝器は、もともと新石器時代以来の白陶や黒陶からなる鬹や盉といった酒器が、青銅器に置き換わったものである。二里頭文化では、酒器を中心とした青銅彝器が身分秩序をも示す礼制の要となったのである。写真は、二里頭遺跡出土の青銅爵。爵はもともと新石器時代から存在する酒を注ぐ鬹とそれを飲む杯を祖型として、二里頭文化期に飲酒器である陶製爵が成立する。青銅爵は、陶製爵を模して青銅で生産されたものである

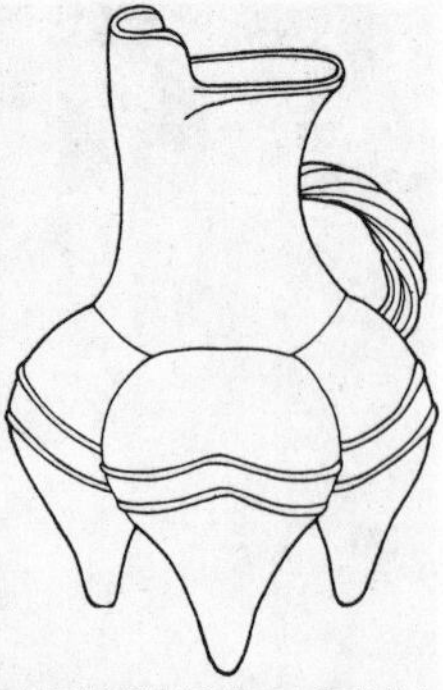

青銅製鬹　清代の『西清古鑑』には青銅製の鬹が図示されている

である。この点でも、二里頭文化の青銅器生産が従来の位階標識をより高める方向で発展したことが分かるであろう。しかも、階層秩序の上位者を位置づける青銅礼器は、二里頭遺跡に限られているのである。二里頭文化二期段階で示された二里頭集落を中心とする階層構造がより顕在化したということができるのである。そしてその鋳造が二里頭遺跡で行われていたことは、二里頭文化の首長が礼制においても一元的管理を行っていたことを示すのであって、その首長は王権に近い存在であったのではなかろうか。

しかし、二里頭文化四期になると、二里頭遺跡の範囲以外においても青銅礼器が認められるようになる。例えば、河南省榮陽《けいよう》市西史村や高村寺、河南省新鄭望京楼《しんていぼうきょうろう》、河南省洛寧、安徽省肥西《ひせい》などで、爵、斝、鈴などの二里頭文化の青銅器が発見されている。これは、二里頭文化四期に至って、青銅礼器を使った階層秩序の範囲が空間的に広がったことを意味している。二里頭遺跡を中心とする伊河・洛河流域以外の地域集団も、青銅礼器による階層秩序に編入されていく感がある。より広域的な支配構造が発展したかのようにも見えるのである。

また、山東龍山文化に起源する玉璋《ぎょくしょう》や、柄形玉器や獣面文銅牌に見られる獣面文には大きな意味が存在している。玉璋や獣面文といった他地域の祭具や祭祀表示を取り入れている

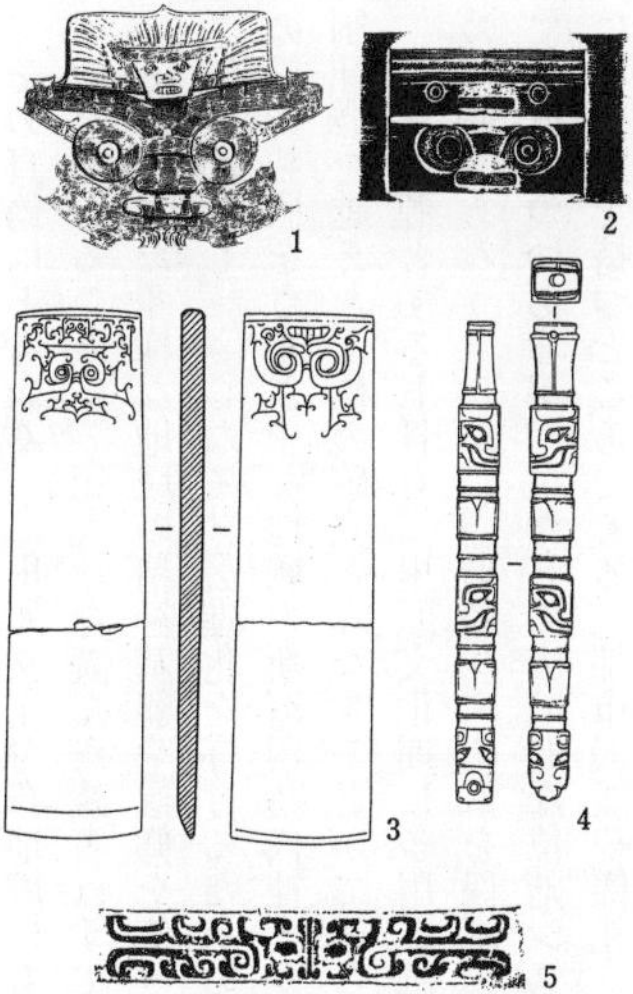

獣面文の比較　良渚文化（1　反山12号墓出土玉琮、2　瑶山2号墓出土玉琮）、山東龍山文化（3　両城鎮遺跡出土石錛）、二里頭文化（4　二里頭遺跡K4号墓出土玉柄）、二里岡文化（5　盤龍城王家嘴1号墓出土銅鼎饕餮文）

ことである。また二里頭遺跡のAランクの人々は柄形玉器や獣面文銅牌を副葬品として持っているが、それらには長江下流域の玉琮に刻まれた神人獣面文の系統を引く獣面文が施されている。獣面文は殷王朝の二里岡文化期に饕餮文《とうてつもん》として定型化するものであるが、二里頭文化では柄形玉器や獣面文銅牌に獣面を飾ることにより、良渚文化と同じ神政権力を導入しようとしたものであるかもしれない。ただし、左の図に示したように、良渚文化の神人獣面文は、山東龍山文化の獣面文を介して直接的に二里岡文化の饕餮文につながっているように見える。二里頭文化の獣面文は、どちらかといえば長江中流域の石家河文化の人面文に類似している。

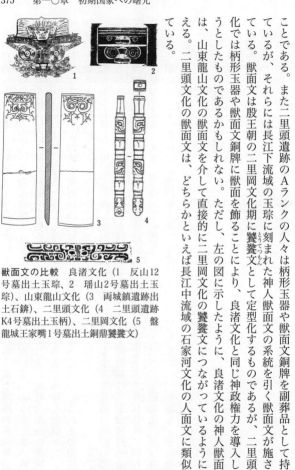

その真偽はともかく、二里頭文化分布地域にもともと存在しない多様な地域の精神基盤を吸収していることは、第九章を読んだ読者はすでに納得していただいていることであろう。

それはまた多様な地域の精神基盤や信仰を使うことにより、これまでの社会組織の発展の矛盾を回避し、さらなる社会進化を遂げるための手段としたのである。多様な階層システムの維持装置をさまざまな地域の新石器時代社会から吸収しているところが、これまでの首長制社会を越えた王権の確立とみなすことができるかもしれない。

西北起源とする卜骨も二里頭文化期に多用されているが、これもまた多元的な祭祀の導入の一環であろう。しかし、階層システムを保証する儀礼に基づく位階制は二里頭遺跡を中心に完成しつつあるが、果たして広域的な位階システムが二里頭文化全体で共有されていたかには疑問を持つところである。都市機能や儀礼システムからいえば、二里頭文化二期以降、さらに三期には、より明確に初期国家と呼べる条件を持つに至っている。しかし、それは本当に初期国家段階にあたるのであろうか。

殷王朝の出現

最新の発見となる都城の大遺跡

二里岡下層文化以降が殷王朝の段階であることは、すでに述べたところである。その間およそ五五〇年間は、鄭州商城や偃師商城がその中心であり続けたわけではない。これまで、鄭州二里岡を中心とする土器編年と殷墟を中心とする土器編年の間には、型式的な隔絶があり、その連続性の説明が問題となっていた。二里岡編年は、二里岡下層、二里岡上層に分かれ各々が一、二期に細分されている。このうち、二里岡上層二期は鄭州白家荘期に相当する段階である。

一方、殷墟でも墓の副葬土器を中心として土器編年と分期が行われてきた。現在、基本的には殷墟文化は四期に区分されている。殷墟は甲骨文字が出土することでも有名であるが、甲骨文字は董作賓《とうさくひん》によってその字体や内容から大きく五期に区分されている。甲骨卜辞には王名が記されていることから、Ⅰ期が武丁《ぶてい》、Ⅱ期が祖庚《そこう》・祖甲《そこう》、Ⅲ期が廩辛《りんしん》・康丁《こうてい》、Ⅳ期が武乙《ぶいつ》・文武丁《ぶんぶてい》、Ⅴ期が帝乙《ていいつ》・帝辛《ていしん》に区分される。甲骨文Ⅰ・Ⅱ期は土器編年でいう殷墟文化二期に相当し、甲骨文Ⅲ・Ⅳ期が殷墟文化三期、甲骨文Ⅴ期が殷墟文化四期に相当する。

これまで『古本竹書紀年』の「盤庚旬《ばんこうじゅん》は奄《えん》より北蒙《ほくもう》に遷《うつ》った。これを殷という。殷は鄴《ぎょう》の南三〇里にあった。盤庚が殷に遷ってから紂《ちゅう》が滅ぶまでの二七三年間は、都を遷すことはなかった」という記述や、『史記』「項羽本紀」の「この地が殷墟と呼ばれた」という記述から、殷墟が第一九代盤庚が遷都した殷であると考えられてきた。しかし、殷墟から出土する土器の大半は第二二代の武丁以降のものであり、そこに自ずと年代差が存在していたのである。こうした矛盾をどのようにして解釈するかには、いささか議論があった。

しかし、近年、二つの大きな遺跡の発見があった。一つは、鄭州商城から西北約二〇キロメートル離れたところで発見された鄭州市石仏郷《せきぶつきょう》小双橋《しょうそうきょう》遺跡である。小双橋遺跡は総面積一五〇万平方メートルにも及ぶ大遺跡であり、大規模な版築基壇、青銅器鋳造遺構、人身犠牲坑や動物犠牲坑といった沢山の祭祀遺構などが発見された。小双橋遺跡に関しては、鄭州商城とは異なる都城あるいは鄭州商城の副都的な祭祀空間としての捉え方もあった。しかし、小双橋から出土する土器は、二里岡上層一期より新しい段階のものであり、鄭州商城が衰退して後のものであった。

もう一つの発見は、河南省安陽市洹北商城《えんほくしょうじょう》である。殷墟の北一・五キロメートルの地点で発見された新たな都城である。殷墟は鄭州商城などと異なり城壁が存在せず、殷都であること自体が疑われたこともあった。この殷墟に隣接した北側に東西約二一五〇メートル、南北約二二〇〇メートルの城壁が発見され、さらに内部には宮殿が存在する都城が発見されたのである。

そこで発見された土器型式は、小双橋遺跡の土器型式に後続するものであるとともに、殷墟第一期の土器型式に連続する土器型式であった。すなわちこれまで年代的ブランクの存在した鄭州白家荘下層期から殷墟文化第一期の中間に存在する土器型式であることが判明したのであり、その中間の時代に相当する遺跡であったのである。

この事実から、社会科学院考古研究所の唐際根《とうさいこん》氏らは、二里岡下層から殷墟までの殷代を三期に区分する。それは早商期、中商期、晩商期という区分であり、三四一ページの表にあるようにそれぞれが鄭州商城（二里岡下層～二里岡上層一期）、小双橋遺跡（白家荘期）・洹北商城、殷墟に相当している。

そして、殷王の世系でいえば、早商期が天乙《てんいつ》（湯王）—太丁—太甲—太庚—太戊《たいぼう》の五世代九王に、中商期が中丁《ちゅうてい》—祖乙—祖辛—祖丁—小乙《しょういつ》の五世代一二王に、晩商期が武丁—帝辛の七世代九王に相当すると考えるのである。したがって、第一九代盤庚が遷都した殷とは洹北

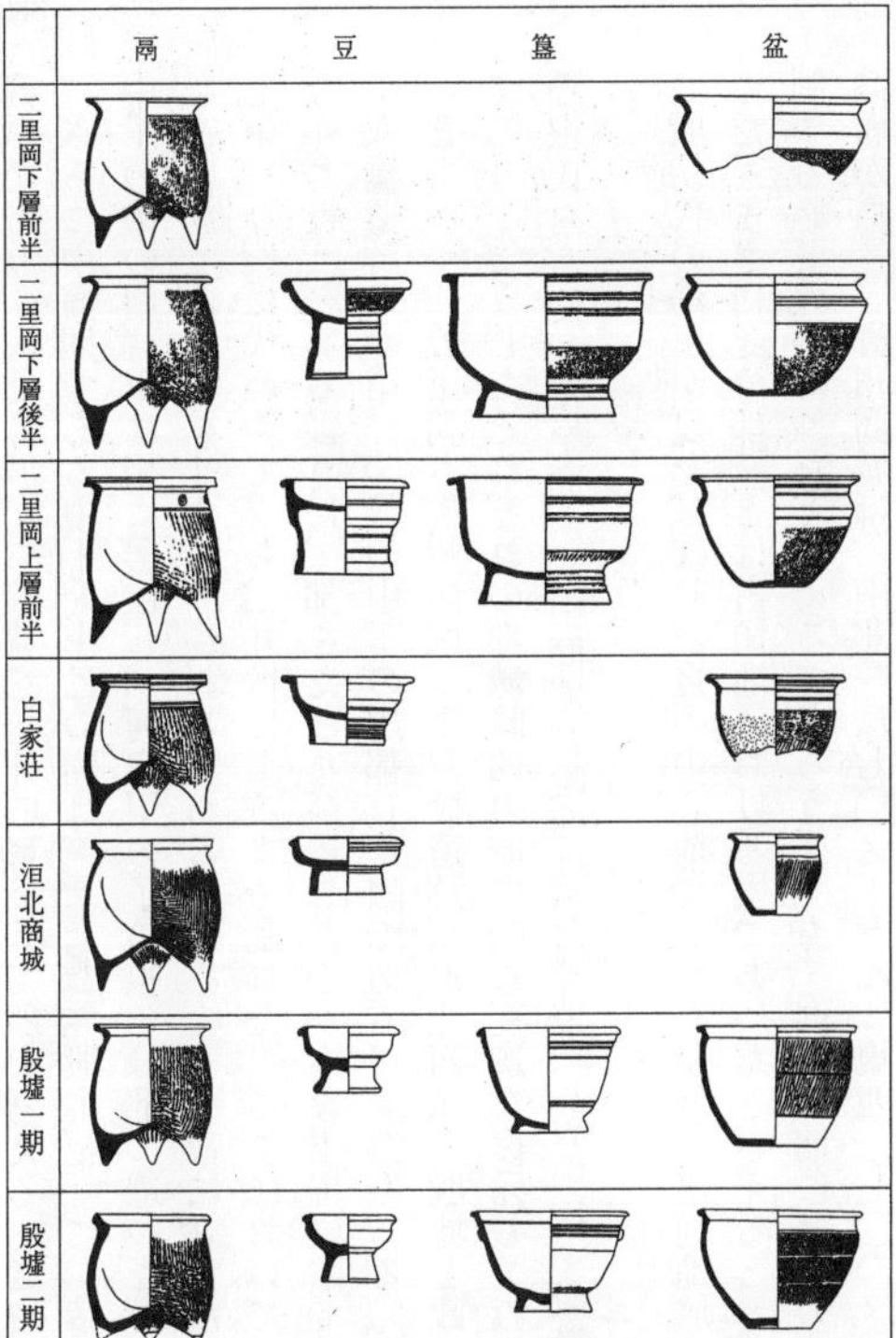

殷文化の編年　各器種の土器が二里岡下層期から殷墟文化期まで連続して変化していることが分かる

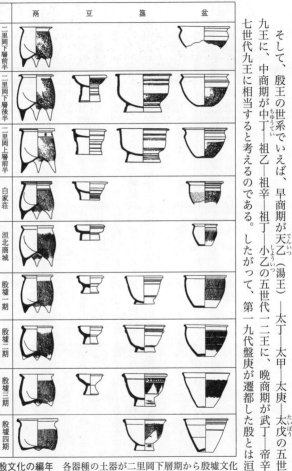

商城であり、洹北商城から殷墟を一体的に捉えて殷と考えるべきであるということになる。

さらに中商期である中丁～小乙の間は、『史記』「殷本紀」に「帝中丁は都を隞《ごう》に遷した。……中丁の弟の河亶甲《かたんこう》は相《しょう》に居住し、河亶甲の子の祖乙は邢《こう》に遷った。……中丁より以来、適子を帝に立てることをせずに、かわるがわる弟やその子を帝に立てたので、弟や子たちが帝位を争い互いに代わって立ち、九世に至るまで乱れた。ここにおいて、諸侯で入朝するものはなかった」とあるように、都をたびたび遷した不安定な王権段階であった。その意味では、小双橋遺跡は、第一〇代の中丁の遷都した隞である可能性もある。

ともかく、殷王朝も鄭州商城、小双橋遺跡、洹北商城、殷墟と政治的な中心地を移動させており、こうしたそれぞれの都城時期の歴史的な変遷を復元してみたい。なお、本稿では唐際根氏らが使った早商期、中商期、晩商期を殷前期、殷中期、殷後期と呼び変えて用いたい。

殷初代の湯王が夏を滅ぼし、夏の中心地であった伊河・洛河地域に都である偃師商城を築いた。まさにその都城とは占領地における楔《くさび》であったといえるとともに、夏の民を監視し統制する必要性があったといえるであろう。一方、同じ時期には殷の南進の拠点であった鄭州商城がある。鄭州商城は、南北一八七〇メートル、東西一七〇〇メートルの城壁からなる。現在の河南省の省都である大都市鄭州の中心部に、現在でも壮大な城壁が残っている。三六〇〇年前の都城が現在でも間近に見られるとすれば、驚くべきことであろう。

その都城の中心地区は南北に長い都城の北東角にある。宮殿とともに偃師商城の宮殿区と

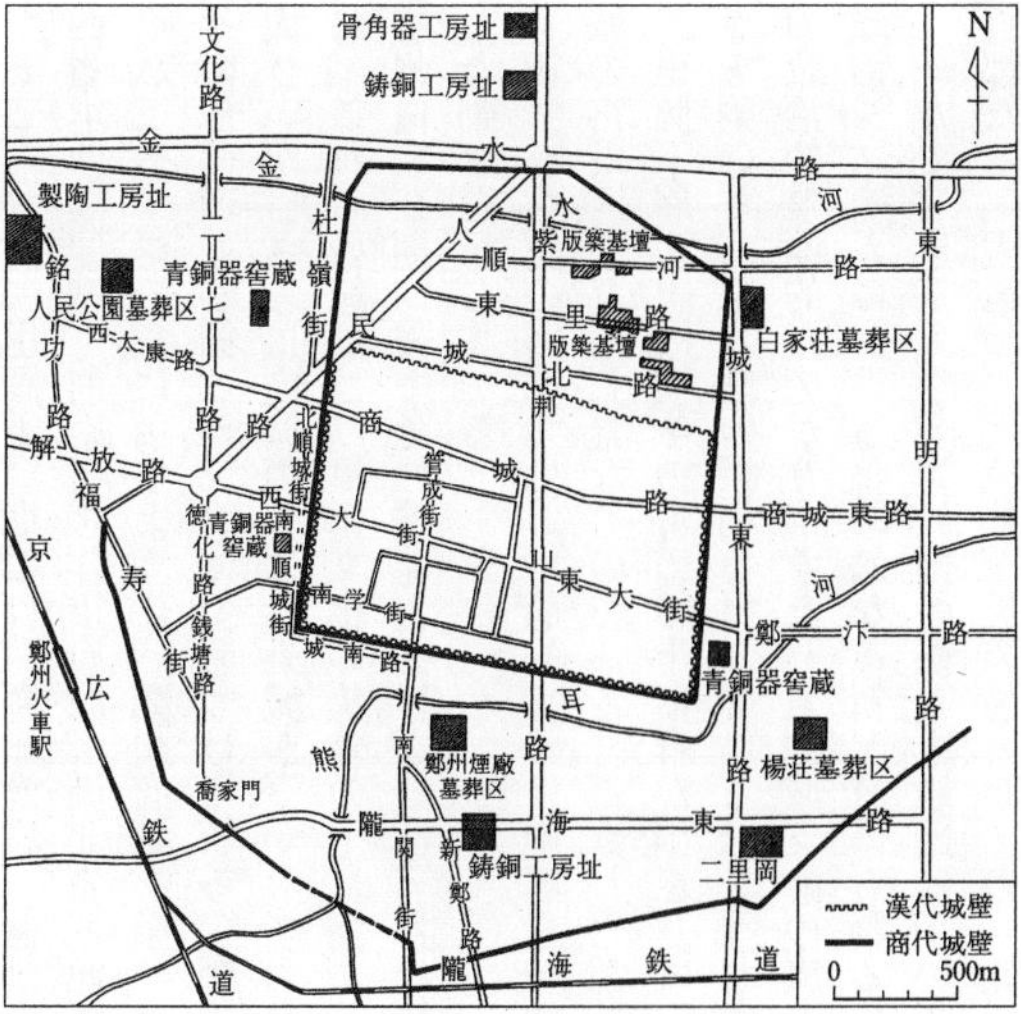

鄭州商城

同じように園池があり、宮殿と園池は東アジアにおける都城構造の原点であり、確立された王権を物語るものである。

都城の大きさからいえば、鄭州商城の方が偃師商城より大きいものであり、鄭州商城こそが殷前期の中心地、王都といえよう。さらに鄭州商城は、二里岡文化下層期の前半には現在に残る城壁の外側にさらに外城を築いている。南城壁から南へ約一キロメートルのところで、東西約五キロメートルにわたって外城壁が発見されている。この外城壁の築造は、偃師商城が小城段階から大城へと拡大するのと同じ動きといえるが、その規模はさらに大きいものである。この点から見ても、この段階の中心都城は鄭州商城と考えられよう。

ところで、二里岡下層期には、鄭州商城、偃師商城以外に、さらに山西省夏県東下馮、山西省垣曲《えんきょく》商城《しょうじょう》、河南省焦作市府城、湖北省武漢市《ぶかんし》黄陂区《こうひく》盤龍城《ばんりゅうじょう》が築かれる。その規模は、三八三ページの表に示すように、鄭州商城を第一ランクとすれば、偃師商城が第二ランク、その他の商城が第三ランクに位置づけられる。鄭州商城は内城のみでも偃師商城の大城より大きいが、さらに内城の外には外城が築かれており、その規模の差は歴然としている。さらに、これらの城址は二里頭文化の集落の上に築かれており、二里岡下層・上層期と存続し、鄭州白家荘期前後でその機能を失うという、ほぼ鄭州商城が城址として機能した時期に対応した動きを示している。

第三ランクの府城では、中心的宮殿は中庭を持つ四合院《しごういん》造りをなすが、鄭州商城や偃師商城の宮殿区よりも簡素なものである。こうした都城からは、周辺の在地的な土器とは異なり二里岡下層・上層期そのものの土器群が出土している。まさに殷人が植民地的に移住して拠点を築いた前線基地の様相を呈している。こうした殷的都城の広がりだけを見ても、殷王朝の政治的な面的な広がり、すなわち領域支配の広がりを示すものであり、二里頭文化期とは政治システムにおける飛躍的な革新が認められるのである。

一方で、東京大学名誉教授の松丸道雄《まつまるみちお》氏はかつて甲骨文字や金文《きんぶん》資料の分析から、王朝の首都たる「大邑《だいゆう》」の下位に、氏族邑としての「族邑」が従属し、さらにその下位に多数の小さな「属邑」が存在するとするピラミッド型の累層的構造を持った邑の関係を示し、これを

「邑制国家《ゆうせいこっか》」と名付けた。第八章でも述べたように、集落の規模から見た階層構造はすでに新石器時代後期には各地で認められる。松丸氏は新石器時代後期の集落間の階層構造を、「大族邑」と「小族邑」という累層的関係として捉えている。

城郭名	所在地	規模（東西×南北）m
鄭州商城	河南省鄭州市	1700×1870
偃師商城小城	河南省偃師県	740×1100
偃師商城大城	〃	1240×1770
府城	河南省焦作市	276×277
垣曲商城	山西省垣曲県南関	350×400
東下馮	山西省夏県	1辺370
盤龍城	湖北省武漢市黄陂区	260×290

二里岡文化の城郭規模

これに対して、殷王朝では「大族邑」以下の集落を統合する存在として王城が形成されたと考えるのである。そのモデルは、大邑（王城）［数百ヘクタール］—大族邑［数十ヘクタール］—小族邑［数ヘクタール］—属邑という階層構造からなる邑制国家であるとされる。この場合、集落間の規模から見られる階層分化の度合いは、かなり恣意的であり不明確である。大邑（王城）とするものは二里頭文化期の二里頭遺跡でも決しておかしくない。であれば、二里頭文化期はすでに邑制国家の段階にあろうか。あるいは巨大な城壁を誇る新石器時代後期の山西省陶寺遺跡も、大邑（王城）といえなくもない。そこでやはり歴史的な画期を設定するとすれば、従来の地域集団の範囲を越えて集落の階層構造が統合される段階こそが重要であろう。二里頭文化期までの集落間の階層構造は明確であるが、これは旧来の文化領域の範囲内での集落相互の階層構造であり、政治的な統合を示していない。その意味で殷王朝の城址はまさにその政治的な意味合いを有した広領域の重層構造に転換している。このあり方こそ古代国家としての邑制国家のあり方を反映しているといわざるを得ない。

殷王朝特有の墓制に採用された棺槨構造

では、この段階の精神基盤はどうであろう。二里頭文化期において青銅礼器や白陶を通した位階システムとしての礼制が、殷代ではさらに定型的に確立した段階といえる。それは、青銅彝器《いき》による位階システムとしての礼制である。

鄭州商城や偃師商城付近では今のところ王墓にあたる最上階層の墓葬が発見されていないところから、墓葬構造における階層構造の複雑化を正確に表現できないが、同じ規範の位階システムの面的な広がりは明瞭である。同一の位階システムとは、青銅彝器の組み合わせによる位階表示ということができよう。鼎の軽重を問うという故事に見られるように、中国古代においては鼎の数やその他の青銅彝器を持てるか持てないかが、貴族層の身分秩序を示すものであった。

中国国家博物館館長であった兪《ゆ》偉超《いちょう》氏は、周代用鼎制度という名称でこのことを簡潔に述べられたが、青銅彝器に基づいた位階制度が制度化した段階が、殷王朝期であったのである。夏王朝期の青銅彝器は、二里頭文化という文化様式の内部においても、二里頭遺跡周辺というごく限られた地域にのみ認められた。周辺地域では、白陶による酒器が中心となって位階表示が示されたが、青銅彝器を持つことはできなかった。そしてその青銅彝器も、爵や

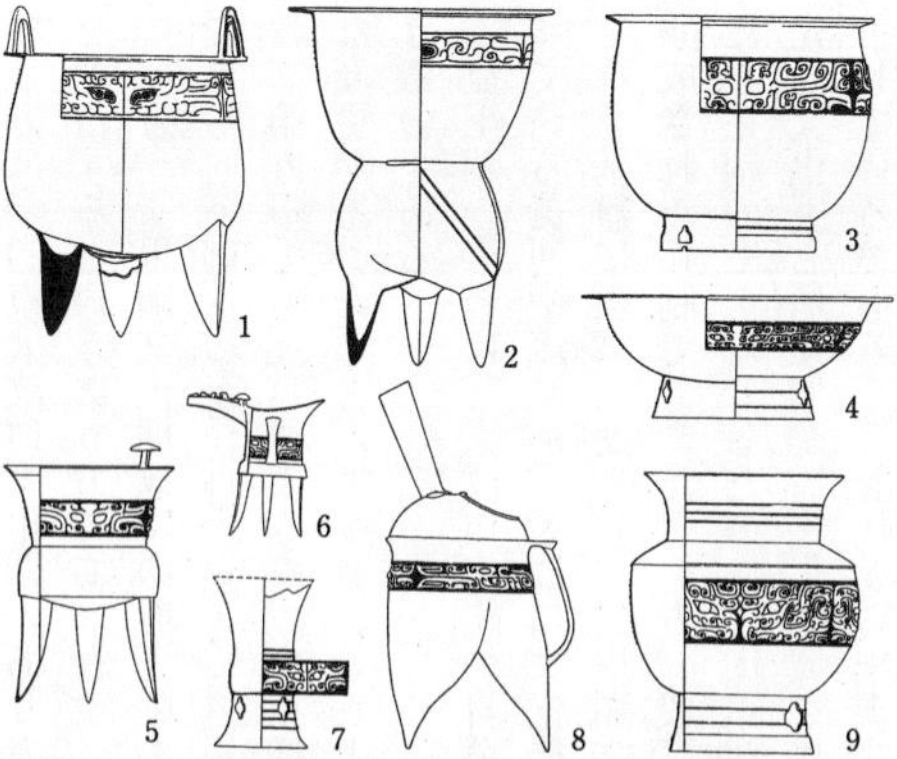

殷文化の青銅彝器　二里岡文化の青銅彝器（盤龍城李家嘴2号墓出土）をもって殷文化の青銅彝器を示す。青銅彝器は煮沸具（1　鼎、2　甗）、盛食器（3　簋、4　盤）、酒器（5　斝、6　爵、7　觚、8　盉、9　尊）からなる。この他、殷中期以降には盛酒器の卣が一般化する

斝・盉など酒器にほぼ限られていたのである。のちに、二里頭文化四期という終末期には、淮河上流域にも青銅彝器の分布が広がり、二里頭文化的礼制による政治支配の広がりが認められるものの、これは従来の二里頭文化領域の範囲内にほぼ収まるものであるといえよう。ところが、二里岡文化以降の殷王朝では、湖北省黄陂盤龍城や河北省藁城県台西《こうじょうけんだいせい》遺跡などのようなはるかな遠隔地域においても、同じ規範の階層標識を示す青銅彝器が副葬され、かつ二里頭文化には見られなかった棺槨《かんかく》構造という墓葬構造が採用されているのである。礼制が広い地域でしかも殷王朝を頂点として行使されているということは、二里頭文化に比べはるかに広域な組織的なまとまりがあることを示しているのであり、政治的な領域化を認めざるを得ない。

　さらにそうした階層構造を示す副葬礼器の器種に注目すると、二里頭文化期の器種構造における階層化の

あり方は、山東大汶口文化期のあり方に類似する。すなわち階層上位者が爵や斝などの酒器を独占するというあり方であった。

一方、二里岡文化期以降の殷王朝の青銅彝器は、鼎や罍《らい》などが階層構造の上位を示すものである。階層下位者には、觚などの酒器の一部が伴うに過ぎない。この身分標識のあり方は、第九章でも述べたような、山東龍山文化期のあり方に近いものである。礼制原理に大きな変更があったことが理解されるとともに、その理念の背景が異なっていたということができるのである。

夏王朝の場合は、大汶口文化の身分標識が背景となっていたが、これは夏王朝の母胎となっている黄河中流域が、大汶口文化後期に強い大汶口文化の影響を受けた文化背景があり、それを基盤に王湾三期そして二里頭文化期へと推移しているのであり、在地的な展開の中で醸成された礼制であった。一方、殷王朝の場合、二里頭文化の精神文化を吸収しつつも、新たな礼制のモデルとしたのは、山東龍山文化期のものであった。これは、殷王朝が出発した先商《せんしょう》文化下七垣《かしちえん》類型が、文化領域を接する山東龍山文化の礼制規範を吸収したということを示しているであろう。殷代から出現する饕餮文《とうてつもん》も、三七五ページの図で比較したように、二里頭文化を介してというよりは、山東龍山文化の獣面文に直接的な系譜関係があるように思える。

殷王朝は、その意味では多元的な精神基盤を吸収することにより、より広範な地域文化や人間集団の管理が可能になったということができるのである。すなわち、領域支配が可能になる背景は、さまざまな地域に固有にあった精神基盤を吸収し、さらにその上位に新たな精神基盤による社会秩序を形成せしめる必要性があったのである。

そうした観点で青銅彝器以外を眺めると、二里頭文化には見られなかったものとして、二里岡文化以降、殷王朝の領域内で墓制に採用されている棺槨《かんかく》構造が注目される。地下に木製の槨という部屋を作り、その中に棺を安置する棺槨構造は、新石器時代の山東地域では、大汶口文化や龍山文化において位階標識として採用されていた墓制であった。殷王朝が墓制にこの構造を採用し、位階標識としたことも、すでに述べた他地域の礼制秩序を採用したことを物語っている。とともに、殷王朝が夏王朝以上に山東地域との関わりを持っていたことを暗示しているのである。

甲骨文字　殷後期の紀元前1250年ころから用いられた文字。カメの甲やウシの肩胛骨などに細い線で刻まれた

殷後期には山東省青州市《せいしゅうし》蘇《そ》埠《ふ》屯《とん》墓地のような殷王朝と深い結びつきを持った地域首長が現れるのも、こうした背景があったのであろう。以上の点から、殷王朝はすでに王権を獲得した段階にあったといえるであろう。

広域な地域支配という点では、青銅器に用いられた原材料の流通が注目される。青銅器の成分分析のうち、鉛《なまり》同位《どうい》体比《たいひ》分析《ぶんせき》というものがある。これは鉛の同位体比から産地を同定するものであるが、銅鉱石には鉛が含まれるということから、鉛同位体比で示された産地が銅鉱石の産地をも示すという分析であり、別府大学の平尾良光教授らが進めている研究である。

この分析の結果、二里頭文化の青銅器の原材料は華北や、黄河下流域といった地域のものであるのに対し、二里岡文化以降の殷王朝のものは、華北や黄河下流域のもの以外に、四川省などの長江上流域の南方の銅鉱石が用いられていることが明らかになっている。広範な地域から殷王朝に青銅器の原材料が集まるという現象は、まさに殷王朝の広域な支配を示している。

同じことは、タカラガイにも当てはまる。タカラガイは二里頭遺跡でも墓葬の副葬品となっているが、殷王朝期にはより広範な殷の墓葬にタカラガイが採用されている。このタカラガイも、熊本大学の木下尚子《きのしたなおこ》教授らの研究によって、中国東南の沿海部で採集された可能性が高まっている。

殷後期の王都である殷墟には、殷墟周辺では生息していない禽獣類が集められている。例えば殷墟西北岡三五号墓のゾウなどがそれにあたるであろうが、このほかウスリー熊、トラ、ヒョウ、サイなどの禽獣も、地方から殷王に献上されたものである。

銅鉱石やタカラガイなどがどのような過程で流通していたかが問題であるが、これらの原材料の産出する地域に殷王朝からの交換財はどのようなものであったのであろうか。ともかく、殷王朝と政治的な関係にある地域首長からの貢納という王権システムによって、物流が王都に集まっていくという解釈がふさわしいように思われる。そしてこの資源をもって王が一元的に青銅器生産を行うことにより、礼制の要の青銅彝器を一元的に配下に配付することができたのであろう。

王権を支えた犠牲祭祀の数々

では、こうした王権を支える社会システムは、すでに述べてきた身分標識を定める礼制だけであろうか。殷中期の二里岡上層二期である白家荘《はっかそう》期の小双橋遺跡では、多量のウシや人の犠牲坑が見られ、犠牲祭祀が活発に行われている。犠牲祭祀はすでに新石器時代の黄河中流域を中心に認められる祭祀であるが、これが本格化するのは殷王朝である。とくに、殷後期である殷墟期の祭祀犠牲坑は際だっている。

王権の正統性を示す宮廷儀礼の祖先祭祀とともに、王権の力を誇示する犠牲祭祀は、殷王朝の王権の要である。殷王朝が盛んに用いた卜骨も、そしてその内容を書き記すために生まれた甲骨文字も、王の祭儀にあたるものである。祭儀も、また殷王朝の王権を支える重要な社会システムである。これをもって、京都大学の岡村秀典氏は、殷王朝を祭儀国家と呼称されているが、その名称は当を得たものと思われる。

盤庚《ばんこう》が遷都したと考えられる洹北商城は、東西約二一〇〇メートル、南北約二二〇〇メートルの城壁で取り囲まれており、その中央部には宮殿区がある。現在一号宮殿と二号宮殿が発見されているが、一号宮殿は東西一七三メートル、南北九〇メートルの大型のものである。主殿に連結するように回廊が巡り、中庭を囲んだ口字形をなす、いわゆる四合院式であ

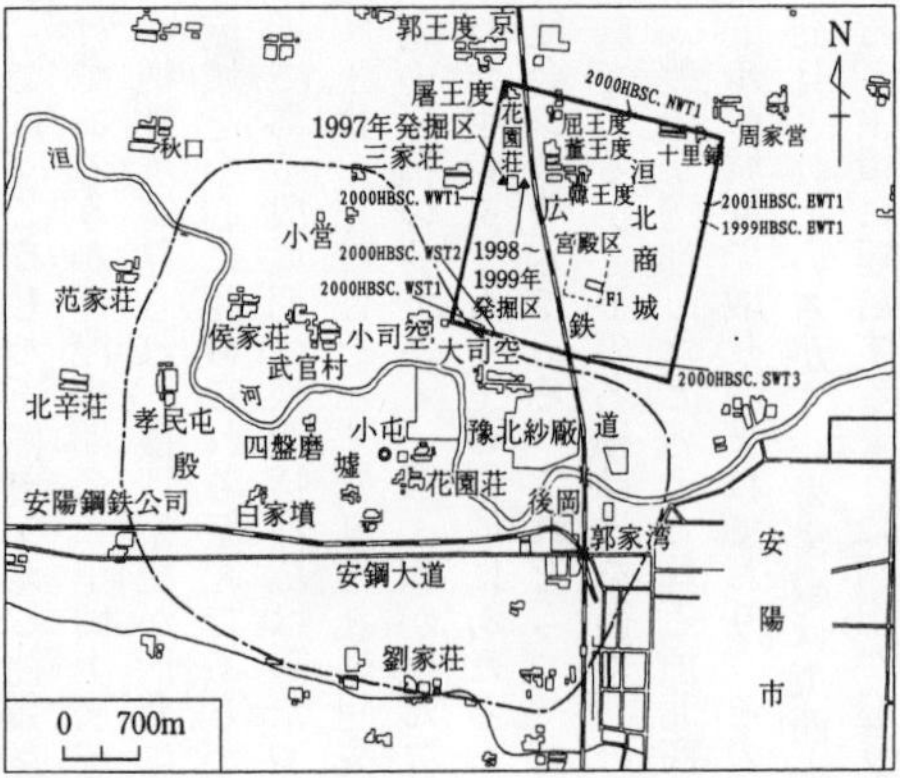

洹北商城

る。主殿の前面や門付近には人間犠牲や動物犠牲の祭祀坑があり、中庭では宮廷儀礼として祖先祭祀などの儀礼が行われていたことが理解される。

　殷墟は洹北商城の南側に位置するが、洹河と濠で囲まれた王宮・宗廟とその西北に王陵区、そして王宮・宗廟近くには後岡《こうこう》墓地、その西南には郭家《かくか》荘《そう》墓地、さらに南には三家荘墓地、さらに西側には西区墓地などが、王宮・宗廟を中心に配置されている。殷墟はそうした宗廟と墓地からなる、さながら祭祀都市の様相を呈している。殷墟は武丁期以降に本格的に利用されているが、盤庚以降の歴代の一二人の王のうち、末帝の辛帝を除く一一人の王が西北岡の王陵区に葬られている可能性もある。王の墓は亞字形墓と呼ばれるように、方形の墓壙から四方向に墓道が延びている。墓壙内は棺槨構造になっており、豊富な副葬品があったが、王墓の大半は盗掘を受けている。

　西北岡の大墓はすべてが亞字形墓ではないが、ちょうど一一人の王に相当するように一一基あり、東区では四基、西区では七基に分かれている。殷王は十干を名に持ち、丁と乙を名に持つ丁組と乙組にそれぞれ分かれる。ハーバード大学の張光直教授は、盤庚以降の乙組の七王が西北岡の西区に相当し、武丁以降の丁組の四王が西北岡の東区に相当すると考え、丁組と乙組という二つの王の世系が存在すると考えた。そこでは、西北岡西区の最も古い墓である一〇〇一号大墓を盤庚の墓であると想定している。

大変興味深い考えではあるが、ただし、現在の分期でいえば、一〇〇一号大墓は殷墟文化期二期に相当し、武丁の墓である可能性の方が高く、張光直教授の説は成り立たない。一〇〇一号大墓は、墓壙が南北一九メートル、東西二一メートル、深さ一〇メートルに達する。武丁の夫人の墓として知られる婦《ふ》好墓《こうぼ》は、墓道をもたない五・六メートル×四メートルの小さな墓壙からなるものであったが、盗掘を免れたため、副葬品は青銅器四六〇点、玉器七五五点などの豊富なものであった。王墓である一〇〇一号大墓の副葬品はさぞかし立派なものであっただろうと想像される。

西北岡1001号大墓　墓壙の四辺にはそれぞれ墓道がつき、平面プランは亞字形をなす。亞字形墓は王のみが埋葬され、王の身分標示でもある

一〇〇一号大墓の木槨の周囲には一二人の殉葬者が見られるが、南墓道には五九体の首が切り落とされた

人骨が発見されている。これらは人間犠牲と考えるべきものである。王墓には豊富な副葬品だけでなく、多くの殉葬者と人間犠牲が認められるのである。

西北岡王陵区は王墓群が東西二区に分かれている。王墓の周りには、東区では一一一七基、西区に一〇四基の陪葬墓や祭祀坑が配置されている。全体で一二二一基のうち一三一基が陪葬墓で、人間犠牲坑五一〇基、ウマ犠牲坑二〇基、ゾウ犠牲坑二基などの祭祀坑が認められるのである。

人間犠牲は複数体の人間が同時に埋められるものであり、首を切り落とされたものや、手足がない人骨もある。

甲骨卜辞には「羌《きょう》」と呼ばれた人たちが捕獲され、犠牲に用いられたとする。「羌」とは牧畜を営む人たちであり、殷に隣接した黄土台地に住む人たちである。私が長城地帯の北方系青銅器社会と呼んだ地域の人たちを指すと考えられる。人間犠牲とは、異民族を犠牲にすることにより、自らの集団の結束を図るものであり、同時に王の権威を高めさせるものである。王権の進展によって、一方ではこうした異民族の敵視や差別が始まる。異民族を敵視し差別するという感覚もまた、社会組織を維持するための社会機能として作用しているのである。

王権を中心とした社会組織を維持する礼制、さらには王権の正統性やその権力を示す祖先祭祀や犠牲祭祀は、これまで述べてきた新石器時代のさまざまな地域にすでに存在するものであり、そうした社会組織の維持装置としての宗教や祭祀を吸収し統合化することにより、

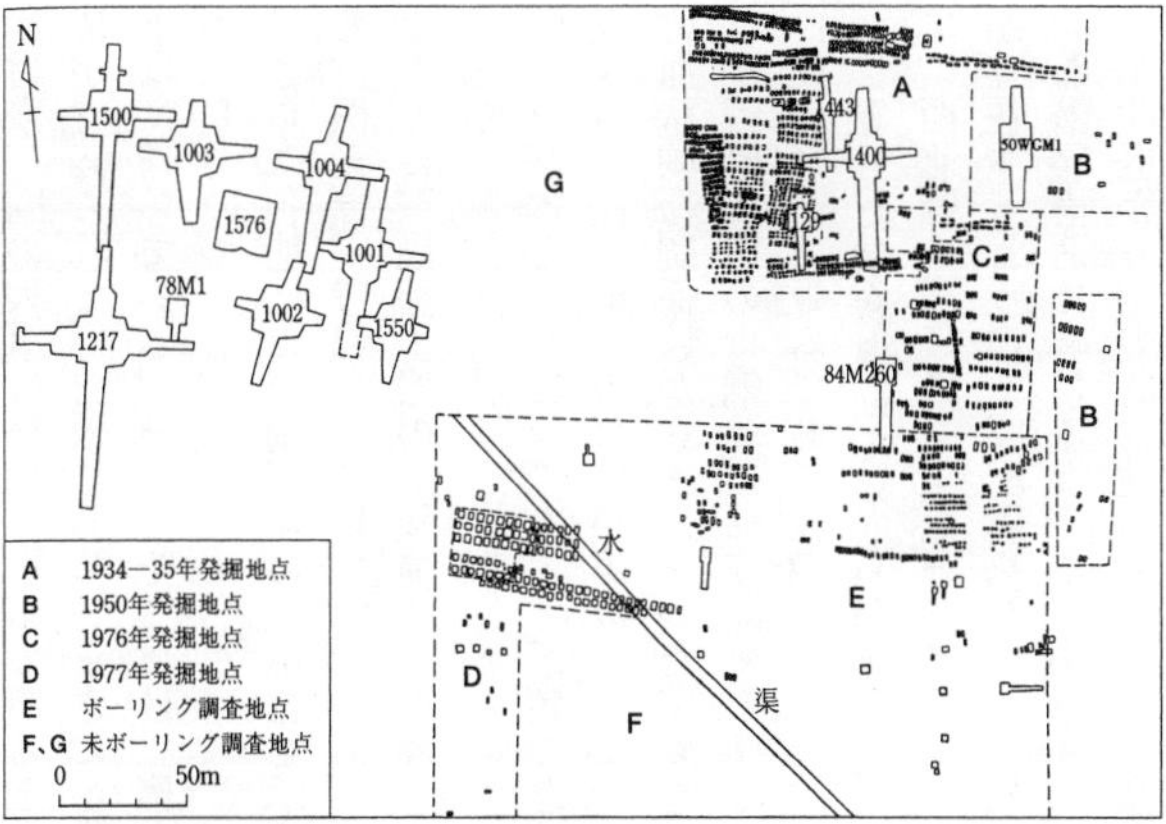

西北岡王陵区と祭祀坑

広域的に諸集団を統合した王権が確立したとすることができる。そしてその王権とは各地域の邑を社会組織的に統合序列化するものであり、そうした邑制国家を祭儀によってまとめたものであった。

　そしてまた殷王朝期に発展する青銅武器も、武力を統治手段とする王権の維持装置となっている。殷墟ではしばしば多量の青銅武器を副葬された墓が認められる。青銅武器とは、鉞《えつ》、戈《か》、長刀《ちょうとう》、矛《ほこ》、鏃《ぞく》などであるが、そうした墓葬の青銅彝器は「亞《あ》」という銘文をもっている。「亞」という文字は殷王朝の武官としての職名であると考えられている。こうした多量の武器が副葬された墓には、殷墟の花園荘東五四号墓や郭家荘一六〇号墓などが知られるが、武人層の貴族墓と考えられる。王権を背景とした軍事組織が整っていたことを示している。

古来、国の大事は祭祀と軍事であるといわれるように、殷王朝では祭儀と軍事によって王権が支えられていたのである。まさに古代王権の確立した初期国家というにふさわしい段階となったのである。そしてそこには王権が神との交信を記録する文字が生まれ、歴史時代が到来したのである。

さらに各地域の邑制国家の邑単位を示すものとして、殷墟に見られる集団墓地があげられる。例えば、殷墟の中で最も階層の低い墓地群である西区墓地は、墓葬の分布上のまとまりとともに、副葬土器の器種構成や被葬者の頭位方向によって幾つかのグループに分けられることが、韓建業《かんけんぎょう》氏によって明らかにされている。これらの一つ一つのグループが、父系血縁関係を基本とした氏族であると想定できる。

さらに氏族単位の墓地が複数まとまった西区墓地内での墓区は、複数の氏族がやはり一定の血縁的な関係性からまとまった宗族を構成していると考えることができるのではないだろうか。殷後期の青銅彝器に族記号と呼ばれる銘文が見られるが、これが祖先祭祀を共有する氏族のエンブレムである族徽《ぞくき》であったのである。

こうした宗族単位で墓地が、殷墟内に構成されているが、その配置はすでに述べたように、西北岡の王陵区を頂点として、次いで後岡墓地のような階層的に第二ランクの宗族墓地が存在するように空間配置をして、宗族単位の墓地の位置が、殷王を頂点とするピラミッド的な階層構造に応じるように、決定されていたように見える。

王陵区より空間的に遠い墓区とは、家系的に王族と遠い関係にあるとともに、階層的に低いランクに位置する宗族ということになるのではないだろうか。これらの氏族や宗族は、おそらくは殷王朝の領域内で邑を経営しており、その邑からの貢納が王や王都に集まっていったのであろう。殷の都である殷墟とは、王権を支えているこのような宗族や氏族が集住して、祖先祭祀を繰り返し、集団の統合を誓い合う祭儀都市であったのである。

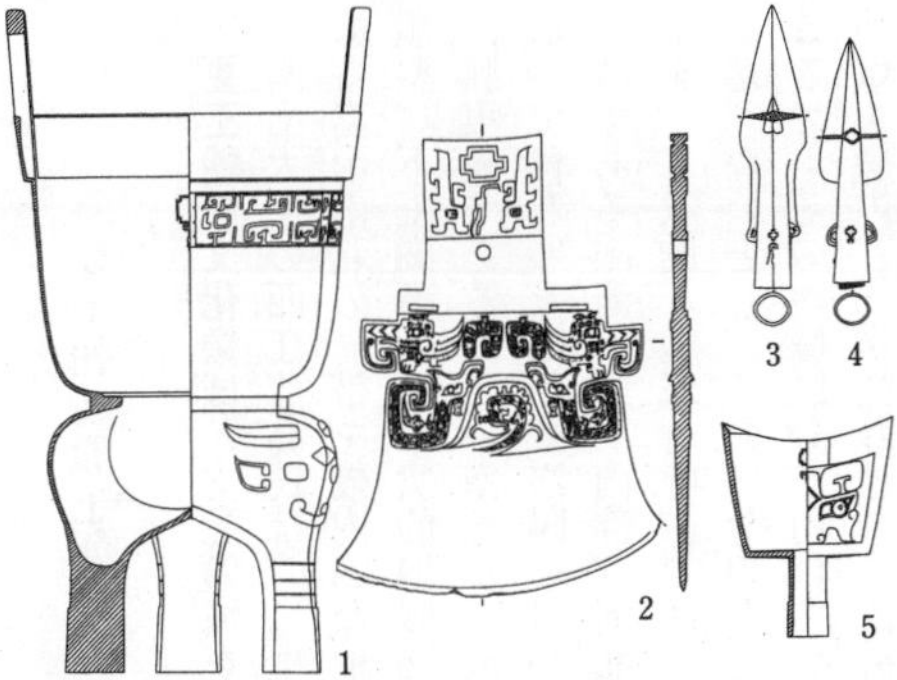

殷墟花園荘54号墓の青銅器　銘文には「亞長」と鋳出されている（1　甗　2鉞　3、4　矛　5鐃）

殷墟の遺跡配置

夏王朝・殷王朝の広がり

夏王朝の文化領域と支配領域を想定する

南山大学の西江《にしえ》清高《きよたか》氏は、二里頭文化の主要な分布区で、王湾三期文化以来の文化領域である嵩山《すうざん》南北の一帯を畿内的な地域とし、二里頭文化の別類型とされた東下馮類型、南沙村類型、下王崗類型を二次的地域と呼ぶ。殷王朝に至っても、先商文化の文化領域である太行《たいこう》山脈東麓である河北省南部から河南省北部、さらにはその拡大によって二里頭文化の領域に取って代わった鄭州や洛陽一帯が殷王朝の畿内的な地域である。そしてその外側に位置する地域である山西省中・南部、河北省北部、山東省西部、長江中流域北岸、陝西省関中平原東部を、二次的な地域と呼ぶ。西江氏自身、この畿内的な地域と二次的な地域は作業仮説にしか過ぎないとし、その区分の背景にある社会的・政治的な関係は明確ではないとしている。ここでもその地域区分を用いて、より簡便でさらに領域観を付与した単語として、畿内的な地域を畿内、二次的な地域を畿外と呼び換えてみたい。畿内と畿外が政治的な支配領域を指し、前者が直接支配、後者が間接支配という意味がある。

二里頭文化がこれまでの検討から夏王朝に相当するとしても、夏王朝の領域が問題となる。少なくとも青銅礼器や白陶による礼制を通した階層秩序は、畿内に限られるものであった。とくに青銅礼器を通した階層秩序は、二里頭文化三期までは畿内の中でも中心的な伊河・洛河流域に限られ、二里頭文化終末期になって畿内全域へと階層秩序が広がっている。

　それでは畿内と畿外の関係はどうであったかというと、畿外には二里頭文化以前の河南龍山文化以来の地域集団の系統を引く首長や、地域支配構造が存続していたであろう。こうした地域首長と畿内の王とは一定の関係性をもちながらも、まだ互いに自立した関係にあったのではないだろうか。先に青銅礼器で述べた礼制に基づく君臣関係が、畿外地域と取り交わされた形跡はないからである。

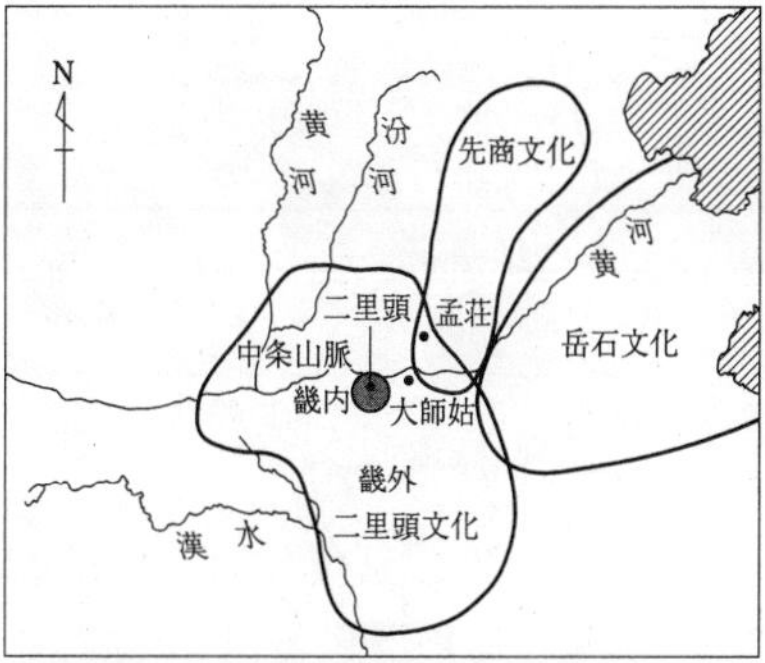

二里頭文化の支配構造モデル　中央の網かけ部分が二里頭遺跡の直接的政治領域である畿内、そしてその周りに二里頭文化の間接的領域である畿外が広がり、隣接して別の地域集団である先商文化と岳石文化の領域が接触している

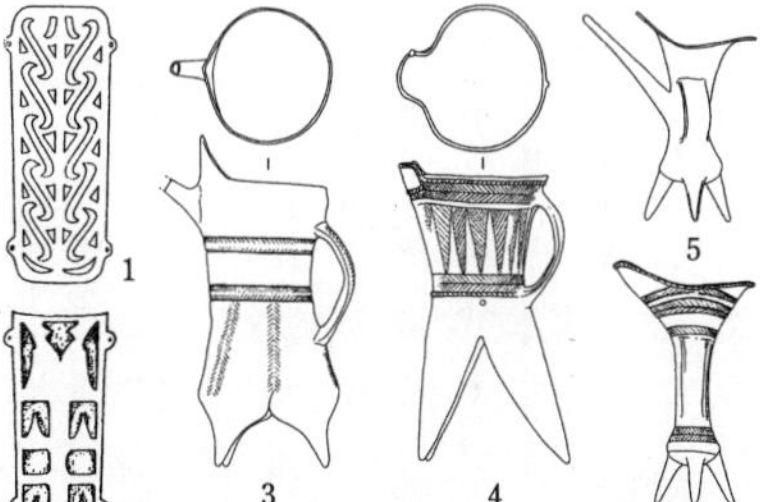

三星堆遺跡の銅牌飾と大甸子遺跡の盉・鬹・爵
1、2　銅牌飾　3　盉　4　鬹　5、6　爵

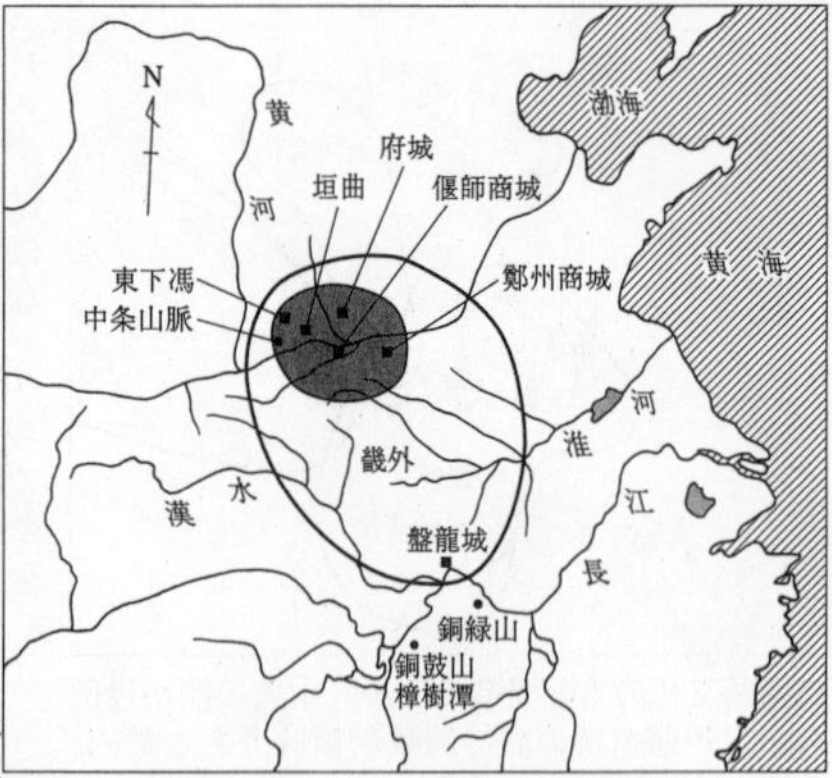

殷前期（二里岡文化）の支配構造モデル　中央の網かけ部分が直接支配領域である畿内、そしてその外縁に間接支配領域である畿外が広がる

しかし畿外地域には、例えば中条山脈では銅や塩といった原材料が存在し、玉器の玉材も畿内に原材料が見あたらないところからおそらく畿外に存在するというように、原材料が畿外から畿内へ集中するという貢納システムがあったのである。

二里頭文化はさらに畿外を越えて、盉《か》や爵《しゃく》のような特殊な土器が広がっている。例えば、四川盆地や遼西でその存在が認められる。四川盆地では、二里頭文化併行期の三星堆《さんせいたい》遺跡第二期に、盉という注ぎ口をもった酒器が出現するが、これは二里頭文化の間接的な影響である。この段階には、また二里頭文化の特徴を持つトルコ石象嵌《ぞうがん》の銅牌飾《どうはいしょく》という透かし板飾りが、この地域にももたらされている。

遼西では夏家店下層文化の内蒙古敖漢旗《ごうかんき》大甸子《だいでんし》遺跡において、爵や盉・鬹《き》といった二里頭文化の陶礼器を模倣した土器が墓の副葬品に認められる。この場合、これら爵や盉・鬹といった特殊な土器が副葬される墓は、大甸子墓地の中でもごく限られており、副葬品構成や墓の規模からこの集団墓内で最も社会階層が上位の人たちであると考えられている。この場合、二里頭文化の系統を引く土器は、第八章で述べた異文化間の交流を示す物質であるとともに、他地域との交流を示すものを所有することこそが、その集団内での社会的な地位を示す、新石器時代中期で見られた交流レベルに相当するであろう。二里頭文化の系譜を引く牙《が》璋《しょう》が四川盆地やさらには広東、ベトナム北部へと広がるのもこうした交流の一端であろう。

殷王朝、その前期と後期の支配領域

さて、殷王朝における畿内と畿外さらにはその周辺地域という関係性は、二里頭文化期より、さらに拡大している。殷王朝における畿内とは、先商文化の範囲とともに従来の二里頭文化の畿内を包含しているといえよう。畿内には王都である鄭州商城や副都である偃《えん》師《し》商城が存在する。畿外はその外側の殷の間接支配領域である。かつて弘前大学の島邦男《しまくにお》教授は、甲骨文の研究から侯や伯という殷王朝に服属する地域首長を割り出し、その位置を比定している。

その研究によれば、侯や伯と呼ばれる地域首長は河北省北部・中部、山東省南西部、陝西省南西部、山西省北・中部に位置している。こうした地域が畿外にあたり、自立した地域首長が殷王朝に服属していたと想定される。こうした服属した地域首長は殷王へ貢納の義務があったであろう。

さらに、畿内においては、殷王朝の政治的・経済的拠点である城郭が築造されるのである。すでに述べた東下馮、垣曲《えんきょく》、府城である。これらは中条山脈に産する銅・鉛鉱石や塩の獲得、さらにはその運搬の基点と考えられる地域に立地している。かつて二里頭文化の人々が移住した場所であった。

一方、盤龍城《ばんりゅうじょう》は畿外である長江中流域に位置し、近隣には湖北省大冶《だいや》市《し》銅緑山《どうりょくざん》遺跡などの銅・鉛鉱山が存在し、盤龍城はこうした地域から産出する原材料の集散地であった。まさに殷王朝の前線基地であったのである。盤龍城遺跡には鋳造工房があるが、この工房は青銅彝器を製造した痕跡はなく、大半が銅や鉛あるいは錫のインゴットを製作していたのではないかと想像される。このような城郭には殷人たちが移住し、青銅資源などの原材料を獲得し、王都へ運ぶといった基点であって、殷王朝の直轄地のようなものであったのであろう。

畿外は、このような服属する地域首長と殷王朝の前線基地のような城郭からなる点的支配領域であったのである。そして点的支配の拠点である城郭には、青銅彝器が副葬された貴族墓が発見されている。おそらくは王朝中心から派遣された殷人貴族であり、礼制の要である青銅彝器が殷王から再分配されたのである。

ところで、銅資源を産する銅緑山遺跡や鉛鉱山が近くにある湖南省岳陽市銅鼓山《どうこざん》遺跡や樟《しょう》樹潭《じゅたん》遺跡には、二里岡文化的な土器も出現し、殷王朝の影響や直接殷人が往来していた可能性があるが、こうした地域は畿外の外側に位置する周辺地域であったのである。周辺地域から資源を確保することができたのである。このような周辺地域には、殷王朝と敵対する地域首長も現れたであろう。これが甲骨文に出てくる方国であり、殷王朝との敵対勢力でもあった。

また、こうした段階から、二里岡文化の影響のもとに、周辺地域で青銅器が出現する、あるいは青銅器生産が始まるといった現象が認められる。京都大学人文科学研究所の浅原達郎《あさはらたつろう》教授は、かつてこの現象を二里岡インパクトと呼んだ。なかなか当を得た表現だと思う。周辺地域が二里岡文化の刺激を受けることにより、自立的な成長を遂げるのである。

このような支配構造は、すでに述べた殷前期にのみあてはまる。すなわち鄭州商城が栄えた二里岡文化期に相当している。鄭州白家荘《はっかそう》期から洹北商城期までの殷中期には、盤龍城《ばんりゅうじょう》を始めとする城郭遺跡が廃絶していくのである。殷王朝内部が乱れ、盛んに王都が遷都される時期である。

こうした時期に、殷王朝と直接的な結びつきをもつ河北省藁城《こうじょう》県《けん》台西《だいせい》遺跡や山東省済南市大辛荘《だいしんそう》遺跡が登場する。とくに後者は、渤海湾南岸にこの時期から出現する山東省利津《りしん》県付近での特殊な土器焼成の窯跡遺跡との関係が想定される。

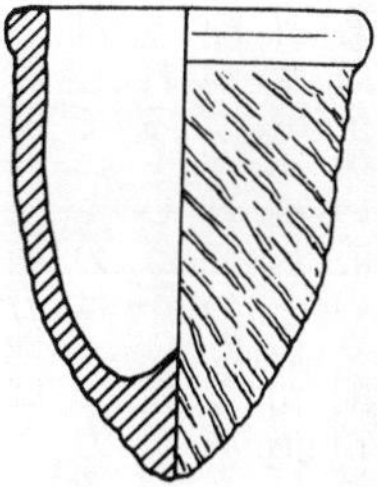

盔形器と呼ばれる製塩土器　山東省利津県南望参古窯址出土

この特殊な土器とは、盔形器《かいけいき》と呼ばれる厚手の尖底深鉢形土器であり、塩を作るため海水を煎熬《せんごう》する製塩土器である。渤海湾に産出する塩などの原材料の集散地として殷人が移住した拠点的な遺跡が大辛荘遺跡と考えられている。この大辛荘遺跡は、殷墟以外で初めて甲骨文字が発見された遺跡としても有名である。

殷前期に南方地域からの物資収集の拠点的な集落であった盤龍城城郭遺跡が、殷中期に衰退していくのは、一方では殷王朝内部での政権における問題もあり、王都が遷都を余儀なくされるという不安定な政治情勢とも関係していた。そして、これまでの畿外として点的な支配がなされていた地域も、次第に畿外としての直接支配地ではなくなっていった。いわばこれまでの畿外と周辺地域との接触するような地域が、次第に独自性を強めていったのである。全体に殷の支配領域が北部に収束していったと理解できるのである。

こうした周辺地域と接触するような地域の自立性が顕著になるのが、殷後期である。すなわち殷墟に王都がおかれている段階、あるいは甲骨文字としての記録が認められる段階である。例えば、江西省呉城《ごじょう》遺跡を中心とする呉城文化がある。二里岡文化期に二里岡インパクトとして土器を含めた殷王朝の強い影響を受けた後、次第に自立的な展開を遂げる。さらに独自な青銅礼器を作り上げるに至るのである。呉城遺跡から二〇キロメートル離れた江西省新干県大洋洲墓《しんかんけんたいようしゅうぼ》は、殷墟期に併行する段階の巨大な王墓である。そしてまた、地方的個性をもった青銅礼器が大量に副葬されていた。

この地域は、殷王朝から盛んに青銅彝器《いき》を贈与されることにより、反対に資源を提供するという殷王朝の支配関係とは一線を画した同等の関係の中で、資源と製品の交換がなされる。そしてまた、このような青銅彝器は本来の殷王朝の礼制とは異なった観念による威信財として、この地域の地域首長に必要とされたのである。そしてまた、殷王朝との交流の中に、青銅彝器そのものを製作する技術を獲得するに至る。そのように地方的な青銅彝器生産が可能になり、その青銅彝器が副葬品として利用されたのが新干県大洋洲墓であったのである。

同じことは、難波《なんば》純子《じゅんこ》氏が華中型青銅器とするものにもあてはまる。その製作地の特定は未だ難しいが、長江中流域において自家生産されたものであり、この地域の威信財に転換している。殷王朝的な青銅器の礼制システムとは異なりながら、それらの青銅彝器の大型品を模すことによって青銅礼器を生産していく。

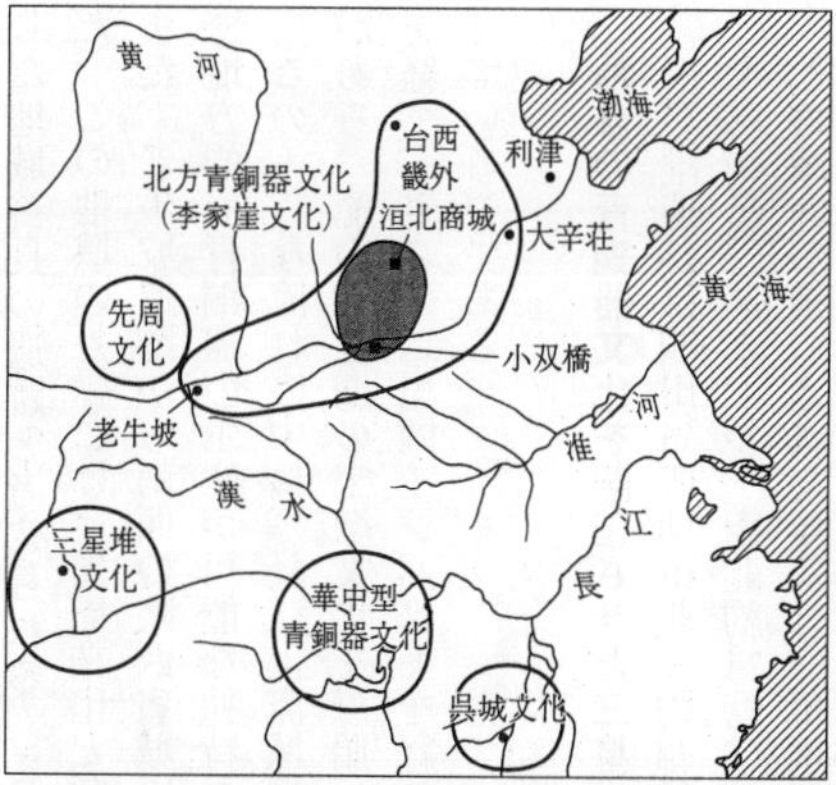

殷中期・後期の支配構造モデル　中央の網かけ部分が直接支配領域で、その周辺に政治的な君臣関係をもつ畿外が、さらにその回りには殷王朝と交易ネットワークを持つ地域文化が存在する

この地域の新たな政治的な自立が感じ取れる物質文化の変化であるとともに、こうした地域には殷王朝から殷の青銅彝器そのものが贈与されている。これもまた、贈与関係における交換として、原材料を殷王朝が入手しようとしたのである。

殷王朝の西部はどうであろう。西安付近に存在する陝西省西安市老牛坡《ろうぎゅうは》遺跡は、二里岡文化段階から殷後期に至るまで殷王朝との交流が深く、殷王朝に服属した地域首長の遺跡と考えられる。この地域までが殷王朝の畿外と考えられる地域であった。この地域の外縁には、先周文化と呼ばれる後に周王朝を形成する周人が存在している。また、老牛坡遺跡から南西の陝西省城固県の青銅器文化遺跡群は、二里岡文化の影響を受けて地方的な青銅器の生産が可能な独特の地域文化を形成している。

このような流れの中に、長江上流域においても特異な青銅器文化を花開かせた三星堆《さんせいたい》遺跡がある。龍山文化期の宝墩《ほうとん》文化を母胎として地域的に発展したものが、二里頭文化との交流を経て、さらに二里岡インパクトを経ることによって、殷後期に独自の青銅器文化を成立させているのである。

独自の青銅器文化を開花させた三星堆遺跡の謎

三星堆遺跡は四川省成都市《せいとし》北郊約四〇キロメートルのところに位置している。東西一六〇〇～二一〇〇メートル、南北約二〇〇〇メートルの城壁に取り囲まれた城郭である。

この城郭が築造された年代は三星堆第二期の二里頭文化期併行期であるが、主に使用された年代は、独自な青銅器文化が開花する二里岡文化～殷墟期に相当する段階であり、三星堆第三期・第四期という時期である。

この城郭の内部から、一九八六年、大量の青銅器や玉器あるいは象牙が埋められた二つの竪穴土坑が発見されたのである。二つの竪穴土坑は遺跡の終末期に埋納されたもので、何らかの祭祀遺構と考えられるものである。青銅器のうち、青銅容器は尊、罍などの大型品に限られ、その青銅器の原形は殷王朝の青銅彝器にある。年代的には、殷後期の三星堆第四期に製作されたものではないだろうか。また、一部の青銅容器は長江中流域で殷後期に独自に製作された華中型青銅器に類似している。

重要なことは、こうした殷王朝の規範をもつ青銅礼器が三星堆遺跡自身で製作されており、またその青銅器の製作規範が殷王朝から直接もたらされたものというよりは、長江中流域の殷系青銅器を介している可能性が高いことである。

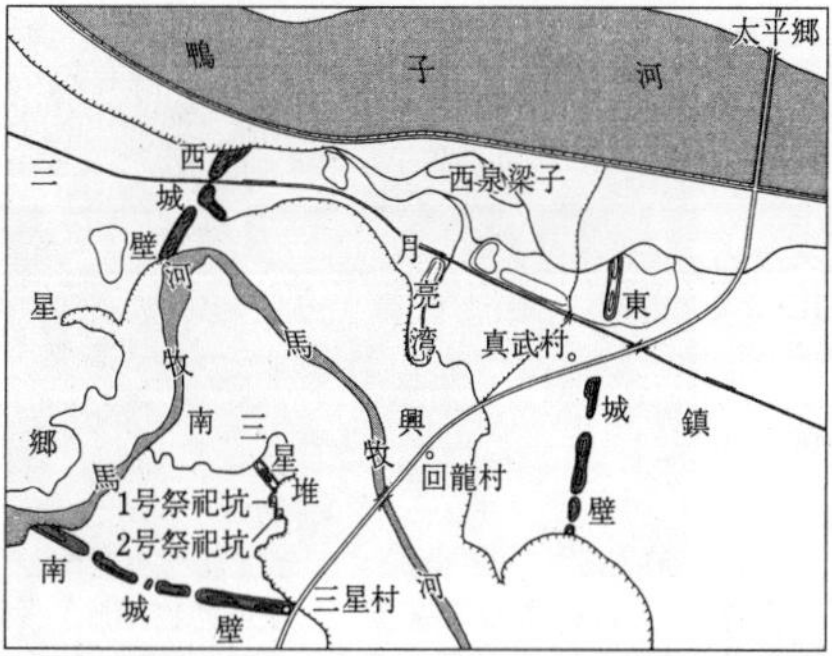

三星堆遺跡　1986年、城郭の中央部南側の小丘陵である三星堆で、1号祭祀坑と2号祭祀坑が発見された

鉛同位体比分析で殷代には長江上流域の銅鉱石や鉛鉱石が使われている可能性が指摘されているが、このような銅鉱石は四川盆地の三星堆文化から長江中流域の地域集団を介して、殷後期には殷王朝にもたらされている可能性が考えられるのである。

資源とその交換物である青銅彝器という威信財との交換関係が、殷後期の三星堆遺跡の場合は、長江中流域と四川盆地という関係に置き換わっている可能性がある。これもまた、殷王朝を中心とする畿外を越えた周辺地域のネットワークが重層

三星堆遺跡の青銅器（三星堆博物館蔵）突出した目を特徴とする巨大な青銅仮面は、三星堆青銅器文化の代表的な青銅器

的に広がっていることが理解されるのである。

　このほか、三星堆遺跡では、目の突き出た特殊な人物仮面や人頭像、さらには高さ二六二センチメートルにも及ぶ立人像、四メートルもの高さがある巨大神樹など、きわめて個性的な青銅器文化を形成している。このような青銅器は、驚異の三星堆文化と呼ばれるゆえんでもあるが、三星堆文化の生成過程は、先に示した殷王朝を中心とするネットワークの中に位置づけて初めて理解されるものである。

　近年発見された成都市金沙《きんさ》遺跡は、三星堆遺跡に後続するこの地域の政治的な中心と考えられているものである。三星堆遺跡の系譜を引く金製品や大量の象牙の埋納には、驚かされる。金沙遺跡は三星堆文化に後続する十二橋《じゅうにきょう》文化に含めて考えられるものであり、地域文化がより独自に発展していくとともに、殷周交代期と対応した地域文化の流れであろう。

　このように、殷王朝の青銅彝器による礼制システムとその影響を受けながら、殷王朝からは政治的に独立した周辺地域の政体が完成していくのである。これこそが、殷王朝への物資の供給源であり、その関係は朝貢関係にあるのではなく、自立した地域との物流関係にある。

こうした地域は、畿内、畿外の外に位置しながら、殷王朝と一定の関係性をもつネットワークとして位置づけられるものである。漢代の王畿と諸侯がここでいう畿内と畿外の関係であり、諸侯の外側に位置する外臣との関係が、ここでいう周辺地域との関係であるというように対比することができよう。こうしたネットワークの広がりがのちの周王朝の広がりや秦・漢王朝の領域化の前提となっているのである。

おわりに

初期国家の形成

ここまで読んでくださった読者は、殷《いん》王朝という古代王朝が祭儀を用いながら、さらには身分秩序である礼制を用いながら、王権を中心とする宗族・氏族による安定した社会階層構造を生み出し、貢納システムを基礎として古代国家を築いていたことが理解できたであろう。これは、新石器時代までに、農耕社会を基盤として社会の組織化が次第に進行していたことを背景とする。

農耕社会における社会組織の単位は農耕の経営単位にあるが、これは血縁家族を中心とするものであった。農耕社会にあっては、双系的な共同体から男系を中心とする家父長家族へと社会単位が移行している。農耕社会とは、基本的に黄河《こうが》流域と長江《ちょうこう》流域であって、それぞれはアワ・キビ農耕社会と稲作農耕社会を基盤とする社会であった。

農耕社会のそれぞれの地域は、自然環境と地形環境の違いをもとに幾つかの地域文化に区分でき、その固有性も認められるが、同時にその進化速度には多少時期の前後という時間差はあるものの、総じて上記したような共同体から男系の家父長家族を母胎とした階層社会へと変化した。さらには家父長家族からなる氏族を母胎とした首長の出現に加えて、社会の階層構造が安定するための世襲的な首長の出現という、歴史的な流れが存在したのである。

そして、主に家父長家族制が先んじて出現した黄河中流域では、祖先祭祀による社会秩序の安定を目指す宗教祭祀の確立があった。さらに農耕祭祀としての動物犠牲や、社会組織のまとまりを鼓舞するための人柱である人間犠牲というものが活発化したのである。

一方、同じアワ・キビ農耕社会であり家父長家族制が発達した黄河下流域では、階層化した社会にあって身分秩序を維持するため、酒器を中心とした礼制の確立や、祖先祭祀にあたって各氏族のシンボルである族徽《ぞくき》の創出などが行われるようになった。

長江中・下流域を中心に発達する稲作農耕社会では、太陽信仰が共同体の組織的な基盤となるとともに、階層化社会の中で次第に太陽神を威信とする首長権の確立が認められたのである。その首長は玉琮《ぎょくそう》や玉璧《ぎょくへき》によって太陽神との交信を行い、太陽神の庇護のもとに政を行うことができたのである。まさしく神の力を借りて政を行う神政を行使することにより、社会組織や生産組織を円滑に働かせることができたのである。

新石器時代終末期は、このように個々に発達した各地の農耕社会において、諸地域での交流関係の拡大によって、単なる物資の交換ではない精神生活の交流が始まった段階でもあった。これは、他地域の宗教祭祀という精神生活上の社会システムを導入することにより、さらなる社会進化や社会の複雑化を、さらには諸集団の統合化を目指したからに他ならない。

一方、各地では、それぞれの地域で巨大な建造物が建設されるような、古代国家に近い強力な王権をも思わせる首長権の卓越性あるいは物質文化の発達というものが見られた。こうした段階を初期国家と呼ぶ研究者もおられるが、私はこの段階を初期国家と呼ぼうとは思わないのである。確かに、国家の定義や社会進化の定義は相対的なものであり、絶対的に人類進化の一定の発展法則として律しきれるものではないだろう。

東アジア世界以外でも、世界の各地でそれぞれの地域における初期国家形成過程に関する議論が活発である。しかしながら、世界の他地域との相対比較により、社会進化上の要素の存否によって、東アジアの初期国家を定義してもあまり意味のないことのように思える。私自身はどちらかというと人類学の新進化主義的な議論に魅力を感じるものの、ここでは東アジアあるいは中国大陸としての特殊性の中から、この問題に迫りたい。

その観点からすれば、新石器時代終末期には、農耕社会各地域で首長権の絶対化が認められるものの、その社会発展はそこで潰《つい》えているのである。決してこれまでの社会単位を超えてさらに首長権が確立するということは存在しない。あるいは地域社会内部での首長権も一時的には巨大建造物を建設できるほどのものに達しているけれども、決してその系統性を維持した首長権が同じ氏族内で維持されることはなく、不安定なあり方しか現象的には示していないのである。

これをもって果たして初期国家段階といえるであろうか。やはり首長制社会段階にとどまっているといわざるを得ないのである。

問題は新石器時代の次の段階、これまでの伝統的な時期区分でいう青銅器時代開始期である二里頭《にりとう》文化段階をどう評価するかである。

この段階は、文献史料でいう夏王朝期にあたり、文献史料でいう夏《か》王朝とは、この二里頭文化の政治勢力を指すであろうことはすでに述べたところである。

しかし、文献史料でいう夏王朝が二里頭文化であっても、この社会が歴史的な発展段階における初期王朝と呼ぶべき段階にあたるかどうかには慎重であらねばならないことは、すでに第一〇章で考究した通りである。二里頭文化期は、従来の地域社会の政治領域内での地域統合と、地域発展を示している。さらに、先に述べた農耕社会諸地域の社会組織維持のための精神基盤を、他地域から吸収しつつある段階であることが重要である。

農耕社会の諸地域が各地域で醸成した社会維持装置である宗教祭祀は、実はそのままではやがてその社会を維持できなくなる装置でもあった。さらなる社会組織の発展のために必要なことは、そうした各地域の社会維持装置を統合して、新たな社会組織の維持システムを形成していくことにある。その点に関しては、二里頭文化は成功しているといえる。この維持システムは社会進化上の新たな段階と見なすことができるであろう。そしてその発展過程の中で、礼制の導入として、一つは在地的に存在した大汶口《だいぶんこう》文化における身分標識である酒器を採用し、また一方ではそこに「楽《がく》」という在地の階層標識を織り込んだ重層的なものであった。まさしくこれは、殷周社会の基本的な道徳観念である「礼楽《れいがく》」の始まりともいうべきものである。

さらに身分標識としての酒器を、青銅器という社会的に貴重な高価な素材で製作することにより、階層秩序の新たな革新を成し遂げたのである。

こうした階層標識や礼楽を取り込んだ祭祀行為は、新石器時代以来の祖先祭祀を中心とした氏族間の同祖同族関係を再確認する場であったであろう。二里頭遺跡に見られるように、その祭祀空間が都城内の一定の場所に設けられるとともに、宮殿と墓葬が一体化して祖先神の祭りが行われている。この宮殿内での祖先祭祀は、宮廷儀礼として次第に制度化していったことであろう。

この段階は、このような新たな社会組織の組織原理が形成され、かつ他地域社会に由来する社会維持装置を吸収しているところに歴史的な画期が認められるものの、その社会維持装置を使った社会組織の範囲は、ほぼ以前からの地域社会の範囲を越えるものではなかった。河南龍山《かなんりゅうざん》文化の王湾《おうわん》三期という社会領域を基盤に夏王朝の直接支配があるものの、同じ二里頭文化と認定される直接支配地域以外は、個々の地域における首長の独立性が強く、資源を夏王朝に貢納するような同盟的な関係に近いものと想像される。いわば政治的な広がりというものには、限界があったのである。その点に注目するならば、強力な王権が確立するという政治的な社会進化を果たしているわけではない。ここに二里頭社会の社会進化上の限界があったのである。二里頭文化期は王権の形成期であり、私は初期国家形成期あるいは萌芽期と位置づけたいのである。

本格的な初期国家の段階は殷王朝の統治から

それに対して、二里岡《にりこう》文化から殷墟《いんきょ》期にかけての殷王朝は、まず二里頭文化以来の社会維持装置を発展継承しており、より広範な地域の宗教祭祀を吸収しているといえる。それは青銅彝器《いき》に見られる礼制の確立であったり、祖先祭祀のための盛んな動物犠牲や人間犠牲である。そして王権が神を代行する卜占《ぼくせん》という行為と、その結果を記録する文字の出現である。祭儀と礼制をもとに社会秩序と集団組織を維持した祭儀国家が誕生したのである。この初期国家段階こそ、これまでの地域社会の枠を超えて政治的な統合や領域支配が進む段階であり、国家としての体裁を整えているとともに、そこに歴史的な大きな画期がある。

そしてまたこの領域化という側面から見れば、殷王朝の直接支配領域である畿内は、夏王朝の直接支配領域を包み込んだはるかに大きいものとなるとともに、畿内の外側の二次的支配領域である畿外の領域も拡大している。

殷王朝は畿内では二里頭文化期における政治・経済的な拠点に城郭を配置し、畿外では、資源を集散する拠点として城郭が建設され、殷人を派遣するといった、点的支配を行っているのである。

殷王朝における資源と物資の王への集中という図式は、貢納と再分配という互酬システムとして、すなわち資源や物資の王への貢納により、代わりに位階標識としての青銅彝器を王が再分配するという、王への一元的な貢納システムが確立している。この転換によってこそ、殷王朝におけるさまざまな物資が政治的な領域内で、あるいはそうした地域を媒介として、殷都へ集中するのである。

例えば、青銅彝器の原材料である青銅や鉛といったものが、近年の鉛同位体比分析によっても、多様な地域から王都に集められていたことが分かるのである。夏王朝で想定された中条山《ちゅうじょう》脈や陝西《せんせい》省南部の東龍山《とうりゅうざん》付近の銅鉱石以外にも、銅緑山《どうりょくざん》などの長江中流域の銅鉱山、さらには三星堆の青銅器と同じ成分である四川省南部からの銅・鉛鉱石が原材料として殷王朝へもたらされている可能性がある。

殷中期以降、殷王朝の支配権はやや弱体化し、畿外の領域の縮小化と王都の遷都が行われる。とくに殷前期に成立した畿外の拠点的城郭が廃絶していく。代わって、山東の大辛荘《だいしんそう》遺跡や華北北部の藁城台西《こうじょうだいせい》のような新たな間接支配地域である畿外地域の広がりが認められる。畿外地域の再編成が認められるのである。

この段階以降、とくに殷後期には、畿外を越えた周辺地域の地域首長に対して、殷王が青銅彝器を威信財として贈与する、あるいは青銅礼器製作技術の供与により、資源や物資を確保できる段階に至る。いわば、支配権の縮小とともに、相対的に同等の関係に近い周辺地域の地域首長との誼《よしみ》の中で、資源の確保が図られたのである。

こうした段階に至って、殷の青銅器文化の影響を受けた華中型青銅器、呉城《ごじょう》文化（新干《しんかん》県大洋洲墓《たいようしゅうぼ》）、城固《じょうこ》青銅器、三星堆《さんせいたい》文化が生まれたのである。

殷後期には、このような支配構造の変化の中に、同祖同族関係が王権の基盤としてより強調され、地域に支配基盤を持つそれぞれの氏族や宗族が、王都に集住することを余儀なくされ、祭祀活動の中で王権を中心とする組織的な紐帯《ちゅうたい》を保つことになる。その結果、殷墟という祭儀都市の中の族墓として墓地が空間的に決定されていったのである。その墓地空間は王墓を中心とし、祭祀坑や宗廟《そうびょう》といった祭儀空間を挟んで、ピラミッド構造的に周辺へと王との関係が遠くなる氏族配置がなされている。序列化された墓地の配置関係こそが、そこに生きる氏族・宗族間での社会的位置の再確認を可能にしたのである。まさに社会における再生産行為を殷都において祭祀と送葬行為によって行うことにより、社会が維持されるのが、中国における古代国家の特質であったのである。

以上のような特質から見ると、殷王朝は東アジアにおける確立した初期国家段階であると位置づけられるのである。

中華という発想

以上に述べた中国における初期国家への発展史は、まさにアワ・キビ農耕社会と稲作農耕社会を基盤とする先史社会の統合化への発展史であった。これは言い換えるならば、農耕社会の発展史とでもいうべきものである。

さらに文字という社会組織の維持を図る上での重要な社会システムが登場することこそが、歴史時代への転換を示しており、新たな社会発展の段階であることは間違いない。こうした社会進化が農耕社会内で起きたということは、農耕という集団組織化を必要とする労働形態と農地との不可分な関係を生活様式として持つことに起因しているといえよう。しかしながら、この社会進化は農耕社会内での社会進化でしかないことも、ここで確認しておかなければならない。

実はその後の中国社会は、一つには初期国家を形成した地域、すなわち中原を地理的に中心とする古代国家が興亡を繰り返し、そこに中華なる自集団を保護する思想が形成されるに至ったのである。すなわち自らの来歴を尊重し自尊することにより、さらに自らの現在を再確認するこのナショナリスティックな発想は、社会組織の再認識と組織の拡大に実に大きく寄与するものである。近代国家に見られる民族主義とはいささかその母胎や性質は異なるが、ある意味では共通するところも多い。

まさに中華とはそうした発想であり、その発想が生まれたのが殷周社会の後期である春秋・戦国時代であり、それが成文化するのが戦国時代であったといえるだろう。

さらに中華なる発想は、戦国時代からこれを受け継いだ漢王朝時代に完成するものであり、これを直ちに近現代の中華概念と重ねてはならない。とくに近現代の中華概念は、清朝の国家領域に基づく国民国家を背景とした概念が基盤となっているからである。その意味でもここで注意したいのは、中国史において、この中原を中心とする単一的な発展法則と、戦国時代以降本格化する中華概念あるいは中国という概念をもって、その後の中国史を見てはいけないということである。とともに、本書で扱った時期においても、これまで述べてきた初期国家へ至る農耕社会内での発展法則こそが、中国大陸あるいは東アジアの歴史を示すものと単純に見てはいけないと考えるのである。

先史時代の歴史的変遷において、農耕の出現は生態系的な周辺域における生態適応として生まれたものであり、決してこのこと自体が先進的なことではないことは本書でくり返し述べてきたところである。

同時に、初期の農耕社会の生産量は、狩猟採集のみで生活できる社会よりもはるかに劣っている、あるいは生産性が不安定である可能性を述べた。

しかし、その後の集団組織化に見られる農耕社会の発展に応じて、農耕社会と狩猟採集社会が明確に水平区分されるに至ったのである。さらに農耕社会の北辺域には、新石器時代末期以降、農耕社会から新たに牧畜型農耕社会が生まれたのであり、この牧畜型農耕社会が牧畜に特化する生産様式として遊牧社会が始まったといえよう。

まさに中国先史社会、とりわけ中国新石器時代は、現在のユーラシアに見られる生態域に応じた社会生産性の違いを背景とした、人間集団の差違が出現した段階であったのである。

熱帯地域が狩猟採集社会、中緯度地帯が農耕社会、中緯度北部から高緯度地帯が遊牧社会、高緯度地帯から極北地域が狩猟採集社会という現在の社会的な水平区分は、まさにこの先史社会においてすでに始まったといえるのである。

その後の物質文化の発展を背景とした社会進化、あるいはその社会進化の延長にある文字記録による歴史から、農耕社会を常に中心にしながら歴史をひも解き、歴史を考えてきた。これまで述べてきた中国における初期国家へ至る道のりも、まさにこの農耕社会での動きであったのである。

しかし、私たちが忘れてはならないのは、この中にあって熱帯地域や極北地域の狩猟採集社会の歴史も存在するということであり、さらに農耕社会から分化した牧畜型農耕社会や遊牧社会の歴史にも注目せねばならないということである。

とくに、農耕社会の北辺から分化した遊牧社会は、内陸アジアの歴史そのものである。中国の歴史が決して農耕社会のみの歴史ではないとともに、内陸アジアの歴史は農耕社会と密接に相互に関係しながら、連動していることは間違いないのである。こうした歴史的な展開からすれば、中華文明の形成を柱とする中国史観は、一方の地域史を見ているに過ぎなくなる。私にとっては中国史あるいは東アジア史全体を射程においたときに、それは偏った歴史観になると考えるのである。

中国通史から見る二つの文化軸

これまで、東アジア全体として日本列島を含めた歴史的変遷を眺める取り組みが必要と叫ばれてきた。その中にあっても、農耕社会に属する漢王朝などの中華を核として、東アジアを中心と周辺という点から対比的に眺めることにより、両者の有機的な結びつきが注目されてきた。しかし、果たしてこうした中心と周辺という見方のみで東アジア史を語って良いのであろうか。あるいは中国史というものを、中華を核とする中心と周辺という地域間関係ですべて眺めてよいのだろうか。

ところで、漢王朝以降の歴史的な展開でも明らかなように、中国史では内陸アジアからの諸民族の王朝が南下し、漢民族との融合を繰り返してきた。主だったものでも、北魏《ほくぎ》、金《きん》、元《げん》、清《しん》などがあげられるであろう。内陸アジアには常に、農耕地帯とは異なった社会集団が存在し、それらが南下しては融合を繰り返すという歴史が認められるのである。このダイナミズムこそが中国史の基本的な歴史的大動脈と考えられる。

遡って先史社会においても、すでに述べてきたように、農耕社会と牧畜型農耕社会（遊牧社会）との接触が相互の社会進化における重要な起爆剤となっていたと考えられるのである。かつてアメリカ人東洋学者ジョン・キング・フェアバンクが遺著である『中国の歴史』の中で、中国史の展開として漢民族と内陸アジア諸民族との関係に注目したように、先史時代に遡って、漢民族と内陸アジア諸民族、すなわち農耕社会と牧畜型農耕社会（遊牧社会）という相互接触に注目すべきであろう。

本書で展開した先史社会でも、旧石器時代以来注目してきた中国大陸の北方と南方という二つの地域社会の文化軸があるということを強調してきた。そしてこの二つの文化軸は、北方にあっては常にユーラシア草原地帯を通じた交流をもっていたのに対し、南方の文化軸はかなり保守的な様相と緩慢な物質変化を見せていた。そしてそれぞれの文化軸の周辺域に農耕が出現し、北方にあってはアワ・キビ農耕、南方にあっては稲作農耕が主体であったが、農耕の発展と拡散によって次第に二つの農耕作物が融合していく過程が黄河中・下流域に認められたのである。

そしてこの融合は単なる生業における融合だけではなく、社会組織を維持するための精神基盤的な融合を果たす形で、農耕社会として社会集団が統合組織化され、夏王朝や殷王朝という初期国家を生み出すに至った。これらの一連の過程は、いわば中国大陸の南の軸での展開である。

一方で、新石器時代後期以降には農耕社会の北辺域である長城地帯において、次第に農耕社会から分離する形で牧畜型農耕社会が生まれていく。長城地帯から内陸アジアでは殷王朝とは異なった青銅短剣を中心とする北方青銅器文化が出現していく。殷周社会に対し、長城地帯から内陸アジアには一貫して異なった青銅器文化が広がり、このあり方は旧石器時代以来見られた二つの文化軸として解釈することができるであろう。

すなわち殷周社会が南の文化軸であり、北方青銅器文化が北の文化軸である。新石器時代から殷王朝期においてもこの二つの文化軸の交流の中に、コムギ、青銅器、車馬といった物質文化が南の文化軸で生まれたといえるのである。また、第一〇章で述べてきた殷王朝という初期国家を完成させた王朝も、その出身母胎が二里頭文化期の先商《せんしょう》文化漳河《しょうか》型にあるように、それは農耕社会と牧畜型農耕社会の二つの文化軸の接触地帯に位置していた。

同じことは殷王朝を滅ぼした周王朝にも当てはまる。周が王朝を成立させる以前の周族は、周原に拠点を置いていたが、その文化様式はまさしく二つの文化軸の接触地帯にあったのである。そして『史記』「周本紀」にも伝説的に述べられているように、周族の祖先は農耕社会と遊牧社会を行き来していたのである。中国古代王朝ですら、その礎をなす段階には、二つの文化軸の接触地帯に位置し、接触地帯こそが新しい社会システムを生み出す源泉となっていたのである。

中国史において、先史時代を含めて見いだされたこの二つの文化軸は、一貫して重要な歴史的な視点になると考えられるのである。われわれはとかく農耕社会から生み出された初期王朝や初期文明に目を向けがちであるが、文字を持たない内陸アジアにおける文化軸の歴史的な重要性にも目を向けるべきであろう。この歴史的な流れは、殷周社会を経て、続いて南の軸に統一秦を経て漢王朝を生み、北の軸に匈奴遊牧国家を生んでいく。そしてこれらの相互接触が中国史において重要な意味があったことは、読者がよくご存じのことであると思われる。

そしてまた、この二つの文化軸をもって中国大陸を見る目は、日本列島を含めた東アジア全体の先史社会や古代の歴史を眺める場合にも重要であると考えるのである。

東京大学の西嶋定生《にしじまさだお》名誉教授は、これまで冊封《さくほう》体制という、中国王朝を中心として周辺国家や周辺首長が中国王朝に従属する、ないし関係づけられるという、地域間関係で東アジアを眺めてこられた。いわば東アジアを中心と周辺という概念で論じてこられた。しかし、このような東アジア史観を超えた、東アジアの先史・古代史観として、以上に述べてきた二極構造的な歴史観が重要であると私は考えている。

学術文庫版のための補足

はじめに

二〇〇五年に本書を上梓してからすでに一五年が経つ。二一世紀の中国の発展ぶりは目覚ましいものがある。考古学の世界もしかりである。一九九一年の考古渉外工作管理弁法の改正以来、外国人研究者も中国の研究機関との共同研究という形で発掘調査ができるようになったことは、本書でも述べたところである。それは中国考古学の学術水準の向上や海外から経済的な支援を得るためのものであり、私も多くの共同発掘に参加することができた。

しかし、本書執筆以降の中国はそのような支援を必要としなくなった。潤沢な予算で世界標準の機器を揃え、世界に伍する学術レベルに達している。重点大学の考古学部では、文化財科学や分析化学を中心に多くのラボを持ち、さながら理系学部の観を呈し、欧米の大学の考古学部に引けを取らない規模と施設を有している。そうした中、重要な発見が相次いでいる。そして、中国考古学が人類史の中で重要な位置を占めるとともに、欧米の考古学者の関心も益々高まっている。中国考古学に関する多くの洋書が刊行されているのもそのことを示していよう。また、世界最大の考古学の学会であるアメリカ考古学会の年次総会が全米各地で開かれている。五日間にわたる学会では五〇近くのセッションが同時に行われており、毎日のように時として同時に複数の中国考古学のセッションが組まれている。さらにそうした学会で多くの中国人研究者が、中国考古学の発表を英語で行っている。かつて改革・開放路線以前の中国が閉ざされていたのに対し、いまや考古学の世界でも中国は国際化し、人類史研究の大きな一分野になっているのである。

そして、経済の高まりと愛国心の高まりが関係するように、中国の古代文明の素晴らしさに中国国民も大いに関心を寄せている。考古資料の発見も中国のマスコミを賑わせ、大きく報道がなされている。さらに中国各地で史跡を復元した歴史公園が作られ、多くの参観者で賑わっている。こうした中、本書も中国で二〇一四年に、台湾では二〇一八年に翻訳出版された。中国では発行部数が一五万部におよび、考古学関係の書物としても異例の売れ行きを示している。中国でも先史時代の概説書はいくつかあるが、一人の人間が一つの一貫した視点を持って語った書物がなかったことに、この状況は由来するのではなかろうか。

本書は、中国先史時代の地域文化の出現とその固有の発展図式から、次第に地域間交流の加速化とともに政治的に中原を中心に統一されていく過程を扱っている。二〇〇五年以降も、私は引き続き中国でのフィールド調査を続けている。その一つが、山東大学東方考古研究センターとの先史農耕に関する共同研究である。また、四川省文物考古研究院との共同研究によって、二〇〇八〜二〇一〇年の三年間、中国国務院の特別許可を得て、四川省西部のチベット自治州で青銅器文化墓地の共同発掘調査を行った（宮本一夫・高大倫編『東チベットの先史社会　四川省チベット自治州における日中共同発掘調査の記録』中国書店、二〇一三年）。山東大学東方考古研究センターとの共同研究は現在も進行形であるが、こうした共同研究や共同発掘調査の経験を元に、この一五年間の補足を記してみたい。

旧石器時代

近年、広東省郁南県《いくなんけん》磨刀山《まとうざん》遺跡（図1－1、以下遺跡番号参照）から八〇万～六〇万年前の礫器《れっき》であるチョッパーやチョッピング・トゥールとともに古相のハンド・アックスが出土している。このような石器群は、本文で紹介した陝西省南鄭県《なんていけん》漢中市《かんちゅうし》龍崗寺《りゅうこうじ》遺跡のもの（七九ページの図）に類似している。ヨーロッパで発達するアシュール文化以前の典型オルドワン文化の石器であり、早くに広がったアフリカ起源の典型オルドワン文化の礫器文化が華南から華中にかけて前・中期旧石器時代に存在していることを、改めて追認させてくれている。

三万五〇〇〇年前頃から始まる後期旧石器時代においても、中国北方の細石刃《さいせきじん》文化と南方の礫器文化に分かれている。近年、分子生物学の発達により、DNA研究から人類の拡散の動きが分かってきている（篠田謙一『新版　日本人になった祖先たち　DNAが解明する多元的構造』NHKブックス、二〇一九年）。二〇万～一五万年前にアフリカで生まれた新人（ホモ・サピエンス）が、アフリカからシナイ半島に拡散し、一つの流れはヨーロッパへ、また一つは南アジアから東南アジアさらに中国南方へ、さらにもう一つはヒマラヤ山脈の北側を通り、中国北方に達している。このような新人の動きは、中期旧石器時代から後期旧石器時代の石器の動きや石器の分布圏と類似している。石器の系統差は、植生などの環境圏だけでなく、新人の拡散の動きとも対応しており、集団差が存在していたのである。

農耕の始まりと広がり

このような中国大陸の南北差は、初期農耕においても表されている。長江中・下流域ではイネが、黄河中・下流域から中国東北部ではアワ・キビが栽培化されるのが、完新世《かんしんせい》の始まるおおよそ一万年前である。近年、完新世の開始は、本文で記述した最後の氷河期が終わる一万五〇〇〇年前ではなく、一万二〇〇〇〜一万一〇〇〇年前の寒冷期であるヤンガー・ドリアス期を経て、完新世を迎えると考えられるようになっている。長江下流域の浙江省浦江《ほこう》県上山《けんじょうざん》遺跡（２）では、イネ（紀元前九〇〇〇〜七〇〇〇年）が出土しており、穂軸の形態から栽培イネと考えられている。また、一万年前の山西省吉県《きつけん》柿子灘《ししだん》遺跡（３）では、旧石器時代末期の細石刃とともに華北型農耕石器の磨盤《まばん》・磨棒《まぼう》が出土している。磨盤・磨棒のデンプン分析や使用痕分析では、アワ・キビの採集がなされていたことが分かっているが、栽培種であるかは明らかではない（Liu L. & Chen X. 2012 *The Archaeology of China.* Cambridge University Press）。同じく一万年前の河南省新密市《しんみつし》李家溝《りかこう》遺跡（４）でも、土器とともに磨盤・磨棒や細石刃が出土している。華北で確実にアワ・キビが発見されたのは、紀元前六〇〇〇年頃（約八〇〇〇年前）の内蒙古敖漢旗興隆溝《ごうかんきこうりゅうこう》遺跡（５）と山東省済南《さいなん》市《し》月荘《げっそう》遺跡（６）である。

紀元前四千年紀には、華北に出現したアワ・キビは南方に、華中に出現した栽培イネは北方へと拡散し、新石器時代中期には穀物農耕が主体となっていく。その中で、イネは朝鮮半島・日本列島など東北アジアへ拡散していく。近年発見された江蘇省泗洪県順山集《しこうけんじゅんざんしゅう》遺跡（7）は、紀元前六〇〇〇年頃の高温期に淮河《わいが》を越えてイネが拡散した遺跡である。安定した食料生産を背景に、環濠集落《かんごうしゅうらく》を形成する遺跡としても知られている。この段階に、イネは一気に黄河下流域の月荘遺跡など後李《ごり》文化の遺跡に広がるという新たな発見があった。ところが、その後の急激な一時的寒冷期の中、イネは再び淮河以南に分布域を後退させることになる。再びイネが淮河を越えて黄河流域に広がるのは、紀元前四〇〇〇年以降の仰韶《ぎょうしょう》文化時期である。その後、山東半島へは黄海沿岸域の紀元前三〇〇〇年頃の山東省日照市両城《にっしょうしりょうじょう》鎮《ちん》遺跡（8）、水田遺構が発見された山東省青島市趙家荘《ちょうかそう》遺跡（9）を経て、山東半島東端の山東省棲霞《せいか》県楊家圏《けんようかけん》遺跡（10）にイネが達する。

この後、朝鮮半島や日本列島へ水稲農耕が広がっていく。本書では朝鮮半島初期農耕化第二段階として、紀元前二〇〇〇年頃に山東半島から朝鮮半島南部へ達すると記した。しかし、その後の研究で、この考え方を訂正しなければならない。遼東半島の遼寧省大連市王家《おうか》村《そん》遺跡（11）から紀元前二五〇〇年頃の炭化米が発見されたのである。すでにアワ・キビ農耕を受容していた遼東半島に、紀元前二五〇〇年頃に楊家圏遺跡のような山東半島東端から廟島《びょうとう》群島を経て遼東半島へ稲作農耕が広がったのである。これを東北アジア初期農耕化第二段階と呼んでいる（図2）。この段階には、農耕のみならず石器や土器などが山東半島から

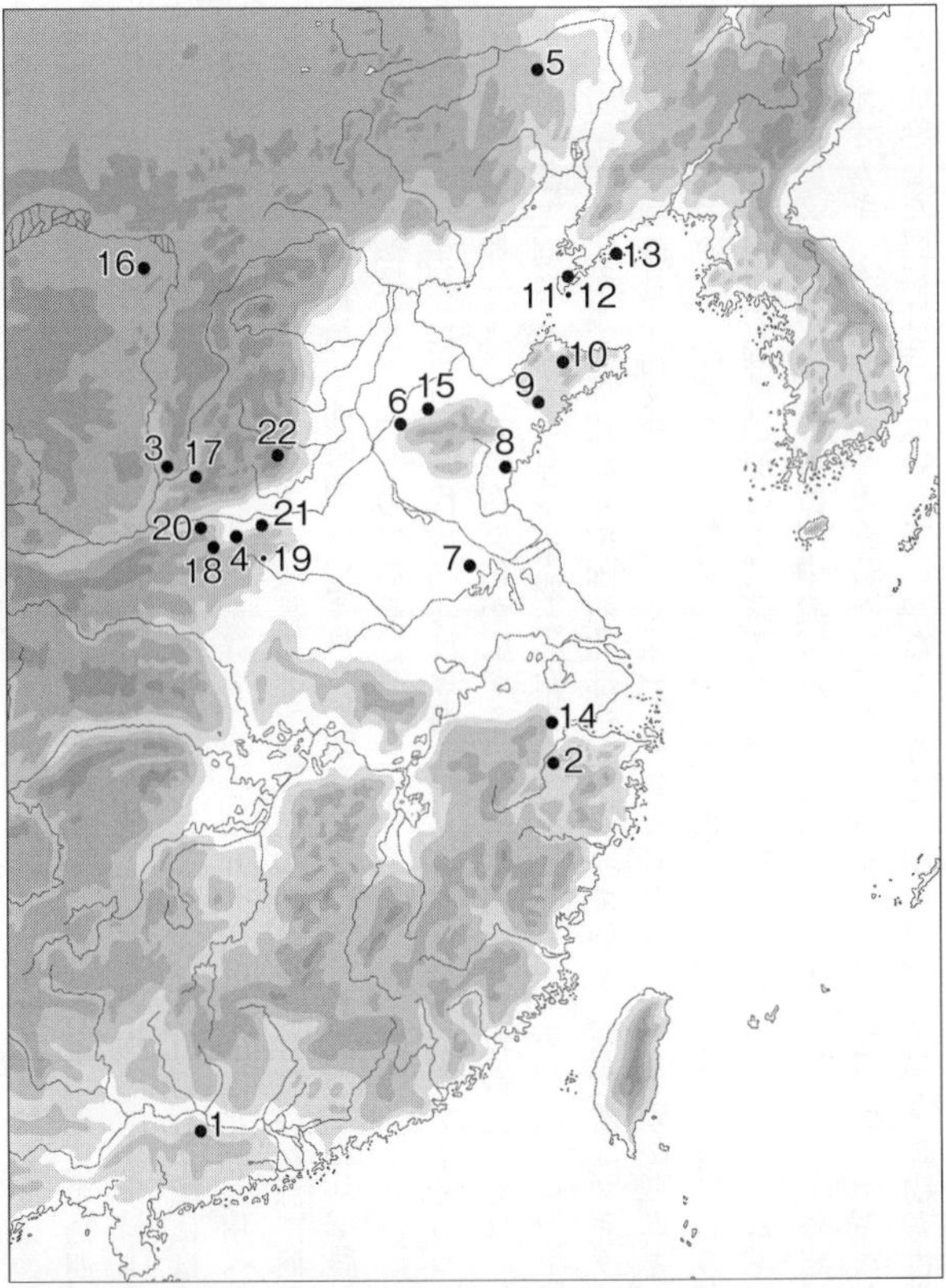

図1　関連遺跡分布図　1磨刀山、2上山、3柿子灘、4李家溝、5興隆溝、6月荘、7順山集、8両城鎮、9趙家荘、10楊家圏、11王家村、12四平山、13上馬石、14良渚、15蕉家、16石峁、17陶寺、18王城崗、19新砦、20二里頭、21鄭州商城、22殷墟

遼東半島へ広がっている。その痕跡を示すのが、戦前に日本学術振興会によって調査された遼東半島の四平山積石塚《しへいざんつみいしづか》（12、澄田正一・小野山節・宮本一夫編『遼東半島四平山積石塚の研究』柳原出版、二〇〇八年）や上馬石《じょうばせき》貝塚（13、宮本一夫編『遼東半島上馬石貝塚の研究』九州大学出版会、二〇一五年）である。さらに、紀元前一五〇〇年頃には水田を伴う灌漑農耕が朝鮮半島に広がる第三段階を経て、紀元前九～八世紀には北部九州へ水稲農耕が伝播する第四段階を迎える（宮本一夫『東北アジアの初期農耕と弥生の起源』同成社、二〇一七年）。これら農耕の伝播時期はいずれも一時的な寒冷期にあたっており、農耕民たちが農耕地を求めて拡散していったのである。

紀元前三千年紀の新石器時代後期には黒海北岸からウラルやアルタイといったユーラシア草原地帯を伝わって、農耕牧畜文化が広がる。騎馬や車を伴う牧畜民たちは、後のシルクロードの役割と同じくユーラシア東西の文化交流を担う人々であった。この草原地帯を伝わり、青銅器文化が黒海周辺から中国西北部へと伝わっていく（林俊雄『スキタイと匈奴　遊牧の文明』講談社学術文庫、二〇一七年）。それとともに、西アジアからムギ・オオムギなどの穀物やヒツジ・ヤギなどの牧畜動物が、この道を通り中国西北部を伝わり華北へと広がっていく。山東省の両城鎮遺跡や趙家荘遺跡では、紀元前二五〇〇年頃のムギが発見されている。後に文明の中心となる黄河中流域は、新石器時代終末期にはアワ・キビ、コメ、コムギ・オオムギ、ダイズといった五穀だけでなく、ウシ、ブタ、ヒツジ・ヤギなどの家畜を備えた成熟した農耕社会にはいっていったということが、植物考古学・動物考古学の発展によ

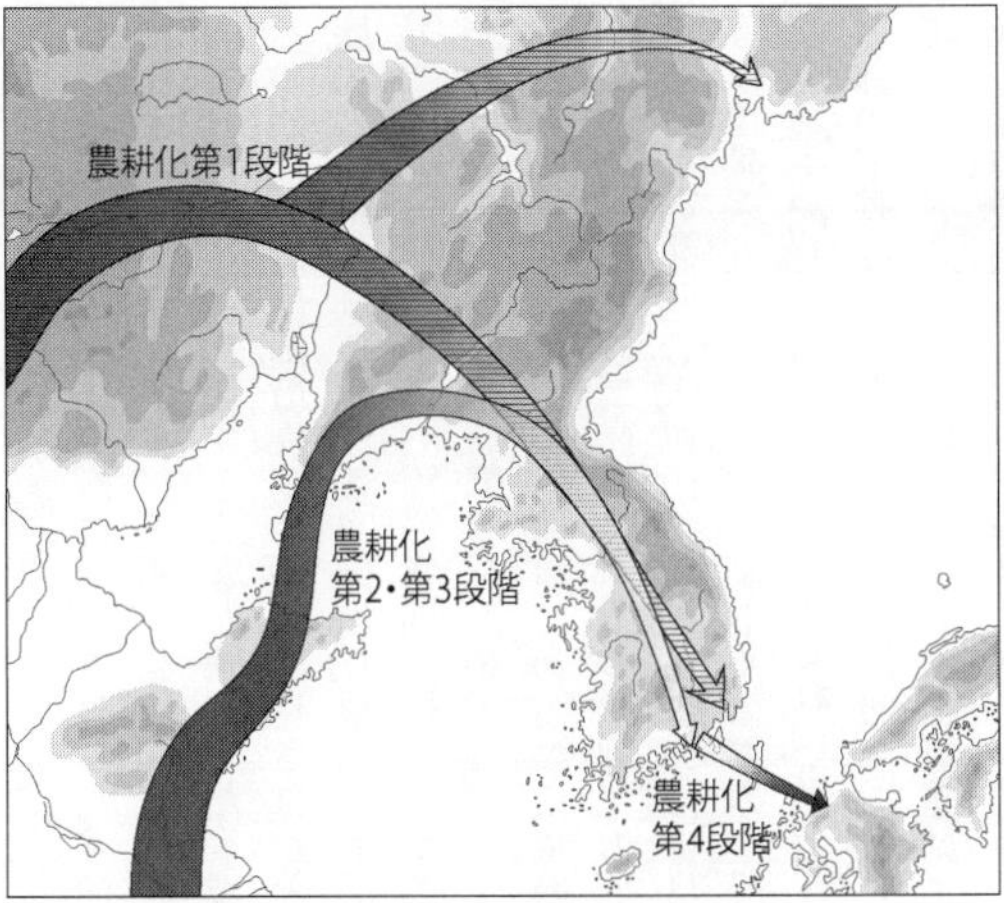

図２　東北アジア初期農耕化４段階説

って、近年明らかとなっている。こうした農耕生産力の発達こそ、後の初期国家を形成する礎となっている。一方、草原の道は一方通行ではない。中国東北部で紀元前六〇〇〇年頃に生まれたキビは、この道を通りヨーロッパへと広がっただろうと考えられている。

新石器時代の地域文化

新石器時代には、地域集団が次第に農耕生産力の発展を礎として固有の地域文化を発展させるとともに、新石器時代中・後期の交易や玉器などの祭祀具の広がりの中、これまでのような中国大陸の南北間での交流から、次第に東西間の交流という形に変化した大きなネットワークが形成されていく。

稲作農耕文化が固有に発展したものと

して良渚《りょうしょ》文化が注目される。その中でも中心となる浙江省杭州市余《こうしゅうしよ》杭区《こうく》良渚遺跡群（14）は、近年、世界文化遺産に登録されるなど注目される遺跡である。紀元前三〇〇〇年頃に、南北一九〇〇メートル、東西一七〇〇メートルの約三〇〇ヘクタールにわたる土塁と環濠で囲まれた城址が存在することが判明した。城壁内部には基壇からなる莫角山《ばっかくさん》宮殿区があり、その西側には反山《はんざん》墳丘墓や最近発見された姜家山《きょうかざん》墳丘墓が位置する。反山墳丘墓は首長層の族墓と想定されるが、姜家山墳丘墓は副葬品の内容から反山墳丘墓より階層的には劣る集団墓である。城壁には七つの水門を持ち、水門は水路に繋がっている。水路や運河という水利施設は、良渚遺跡群を繋ぐ交通手段となっていたのである。良渚城址の周辺には匯観山《わいかんざん》や瑶《よう》山《ざん》といった墳丘墓、集落遺跡である廟山《びょうざん》遺跡が位置する。さらに東側に位置する玉架山《ぎょつかざん》遺跡には一辺一〇〇〜二〇〇メートルの隅丸方形の環濠集落が六つも発見されている。さらに良渚遺跡群の北側の大遮山の麓である塘山《とうざん》には全長五キロメートルにわたる土塁を建設し、谷部には長さ五〇〜二〇〇メートルのダムを設けるとともに、平野部にも五キロメートル以上の土塁を配している（図3）。これは洪水から良渚遺跡群を守るダムという考えもあるが、南部の平野に水を供給する水利施設であるという見解もある。また、良渚遺跡群内の茅山《ぼうざん》遺跡では、五条の大畦畔からなる水田が発見されている（浙江省文物考古研究所編著『良渚古城綜合研究報告』文物出版社、二〇一九年）。巨大な水利施設という土木事業を成し遂げた労働力の投下や精巧な玉器の存在などから、首長制社会を超えた初期国家に相当するとする考え方もある（Renfrew, C. & Liu, B. 2018 The Emergence of complex society in China:

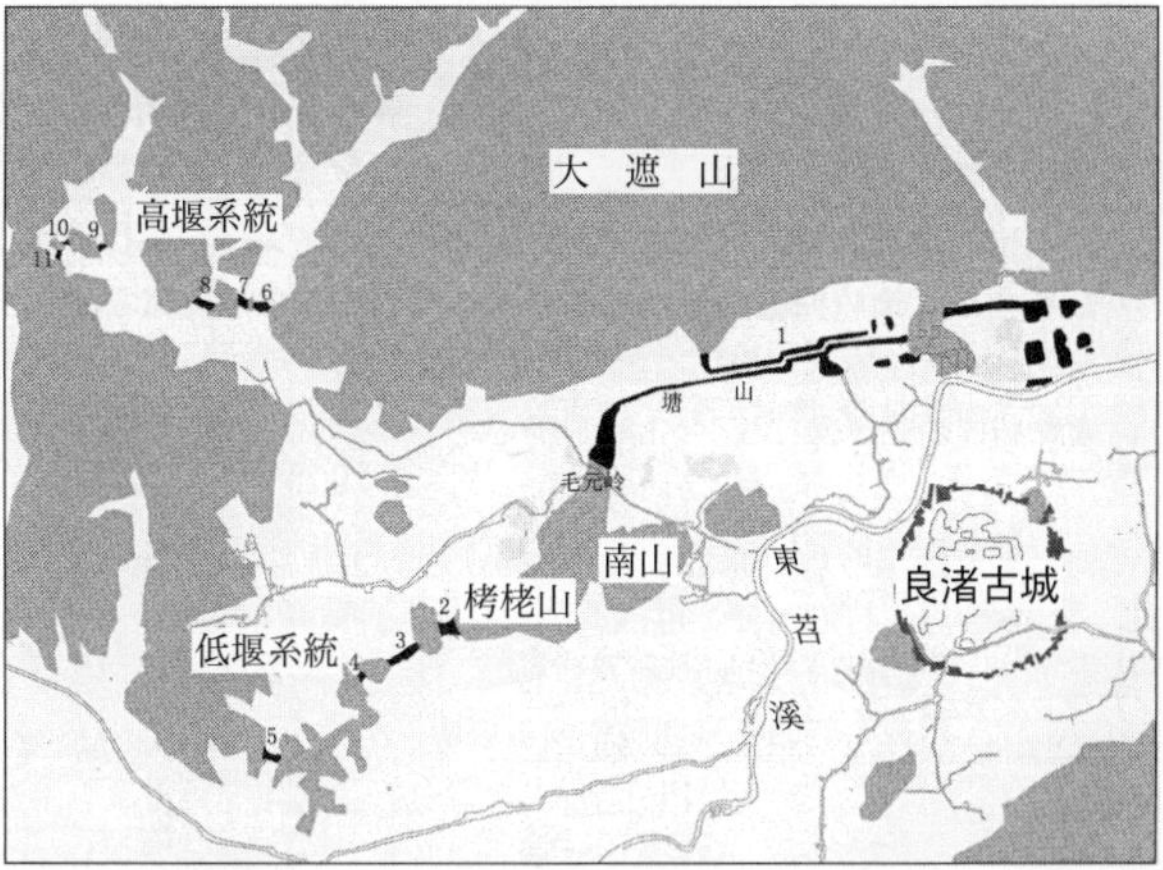

図3　良渚遺跡群

the case of Liangzhu. *Antiquity* 92 (364): 975-990)。しかし、良渚文化内で良渚遺跡群を中心とする玉器の配布などの政治的統合過程は見いだせず、本書でも記したように未だ首長制社会にとどまっていると考えられる。さらに紀元前三千年紀後半には、水害などの自然災害のため、良渚文化は衰退し終焉を迎える。

新石器時代の玉器は威信財的な要素が強いが、地域ごとの新石器文化で異なった玉器文化が発達している。山東では近年大発見があった。大汶口《だいぶんこう》文化中・後期の山東省済南市章丘区焦家《しょうきゅうくしょうか》遺跡（15）である。紀元前三〇〇〇年頃の大汶口中・後期に東西四三五メートル、南北三六〇メートルの不定方形の環濠と城壁を持つ城址遺跡が発見された。山東では最古の城址遺跡である。この地域では、新石器時代後期の山東龍山《りゅうざん》文化期から城址遺跡が普及するが、その中の一つである城子崖《じょうしがい》遺跡は、わずか五キロメートルしか離れていない。蕉家遺跡から城子崖遺跡へと、この地域では中心集落が移っていったのであろう。また、蕉家遺跡の城址内部には、紀元前三千年紀前半の木槨《もっかく》構造からなる大型墓が集中する墓地が発見されている。玉鉞《ぎょくえつ》、玉腕飾り、玉指輪などの玉器とともに多量の白《はく》陶鬹《とうき》・杯・背壺《はいこ》などの酒器とともに炊器の鼎《てい》が副葬されている。これらのことから階層格差が広がっている状況が知られる。

青銅器の始まり

紀元前三千年紀の新石器時代後期は、華北や華中の農耕地帯は首長制社会に到達する。この時期、農耕社会と牧畜社会の接触地帯である内蒙古中南部に石垣によって防塁を築く石城が出現する。その中で近年の発見で注目されているのが、陝西省神木県石峁《しんぼくけんせきぼう》遺跡（16）である。紀元前二三〇〇〜紀元前一八〇〇年にわたって続く面積四〇〇ヘクタール以上の内城と外城からなる巨大な石城遺跡である。ここからは、青銅器とともに鋳型が出土しており、青銅器の生産が始まっていることが分かっている。また、石峁遺跡からは玉鉞や玉璋《ぎょくしょう》など玉器が多数出土しており、この時期の黄河下流域の山東龍山文化などとの東西間における交流のネットワークが形成されている。

紀元前二〇〇〇年頃のユーラシア草原地帯東部は、アルタイから長城地帯へと有銎銅斧《ゆうきょうどうふ》など北方青銅器の武器・工具が広がっていく段階である。さらに草原地帯の北側の森林地帯には別の北方青銅器文化であるセイマ・トルビノ文化が広がり、バイカル湖沿岸からモンゴル高原を越え、さらに石峁文化や陶寺文化をへて、中原地域へ有銎三叉《ゆうこうさんさ》銅矛《どうぼこ》が広がっていくことが、近年明らかとなっている（宮本一夫『東アジア青銅器時代の研究』雄山閣、二〇二〇年）。この草原地帯を経由した青銅器技術を受け入れたのが、石峁文化や陶寺文化であった。歯輪形銅器や銅鈴といった祭祀具を青銅器で作り始めたのである。山西省襄汾県陶寺《じょうふんけんとうじ》遺跡（17）で出土した銅鈴は、もともと新石器時代中期以来中原で用いられた祭祀具の陶鈴をモデルに土型で製作したものであり、中国農耕社会のイノベーションであった（宮本一夫・白雲翔編『中国初期青銅器文化の研究』九州大学出版会、二〇〇九年）。農耕社会として発展していた首長制社会の陶寺文化では、首長の祭祀行為や権威のために青銅器が作られ始めたというのも、近年の新しい見解である。

夏王朝の出現

二里頭《にりとう》文化が『史記』にみられる夏《か》王朝に相当することを本文で述べた。その後、河南省登封市王城崗《とうほうしおうじょうこう》遺跡（18）でこれまで発見されていた新石器時代後期の小城を延長するように、一辺おおよそ六〇〇メートルの大城が発見された。『古本竹書紀年』や『世本』といった古典に、禹《う》の都は陽城であると記されていた。王城崗遺跡付近で戦国時代の「陽城」と刻まれた土器が発見されたことから、王城崗遺跡が夏王朝の創始者である禹の都ではないかと、以前から考えられていた。本文でも述べたように、夏殷周三代断代工程専科組では、殷《いん》の滅亡年代を西周青銅器の銘文内容などにより紀元前一〇四六年とする。そして、『竹書紀年』記述の殷王朝と夏王朝の治世年代をもとに、紀元前二〇七〇年を禹が夏王朝を開いた年代とする。王城崗遺跡は河南龍山文化後期であり、この開祖年代に相当する。また、発掘調査では、王城崗遺跡の小城には洪水によって破壊された痕跡があり、その後、再建されたのが大城であることが分かっている。『史記』には、禹の父親である鯀《こん》が帝堯《ぎょう》の時に治水の任につくものの成功せず、代わりにその子の禹を登用し治水にあたらせ、成功する。帝舜《しゅん》は禹の治水の功績とその徳を以て、その後継者に任じ、禹が夏王朝を開いたとされる。その事跡から、鯀の都が王城崗遺跡の小城であり、禹の都が大城であるとする大胆な説が示されている（北京大学考古文博学院・河南省文物考古研究所『登封王城崗考古発現与研究（二〇〇二〜二〇〇五）』大象出版社、二〇〇八年）。

王城崗遺跡の河南龍山文化後期は、王湾《おうわん》三期に相当する。この後、城址である河南省新密《しんみつ》市《し》新砦《しんさい》遺跡（19）からなる新砦文化、さらに続く二里頭文化は、土器文化から見れば、確かに連続的に変化する一連の系譜関係を持っており、連続した文化と考えられる。したがって、二里頭文化を夏王朝とした場合、それ以前も夏王朝の系列にある社会集団が存在したと考えることもできよう。しかしながら、夏王朝の開始の実年代や禹の事跡に関しては、伝説の段階でしかなく、確実なところは不明である。また、王城崗遺跡（王湾三期）、新砦文化、二里頭文化というのは文化的に一連の系統的な流れにあるものの、王城崗遺跡や新砦遺跡の文化的な発展段階を見れば、依然として首長制社会の段階にある。道路で区画され、城

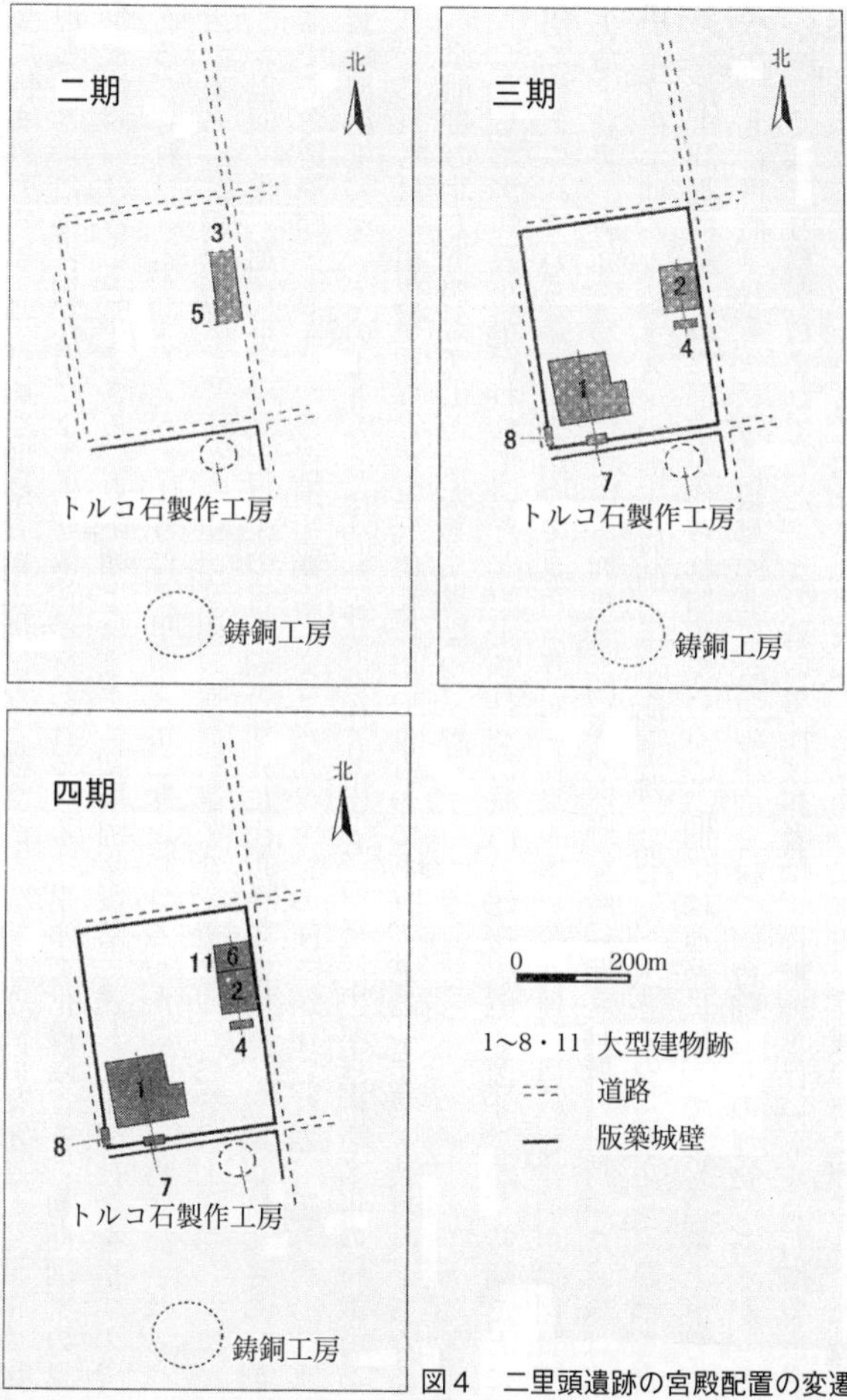

図4　二里頭遺跡の宮殿配置の変遷

壁で囲まれた宮城と、祭祀空間や青銅工房区など社会的な分節が空間的に示される都市の出現と、さらには青銅礼器による宮廷儀礼が行われている二里頭文化段階こそ、初期国家の誕生と位置づけることができる。夏王朝とはまさに初期国家段階に達した集団社会を指すのである。それは、本文でも述べるように二里頭文化二期以降であったことは、再認識されるべきであろう（岡村秀典『夏王朝　中国文明の原像』講談社学術文庫、二〇〇七年）。

二里頭文化二期には陶寺文化以来の青銅鈴と新たに出現する銅牌飾《どうはいしょく》、三期以降にさらに酒器である爵《しゃく》や斝《か》・盉《か》といった青銅礼器（本文三六九ページの図）が作られる。組み合わせ土製鋳型によって、このような立体的な容器を作り出せたのは、中原青銅器文化の特徴である。これらは、祖先祭祀などの宮廷儀礼に用いるものであり、武器や工具・装身具からなる草原地帯の北方青銅器文化とは大きく異なっている。

こうした宮廷儀礼が行われていたと想定される宮城内の建物配置（図4）が、時期ごとに建て替えられていることが分かってきた（許宏『何以中国　公元前二〇〇〇年的中原図景』生活・読書・新知三聯書店、二〇一四年）。四条の区画道路に囲まれ城壁を持った宮城は二里頭文化二期から始まる。河南省偃師《えんし》市二里頭遺跡（20）では、この二期から道路網を含め、都市計画に基づいた都市が作られ始めている。二期には道路に沿って三号宮殿と五号宮殿が南北に併置される。三号宮殿は南北に三つの中庭を持つ四合院造りの建物であるが、その南院には三号墓が営まれていた。その墓の男性被葬者は、青銅鈴を伴いトルコ石で象嵌《ぞうがん》された龍形の杖を携えていた。龍は王権を表し、宮城内で最も古い宮殿の下に埋められた被葬者は、王族の祖先として祭られていたのである。三号宮殿は祖先を祭る宗廟《そうびょう》であり、その前面に政務を執る五号宮殿が存在したと考えるべきであろう。二里頭文化三期になると、二期の建物部分に二号宮殿と四号宮殿、さらに一号宮殿址が作られる。この段階から宮殿を囲むように城壁が整備され、宮城として体裁を整えた。一号宮殿が政務を司る場とすれば、二号宮殿は宗廟的機能を持ち、この段階から出現する爵などの青銅礼器を用い、祖先祭祀を含めた宮廷儀礼が始まっている。さらに二里頭文化四期になると二号宮殿の背後に六号宮殿が作られる。

この二里頭文化四期の段階には、青銅礼器の爵に加え、斝や盉といった酒器が作られ、宮廷儀礼が制度化していく。また、後に殷王朝を形成する先商《せんしょう》文化が南下し、軍事的な圧力が高まる段階にあって、二里頭遺跡以外でも爵や鈴が出土する。これは、夏王朝が青銅器という威信財を周辺首長に配布することによって、同じ祭儀を行う宗教的な統合により同祖同族関係を進めたものである。この政治的統合過程を示す二里頭文化四期こそ、本格的な初期国家の始まりと、私は考えている。

神話から歴史へ

紀元前一六〇〇年頃、殷王朝が生まれる。殷の都は鄭州《ていしゅう》商城《しょうじょう》(21)であるが、副都として偃師商城を二里頭遺跡からわずか六キロメートルほどしか離れていないところに、なぜ建設したのかが謎であった。二里頭文化では、爵や斝・盉などの青銅酒器を使って祭祀儀礼が行われていた。ところで、二里頭遺跡Ⅴ区一号墓出土の青銅鼎は、これまで二里頭文化期のものと考えられてきた。しかし、鼎と一緒に出土した斝は二里岡《にりこう》文化下層の殷代初期のものである。また、鼎は、製作技術が二里頭文化のものと異なり二里岡下層文化期の特徴を示している。このような理由から、私は鼎が殷代初期のものと考えた。さらに、二里頭文化期の鋳銅工房は二里頭遺跡の宮城の南側に位置していたのに、殷代の二里岡文化期の鋳銅工房は四号宮殿址を壊して作られている。殷代に入り、夏王朝の工人を使い、殷王朝は祭祀儀礼具である青銅礼器をかつての夏王朝の都で作らせていたのである（宮本一夫、二〇二〇年前掲書）。すなわち、偃師商城は夏王朝の旧都で青銅礼器を作らせながら、旧都を管理監督していたのである。

先商文化が二里頭文化の領域に南下し、山東の岳石《がくせき》文化を含む形で、政治的に統合したのが殷王朝であった。その統合の過程はこれまで明らかでなかったが、私は、各文化集団が持っていた祭祀儀礼を統合し、殷王を頂点とする擬制的な同祖同族関係を結んだことによって達成できたと考えている（宮本一夫、二〇二〇年前掲書）。中原では、山東大汶口文化に始まる木槨墓という墓制を、殷代になって初めて採用している。また、殷代の青銅礼器は、爵や觚《こ》などの酒器、鼎《てい》・甗《げん》などの炊器、簋《き》などの盛食器からなっている。この内、酒器は二里頭文化から、炊器は山東の龍山文化・岳石文化から、盛食器は殷文化から持ち込まれたものである。殷代の祭祀儀礼には、二里頭文化の銅鈴という楽器は用いられなかった。祭祀儀礼が国家秩序の要であり、祭儀国家が確立したのである（岡村秀典『中国文明　農業と礼制の

考古学』京都大学学術出版会、二〇〇八年）。

殷王朝は、殷中期には政権が不安定となり遷都を繰り返す。遺跡としては、鄭州商城から殷中期の小双橋《しょうそうきょう》遺跡、洹北《えんほく》商城と都が移っていく。最後の都が殷後期の紀元前一三〇〇年頃の殷墟《いんきょ》遺跡（22）である。永く乱れた王統を統一し殷を再興させたのが殷後期の武丁《ぶてい》である。この段階から甲骨文字が使われ、まさに歴史時代に入っていく。近年、武丁の墓が殷墟文化二期の西北岡一四〇〇号墓とする新説が登場した（Mizoguchi, K. & Uchida, J. 2018 The Anyang Xibeigang Shang royal tombs revisited: a social archaeological approach. *Antiquity* 92 (363): 709-723）。一方、西北岡一〇〇一号大墓は殷墟文化二期前半であり、武丁は殷墟文化一期から治世を始め、武丁後期の西北岡一〇〇一号大墓こそが武丁の墓とする従来の説が、中国考古学界では支持されている（朱鳳瀚「殷墟西北岡大墓年代序列再探討」『考古学報』二〇一八年第四期、考古雑志社、二〇一八年）。本書では従来の説を採用したが、今後、殷墟の王陵比定は重要な課題として、殷後期の双分制とともに再論されねばならないであろう。

しかし、いずれにしろ殷墟文化二期を武丁期とすることができ、殷代前・中期の青銅器様式とは異なり、ここに大きな画期を設定できる。この段階から、双耳《そうじ》簋《き》や壺《こ》という青銅礼器とさらには鐃《どう》といった楽器が新たに導入され、新たな殷代後期青銅器様式が確立する（宮本一夫、二〇二〇年前掲書）。武丁は、殷を再興するにあたって、祭祀儀礼も新たに整える必要があったのであろう。このような殷代後期青銅器様式は、西周前期まで続くことになる。

これは、封建制を確立したとされる西周王朝においても、その始まりにおいては祭儀国家の制度を基盤としていたことを示している。

二〇二〇年八月

宮本一夫

歴史キーワード解説

禹《う》　夏《か》王朝の始祖とされる伝説上の王。堯《ぎょう》、舜《しゅん》の治世に大洪水が起こり、禹の父である鯀《こん》が治水の任に当たるが失敗し、禹が代わって治水に活躍する治水神話でも有名である。春秋《しゅんじゅう》時代中期の青銅器である「秦公簋《しんこうき》」には、銘文に禹に関する記載があり、春秋時代においても禹の存在が知られていた。同じく春秋時代の「叔夷鐘《しゅくいしょう》」や「叔夷鎛《しゅくいはく》」の銘文には、禹と夏王朝のことがでてくる。しかし、この時代にはまだ禹が夏王朝の始祖であるとはみなされていない。禹が夏王朝の始祖と結びついたり、禹の治水神話ができてくるのは、戦国時代においてで、各諸侯の正統性を示す必要からである。おそらく漢《かん》代になってそれらが完全なものとなったのであろう。

湯王《とうおう》　夏王朝の最後の王である桀《けつ》を滅ぼして、殷《いん》王朝の始祖となった王である。

甲骨文字では大乙《だいいつ》と称されており、実在した王である。殷王湯が夏王朝を滅ぼして亳《はく》を建都したとされるが、河南《かなん》省偃師商城《えんししょうじょう》を西亳《せいはく》とする説が有力である。この場合、偃師商城からわずか六キロメートルしか離れていない二里頭《にりとう》遺跡を、夏王朝の都である斟鄩《しんじん》と想定する説もある。

中丁《ちゅうてい》　殷王朝第一〇代の王。『史記』によれば、中丁以降の殷中期には王位継承問題で兄弟が争い、九代にわたって乱れたという。この間、殷王朝の傘下に入っていた諸首長も参内しなかったという。殷王朝の権威衰退に伴い、中丁は王都を亳《はく》から隞《ごう》に遷したとされる。殷前期の王都である亳は鄭州《ていしゅう》商城が相当すると考えられるが、その遷都は何らかの動乱が伴っていたようであり、鄭州商城では窖蔵《こうぞう》が三ヵ所も設けられている。窖蔵には、王室の祭器である巨大な方鼎など多数の青銅彝器《いき》が埋められていた。青銅器窖蔵は緊急避難的な意味があったが、殷人によってその後に掘り返されることはなかった。一方、隞の比定に関しては鄭州市郊外で発見された小双橋《しょうそうきょう》遺跡を当てる研究者もいる。

盤庚《ばんこう》 第一九代の殷王であり、『古本竹書紀年《こほんちくしょきねん》』によれば殷に遷都した。殷に関しては、『史記』「項羽《こうう》本紀」の記載や考古学的な成果から、安陽小屯《あんようしょうとん》であることが定説となっている。一方、考古学的な年代比定からすると、盤庚が遷都した都とは、近年殷墟に隣接して発見された洹北商城《えんほくしょうじょう》であるとする説が有力になりつつある。

武丁《ぶてい》 第二二代の殷王である。殷の甲骨文字はこの武丁の代から始まる。在位期間は半世紀に及ぶが、それと同時にこれまで発見された甲骨の半数以上が武丁代のものである。その内容から、武丁代には西方の異族を制圧するため抗争していたことが理解される。婦《ふ》好《こう》は武丁の后であることが甲骨文字の内容から知られていたが、殷墟内で一九七六年に発見された五号墓の発掘により出土した青銅彝器の銘文に同じ婦好の名があり、この墓が武丁の后である婦好の墓であることが判明した。歴史的な実名と考古学的な遺跡の内容が一致した珍しい事例である。

新石器時代 一九世紀のイギリス人ジョン・ラボックは、石器時代を旧石器時代と新石器時代に区分した。新石器時代の始まりを、最後の氷河期であるヴュルム氷期の終末、すなわち更新世《こうしんせい》から完新世《かんしんせい》への転換に求めた。そこでは、更新世に存在したマンモスやオオツノシカといった大型動物が死滅し、大きく生態環境や自然環境が変化した。このような環境変化に即応して、人類は新たな環境適応を目指した。その際、人間は植物食への依存を深め、遊動生活から定住生活へ社会変化を進めていった。さらにラボックは、新石器時代の始まりにおける物質文化の変化として、磨製石器の出現を挙げたが、必ずしもこうした基準は全世界すべてにはあてはまらない。東アジアの場合、新たな人類の環境適応に対する物質文化の変化としては、むしろ土器の出現を挙げることができよう。

拡大家族 世帯単位である基本家族が拡大して、複数の夫婦単位を含む大家族を構成するように概念づけられたものであり、複合家族の一形態である。

半族《はんぞく》 部族などの社会的な集団が、何らかの機能をもつ二つの集団に分かれている場合、それぞれの集団を半族と呼ぶ。半族は半族間で婚姻関係を結ぶような外婚制を伴っている場合が多い。

双分制《そうぶんせい》　社会生活の様々な分野において、相互補完的な二つの集団あるいは二つのカテゴリーに分かれていることを指す。半族集団などは双分組織の代表的なものである。また男と女、左と右、東と西という具合に象徴的二元論として、二項対立的に人々を取り巻く世界を二分する有り様で捉えられる。

威信財《いしんざい》システム　物質文化の中で特殊なものを媒介として、社会的な階層関係が維持される社会システムである。当初は、地域間の交換財などが社会集団内で特殊なものとして認識され、それを管理するリーダーの社会的な地位を保証した。後にはこうした特殊な物質、すなわち威信財が、社会的な地位を表すものとなり、首長が威信財を集中管理するようになる。さらに威信財を管理掌握する首長が、この威信財を家臣に下賜するだけではなく、政治的な傘下に属する他集団の首長に分配することにより、より強固な政治的な関係を形成したり、政治階層構造が安定していく社会システムである。威信財とは、二里頭文化や殷文化においては、青銅彝器や玉器などがこれに相当している。

首長制社会　通常、世襲的に首長が決定され、首長は最高の政治権力を握っているとともに、住民からは貢納物の形で生産物などの物資が首長のもとに集まり、首長はさらにこうした物資を住民に再分配する。新進化主義の人類学では、エルマン・サーヴィスらが社会の進化の過程を四段階に区分し、バンド社会、部族社会、首長制社会、初期国家社会と区分したが、首長制社会は、平等社会である部族社会と初期国家社会の中間の発達段階にある。

初期国家　古代国家の初現的な形態を指す。初期国家は、エルマン・サーヴィスらの定義によれば、王を頂点とした貴族や平民、奴隷など階層制度が完備しており、王権を維持するための官僚組織や司祭者が存在し、あるいは貢納制度にもとづく税制が確立している。さらには都城や宮殿が存在し、人口規模が二万人以上であるとする。このような定義が必ずしもすべての地域の初期国家の要素とはならないが、各地域での発展段階を確認するためには、初期国家段階が具体的に地域内のどの歴史的段階であるかを解釈することは重要である。

放射性炭素年代　大気中の窒素が放射線によって不安定同位体である炭素14に変化するが、炭素14は五七三〇±四〇年で半減していくこと（半減期間は当初五五六八±三〇年とされた）が、一九四七年にアメリカのシカゴ大学のW・リビーによって発見された。この理論を利用して、木炭などの有機物の放射性炭素14の半減率を測ることによってその炭素の生成年代を測定するものである。生物は死亡すると呼吸が停止するため、その段階の炭素を固定させることから、炭化した段階の年代を測ることができる。考古学では、文化層に共伴した木炭や、炭化種子などから年代を測定し、その文化層の年代を推定する。

樹木年輪較正《こうせい》　放射性炭素年代測定では、大気中の放射性炭素14は常に一定であるという仮定によって年代が測定されるが、これには問題がある。近年、樹木の年輪から絶対年代を測定する樹木年輪年代学が進歩し、同じ資料で樹木年輪年代と放射性年代を測定すると、そこに誤差が存在していることが明らかとなった。その誤差値から放射性炭素年代測定値を較正し、実年代に近づける方法である。

AMS　加速器分析装置のことを指し、この装置によって微量の炭素でも放射性炭素年代を精度が高い状態で測定できる。これにより、これまで測定できなかった微小な炭化種子などの年代測定が可能になり、今日年代測定のため一般的に用いられている。

周口店《しゅうこうてん》遺跡　J・G・アンダーソンらによって一九一八年に発見された。北京《ペキン》西南の周口店第一三地点、第一地点、第一五地点が前期旧石器、山頂洞《さんちょうどう》が後期旧石器文化層に区分される。下部更新世層である第一地点からは有名な北京原人が発見された。第二次世界大戦前、デイヴィドソン・ブラックらによって調査された化石人骨は謎の消失を遂げる。戦後の調査では、裴《はい》文中《ぶんちゅう》らの調査によって再度、原人化石が発見されている。なお、原人が火を使用した痕跡に関しては、火災など別の原因から疑問視されている。

裴李《はいり》崗《こう》遺跡　河南《かなん》省新鄭《しんてい》市に所在する。紀元前六〇〇〇年頃の墓地遺跡であり、集落跡は発見されていない。女性墓には磨盤《まばん》・磨棒《まぼう》などアワ・キビの粉食具が副葬され、男性墓には耕起具である石鏟《せきさん》、収穫具の石鎌などが副葬され、性別による埋葬習俗の違いが想定される。裴李崗遺跡は、新石器時代前期のアワ・キビ農耕社会の存在を証明した遺跡として有名であり、裴李崗文化の文化名称の標識遺跡となっている。

仰韶《ぎょうしょう》遺跡　J・G・アンダーソンによって、一九二一年に河南省澠池《べんち》県で発見された。彩陶《さいとう》土器からなる彩陶文化の代表的な遺跡であり、仰韶文化の標識遺跡である。アンダーソンは、彩陶土器の起源を西アジアに求め、中央アジアのアナウ文化を経て、中国に彩陶土器がもたらされたと考えた。そこで、彼は中央アジアとの接点である中国西北部の甘粛《かんしゅく》彩陶に注目したが、甘粛彩陶は現在では仰韶文化の影響によって成立したと考えられている。中国の彩陶土器の起源は中国にあるという考え方が、現在の中国考古学界では一般的である。

姜寨《きょうさい》遺跡　陝西《せんせい》省臨潼《りんとう》県にある、仰韶文化半坡《はんぱ》類型から史家《しか》類型を中心として存続した集落遺跡である。一九七二―七九年に遺跡全面が発掘され、大きく二時期に分けて遺跡が変化していることが判明した。姜寨一期は環濠《かんごう》集落とその周囲に集団墓が発見された。集落とその墓域が完全に調査された例は、中国においても数少ない。一九五四―五七年に発掘された陝西省西安市半坡遺跡も、同時期の集落遺跡で集落の大部分が調査されているが、それ以上に墓域を含めた集落全体が明らかとなったことに意義がある。姜寨二期は、集落が消失し、その代わりに二次葬である集団合葬墓を中心とした墓地に変化している。

大汶口《だいぶんこう》遺跡　山東《さんとう》省泰安《たいあん》県に所在する遺跡であり、黄河下流域の新石器時代中期文化を代表する大汶口文化の標識遺跡である。一九五九年には大汶口文化中・後期の墓地が発掘され、大汶口文化社会の特質が明らかとなった。特に副葬品の彩陶や白陶・黒陶には美術的な価値も存在する。一九七四年・一九七八年には遺跡の北側の大汶口前期やその時期から遡った北辛《ほくしん》文化期の墓地が調査された。集落が存在すると思われる遺跡の中心地は、現在大汶河が流れており、その内容は不明である。

城子崖《じょうしがい》遺跡　山東省済南《さいなん》市章丘《しょうきゅう》区龍山《りゅうざん》村に存在する。この地域名称から、仰韶文化の彩陶文化とは異なった黒陶を代表とする文化を龍山文化と呼ぶ。城子崖遺跡は、一九三〇年、中央研究院歴史語言研究所の呉《ご》金鼎《きんてい》らを中心に発掘調査がなされ、城壁などが検出されていたが、当時はこれが龍山時期の城址とは認められなかった。一九七五年の河南省登封《とうほう》市王城崗《おうじょうこう》遺跡で龍山文化期の城址が発見されて以降、再調査され、改めて山東龍山文化期の城址であることが確かめられた。

朱封《しゅほう》遺跡　山東省臨朐《りんく》県に所在する山東龍山文化期の大墓である。一九八六年の発掘によって、一号墓は東西長四・四メートル×南北幅二・五メートル、深さ一・八メートルの墓壙《ぼこう》に、木槨《もっかく》構造の墓室が構築されていたことが判明した。その木槨は二重になっており、その内側に木棺が安置されていた。槨内には木棺とともに、辺箱《へんそう》や脚箱《きゃくそう》と呼ばれる多量の黒陶や土器が副葬される施設が存在する。また二〇二号墓では、木棺内の被葬者の頭部から、玉製の簪《かんざし》が出土した。木槨・木棺墓といった手の込んだ埋葬施設とともに、墓壙の規模の大きさや玉器を含めた副葬品の豊かさから、山東龍山文化期の首長墓と考えられるものである。特にその木槨・木棺の墓室構造は、後の殷周時代の貴族墓や王墓の基本的な墓室構造であり、その前身として注目される。

河姆渡《かぼと》遺跡　浙江《せっこう》省余姚《よよう》市に所在する。一九七三—七四年の調査で大量の稲籾や稲の茎・葉が発見され、紀元前五〇〇〇年頃にはすでに安定的な稲作農耕が行われていたことが明らかとなった遺跡である。また、住居構造は高床式住居であり、沼沢地近くでの集落構造が他地域のものと異なることが注目された。低湿地遺跡であることから、栽培イネ以外にも多くの植物遺体や動物骨が出土し、当時の古環境を復元するのに役立った。さらに漆器や玦状《けつじょう》耳飾りの出土は、日本の縄文文化との対比も示唆された。

良渚《りょうしょ》遺跡群　浙江省杭州《こうしゅう》市余杭《よこう》区良渚鎮に所在し、良渚文化の標識遺跡である。一九三六年、浙江省西湖博物館の施昕更《しきんこう》によって良渚鎮内で試掘調査がなされ、黒陶文化の遺跡であることが判明した。良渚鎮やそれに連続する瓶窰鎮《へいようちん》・安渓《あんけい》鎮では、良渚文化の複数の遺跡が群をなし、遺跡間が有機的に結びついている。これらを総称して良渚遺跡群と呼ぶ。莫角山《ばっかくさん》遺跡という巨大な祭壇遺構を中心に、その周りに反山《はんざん》墳丘墓、匯観山《わいかんざん》墳丘墓、瑶山《ようざん》墳丘墓などの墳丘墓が配置され、さらに周辺には玉器製作址などの集落遺跡が広がる。また遺跡群の北側には洪水を防ぐためと考えられる土塁が形成されている。反山墳丘墓をはじめとする各墳丘墓には、玉琮《ぎょくそう》や玉璧《ぎょくへき》、玉鉞《ぎょくえつ》などの多量の玉器が副葬されていた。

石家河《せっかが》遺跡　湖北省天門市にある屈家嶺《くつかれい》文化期に建設された城址遺跡である。城址の規模は南北一二〇〇メートル、東西一一〇〇メートルと巨大なものであり、長江中流域の新石器時代城址遺跡中で最大のものである。城址内部は鄧家湾《とうかわん》遺跡、譚家嶺《たんかれい》遺跡や三房湾《さんぼうわん》遺跡などの複数の遺跡からなり、それらの遺跡の総称として石家河遺跡がある。これが、屈家嶺文化に続いて出現する石家河文化の名称の由来である。石家河文化では特異な成人墓である甕棺墓《かめかんぼ》が出現し、甕棺墓内には鷹形玉笄《たかがたぎょくけい》など人物像や動物像に特徴がある玉器が副葬されている。これら石家河文化を特徴づける玉器は陝西省北部の石峁《せきぼう》遺跡あるいは二里頭遺跡など、石家河文化の文化領域を越えて広がっている。

陶寺《とうじ》遺跡　山西省襄汾《じょうふん》県で発見された、紀元前二六〇〇年から紀元前二〇〇〇年の河南龍山文化期の大規模な城址遺跡。当初、墓地群が発見され、墓地内に石《せっ》磬《けい》や鼉鼓《だこ》あるいは漆器などが副葬された首長墓が発掘され、墓地に明確な階層化が示されたことで注目された。その後、さらに墓地を取り囲むような巨大な城壁が発見され、集落と墓地が城址内に区画を分けて存在していたことが明らかとなった。墓地からは首長やその下位の貴族層が存在していたことが分かったが、集落内でも貴族層などの社会的上位者の居住区画と一般居住民の居住区画が区別されていたことが判明している。そのほか、工房区の存在も明らかになりつつある。城址は小城の段階から、さらに増築されて大城に規模が大きくなっている。最大規模は南北長一五〇〇メートル、東西幅一八〇〇メートルと新石器時代では最大のものである。小城の段階では墓地は城址の外側に位置していたが、大城の段階では墓地が城内南部に区画されているとともに、観象台《かんしょうだい》と呼ばれる天文観測施設が備わっている。河南龍山文化後期には暴力的な破壊を受けて、城址は衰退する。

二里頭遺跡　河南省偃師《えんし》市西南約九キロメートルの二里頭村に所在する。河南龍山文化と殷代文化を繋《つな》ぐ時期の遺跡として注目され、二里頭遺跡をもって二里頭文化が命名された。考古学文化である二里頭文化は、文献に認められる夏王朝に相当する可能性が考えられ、二里頭文化のどの段階が夏王朝に相当するかの議論が盛んに行われてきた。特に二里頭文化三期の一号宮殿址や二号宮殿址の発見や墓葬から出土する爵《しゃく》や斝《か》などの青銅礼器の存在は、二里頭文化段階が初期王朝期に相当する可能性を高めた。今日では、一号・二号宮殿の下位の二里頭文化二期からもさらに宮殿が発見されたり、一号・二号宮殿を取り囲むような城壁と道路区画が発見され、宮城としての機能が推定されるとともに、都市構造が次第に明らかとなりつつある。

二里岡《にりこう》遺跡　河南省鄭州《ていしゅう》市内に存在する遺跡である。一九五三年の発掘調査により、殷墟遺跡の文化内容と同一系統であるが、それよりも古い段階の遺跡として、二里岡文化が命名された。後に、同じく鄭州市内の人民公園遺跡の調査によっても、殷墟期と同じ系統すなわち同じく殷文化に属するが、それに先行する重要な文化期であることが確認された。二里岡文化は、層位的な区分から二里岡下層と二里岡上層の二時期に区分されるが、さらにそれぞれを二分する時期細分が使われている。二里岡上層後半期に関しては、鄭州白家荘《はっかそう》遺跡を標識として白家荘期と抽出区分して考える見方もある。二里岡下層から二里岡上層前半期を殷前期とし、白家荘期以降を殷中期と時期区分する考え方もある。

偃師商城《えんししょうじょう》　河南省偃師県にある二里岡下層期から二里岡上層前半期にかけての城址である。殷代前期に属する城郭であるが、二里頭遺跡からわずか六キロメートルしか離れていないことから、その性格を巡ってさまざまな議論がある。偃師商城も小規模な城址である段階から大規模な城址へと拡大しており、小城と大城に区別される。小城の建設時期が問題であり、その時期が二里頭文化四期後半段階に遡るとする意見が強い。これによって偃師商城は、殷王湯によって建設された亳《はく》という都である考え方が支持されている。ともかく二里頭遺跡と偃師商城遺跡の文化内容には差違があり、殷王朝と夏王朝の興亡に関連して遺跡の異なった性格が解釈されている。

鄭州《ていしゅう》商城　河南省鄭州市に存在する殷前期の都城。二里岡下層期から二里岡上層前半期にわたり繁栄し、二里岡文化の中心的な都城であり、殷の王都の可能性が高い。城壁の長さは南・東城壁が約一七〇〇メートル、西城壁が約一八七〇メートル、北城壁が一六九〇メートルと大規模なもので、城内の東北部が宮殿域となっている。城外にはさらに外城が巡っていることが明らかになりつつある。内城の北側と南側には青銅工房址が発見されており、そのほか内城の外側には、骨角器製作址や土器製作址など工房址が分散して存在しており、都市機能が明確化している。また、内城の外側三ヵ所で青銅彝器埋納遺構が発見され、埋納遺構からは巨大な方鼎など青銅彝器が多数出土した。城址の衰退に伴って、埋納遺構が作られたものと考えられている。

盤龍《ばんりゅう》城　湖北省武漢市黄陂《こうひ》区に所在する鄭州商城とほぼ同時期の城址。南北二九〇メートル、東西二六〇メートルの城壁からなる方形の城郭で、城郭内部には大型の宮殿址が存在する。城外には一般居住民の生活址や工房址、さらには何ヵ所かに分けて墓地が営まれ、墓葬内には二里岡文化期の青銅彝器が副葬されている。殷王朝の南方地域支配の拠点的な都城として存在し、南方からの物資の集散地として、王都への資源供給の要であったと想定される遺跡である。殷人がこの都城に派遣された可能性もあり、殷文化と同じ土器が使用されている。

小双橋《しょうそうきょう》遺跡　鄭州市の北西約二〇キロメートルの石仏郷小双橋村に位置する都市遺跡である。遺跡は南北長約一八〇〇メートル、東西幅約八〇〇メートルと面積約一四四万平方メートルに及ぶ。ウシ、ゾウ、シカ、イヌ、ブタなどを用いた直径五メートルにも及ぶ大規模な犠《ぎ》牲坑《せいこう》をはじめとする動物犠牲坑や人身犠牲坑など、祭祀遺構が多い。建築基壇付近に祭祀遺構が存在し、祭祀遺構内には青銅器鋳造遺構も発見されている。この他、窖穴、土坑や火を焚いた痕などの遺構が発見されている。年代は殷中期の鄭州白家荘期に相当する。大規模な版築《はんちく》基壇の存在や宮殿建築用の青銅部材の出土などからも、殷中期の都城の可能性が指摘されている。すなわち中丁が遷都した隞《ごう》であるとする説がある。あるいは鄭州商城の副都である可能性を指摘する研究者もいる。朱書きの文字が施された大口尊《だいこうそん》が発見されており、甲骨文字に先立つ文字として注目されている。

洹北《えんほく》商城　殷墟の北側に存在する都城として、一九九九年に発見されるまで、その存在が知られていなかった。東城壁・西城壁が長さ約二二〇〇メートル、北城壁・南城壁が長さ約二一〇〇メートルのほぼ方形を呈する城址である。都城の中央部には宮殿址が存在することが明らかとなっている。また、城内の花園荘《かえんそう》遺跡では殷墟文化第一期の青銅彝器が発見されており、こうした年代観から、盤庚が遷都した都の殷であるという説が有力である。さらに、この時期を花園荘期と命名する研究者も存在する。この他、洹北商城を第一二代河《か》亶甲《たんこう》が遷都した相《しょう》であるという説も存在する。

殷墟《いんきょ》 一八九九年に発見された甲骨文字の出土地が河南省安陽市《あんようし》小屯《しょうとん》であることが確かめられ、この地が殷王朝最後の都である殷であると考えられ、殷墟と呼ばれる。洹河に沿って宗廟区や王陵区あるいは王陵の前面に犠牲坑が広がる。また、氏族墓地が宗廟区を中心に分布し、さらには青銅工房址などの工房区も存在する。武丁以降に本格的に利用された王都であり、祭儀的な性格を色濃くした遺構が目立つ。

三星堆《さんせいたい》遺跡 四川省成都《せいと》市に所在する。一九八六年に発見された二つの祭祀坑が世界的な注目を集めた。遺跡は龍山文化である宝墩《ほうとん》文化期から始まるが、遺跡が本格化するのは二里頭併行期である。殷文化併行期には東西一六〇〇〜二一〇〇メートル、南北二〇〇〇メートルの城壁が構築されている。その城内の中央部南側で二つの祭祀坑（一号坑・二号坑）が見つかり、多量の青銅器や象牙・玉器が発見された。それらの青銅器は、特殊なものであり、目が異様に突出した仮面や人物像、あるいは巨大な神樹《しんじゅ》など、殷文化の青銅器とは異なった青銅器文化の存在に注目が集まった。青銅器の埋納時期には諸説があるが、殷末期から西周初期にかけてのものと考えるのが妥当と思われる。本遺跡の終末や埋納坑の時期は、殷王朝の終焉と何らかの関係が想定されている。ただし、埋納された青銅器や玉器の主たる製作年代は、一号坑が殷墟文化一期（盤庚〜武丁期）、二号坑が殷墟文化二期（武丁〜祖甲期）と考えられている。

参考文献

はじめに

張光直／小南一郎・間瀬収芳訳『中国青銅時代』、平凡社、一九八九年
蘇秉琦／張明聲訳『新探　中国文明の起源』、言叢社、二〇〇四年

第一章

袁珂／鈴木博訳『中国の神話伝説　上・下』、青土社、一九九三年
佐藤長『中國古代史論考』、朋友書店、二〇〇〇年
陸思賢／岡田陽一訳『中国の神話考古』、言叢社、二〇〇一年
林巳奈夫『中国古代の神がみ』、吉川弘文館、二〇〇二年
松丸道雄「殷」『世界歴史大系　中国史1—先史〜後漢』、山川出版社、二〇〇三年

第二章

宮本一夫「欧米における近年の中国考古学研究と日本における中国考古学研究」『日本中国考古学会会報』第9号、日本中国考古学会、一九九九年
飯島武次『中国考古学概論』、同成社、二〇〇三年

第三章

百々幸雄編『モンゴロイドの地球［3］日本人のなりたち』、東京大学出版会、一九九五年
王幼平『更新世環境与中国南方旧石器文化発展』、北京大学出版社、一九九七年

嚴文明『史前考古論集』、科学出版社、一九九八年
李天元主編『鄖県人』、湖北科学技術出版社、二〇〇一年
宮本一夫「農耕起源理論と中国における稲作農耕の開始」『日本中国考古学会会報』第10号、日本中国考古学会、二〇〇〇年
加藤真二『中国北部の旧石器文化』、同成社、二〇〇〇年
甲元眞之『中国新石器時代の生業と文化』、中国書店、二〇〇一年▼中国新石器時代の生業が地域において違うことを、動・植物遺存体の集成から実証的に論じるとともに、それらの社会性の違いを考古学的に検討している。
佐藤洋一郎『稲の日本史』、角川書店、二〇〇二年
中村慎一『稲の考古学』、同成社、二〇〇二年

第四章

任美鍔編著／阿部治平・駒井正一訳『中国の自然地理』、東京大学出版会、一九八六年

第五章

杜金鵬「試論大汶口文化潁水類型」『考古』一九九二年第2期、考古雑志社、一九九二年
宮本一夫「華北新石器時代の墓制上にみられる集団構造（一）」『史淵』第一三二輯、九州大学文学部、一九九五年
今村佳子「中国新石器時代の社会構造―渭水流域を中心として―」『古代学研究』第一三六号、古代学研究会、一九九六年
袁広闊「閻村類型研究」『考古学報』一九九六年第3期、科学出版社、一九九六年
欒豊実『海岱地区考古研究』、山東大学出版社、一九九七年▼新石器時代の山東地域の文化や社会の変遷を考

古学的に検討し、体系的にまとめたものである。

宮本一夫「長江中・下流域の新石器時代研究」『日本中国考古学会会報』第7号、日本中国考古学会、一九九七年

今井晃樹「良渚文化の地域間関係」『日本中国考古学会会報』第7号、日本中国考古学会、一九九七年

今村佳子「中国新石器時代の土器棺葬」『古代学研究』第一四四号、古代学研究会、一九九八年

宮本一夫「中原と辺境の形成—黄河流域と東アジアの農耕文化」『現代の考古学3　食糧生産社会の考古学』、朝倉書店、一九九九年

趙輝「長江中游地区新石器時代墓地研究」『考古学研究（四）』、科学出版社、二〇〇〇年

中村慎一「玉の王権—良渚文化期の社会構造—」『古代王権の誕生　I　東アジア編』、角川書店、二〇〇三年

第六章

秋山進午編著『日中共同研究報告　東北アジアの考古学研究』、同朋舎出版、一九九五年▼遼寧省における戦後初めての日中共同調査の成果をもとにして書かれた調査報告と論攷からなる。遼西や遼東における新石器時代や青銅器時代の特質が理解される。

大貫静夫『東北アジアの考古学』、同成社、一九九八年▼中国東北部から極東にかけての旧石器時代から青銅器時代における地域的な特質と時期的な文化様式の変遷をまとめたものである。さらに歴史時代における当該地域の考古学的な特色をまとめている。

楊式挺『嶺南文物考古論集』、広東省地図出版社、一九九八年

秋山進午『東北アジア民族文化研究』、同朋舎出版、二〇〇〇年

成都市文物考古研究所・四川大学歴史系考古教研室・早稲田大学長江流域文化研究所『宝墩遺址』、二〇〇〇年

郭大順「従〝唯玉為礼〟到〝以玉比徳〟—再談紅山文化的〝唯玉以葬〟」『玉魂国魄』、北京燕山出版社、二〇

〇二年
宮本一夫「朝鮮半島新石器時代の農耕化と縄文農耕」『古代文化』第55巻第7号、古代学協会、二〇〇三年

第七章

横田禎昭『中国古代の東西文化交流』、雄山閣、一九八三年
厳文明「論中国的銅石併用時代」『史前研究』一九八四年第1期、西安半坡博物館、一九八四年
宮本一夫『中国古代北疆史の考古学的研究』、中国書店、二〇〇〇年▼農耕社会から分離して牧畜型農耕社会が成立するのに対し、牧畜型農耕社会から中国北方青銅器文化が生成発展する過程を考古学的に明らかにした。また、周王朝の一員である燕と隣接する塞外地域との関係を述べるとともに、燕の領域支配の発展過程を検討する。
が成立する過程を実証的に明らかにする。さらに農耕社会を基盤にして殷周社会が成立する過程を考古学的に明らかにした。
田広金・秋山進午主編『岱海考古（二）―中日岱海地区考察研究報告集』、科学出版社、二〇〇一年
佐野和美「中国における初現期の銅器・青銅器」『中国考古学』第4号、日本中国考古学会、二〇〇四年

第八章

張光直「中国相互作用圏与文明的形成」『慶祝蘇秉琦考古五十五年論文集』、文物出版社、一九八九年
林巳奈夫『中国古玉の研究』、吉川弘文館、一九九一年
西谷大「大汶口文化の廟底溝類型系彩陶」『国立歴史民俗博物館研究報告』第三五集、国立歴史民俗博物館、一九九一年
宮本一夫「新石器時代の城址遺跡と中国の都市国家」『日本中国考古学会会報』第3号、日本中国考古学会、一九九三年
岡村秀典「中国新石器時代の戦争」『古文化談叢』第30集（下）、九州古文化研究会、一九九三年
浅川滋男『住まいの民族建築学―江南漢族と華南少数民族の住居論―』、建築資料研究社、一九九四年▼現在

の民族調査による中国南部地域の住居構造や居住様式の地域的な違いを論ずるものであるが、一部先史時代の住居構造の地域的な差違に関して言及している。

Liu, Li 1996 Settlement Patterns, Chiefdom Variability, and the Development of Early States in North China. In *Journal of Anthropological Archaeology* 15, 237-288.

李伯謙『中国青銅文化結構体系研究』、科学出版社、一九九八年

林巳奈夫『中国古玉器総説』、吉川弘文館、一九九九年▼玉器の製作技法から、文献に見られる玉器の名称比定、さらには新石器時代から殷周時代における玉器の変遷を論じている。

岡村秀典「龍山文化後期における玉器のひろがり—陝北出土玉器を中心に—」『史林』第八二巻2号、史学研究会、一九九九年

中村慎一編『東アジアの囲壁・環濠集落』、考古資料集二五、金沢大学文学部考古学研究室、二〇〇一年

林巳奈夫「古玉雑考」『泉屋博古館紀要』第一九巻、泉屋博古館、二〇〇三年

濱名弘二「武器形遺物副葬墓の再検討—有孔石斧副葬の意義—」『中国考古学』第3号、日本中国考古学会、二〇〇三年

何駑「陶寺遺址扁壺朱書『文字』新探」『中国文物報』二〇〇三年一一月二八日

第九章

甲元眞之「魚と再生—中国先史時代の葬送観念—」『国立歴史民俗博物館研究報告』第六八集、国立歴史民俗博物館、一九九六年

甲元眞之・今村佳子「東アジア出土先史時代土偶・石偶集成」『環東中国海沿岸地域の先史文化』、熊本大学文学部考古学研究室、一九九八年

黄展岳／宇都木章監訳・佐藤三千夫訳『中国古代の殉葬習俗—〝人間犠牲〟（人牲・人殉）の研究—』、第一書房、二〇〇〇年▼中国の殉葬習俗を先史社会から古代にかけて、考古資料と文献史料から殉葬資料を提示す

るとともに、その特質を述べたものである。
岡村秀典「中国古代における墓の動物供犠」『東方学報』第74冊、京都大学人文科学研究所、二〇〇二年
今村佳子「中国新石器時代の偶像・動物像」『中国考古学』第2号、日本中国考古学会、二〇〇二年
林巳奈夫『神と獣の紋様学　中国古代の神がみ』、吉川弘文館、二〇〇四年
今村佳子「中国新石器時代における占卜の起源と展開についての一考察」『東アジアにおける新石器文化と日本 I』、国学院大学二一COE第Iグループ考古学班、二〇〇四年

第一〇章

島邦男『殷墟卜辞研究』、中国学研究会、一九五八年
Chang, Kwang-Chih 1980 *Shang Civilization*. Yale University Press, New Haven and London
貝塚茂樹編『古代殷帝国』、みすず書房（新装版）、一九八四年▼殷王朝発見史話や甲骨学の歴史、あるいは甲骨文などの文字史料から殷王朝の制度、生業、支配構造などを総合的にまとめるとともに、殷墟を中心とする考古学的な成果が説明されている。
林巳奈夫『殷周時代青銅器の研究―殷周青銅器綜覧一―』、吉川弘文館、一九八四年▼殷周時代青銅彝器の器種名称比定から始まり、さらに青銅彝器各種の詳細な型式学的編年体系が論じられている。本書によって殷周青銅彝器の基本的な年代観を知ることができる。
飯島武次『夏殷文化の考古学研究』、山川出版社、一九八五年▼二里頭文化の考古学的資料を個別網羅的に検討するとともに、最終的にそれらをまとめて、夏王朝と殷王朝という文献記述と考古学的な解釈との対応を論ずる。
浅原達郎「蜀兵探原―二里岡インパクトと周・蜀・楚―」『古史春秋』第2号、朋友書店、一九八五年
張芝荃「略論新砦期二里頭文化」『中国考古学会第四次年会論文集』、文物出版社、一九八五年
兪偉超『先秦両漢考古学論集』、文物出版社、一九八五年

林巳奈夫『殷周時代青銅器紋様の研究―殷周青銅器綜覧二―』、吉川弘文館、一九八六年
徐朝龍・NHK取材班『謎の古代王国　三星堆遺跡は何を物語るか』、日本放送出版協会、一九九三年▼三星堆遺跡の性格を、考古学と文献史学の両面から分かりやすく解説している。
張立東「論輝衛文化」『考古学集刊』一〇集、地質出版社、一九九六年
平勢隆郎『中国古代紀年の研究―天文と暦の検討から―』、汲古書院、一九九六年
韓建業「殷墟西区墓地分析」『考古』一九九七年第1期、考古雑志社、一九九七年
大貫静夫「『中国文物地図集―河南分冊―』を読む―嵩山をめぐる遺跡群の動態―」『住の考古学』、同成社、一九九七年
鄒衡『夏商周考古学論文集』続集、科学出版社、一九九八年
徐朝龍『三星堆・中国古代文明の謎―史実としての「山海経」』、大修館書店、一九九八年
徐朝龍『長江文明の発見―中国古代の謎に迫る―』、角川書店、一九九八年
岡村秀典「農耕社会と文明の形成」『岩波講座世界歴史3　中華の形成と東方世界―2世紀』、岩波書店、一九九八年
秦小麗「二里頭文化の地域間交流―山西省西南部の土器動態を中心に―」『古代文化』第50巻第10号、古代学協会、一九九八年
難波純子「華中型青銅彝器の発達」『日本中国考古学会会報』第8号、日本中国考古学会、一九九八年
唐際根・難波純子「中商文化の認識とその意義」『考古学雑誌』第84巻第4号、日本考古学会、一九九九年
張光直／小南一郎・間瀬収芳訳「中国古代文明の形成」『中国青銅時代』第二集、平凡社、二〇〇〇年
岡村秀典編『中国古代都市の形成』、京都大学人文科学研究所、二〇〇〇年
董琦『虞夏時期的中原』、科学出版社、二〇〇〇年▼河南龍山文化から二里頭文化への移行過程を、小地域の土器様式の分布圏を認識することから始め、さらにその分布圏が時間軸上統合し、二里頭文化としてまとまっていく過程を明らかにしている。

小川誠『中国古代王朝成立期の考古学的研究』、鹿島出版会、二〇〇〇年▼殷文化の成立過程において、特に鬲という土器器種に注目する。龍山文化から、二里頭文化、二里岡文化と変遷する過程の中で、北方からの文化の南下現象の中で鬲が成立していくと捉える。
孫華『四川盆地的青銅時代』、科学出版社、二〇〇〇年
仇士華・蔡蓮珍「夏商周断代工程中的碳十四年代框架」『考古』二〇〇一年第1期、考古雑志社、二〇〇一年
秦小麗「二里頭文化と先商文化の土器様式」『古代文化』第53巻第3号、古代学協会、二〇〇一年
松丸道雄「殷周春秋史総説」『殷周秦漢時代史の基本問題』、汲古書院、二〇〇一年
平勢隆郎『よみがえる文字と呪術の帝国』、中公新書、中央公論社、二〇〇一年
平尾良光編『古代東アジア青銅の流通』、鶴山堂、二〇〇一年
岡村秀典「殷周時代の動物供犠」『中国の礼制と礼学』、朋友書店、二〇〇一年
岡村秀典「王墓の成立とその祭祀」『古代王権の誕生I　東アジア編』、角川書店、二〇〇三年
岡村秀典『夏王朝―王権誕生の考古学』、講談社、二〇〇三年▼夏王朝の存在を後世の文献や金文などの文字資料からまず検討している。さらに二里頭遺跡などの発掘調査の成果から、考古学的に夏王朝の存在を裏付けた。
Liu, Li and Chen, Xingcan 2003 *State Formation in Early China*. Duckworth, London▼二里頭文化や二里岡文化の社会変化を遺跡の規模や立地から述べるとともに、それぞれの文化の社会制度を明らかにし、夏王朝、殷王朝を考古学的に検討する。特に王権が必要とする資源が周辺地域から貢納されるシステムや交通体系を復元した。
西江清高「先史時代から初期王朝時代」『世界歴史大系　中国史1―先史〜後漢』、山川出版社、二〇〇三年
杜金鵬『偃師商城初探』、中国社会科学出版社、二〇〇三年
中国社会科学院考古研究所『中国考古学　夏商巻』、中国社会科学出版社、二〇〇三年▼最新の考古学的成果・証拠によって、夏王朝から殷王朝時代の考古学的歴史復元がなされている。

徳留大輔「二里頭文化二里頭類型の地域間交流―初期王朝形成過程の諸問題から―」『中国考古学』第4号、日本中国考古学会、二〇〇四年

おわりに

J・K・フェアバンク／大谷敏夫・太田秀夫訳『中国の歴史―古代から現代まで』、ミネルヴァ書房、一九九六年

李成市『東アジア文化圏の形成』、山川出版社、二〇〇〇年

宮本一夫編『遊牧民と農耕民の文化接触による中国文明形成過程の研究』、九州大学文学部考古学研究室、二〇〇〇年

総合的なもの

Chang, Kwang-chih 1986 *The Archaeology of Ancient China.* fourth edition, Yale University Press, New Haven and London ▼中国旧石器時代、新石器時代、二里頭文化・二里岡文化段階までをまとめた概説書であるとともに、中国の初期王朝の成立過程を簡明にまとめている。本書は第四版であるが、日本では第三版が翻訳されている（量博満訳『考古学よりみた中国古代』、雄山閣、一九八〇年）。

飯島武次『中国新石器文化研究』、山川出版社、一九九一年▼中国新石器時代を各地域別にまとめ、さらに新石器時代研究において問題とされる農耕の起源や、新石器時代における青銅器、さらには新石器時代から二里頭文化への移行に関する諸問題を論ずる。

張光直／伊藤清司・森雅子・市瀬智紀訳『古代中国社会―美術・神話・祭祀―』、東方書店、一九九四年

林巳奈夫『中国文明の誕生』、吉川弘文館、一九九五年▼中国新石器文化を地域的に概説し、その後の二里頭文化、二里岡文化、殷墟文化の特質を分かりやすく説明する。

小澤正人・谷豊信・西江清高『中国の考古学』、同成社、一九九九年▼中国の旧石器時代から秦漢に至る考古

学的な概説を、最新の考古学的な調査成果にもとづいて、簡明にまとめている。

杉本憲司『中国の古代都市文明』、思文閣出版、二〇〇二年

学術文庫版の追加

劉煒編／趙春青・秦文生著／後藤健訳／稲畑耕一郎監修『図説　中国文明史1　先史　文明への始動』、創元社、二〇〇六年
岡村秀典『中国文明　農業と礼制の考古学』、京都大学学術出版会、二〇〇八年
竹内康浩『中国王朝の起源を探る』、世界史リブレット95、山川出版社、二〇一〇年
落合淳思『殷――中国史最古の王朝』、中公新書、中央公論新社、二〇一五年
袁行霈・厳文明・張伝璽・楼宇烈／角道亮介訳／稲畑耕一郎監修・監訳『北京大学版　中国の文明1　古代文明の誕生と展開（上）』、潮出版社、二〇一六年

年表

時代	区分	年代	中国	日本	西アジア・ヨーロッパ
旧石器時代	前期	一五〇万年前			ウベイディア遺跡に認められるように人類がユーラシアに拡散
		八〇万年前	陝西省藍田原人や湖北省鄖県人が出現		
		五〇万—四〇万年前	北京原人		アブヴィーユ文化
		二八万年前	遼寧省金牛山人出現		アシュール文化
			山西省丁村遺跡		
	中期	一〇万年前	山西省許家窯遺跡		ムスティエ文化
			貴州省観音洞遺跡		
	後期	四万年前	寧夏水洞溝遺跡	ナイフ型石器文化	オーリニャック文化
			山西省下川遺跡	細石刃文化	ソリュートレ文化
新石器時代	早期	前一万三〇〇〇年頃	中国各地で土器が出現する（新石器時代の始まり）	土器・打製石鏃が出現する（縄文時代の始まり）	ナトゥーフ文化
		前八〇〇〇年頃	長江中・下流域で野生イネの栽培化が始まる ほぼ同じ頃、華北でもアワ・キビ栽培が始まる		西アジアのレバント地方でコムギの栽培が始まる
	前期	前六〇〇〇年頃	河北省磁山遺跡で大量のアワの貯蔵穴が出現する		西アジアで土器が出現

新石器時代

前期

中期

後期

前五〇〇〇年頃

前四〇〇〇年頃

前三〇〇〇年頃

裴李崗文化の墓葬で性別の副葬区分が認められる
興隆窪文化で列状配置の住居からなる環濠集落が出現
湖南省八十壋遺跡で環濠集落が出現する
浙江省河姆渡遺跡で高床式住居と大量の籾殻が出現
湖南省城頭山遺跡で水田が出現
仰韶文化で環濠集落が出現
黄河中・下流域で父系血縁家族組織に移行
廟底溝文化の彩文土器が各地に広がる
江蘇省草鞋山遺跡で水田が出現
長江下流域で父系血縁組織に移行
紅山文化で積石墓や玉器、女神廟が出現
良渚文化で墳丘墓と玉琮・玉璧が出現
中国西北地区で馬家窯文化が出現
中国西北地方を中心に銅器が出現し始める
河南省西山遺跡で城址が出現
長江中流域で城址遺跡が出現
内蒙古中南部で城址遺跡が出現
山西省陶寺遺跡で大規模城址と首長墓が出現
山東省朱封遺跡で棺槨構造を持った首長墓が出現
四川盆地で城址遺跡が出現

縄文海進期
大規模縄文集落が出現（三内丸山遺跡）
中部高地・関東地方でダイズ・アズキなど栽培植物出現

西アジアで銅器が作られ始める
ウバイド文化
ウルク文化
エジプト初期王朝時代
シュメール初期王朝期
エジプト古王国時代

新石器時代 後期	前二〇五〇年頃	長城地帯で牧畜型農耕社会が始まる 禹が夏王朝を設立したとされる 河南省新砦遺跡で城址が建設される 河南省二里頭遺跡三号・五号宮殿（二里頭文化二期）が建設される 二里頭遺跡一号・二号宮殿（二里頭文化三期）が建設される 二里頭文化で爵や斝などの青銅礼器（青銅彝器）が作られ始める	環状列石が出現	ウル第三王朝 ハムラビ法典の成立
歴史時代	前一六〇〇年頃	大乙（成湯）殷王朝を設立、河南省偃師商城・鄭州商城が出現 河南省東下馮遺跡や湖北省盤龍城遺跡などで城郭が建設される 河南省小双橋遺跡が出現 河北省洹北商城が建設される 山東省大辛荘遺跡や河北省藁城台西遺跡が出現 華中型青銅器が出現 殷墟が出現 四川省三星堆遺跡で特殊な青銅礼器が出現 江西省新干県大洋洲墓出現	西日本でダイズ・アズキなど栽培植物が出現 東日本に亀ケ岡文化が出現	ヒッタイト帝国成立 エジプト新王国時代
	前一〇五〇年頃	周の武王が殷の紂王を滅ぼし、周王朝を設立		

ワ行

マ行

ヤ行

ラ行

ナ行

ハ行

タ行

サ行

索 引

黄河、長江、稲作農耕、家畜、狩猟採集、石器、青銅器、副葬品、遊牧社会など、本巻全体にわたって頻出する用語は省略した。

用語は、主要な記載のあるページを中心に拾った。

見出しに＊を付した用語は、巻末の「歴史キーワード解説」にも項目があり、その掲載ページを末尾に示した。

ア行

カ行

黒龍江
黒龍江省
チチハル
チャムス
ハルビン
内モンゴル自治区
長春
吉林
吉林省
ウラジオストク
赤峰
遼寧省
瀋陽
遼陽
フフホト
張家口
承徳
北京市
北京
天津
天津市
秦皇島
大同
朝鮮民主主義人民共和国
平壌
日本海
大連
河北省
石家荘
太原
黄河
煙台
威海
淄博
山東半島
ソウル
山西省
済南
青島
大韓民国
泰山
山東省
黄海
臨汾
釜山
臨沂
洛陽
開封
鄭州
徐州
連雲港
函谷関
日本
河南省
江蘇省
安徽省
南京
無錫
合肥
蕪湖
上海
蘇州
上海市
湖北省
長江
武漢
杭州
紹興
洞庭湖
浙江省
東シナ海
南昌
長沙
江西省
湖南省
那覇
福州
福建省
台北
廈門
台湾
広東省
広州
高雄
マカオ
香港
太平洋
海口
南シナ海
フィリピン

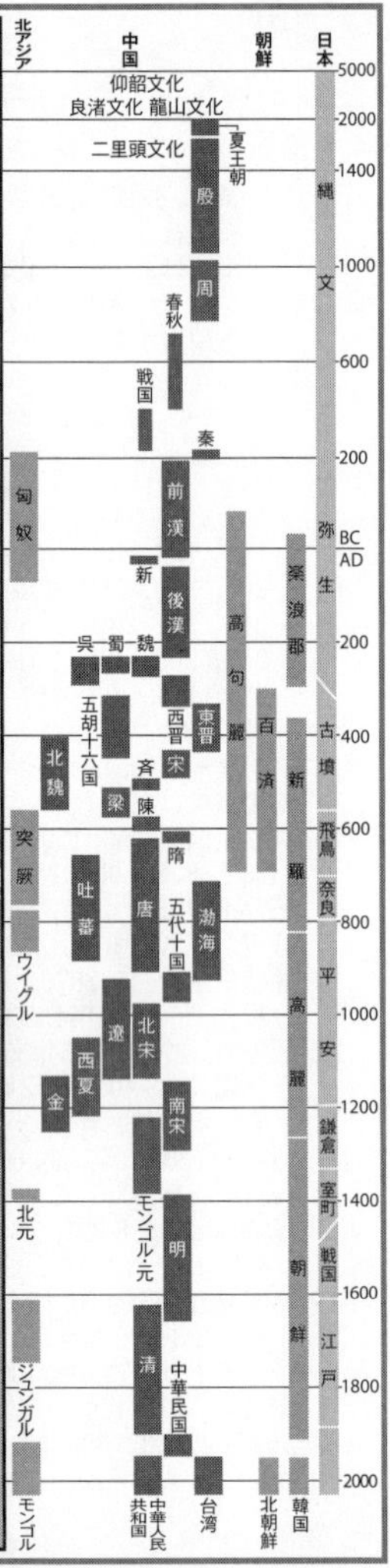
北アジア
中国
朝鮮
日本
5000
仰韶文化
良渚文化 龍山文化
2000
夏王朝
二里頭文化
1400
殷
縄
1000
周
文
春秋
600
戦国
秦
200
匈奴
前漢
弥
BC
AD
新
楽浪郡
生
後漢
高句麗
200
呉 蜀 魏
五胡十六国
西晋
東晋
百済
古墳
400
北魏
斉
宋
新羅
梁
陳
600
突厥
飛鳥
隋
吐蕃
唐
五代十国
渤海
奈良
800
ウイグル
平
1000
遼
北宋
高麗
安
西夏
金
1200
南宋
鎌倉
モンゴル・元
1400
北元
室町
明
戦国
1600
朝鮮
江戸
清
中華民国
1800
ジュンガル
2000
モンゴル
中華人民共和国
台湾
北朝鮮
韓国

現代の中国

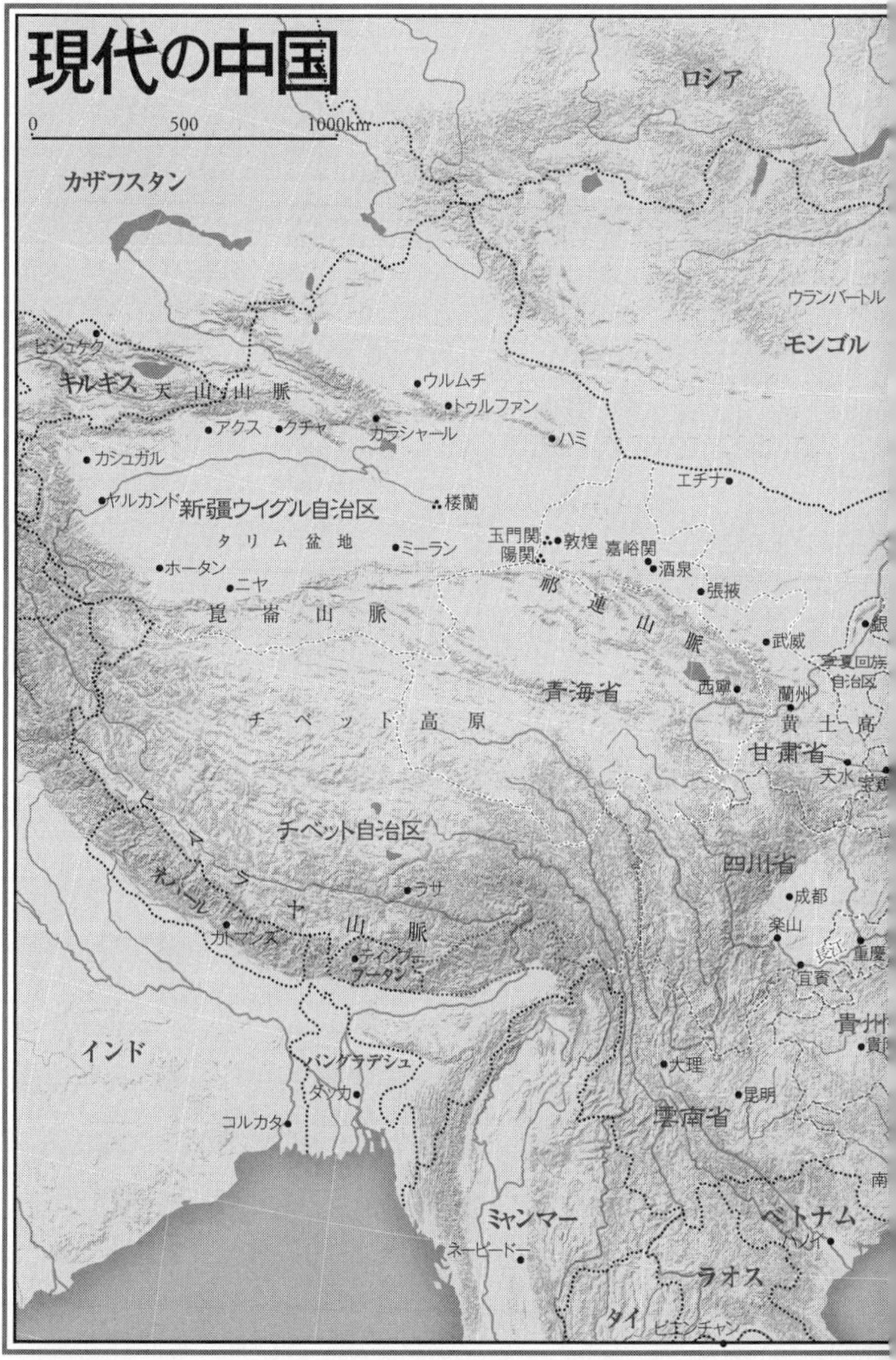
0
500
1000km
ロシア
カザフスタン
ウランバートル
モンゴル
ビシュケク
キルギス
天山山脈
ウルムチ
トゥルファン
アクス
クチャ
カラシャール
ハミ
カシュガル
エチナ
ヤルカンド
新疆ウイグル自治区
楼蘭
タリム盆地
ミーラン
玉門関
敦煌
陽関
嘉峪関
酒泉
ホータン
ニヤ
張掖
祁連山脈
崑崙山脈
武威
寧夏回族自治区
青海省
西寧
蘭州
チベット高原
黄土高
甘粛省
天水
宝鶏
チベット自治区
ヒマラヤ山脈
ネパール
四川省
ラサ
成都
カトマンズ
ティンプー
ブータン
楽山
長江
重慶
宜賓
貴州
インド
バングラデシュ
大理
ダッカ
昆明
コルカタ
雲南省
ミャンマー
ベトナム
ネーピードー
ハノイ
ラオス
タイ
ビエンチャン

本書の原本は、二〇〇五年三月、小社より刊行されました。

宮本一夫（みやもと　かずお）

1958年松江市生まれ。京都大学大学院文学研究科修士課程修了。博士（文学）。愛媛大学法文学部助教授などを経て，現在，九州大学大学院人文科学研究院教授。2003年，第16回濱田青陵賞受賞。2018年，アメリカ芸術科学アカデミー外国人名誉会員。主な著書に『中国古代北疆史の考古学的研究』『農耕の起源を探る――イネの来た道』『東北アジアの初期農耕と弥生の起源』『東アジア青銅器時代の研究』など。

講談社学術文庫

定価はカバーに表示してあります。

中国の歴史 1

神話《しんわ》から歴史《れきし》へ　神話時代《しんわじだい》 夏王朝《かおうちょう》

宮本一夫《みやもとかずお》

2020年10月7日　第1刷発行

発行者　渡瀬昌彦
発行所　株式会社講談社
東京都文京区音羽 2-12-21 〒112-8001
電話　編集（03）5395-3512
販売（03）5395-4415
業務（03）5395-3615
装　幀　蟹江征治
印　刷　豊国印刷株式会社
製　本　株式会社国宝社
本文データ制作　講談社デジタル製作

ISBN978-4-06-521261-5

「講談社学術文庫」の刊行に当たって

これは、学術をポケットに入れることをモットーとして生まれた文庫である。学術は少年の心を養い、成年の心を満たす。その学術がポケットにはいる形で、万人のものになることは、生涯教育をうたう現代の理想である。

こうした考え方は、学術を巨大な城のように見る世間の常識に反するかもしれない。また、一部の人たちからは、学術の権威をおとすものと非難されるかもしれない。しかし、それはいずれも学術の新しい在り方を解しないものといわざるをえない。

学術は、まず魔術への挑戦から始まった。やがて、いわゆる常識をつぎつぎに改めていった。学術の権威は、幾百年、幾千年にわたる、苦しい戦いの成果である。こうしてきずきあげられた城が、一見して近づきがたいものにうつるのは、そのためである。しかし、学術の権威を、その形の上だけで判断してはならない。その生成のあとをかえりみれば、その根は常に人々の生活の中にあった。学術が大きな力たりうるのはそのためであって、生活をはなれた学術は、どこにもない。

開かれた社会といわれる現代にとって、これはまったく自明である。生活と学術との間に、もし距離があるとすれば、何をおいてもこれを埋めねばならない。もしこの距離が形の上の迷信からきているとすれば、その迷信をうち破らねばならぬ。

学術文庫は、内外の迷信を打破し、学術のために新しい天地をひらく意図をもって生まれた。文庫という小さい形と、学術という壮大な城とが、完全に両立するためには、なおいくらかの時を必要とするであろう。しかし、学術をポケットにした社会が、人間の生活にとってより豊かな社会であることは、たしかである。そうした社会の実現のために、文庫の世界に新しいジャンルを加えることができれば幸いである。

一九七六年六月

野間省一